史家随笔

王家声　应春山
孙宏光　郭芙秀　主编

世界知识出版社

图书在版编目（CIP）数据

史家随笔／王家声主编. —北京：世界知识出版社，2013.12

ISBN 978-7-5012-4591-8

Ⅰ.①史… Ⅱ.①王… Ⅲ.①中国历史—近现代—通俗读物 Ⅳ.①K250.9

中国版本图书馆CIP数据核字（2013）第306232号

责任编辑	胡孝文
责任出版	赵　玥
责任校对	丁洁琼

书　　名	**史家随笔** Shijia Suibi
主　　编	王家声　应春山　孙宏光　郭芙秀
出版发行	世界知识出版社
地址邮编	北京市东城区干面胡同51号（100010）
网　　址	www.wap1934.com
经　　销	新华书店
印　　刷	北京新华印刷有限公司
开本印张	718×1000毫米　1/16　32½印张
字　　数	468千字
版次印次	2014年1月第一版　2014年1月第一次印刷
标准书号	ISBN 978-7-5012-4591-8
定　　价	68.00元

目录

父子三人同当中央委员

——关于陈独秀、陈延年、陈乔年

黄苇町

党的历史中，有很多感人至深的事值得回味和传颂。其中，父子三人在党的“五大”上同时当选中央委员，就曾被传为美谈。

党的第五次全国代表大会，是1927年4月末在当时的革命中心武汉召开的。大会选举的29名中央委员中，有3名是同一家人，这就是陈独秀与他的两个儿子：陈延年和陈乔年。陈乔年当选中央委员时只有25岁，陈延年当选中央政治局候补委员时，也不到29岁。

按现在的思维方式，通常人们会猜想，他们这么年轻，在党内升迁却如此之快，肯定和总书记父亲的影响有关。可党的“五大”是蒋介石在上海发动“四一二”反革命事变、中国革命处于危急关头之际召开的。大会的主要内容是在共产国际代表的主持下，批判、纠正陈独秀的“右倾机会主义”错误。陈独秀虽仍被选为总书记，但对他的批评还是非常严厉的，领导地位岌岌可危。在这样一种政治氛围下，他的两个儿子不但未受影响，还双双入选党的领导核心，应该说非同寻常。其实，绝大多数“五大”代表都认为，他们的当选是实至名归的。大革命期间，我祖父曾先后在广州和武汉从事党的工作，和延年、乔年兄弟时相过从。“文革”期间，祖父被迫闲居在家，曾两次和我谈到他们的往事，怀念之情，溢于言表。这两位年轻共产党人的形象，从此深扎在我心中，几十年时光都未能冲淡。

陈延年和陈乔年都生于安徽省安庆市。陈独秀把《新青年》编辑部迁到上海后，也把他们接到上海求学，二人双双考取了震旦大学（复旦大学前身）。但陈独秀不让他俩回家过平稳、依赖的生活，要求两兄弟勤工俭学，学会独立、劳动、吃苦。兄弟俩几乎形影不离，感情非常好，白天一起读书打工，夜间就借宿于《新青年》发行所的地板上。有时在回来路上，突遇狂风暴雨而无处避雨，哥哥延年就把弟弟搂在怀里为他遮风挡雨。兄弟俩常常就着咸菜吃大饼，喝自来水，生活十分清苦。陈独秀的夫人高君曼实在看不下去，几次要求接他们回家住，却被陈独秀一口拒绝。高君曼为此曾向友人哭诉说："不知道的人，还以为是我容不下这两个孩子。可我不仅是他们的继母，还是亲姨母，他们就如同我自己的孩子。可我怎么说都没用。"陈独秀得知后不为所动，还斥道："妇人之仁，徒贼子弟，虽是善意，反生恶果。"

艰苦的环境，炼就了兄弟二人自强、倔强的个性。疼爱他们的祖母从皖抵沪来看他们时，见两人如此艰苦，当时便流下泪来。可当祖母提出要给予补助照顾时，两兄弟却异口同声，表示要自食其力，决不依靠任何接济。在政治上，他们也独立做出选择。尽管父亲是马克思主义在中国的主要传播者，但对两兄弟吸引力最大的，却是从欧洲传入的无政府主义思潮。陈独秀希望他们去苏联留学，但他们认为法国才是无政府主义的故乡，便自主决定去法国勤工俭学。陈独秀看兄弟俩很坚决，也想让他们自己闯一闯，便没有阻拦。

延年和乔年到达法国后，在赵世炎、周恩来的帮助和教育下，终于明白无政府主义不过是"改头换面的资产阶级个人主义"，只有马克思主义才能救中国。对他们的人生道路产生重大影响的，还有一位叫阮爱国的越南籍法共党员。阮爱国对兄弟俩孜孜以求探索救国真理的精神特别欣赏，便介绍他们加入了法国共产党。这位阮爱国，就是后来成为越南共产党创始人和越南民主共和国"国父"的胡志明。中共旅法支部成立后，陈延年和陈乔年又都在1922年转为中共党员，并按照党的指示，转道去莫斯科留学——这正是父亲当初为他们设计的道路。消息传回国内，陈独秀表面上没说什么，内心却对兄弟俩的转变极为欣慰。

大革命进入高潮后，陈延年奉召回国。在很短的时间内，他便从社会主义青年团驻粤特派员、广州区委秘书，升至中共广州区委（又称中共粤区委员会）书记。当时的广东是大革命的中心，广州区委管辖广东、广西、香港等地的党组织，所属党员占到当时全国党员的35%。而区军委书记周恩来，当时还在他的领导下工作。陈延年在党内职务的跃升，应该说和乃父没什么关系，完全是因为他受到党内同志的真诚拥戴。法、苏的学习经历，使他成为当时党内不多的有较高马列主义理论水平的领导者；而早年深入社会和艰苦生活的锻炼，对他的成长益处也很大。我祖父第一次见他时，就对他的办公室兼宿舍惊讶不已：一张旧条桌用来办公和放文件，一个堆满书报的衣架，一把已渍得发黑的旧藤椅，一张铺着草席和补了一大块粗布的蓝被单的木板床，除此之外便空空如也。尽管当时党的机关都比较简陋，但作为全党举足轻重的一个大区委员会书记的办公室，也未免简陋得过分了。而陈延年本人的朴素衣着和他黝黑的皮肤、粗大的手脚，与其说是党的重要领导人，不如说更像一个干重体力劳动的工人。人们也常见他去广州最便宜的"三厘馆"同工人一起吃饭，甚至和黄包车夫一起拉车，边拉车边了解他们的困难和对国民革命的看法。这与那些热衷于到广东政府当官、经常在酒桌上应酬的共产党员，如"三二事件"的受害者、当时的海军局长兼中山舰舰长李之龙等人，形成极大反差。

陈延年不仅深入群众，也表现出很高的政治水平和领导水平。中山舰事件发生后，陈独秀本欲组织左派力量反击，但在共产国际的压力下，被迫对蒋介石采取妥协退让政策。而在传达中央指示的广州区委会议上，陈延年对中央代表张国焘表示了自己坚决反对的态度。他说，虽然我和陈独秀是父子关系，但我必须坚持共产党员的原则立场。当蒋介石专横地要求黄埔军校的"跨党分子"（即加入了国民党的共产党员）登记时，陈延年和周恩来毅然决定，凡身份没有公开的党员一律不予理睬。这才使后来发生广州"四一五"事变、李济深集团屠杀军校共产党员时，和祖父一样没有暴露党员身份的许多政治教官得以幸免于难。

当时，陈独秀担心陈延年会犯违反党纪的错误，便在党内公文往来之外，专门给他写了一封家书。其中引用"千里修书只为墙，让他三尺又何妨"的典故，劝儿子顾全"国共合作"大局。陈延年收到信后沉痛地对我祖父说:“当初在去苏联求学问题上，我们不听老头子的，事实证明我们错了，但这次我想是他错了。”1927年4月，祖父调到武汉时，陈延年也调任中共江浙区委书记。不久他就在区委机关被敌人破获时不幸被捕。陈延年自称是受雇到这里做工的，名叫陈友生。敌人看他身穿短衣，裤腿扎着草绳，也不像“大共产党”，就当作普通嫌疑犯押往龙华监狱。不幸的是，在通过社会关系营救时，被陈延年过去的无政府主义“导师”、当时已是国民党右派的吴稚晖得知。吴在陈抛弃无政府主义加入共产党时，就曾咒骂“陈延年非杀不可”，此时立即写“贺信”给上海警备司令杨虎，在信中大骂陈延年“恶过乃父百倍”，竭力催促杨虎立即将其进行杀害。7月4日，陈延年英勇就义于上海龙华刑场。

与哥哥的面孔黑红、粗手大脚相比，陈乔年则长得像个“奶油小生”，英俊秀气。哥哥南下广东不久，陈乔年也奉命回国，在当时的中共北方区委书记李大钊领导下，任区委组织部部长。被称为“北李”的李大钊，尽管与“南陈”陈独秀的性格差异很大：一个善于循循善诱，一个喜欢侃侃而谈；一个处事沉稳，一个性格火爆，但二人感情甚笃，相互始终非常尊重。对于陈乔年这个区委领导成员中最年轻的子侄辈，李大钊更是悉心培养和支持他的工作。当时还处于幼年时期的党，缺乏组织建设经验。陈乔年除参与领导了北京历次重大斗争外，还参考俄共的做法，为严密党的组织，加强党员管理做了大量创建性工作。后来，中共中央向各地转发了他设计的表格，并推广北方区委加强组织建设的经验。他在党的“五大”上被选为中央委员后，留在武汉任中共中央组织部常务副部长，代理李维汉主持中组部工作。在八七会议上，陈乔年说:“我的父亲陈独秀同志执行的错误路线，导致的后果是严重的，不仅使大革命失败，党受挫折，而且也使我哥哥延年和李大钊、赵世炎等一批共产党人惨遭敌人杀害，这是血的教训。对国民党反动派只有作坚决的斗争，不能存在任何幻想。”“七一五”反革命事变后，陈乔年调任湖北省委书记。这时的湖北，是有史以来反动统治最黑暗、最恐怖的时期。所谓“宁可错杀一千，不可放过一个”，最早就出自武汉的两个桂系军长胡宗铎和陶钧之口。由于监狱爆满，他们嫌老刑场杀人太慢，又在武汉新设了十多处公开刑场，随便杀人到了令人难以置信的程度。一次，军法处长呈送一批破获的“共党地下联络站”名单，对于不知内情的厨师、雇工等也拟判5年、8年不等的徒刑。可胡宗铎接过名单，看也不看，就用红笔在名单上划了个大圈，批了8个字：“一律枪毙，以免麻烦。”圈划大了，把呈批单下面的军法官签名也一起圈了进去……当时我祖父任党的济难会书记，在陈乔年的直接领导下，通过各种途径千方百计营救被捕同志和安置遇难者家属。陈乔年为了“虎口”夺人，提出要“内外结合”、武装劫狱，但因敌众我寡未能成功。1928年2月，陈乔年在调任江苏后被捕。敌人施尽酷刑，但他始终坚贞不屈，并鼓励同志们保持革命气节，被蒋介石下令杀害时年仅26岁。距哥哥就义时间只相隔一年。他们的就义处都是上海龙华塔下的枫林桥畔，这两位党的重要领导人，也是同胞兄弟的鲜血，终于流到了一起。

陈乔年被捕前不久，曾去上海看望已被解职的父亲。苦闷中的陈独秀，见到儿子非常高兴，但话语间对共产国际把失败责任全推到自己身上颇为不满。陈乔年有理有据、又充满感情地说：“爸爸，不说共产国际，你自己对汪精卫过于轻信，对大革命失败是负有责任的。你现在对中国社会性质的看法也是错误的。我们不能把希望寄托在资产阶级身上，党必须走苏维埃武装夺取政权的道路，中国革命才有希望。”在座同志担心脾气暴躁的陈独秀会跳起来，但他听了儿子的话，竟像小学生一样默然良久。他们也都没有想到，这次长谈竟会是父子间的永诀。

得知乔年遇害，狱中的陈独秀老泪纵横。1937年抗战爆发，他被提前释放出狱。蒋介石知道陈独秀已被中共开除党籍，想利用其社会声望，便派说客动员他“出来为政府做事”。陈独秀断然回绝：“蒋介石杀了我两个儿子，我和他不共戴天！只不过现在搞抗日民族统一战线，我不说他就是了。”后来陈独秀辗转流落到四川江津，1942年夏在贫病交加中死去。死前多次拒绝了蒋介石派人送来的津贴和国民党将领的馈赠，表现了“临大节而不辱”的风骨。

其实，陈延年、陈乔年和早年的陈独秀，都是被称为“理想主义者”的第一代共产党人的杰出代表。为了探索中国革命的正确道路，他们在批评和自我批评上，所表现出的心底无私、感人肺腑的亦师、亦友、亦同志、亦上下级、亦父子的关系，对于我们探索中国特色社会主义发展道路的今天，也是非常有教益的。

（作者系红旗出版社原副总编辑）

原载于《同舟共进》2011年第9期

朱德的感喟

林蕴晖

朱德，是1927年南昌起义的主要领导人之一（南昌起义主要领导人的排名是：周恩来、贺龙、叶挺、朱德、刘伯承），1928年3月上井冈山与毛泽东率领的秋收起义部队会合，这就是著名的井冈山会师。他历任中国工农红军总司令、中国国民革命军第十八集团军总司令、中国人民解放军总司令。史沫特莱称朱德为“红军之父”。

1949年新中国建立后，中共党内先后发生1954年反高岗、饶漱石的斗争；1959年反彭德怀、黄克诚、张闻天、周小舟的斗争；1965年反罗瑞卿的斗争。朱德因不积极参与斗争、划清界限，多次遭到批判。晚年的朱老总对这种党内斗争感叹不已。

“谁还相信我们曾在一个锅里吃过饭呢？”

1959年7月，中共中央在江西庐山举行政治局扩大会议，最终把彭德怀、黄克诚、张闻天、周小舟打成“反党集团”。彭德怀无奈，7月26日在中共中央政治局扩大会议上作了“检讨”。会后，朱德在第四组讨论彭德怀所作的检讨时发言说：彭总发言的态度是好的，我相信他是畅快的。经过这次会议，统一了思想，统一了认识，就不会把错误当做包袱背起来了。

7月31日至8月1日，毛泽东主持中共中央政治局常委会议，对彭德怀的“错误”进行揭发批判。朱德第一天没有发言，第二天第一个发言，态度比较温和，只是就信（1959年7月14日，彭德怀就“大跃进”

问题给毛泽东的信——笔者注）的内容而谈。没等讲完，毛泽东就说："隔靴搔痒，未抓到痒处。"接着林彪发言，说彭德怀是"野心家、阴谋家、伪君子"，为八届八中全会批判彭德怀定了调子。[《朱德年谱》新编本1886—1976（下）] 最后打出了一个以彭德怀为首的"反党集团"。

这位从1928年冬会师井冈山开始，就一直在一起奋斗的老搭档——对党忠诚、为中国革命做了巨大贡献的彭老总，竟遭此不白之冤，朱德对此无奈地感叹："谁还相信我们曾经在一个锅里吃过饭呢？"（张聂尔《拥抱生命》，人民文学出版社2001年版）

"今后党内要不平安了"

1965年12月，毛泽东在上海主持召开中央政治局扩大会议，主题是揭发批判中央书记处书记、国务院副总理兼公安部部长、中央军委秘书长、解放军总参谋长罗瑞卿。12月2日，毛泽东在一则批示中写道："那些不相信突出政治，对于突出政治表示阳奉阴违，而自己另外散布一套折衷主义（即机会主义）的人们，大家应当有所警惕。"（《建国以来毛泽东文稿》第11册，中央文献出版社1996年版）

1965年12月2日，毛泽东对浙江省委负责人说：

我认为这是突出政治和反对突出政治的斗争深入发展到一个新的阶段。现在公开站出来反对突出政治，反对坚持四个第一，反对抓政治思想的人还有。譬如你们浙江省有个信用社主任说："政治就是理论，理论就是会说，会说就是吹牛。"但是这种人不多了。公开提出业务第一，数字第一的人大大减少了。他们学得比较聪明了，但是他们又不愿意突出政治，不愿放弃单纯业务观点这根"腊肉骨头"，不是突出政治。形势逼人，于是就改头换面，来个折衷主义。

在政治和业务关系上，有三种摆法：第一种摆法是政治第一，业务第二，政治统帅业务；第二种摆法是业务第一，政治第二，政治为业务服务；第三种摆法，政治和业务都第一，叫两个第一。这三种摆法，第一种是正确的，第二种是错误的，这很明显。第三种摆法是正确的还是错误的？不用说，是错误的。但是有些人就分辨不清，为什么有些人对“政治和业务都第一”的错误观点模糊不清？这是他对折衷主义的面貌还认识不清的缘故。

毛泽东还说：罗的思想同我们有距离，林彪同志带了几十年的兵，难道还不懂得什么是军事，什么是政治？军事训练几个月的兵就可以打仗，过去打的都是政治仗。要恢复林彪突出政治的原则。罗把林彪同志实际当作敌人对待，罗当总长以来，从未单独向我请示报告过工作，罗不尊重各元帅，他又犯了彭德怀的错误；罗在高、饶问题上实际上陷进去了，罗个人独断，罗是野心家。凡是搞阴谋的人，他总是拉几个人在一起。（水陆洲著：《红色春秋》第一章第二节“处理罗瑞卿事件”）

继上海会议对罗瑞卿进行“背靠背”的揭发批判后，1966年三四月间在北京召开会议，又对罗进行了“面对面”的揭发批判。长期在毛泽东身边做保卫工作，1959年罢了彭德怀的国防部长、黄克诚的总参谋长后，由林彪亲自点将，经毛泽东批准，当了总参谋长的罗瑞卿突然受到诬陷，这不能不使朱老总感到迷茫。

上海会议结束后，朱德回到北京，由这件事引发了老人对极不正常的党内政治生活的感叹。老总说：“肃反肃到我们党的内部核心。是真的？是假的？弄不清楚。罗瑞卿的那些事全都看得见，他办的每件事都报告过中央，经毛泽东同意的，说他篡军反党，无法让人相信。”又说：“为什么要撤？这不是撤一个罗瑞卿的问题，像这样可靠的人都撤，打击面宽了，真假失去了标准，今后党内要不平安了。”［金冲及主编：《朱德传》（修订本），中央文献出版社2006年版］

“轮流主持”引发的争论

其实，对党内这种随意扣上反党帽子的错误做法，朱德早有抵制。正是朱老总对党内这种不正常风气的不满，多次引来了对自己的无理侮辱甚至辱骂。

1955年3月举行的中国共产党全国代表会议，对高岗、饶漱石的

“反党联盟”作出决议。大会报告谈到高岗的反党活动中说到一条：“当1953年12月毛泽东同志依照前例提出在他休假期间委托刘少奇同志代理中央领导工作的时候，高岗就出面反对，并且私自活动，要求由他来担任党中央总书记或副主席”。（邓小平《关于高岗、饶漱石反党联盟的报告》,《中共党史教学参考资料》第20册）会议决议据此给高岗戴上了“资产阶级野心家”、“妄图篡夺党和国家的最高权力”的帽子。由于在1953年12月的那次会上，朱德也曾表态赞成“轮流”主持中央工作，因此被认为在“高饶问题”上，老总也是“有账”的。

众所周知，从1945年中共七届一中全会选出的中央书记处：毛泽东、刘少奇、周恩来、朱德、任弼时五大书记，刘少奇位居第二。1945年毛泽东去重庆谈判，1949年毛泽东去苏联访问，由刘少奇代理毛泽东主持中央日常工作已成惯例。1953年12月毛泽东外出休假，何以在毛泽东主持的中央书记处扩大会议上，会对由谁主持中央日常工作一事出现不同意见呢？离开具体的历史背景，人们无法作出合理的解释。

其实，重要的历史背景是，建国后，毛泽东与刘少奇在政治上出现了分歧。1950年和1951年刘少奇先后就中共中央东北局有关富农的问题及山西省委有关现在就应削弱、动摇农民私有基础的主张提出意见，批评这些都是“农业社会主义思想”。但毛泽东否决了刘少奇的意见。1953年毛泽东在中央政治局扩大会议作过渡时期总路线的报告，更批评了“确立新民主主义社会秩序”等提法，认为这是“右倾”思想的表现。同时，毛泽东要杨尚昆核查未经他看过而发出的中央文件，严厉批评说：“过去数次中央会议决议不经我看，擅自发出，是错误的，是破坏纪律的。”（《毛泽东选集》第5卷，人民出版社1977年版）

鉴于上述重大背景，这才有对毛泽东外出由谁代理的问题提出讨论，而不是一如过去的惯例直接交由刘少奇主持。那么，1953年12月，由毛泽东主持的书记处扩大会议对由谁代理一事，是怎样引起讨论的呢？从现有的正式出版物看，有以下几种说法：

彭德怀在1962年向中央递交的“八万言”申诉书中说：

1953年12月，正在召开军队系统的高干会议期间，我参加了由主席在颐年堂召开的一次会议。主席在会上提出，他外出后谁人主持日常工作？少奇同志首先提出："主席外出后的日常工作由书记处同志轮流主持。"并提议由周恩来同志主持。周恩来同志再三推辞。高岗赞成"由书记处同志轮流主持"。朱德同志也说"由书记处同志轮流主持"。我第五个发言，当时我很激动，心里想：就是轮流的话，轮到你朱总司令或高岗时，就敢肯定不出问题吗？所以我当时说：我不赞成日常工作轮流主持，因为日常工作事情多，如果没有一个同志认真来研究是不行的，日常工作仍应由少奇同志来主持。主席当时说："怎么样？还是少奇同志主持吧。"当时少奇同志仍在推辞。我说，这又不是写文章有稿费，还有什么推辞的呢？最后，少奇同志同意自己来主持了。

薄一波在《若干重大决策与事件的回顾》中说：高岗明目张胆地要取刘少奇而代之，是1953年12月。当时毛泽东准备去外地休假，依照先例，毛泽东在中央政治局会议上提出，在他休假期间委托刘少奇代理中央领导工作。这时，少奇谦逊地提出，还是由书记处同志轮流负责为好。正当大多数同志表示还是由少奇同志主持，不赞成搞轮流时，高岗立即出面反对，主张要"轮流坐庄"。他一再坚持说："轮流吧，搞轮流好。"

逄先知、金冲及主编的《毛泽东传（1949—1976）上》中说：

大约就在这个时候（指12月中旬——笔者注），毛泽东决定外出休息。在一次中央书记处会议上，他依照前例，提议在他外出休假期间，由刘少奇代理主持中央工作。刘少奇谦逊地提出，还是由书记处的同志轮流负责为好。与会同志同意由刘少奇主持，不轮流；高岗反对，说"轮流吧，搞轮流好"。高岗反对刘少奇的面目又进一步暴露。

杨尚昆在谈"高饶事件"的文中说：

1953年秋后，高岗竟去邓小平、陈云处"煽风点火"……小平和陈云同志都感到这个问题很严重，及时报告了毛主席。毛主席有意亲自

"测试"一下，在同年12月24日向政治局提出：他要外出休假，拟请少奇同志临时代为主持中央工作，问大家有什么意见？本来，这已是近几年的惯例，高岗却表示反对，主张由几个书记"轮流坐庄"。这一试，果然使他露了底。（苏为民《杨尚昆谈新中国若干历史问题》，四川人民出版社2010年版）

《邓小平年谱》（1904—1974）记载：

1953年12月15日下午，出席毛泽东主持召开的中共中央书记处扩大会议……会议决定毛泽东外出期间中央书记处会议由刘少奇、周恩来、朱德、陈云、邓小平、高岗、彭德怀参加，集体讨论解决问题。（在这次会议上，毛泽东提议在他外出休假期间，由刘少奇临时主持中央工作。刘少奇表示由书记处同志轮流主持为好。书记处其他同志都同意由刘少奇主持，不赞成轮流主持，唯独高岗一再坚持说：轮流吧，搞轮流好。会后，高岗又分别找陈云、邓小平，动员他们也赞成轮流主持。）

以上几种说法，反映了两种语境，一是毛明确提出由刘少奇代理；另一种是毛以商量的口吻问由谁代理？按一般常态说，毛如以肯定的语气提出由刘少奇代理，不可能有人提出不同意见，只有当毛以商量的口吻提出问题时，会上才可能出现不同意见。而且彭德怀在1962年写申诉时，对这个问题最不会带什么偏见，他的回忆是："主席在会上提出，他外出后谁人主持日常工作？"杨尚昆的说法——毛在试探高岗，进行"钓鱼"，虽不可尽信，但反映的情况显然毛是以提问的方式提出问题的。因此，刘少奇才会表示轮流为好，这样才可能出现高岗乃至朱老总也表示赞成轮流的意见。在组织会议上表明自己的意见完全是合乎党规党法的，以此为由给发表意见的人戴上"反党"的政治帽子，岂不是"欲加之罪"么。

“把我说成‘三反分子’是不符合实际的”

1959年庐山会议结束后，根据毛泽东的意见，8月22日到9月12日，中共中央军委举行扩大会议。毛泽东在会上讲话说：有几位同志，据我看，他们从来不是马克思主义者，他们只是我们的同路人，是资产阶级革命家进了共产党。

由于朱德在庐山会议之前和会议期间，曾多次批评过“大跃进”和“人民公社化”中一些“左”的错误，对彭德怀批判不力且还为他说了一些好话，林彪竟然在会上恶意攻击朱德是“老野心家”、“想当领袖”、“实际上没当过一天总司令”等。[《朱德年谱》新编本1886—1976（下）]林彪说：“我今天还给一位在座的老同志提点意见，他是谁？这个人，一般人是看不出来的，他给人的印象是忠厚老实，平易近人，而且德高望重。但这是假的，他的骨子里是反党、反毛主席的，和彭德怀是一路货。他就是大名鼎鼎的朱德！人家称他为总司令，他还心安理得地答应呢！他够当总司令的资格吗？他根本不配！我们的总司令，是我们的毛主席。你这个总司令，从来没有当过一天总司令。不要看你没有本事，一天到晚笑嘻嘻的，实际上你很不老实，有野心，总想当领袖！”对林彪的当众诬蔑，朱老总泰然处之，笑着对林彪说：“那就请你批评好了。”（朱和平《永久的记忆——和爷爷朱德、奶奶康克清一起生活的日子》，当代中国出版社2004年版）

在当年党内生活极不正常的氛围下，朱老总不得不在高岗和彭德怀二人的问题上进行检讨。朱德说：自己在历史上曾犯过路线错误，并且几次支持过错误路线。在社会主义革命和建设时期，又犯了两个大错误，一个是在高饶事件上，他们的阴谋活动已经开始暴露，毛泽东同志和其他人已经开始同他们的阴谋活动展开斗争以后的一个时期中，我还以为他们是好人，替他们辩护，支持他们。直到1954年2月举行的四中全会我才认识了他们的反党面目，坚决拥护这一斗争。另一个大错误，就是发生在这次庐山会议的时候，“对彭黄张周的反党野心家的本质认识不够，光从好的方面去想，认为他们已经改过了，同时和他们在思想上又有共同点，所以这次我同样表现出嗅觉不灵，没有及时识破他们反党阴谋的本质”。“有几位同志指出我有个人野心，我本是不同意这种批评的。但是再想一想，我既然同毛主席和其他坚持马克思列宁主义的正确路线的同志在思想上有不一致的地方，而且在大是大非的路线问题上，曾有六七次没有站在毛泽东同志的正确方面……既然如此，那么，同志们对我的批评不能说是没有道理的”，“我愿意接受这个批评”。（转引自从进《曲折前进的岁月》，人民出版社2009年版）

1965年12月8日至15日，毛泽东主持召开中共中央政治局常委扩大会议批判罗瑞卿。朱德在会上提出，不能说毛泽东思想是马列主义的顶峰，顶峰就不能发展了。1966年5月4日至26日的中共中央政治局扩大会议上，朱德在第一小组会议上发言，表示要认真读马列的书，打算用一两年时间读完。随后几天，他便在会上受到林彪、康生等的攻击，他的意见被说成是“以马克思主义来反对毛主席”，“有野心”，“想黄袍加身”，“是党内危险的定时炸弹”，等等。[《朱德年谱》新编本1886—1976（下）] 朱老总无奈地说：说我是不是有野心，我80岁了，爬坡也要人家拉，走路也不行，还说做事？事情我是管不了了，更不要说黄袍加身。我对于我们这个班子总是爱护的。总是希望它永远支撑下去。（朱和平《永久的记忆——和爷爷朱德、奶奶康克清一起生活的日子》）

但“文革”中，对朱德的诬陷和批判并未就此打住。1969年中共九大期间，在分组讨论会上，他仍常常受到一些人的围攻。4月21日，朱老总在华北组第六次全体会议上发言说：“我和毛主席在一起40多年，几乎天天在一起。几十年的经验证明，我没有反毛主席，把我说成是‘三反分子’是不符合实际的。所以，我就没有承认。”（刘岩《我在“军委办事组”的见闻》，《党史博览》2011年第4期）

毛泽东在中共九大一次讲话中说：“朱（德）、陈（毅）是经过中央苏区的斗争，吃过苦的，三次反围剿帮过忙的……许世友说朱、陈反我反了几十年，其实有时也不反。红四军第七次代表大会后，他们开了第八次代表大会，篡夺了军权，但心里不踏实。陈毅到上海向中央请示，受到了批评，中央批评他们是极端民主化。陈毅又请我回军队了。”“他们的检讨也有，但群众不通过。我看以后就不要检讨了，主要看行动。”

（《邱会作回忆录》，香港新世纪出版社2011年版）

毛说："老总啊，你是红司令啊！"

1971年8月，朱德在北戴河休养，陈毅到寓所看望。朱德在谈话中说："我们这些人为革命干了一辈子，现在为了顾全大局，做出这样的容忍和个人牺牲，这在国际共产主义运动史上是很少有的，将来许多问题都会搞清的。"[《朱德年谱》新编本1886—1976（下）]

在"九一三"事件后，1972年1月10日，毛泽东亲自出席陈毅的追悼会，反映出毛泽东对老同志的重新评价。

1973年12月21日，朱德出席毛泽东会见参加军委会议的人员。毛泽东对朱德说："老总啊，你好吗？你是红司令啊！人家讲你是黑司令，我总是批他们，我说是红司令，还不是红了吗？""没有朱，哪有毛。朱毛，朱毛，朱在先嘛！""红司令，现在没有人骂你了吧？"朱德说："没有了。"毛泽东说："那好些了。这位同志（指着朱德对其他与会者说）跟我们一起几十年了。"朱德说："四十多年了。"毛泽东说："我跟你四十多年了！"[《朱德年谱》新编本1886—1976（下）]

（作者系历史学者）

原载于《同舟共进》2012年第1期

“朱德的扁担”之考证

刘　统

“朱德扁担”的不同版本

1960年代上小学时，语文课本有一篇《朱德的扁担》，我们都能背诵：

1928年，朱德同志带领队伍到井冈山，跟毛泽东同志会师了。红军在山上，山下不远处就是敌人。

红军要坚守井冈山根据地，粉碎敌人的围攻，必须储备足够的粮食。井冈山上生产粮食不多，常常要抽出一些人到茅坪去挑粮。从井冈山上到茅坪，有五六十里，山高路陡，非常难走。可是每次挑粮，大家都争着去。

朱德同志也跟战士们一道去挑粮。他穿着草鞋，戴着斗笠，挑起满满的一担粮食，跟大家一块爬山。战士们想，朱德同志工作那么忙，还要翻山越岭去挑粮，累坏了怎么办？大家劝他不要去挑，他不肯。有个同志就把他那根扁担藏了起来。不料，朱德同志又连夜赶做了一根扁担，并写上了“朱德记”三个字。大家见了，越发敬爱朱德同志，不好意思再藏他的扁担了。

文章写得很朴实，表现了朱德与红军战士同甘共苦的优秀品德。到了1990年代，我的孩子上小学时，在我面前背课文：

朱军长找来了毛竹，亲自动手削了一根新扁担，还在扁担上写了八个醒目的大字“朱德扁担，不准乱拿”。

我说：“背错了。”孩子说：“课本就是这么写的。”我就想：怎么语文课本也知道与时俱进呀，历史故事还能改来改去啊！

《朱德的扁担》原作者是朱良才上将。这是他写的一篇革命回忆录，最初发表在1958年出版的《星火燎原》第1卷：

……那年，朱德同志已经四十多岁了，他也跟大家一道去。他着双草鞋，戴顶斗笠，挑了满满的一担米，和战士们一道爬山。大家看到朱军长整夜整夜地计划作战的大事，白天还要参加劳动，生怕累坏了他，便劝他不要挑；又讲他不过，只好把他那根扁担偷去藏起来。本来，藏扁担的同志以为这样一来朱军长就可以休息了，哪知道朱军长却另找来了一根扁担，并且用柴刀把扁担削平，写上了“朱德的扁担”五个字。

从此，他的扁担再没有人“偷”了，同志们挑米的劲头也更高了。同志们还编出了这样一首歌子：“朱德挑谷上坳，粮食绝对可靠。大家齐心合力，粉碎敌人‘围剿’。”每当挑米爬山爬累了的时候，大家就用这歌子互相鼓励。

问题又来了，朱德扁担上变成了五个字。同一条扁担，怎么会有三字、五字、八字三种说法呢？

后来我到了井冈山，纪念馆里陈列的红色文物，有朱德的扁担。上面写的是八个字：“朱德扁担，不准乱拿”。细心的同志突然发现：那个“乱”字是个简体字。那个年代可没有简体字啊，这是怎么回事啊？

这些疑问引起我的好奇。觉得有必要刨根问底，考证一番。

井冈山挑粮的由来

朱德为什么要挑粮？

1928年4月，朱德率南昌起义部队到达井冈山，和毛泽东的秋收起义部队会师，这是中共党史上大书特书的历史事件。但是一个现实问题产生了：毛泽东的队伍有2000人，朱德的队伍有2000多人。另外，跟朱德上山的湘南农民多达8000人。这些人中有穿长袍的，有拿大刀梭镖的，有老人和女人，还有抱在怀里、坐在箩筐里的孩子。没有作战能力的农民和家属一起上山，给原本资源贫乏的井冈山地区造成沉重的压力。井冈山区人口稀少，耕地不多，经济落后。众多兵马齐集山上和山下小块平原，吃饭、穿衣等，都成了大问题。毛泽东5月2日在永新给中央的信中抱怨："岂有此理的（湘南）各县县委和县政府，带领了一大批农民一起跑来，现有一万人在这里。"

因为生活困难，湘南农民军也不愿意长住，一个月后陆续回家乡去了。但是井冈山还是养不活这么多军队。江西省委知道这些情况，派人传达指示，要红四军下山到湘南地区去发展新的根据地。毛泽东不愿意离开井冈山，朱德和陈毅愿意执行省委的命令。于是，7月中旬，朱德带着28、29两个团下山去湘南，毛泽东带着31团在井冈山周边活动。

没想到去湘南后，湘南农民军组成的29团不听朱德指挥，非要打郴州，结果遭到优势的国民党军反击，29团溃散，28团2营营长袁崇全叛变，拉走了部分队伍，打死了团长王尔琢。朱德、陈毅遭此损失，只得收拾队伍重回井冈山与毛会合。后来毛泽东在《井冈山的斗争》中，称之为"八月失败"。

"八月失败"引起连锁反应，使井冈山的形势发生了逆转。红四军兵力削弱，只能守山，无力出击。山下永新、遂川、酃县等地被国民党重新占领，对井冈山形成包围。毛泽东原来在永新打土豪、分田地，结果反动派一回来，农民或逃上山，或反水，田地又被地主夺回去了。当时正是稻谷收获时节，结果变成"农民种田，地主收获"，真是倒霉透了。

红四军困守井冈山，生活越来越困难，吃饭穿衣都成了大问题。井冈山地区方圆五百余里，"人口不满两千，产谷不到万担"，粮食仅够群众自用。部队要吃粮、储粮，都得去山下挑，于是红军中掀起了一个挑粮上山的运动，这就是朱德挑粮的缘由。

挑粮持续了多长时间？据《朱德年谱》记载，朱德和毛泽东是在9月底回到井冈山的。随后在宁冈、遂川一带游击作战，打击进犯的国民党军，这期间行动飘忽不定。到11月中旬，部队在宁冈砻市一带整训，挑粮应该在这个时期。12月，彭德怀率部上井冈山，国民党军随即对井冈山进行了包围和封锁，红军进入困难时期，挑粮的事情应该结束了。

老红军杨兴顺又有一说：当时红军从外地运来的粮食，集中到宁冈。国民党军即将围剿井冈山，所以要抢在敌军到来之前将粮食全部运上山。部队全体挑粮，实际用了三天时间。到第三天下午敌军到达永新之前，粮食已全部转运完毕。说明朱德挑粮不是长期的工作，而是临时应对紧急情况的措施。

故事的产生和演变

“朱德扁担”故事的作者，是开国上将朱良才。朱良才（1900—1989），湖南汝城人，1927年10月入党，1928年参加湘南暴动，在耒阳遇见朱德，加入红军。上井冈山后，他在军部当通信员。建国后任北京军区政委，1955年授予上将军衔。

1956年7月，为迎接中国人民解放军建军30周年，中央军委向全军老同志征文，编辑革命回忆录“星火燎原”丛书。作为井冈山时期的老同志，朱良才写了《这座山，它革命》、《朱德的扁担》、《练兵与御寒》、《一根灯芯》四篇文章。

朱良才的儿子朱新春说：在写作期间，朱良才发现问题不少。《朱德的扁担》是他根据自己的记忆，将有关人物、细节写得较多，也较具体，但与当年一起在红四军军部警卫连当排长的肖新槐（开国中将）等几个老同志一聊、一对证，大家的记忆都不一样。终究是30年前的事情，谁能把挑粮的细节记得那么准确、那么清晰。朱良才对文章进行了修改、简化，最后形成了600多字的定稿。文章发表后反响很大，大家认为这是进行革命传统教育的好文章，被教育部收入了中小学《语文》课本。这个红色经典，教育了一代又一代的孩子。

到了1980年代，另一位当事人范树德指出朱良才的文章有记忆错误。1928年朱、毛会师后，范树德任红四军军需处处长，成为红军最早的后勤负责人。1934年中央红军长征后，范树德被留在江西苏区。1935年4月在汝城打游击时受伤被俘。因曾就读黄埔军校，转为国民党军官。抗战后任郑州绥靖公署少将副处长。1948年中原战败后，逃回桂林做小生意。1954年被桂林公安局逮捕，以战犯身份长期在开封、西安监狱关押改造。1975年获特赦释放，1980年当上了桂林市政协委员。

范树德的坎坷经历，使他到获得自由后才能开口说话。他看到《朱德的扁担》后，作为亲身经历者和见证人，他在《文史通讯》1982年第三、四期撰文，提出朱良才的回忆中有三处与史实不符：一、朱德扁担上的文字，不是“朱德的扁担”、“朱德记”这几个字，而是扁担的一端写的是“朱德扁担”，另一端写的是“不准乱拿”，共八个字。二、朱德挑粮的路线，朱良才说是从井冈山上到茅坪，实际上是从柏露村到桃寮村。三、挑粮重量，朱良才说是挑了“满满的一担米”（当时一担通常为100斤），实际上是40斤左右（当时范树德20来岁，也才挑了30斤左右）。

江西地方党史和博物馆研究人员经过验证，认为范树德说的情况是准确的。当年在井冈山，毛泽东住在茅坪（就是八角楼所在地），朱德的军部住在桃寮村。茅坪在井冈山半山腰上，山下的粮食是运不到那里的，只能在宁冈砻市以下的地方。从砻市往下走，就是柏露村。这里是永新通往井冈山上的必经之地。朱德挑粮是从柏露到桃寮村，往返60华里，都是弯曲不平的盘山小路，因此，红军战士都是挑个三四十斤左右。朱德军长年岁大了，可他“挑粮时，担子一头是行军时背米的三个白布米袋，另一头是一个用粗厚布缝的北方人叫做‘捎码子’的米袋，两头共计装40斤，再加上他经常佩带的一支德造三号驳壳枪和一条装有约百发子弹的皮子弹袋，总共约四十六七斤”。这已经是体能的极限了。

至于那根扁担，就是朱德让范树德给他做的。范回忆说：“我当即带名勤务兵到桃寮村张家祠附近找到一个姓张的老板娘（当时红军对当地中年以上妇女的称呼），用一个铜板向她买了一根毛竹。削成两根扁担，一根送给朱德同志，另一根我留着自用。在朱德同志的那一根上，我用毛笔在一端写上‘朱德扁担’，另一端写上‘不准乱拿’八个字。朱德笑着说：‘好啊，明天就用上了。’”

范树德的回忆被认定后，井冈山革命历史博物馆为了复制这个文物，派专人带着一根井冈山毛竹扁担，前往广西桂林，请范树德在扁担上重新题写这八个字。范在扁担上书写后，来人高高兴兴地返回井冈山。一位细心人突然发现“朱德扁担，不准乱拿”的“乱”字，当年必定是繁体字，而范树德却写成了简体字，明眼人一看便知是件不真实的复制品。为了还历史原貌，又派人带着扁担赴桂林让其重写。然而范树德已经去世，现在井冈山博物馆展出的朱德的扁担，就是范树德书写的带有简化“乱”字的八个字。历史给人们留下了这点遗憾，同时也留下了朱德扁担故事背后的故事。

2001年6月4日，《解放军报》发表了朱良才口述的《常想起藏朱德扁担的日子》的文章，更正了他过去回忆中的错误：“小学课本有《朱德的扁担》一文。文中说，战友们怕朱德下山挑粮累坏了身体，就把他的扁担藏了起来，这个藏朱德扁担的人就是我。那时，朱总司令常常晚上和毛主席研究敌情，白天和战士们下山挑粮。我是他的通信员，担心他累坏身体，就和其他战友劝阻他，但谁也劝不住。后来，我出了个‘鬼点子’，干脆把朱总司令用的扁担藏了起来。可他仍不罢休，找到军需处长范树德，让他花一个铜板买了一根毛竹，为自己做了一根扁担，还特地写上了‘朱德扁担，不准乱拿’八个字，又高高兴兴地下山挑粮去了。”

挑粮没有改变井冈山的困境

朱德挑粮的故事，表现了他与战士同甘共苦、艰苦奋斗的革命精神，但历史事实证明：挑粮只解决了一时的困难，并没有从根本上改变井冈山的困境。

红军到山下向老百姓买粮食，是需要钱的。“八月失败”回到井冈山后，红军遭到国民党军的围困，不能四处游击，打土豪筹款子。买米的钱越用越少，红军生活陷入了困境。毛泽东在1928年11月25日给湖南省委的报告说：“给养问题：湖南省委要我们注意士兵的物质生活，至少要比普通工农的生活好。现在军中的生活则相反，恐怕什么人的生活都很少有红军这样坏的。因为现洋缺乏，每天每人五分大洋的伙食钱（米归地方供给），时常难乎为继。‘打倒资本家，天天吃南瓜’。士兵的谚语表示了他们的苦处。耐得苦，比四军更耐得苦的恐怕也少了。仅仅发伙食钱，此外一切费用都省掉，每月都需现洋万元以上，出发全靠打土豪。但一则打过的地方，没得打了；二则敌人围得紧紧的……打土豪也不许你打远。三则敌情之严重，单独一两营兵简直不能出去筹款。要筹款须得多兵，问题就不是简单的了。现在全军五千人的冬衣，虽得了棉花，还缺少布。这样冷了，许多士兵还是穿两层单衣。好在苦惯了。而且什么人都是一样苦，从军长到伙夫，一律吃五分钱的伙食。发零用钱，两角即一律两角，四角即一律四角。大家又都懂得是为了无产阶级受苦，因此又不怨恨什么人。虽然如此，经济问题始终是很严重的。”（这是毛泽东报告的原始版本，后来《毛泽东选集》第一卷《井冈山的斗争》一文修订时，删去了这些话——作者注）

五分钱的伙食是什么概念？井冈山老战士黄达回忆：“那时的五分钱和现在的钱不太好换算。我小的时候，一块银元可以换八百个铜板。一分钱就是一个银毫子，等于一百文。所以那时红军五分钱的伙食，每天只能吃三钱盐、四钱油，常吃野菜、南瓜，很少吃肉，生活是很艰苦的。”

当时在28团当连长的粟裕回忆：“本来井冈山的经济基础就差，加上敌人的封锁，就更困难了。部队的生活是很艰苦的。布很难买到，军衣都是自己动手作。领到白布，用锅灰煮成灰颜色，裁好后自己一针一线地缝。我第一次做裤子时，不会裁，就把自己身上穿的一条裤子拆开来照样子裁，然后再缝起来，做一条裤子缝两次。穿着自己做的裤子格外高兴。衣服很少更新，全身破破烂烂的。到了冬天。棉衣很少，号召共产党员、团员不穿棉衣，让给伤病员穿。所有干部、战士都会打草鞋，用稻草打。吃得也很苦，每天的伙食除粮食外，油盐菜金五个铜板。基本上餐餐吃红米、南瓜。南瓜吃了涨肚子，不好受。最困难的是部队吃不到盐。不吃盐，行军、作战没得劲。后来自己熬硝盐吃。硝盐就是把房屋墙角下长的一种白毛刮下来，用水熬。那东西又苦又涩，但毕竟比没有盐好一些。”（《粟裕战争回忆录》，解放军出版社1988年版）

毛泽东也意识到井冈山可能坚持不了很久，他在给中央的报告中谈到了“以赣南为退步”的想法。他说：“非经济上到了绝路，非往赣南就无法维持时，决不走此一路。万不得已时也许要往赣南，但完全是为经济计而不是政治的意义。”

1928年12月，彭德怀率领平江起义的红五军上了井冈山。彭虽然只带来了800人，但每天要吃饭，更加重了朱、毛的负担。冬季来临，井冈山的日子真的过不下去了。粟裕说：“井冈山经济基础薄弱，地区比较狭小……这个地区作为一个后方是可以的，从战略发展观点来看，作为大发展的基地不够理想。”

在这个没有多少回旋余地的山区呆着，早晚会被困死。所以，1929年1月，朱、毛在山下柏露村开会，决定带红四军主力下山，跳出国民党军的包围圈，开辟新的根据地。此后，朱、毛红军开始了进军瑞金的征程。

新发现的史料

“朱德的扁担”已经考证清楚，应该可以定论了。作者最近突然发现了一则新史料，不胜惊喜。

为了搜集研究资料，我去图书馆查阅民国时期的旧杂志，看到1936年上海出版的《逸经》半月刊第11期上，有篇介绍朱、毛红军的文章，署名“柳云”。这是个化名，但从文章内容看，是个经历过井冈山生活的人。估计是后来脱离了红军，为杂志写写稿子。值得注意的是，文章说朱德在井冈山与红军“有福同享，有祸同当”，去往桃寮挑谷子，“朱确与众同挑，有人在其扁担上大书‘朱德扁担，不准乱拿’八字，至今赤军中犹传为美谈”。

这是有关“朱德的扁担”的最原始记载。《逸经》在上海是个颇为特殊的杂志。社长简又文，号“大华烈士”，早年当过冯玉祥的秘书。他既是文人，又是政客，和政界、军界及文化界人士都有关系，交际很广。《逸经》经常刊登一些有特色的稿件，但作者和稿件的来源是绝对保密的，连总编谢兴尧都不了解。瞿秋白牺牲前写的那篇著名的《多余的话》，就是首发在《逸经》上。红军到达陕北后，中央特科人员、红色牧师董健吾陪同美国记者斯诺秘密潜入陕北，采访毛泽东和红一方面军。董带回了红军长征的回忆录，据此写成两万字的长文《二万五千里西引记》，署名“幽谷”，也在《逸经》上发表。这是国民党统治区首次介绍红军长征的文章，比斯诺的《西行漫记》还早一年。柳云写朱、毛红军的文章，发表在1936年，距井冈山朱德挑粮的时间仅有8年。他的记载是清楚准确的，也可以为“朱德扁担”的争议作一个裁决了。

（作者系中国军事科学院研究员、上海交通大学教授）

原载于《同舟共进》2012年第5期

任弼时：领导干部的一面明镜

刘　波

任弼时是中国共产党第一代领导集体成员，极富人格魅力，同他接触过的人都感到他是一位可亲、可敬的人。很少有人得到这么多的诚恳好评——刘少奇说："任弼时同志是一个模范的革命职业家，模范的共产党员和中国共产党的最好的领导者之一。"叶剑英评价他："他是我们党的骆驼，中国人民的骆驼，担负着沉重的担子，走着漫长的艰苦的道路，没有休息，没有享受，没有个人的任何计较。"胡耀邦也曾说过：现在我们党内找不出一个对弼时同志人品上有意见的。任弼时堪称共产党人的明镜，特别是领导干部的明镜。

坐牢也讲究方法

1928年9月，弼时受中共中央委派赴安徽省巡视党的工作，此行的任务是传达"六大"精神，以及解决中共芜湖市委反对安徽省临委的风潮问题。临行前，他剃掉胡子，着夹袍礼帽，扮成商人模样，化名胡少甫。第二天下午，他到县城西北的古刹香油寺，正准备参加城关区党团员骨干会议，被叛徒发现被捕。特务除了在他身上搜出80元大洋外，别无所获，随即将他羁押于南陵县监狱。

16日晚，国民党南陵县法院会同县党部会审，弼时自称"胡少甫"，是长沙伟伦纸庄的学徒，来南陵催收账款，顺便到小乔墓玩玩。国民党反复提审，均无隙可乘，于是施以"踩杠子"刑，弼时坚不吐实。在狱中，弼时言行谨慎，很少同政治犯交谈。他启发狱中的难友，不要急躁莽撞，有的人恨不得立即冲出监狱，审讯时发脾气大骂国民党，这于事无补，相反暴露身份。“你不承认是共产党，这一骂就变得承认是共产党了。要善于同敌人辩论，进行说理斗争，争取不判死刑，过好狱中生活”。在他的启发下，许多同志都注意改变对敌方式，大家组织了两个学习组，一组是工农分子学文化，一组是有文化的同志学理论。难友们的情绪也都冷静下来，做好了长期坐牢的思想准备。

弼时在被押解去安庆的船上，偶遇曾任长郡中学校工的同乡彭佑亭，他乘法警不备，请彭通知在长沙任湖南第一纱厂工程师的堂叔任理卿。从任理卿处得到消息后，弼时的妻子陈琮英和党组织迅速展开营救工作。当国民党安徽省法院派人到长沙调查胡少甫身份时，陈琮英早已做好准备，确认胡少甫是纸庄学徒，向法院出具保证书。年底，弼时在组织营救下出狱，回上海休养。不久，中央派弼时任江苏省委宣传部部长。

1929年11月17日上午，弼时赴上海华德路竞业里出席共青团江苏省委扩大会议，被埋伏在团省委秘密机关的巡捕房密探逮捕，拘押在汇山路捕房。19日捕房审讯时，弼时机智地化名彭德生，自称由江西来沪谋职，因投亲地址不准，被错捕。当时他身上除了一张电车“派司”外，没有任何材料，巡捕房抓不到任何把柄，但不相信他的口供，施以残酷的电刑。两个电极把他背上烙出两个拳头大的印记，用手一按，冒着黑血水。但弼时依然不屈服。在周恩来的亲自指挥下，中央特科聘请上海著名律师潘震亚为弼时辩护，营救工作获得成功。

“包办婚姻给了我最大的幸福”

作为中共最早的留苏“海归派”，喝过洋墨水，又长期身居高位，弼时却与来自农村的发妻陈琮英不离不弃。他没有像一些以打破封建婚姻束缚为由的革命者那样，走马灯似的换几任妻子。他对婚姻的态度始终如一，与陈琮英患难与共、一生恩爱，堪称领导干部的典范。

弼时的婚姻本是包办的，但他诚恳地对妻子说：“琮英，这包办婚姻给了我最大的幸福，下辈子咱们还‘包办’……”由于父辈亲情的原因，弼时年幼时就由父亲任振声做主，与陈家的侄女陈琮英订了“娃娃亲”。琮英比弼时年长2岁，长到12岁时便到任家，同小弼时生活在同一屋檐下。弼时12岁时考入长沙师范学校高小部。任家生活清贫，琮英便自告奋勇到长沙的织袜厂当童工，省吃俭用，把打工的钱攒下来助弼时交学费。

1924年弼时从苏联学习归来，担任共青团中央组织部长、中央委员和代理中央书记。“五卅惨案”后，出于安全考虑，上级决定让弼时将琮英接到上海。在这之前，有人要在上海给弼时介绍对象，被他拒绝了。1926年4月初，分别长达6年的这对恋人终于聚在一起，正式举行了婚礼。（中共中央文献研究室编《任弼时年谱（1904—1950）》，中央文献出版社2004年版）从此以后，两人风雨同舟、相依相伴。琮英跟着丈夫从事地下工作，在白色恐怖中备尝艰辛。

1928年秋，弼时在安徽省南陵县第一次被捕入狱时，琮英买不到火车票，情急之下，毅然带着刚出生不久的女儿苏明爬上一辆货运火车赶到长沙，然后按照弼时的假口供，假扮成一老板娘，与敌周旋，与党组织一起成功地救出了弼时。弼时出狱后得知，女儿因在去长沙的途中受冻，不幸患肺炎夭折。弼时和妻子都伤心欲绝，他安慰妻子：“革命总是要付出代价的！”1931年，弼时赴江西苏区后，琮英被叛徒向忠发出卖被捕，在狱中半年受尽折磨，经周恩来多方营救出狱，到苏区后与弼时重逢。

1935年11月，红二、六军团长征开始后，琮英随弼时踏上长征之路，两人互相照顾。琮英照顾身体虚弱的丈夫，使弼时几度死里逃生。长征途中，过草地前琮英又生了个女儿，这时弼时已率红六军团经历了万里长征，遂给女儿取名远征。过草地时严重缺粮，弼时怜惜妻子，吃饭时总是把嫩点的野菜夹给妻子吃，还抽空去河沟钓鱼给琮英熬汤补身体。行军途中，孩子总是由他背着，同时还要搀扶着妻子往前走。

1941年7月弼时担任党中央秘书长，与周恩来一同操劳中央指挥抗日战争的日常工作，成了延安中央最忙的人。琮英是弼时的机要秘书，也是生活秘书。弼时常常通宵达旦地工作，琮英也就跟着忙个不停……全国解放时，弼时的健康严重恶化，中央决定送他去苏联治疗。为了给国家省钱，弼时没有让琮英陪同前往。1950年5月28日，弼时与在苏联学习的女儿远芳一起回到北京。

回首与弼时度过的共同岁月时，琮英总是深情地说：“与弼时一生一世足矣，他是我亲爱的丈夫，也是我最好的朋友和敬爱的老师！”

不怕犯颜直谏，“谁有真理谁就有资格发言”

弼时性情温和，但柔中有刚，一旦认定是正确的事，必勇于坚持，决不退缩。他为坚持正确的主张，一生中多次向上级犯颜直谏，不怕上级给他穿小鞋。

——顶撞陈独秀

1927年蒋介石发动“四一二”政变后，捕杀共产党员和革命者，共青团组织也遭受巨大损失，负责共青团工作的弼时忧心忡忡。

为保卫武汉，共青团湖北省委组织了400多名童子团成员参加武汉三镇的警戒任务。童子团的活动被武汉政府的汪精卫斥责为“过火行动”，陈独秀为避免与武汉政府分裂，委曲求全，决定湖北省总工会自动解除工人纠察队的武装，同时也要求团中央下令湖北团省委停止童子团的活动，脱下制服，交出木棍，“否则童子团应当枪毙”，“如CY（共青团）不听令执行，连CY也要解散”。陈独秀的“严重决议”引起了弼时和团中央同志们的强烈不满。这期间，以弼时为首的团中央议定了一份挽救时局的《政治意见书》，并召集会议，请总书记陈独秀来参加，向他面陈。陈独秀听后拂袖而去。

7月3日，弼时出席中共中央在武昌召开的扩大会议。会上，弼时对陈独秀的主张持反对意见，再次要求宣读共青团《政治意见书》。陈独秀严厉制止说：“青年根本没有权利提出政治决议案。”弼时仍不罢休，对参会的一位国际代表说：“青年团国际的这位代表可以说一说，青年是否有这种权利！”陈独秀则说：“青年团国际的代表不应当参与，他在这里是客人，他不应当进行干扰。”末了辩解：“这不包括在议事日程之内。”有的文章记述：“陈独秀越听越生气，最后竟失态地大叫：‘住嘴！’

然后冲上前去，伸手夺过意见书撕得粉碎，踩在脚下大吼：‘这是党的会议，青年团没有资格发言！’弼时针锋相对地说：‘谁有真理谁就有资格发言！’”陈独秀是否如此失态，这里不做考据。当时，由于共产国际的代表鲍罗廷和罗易之间意见不一，鲍罗廷、季诺维也夫觉得共产国际的来电难以执行。陈独秀本有“难言之隐”，正在内外交困之时，看了意见书不由得大动肝火。

当时弼时同志年仅23岁，竟敢向48岁、自己一直尊敬有加的老师、总书记陈独秀“开炮”，正体现了弼时独立思考、“吾爱吾师但更爱真理”的品质。弼时当时对革命出路的思考与稍后的共产国际以及中共领导层毛泽东等人的想法不谋而合。因此，“八七”会议后，新任党中央主要负责人瞿秋白和共产国际代表都夸奖了他的觉悟与胆识，弼时也被赋予了更多更重要的职责。

——与张国焘争而不破

1936年6月底，弼时与贺龙、萧克、关向应等率红二、六军团跨越千山万水，在国民党的层层堵截中杀出重围，终于在西康甘孜与红四方面军胜利会师。在经历会师的欢喜之后，红二、六军团的领导权问题，红军的南上北下等问题迅速浮出水面。

时任红军总政委的张国焘向弼时等人提出“六军团归我指挥”，“二、六军团调换首长”、“另派政委”、在政治上与他“保持一致”等主张，都被弼时一一巧妙地拒绝。但弼时对张国焘是斗而不破，以至于张国焘对弼时印象不错，而且很有敬意。张国焘印象中的弼时形象是：“他原富有青年气味，经过许多磨炼，已显得相当老成。当时他已蓄起几根胡子，我往常叫他做小弟弟，现在也要笑着叫做‘任胡子’了。贺龙当时已经看不出任何土匪气味，简直是一位循规蹈矩的共产党军人，一切听由弼时指挥。”

7月5日，张国焘主持召开了由二、四方面军领导人参加的会议。弼时在会上反复批评了张国焘，他说：“你借用中央名义调我们是不对的。你把我们调来干什么？你要吞并我们！”张国焘赶紧辩解说，因为你们处境困难，后面敌人跟着，和我们靠近一点，就能保持力量。弼时还直言不讳地批评，你们南下路线是错误的，这样做分散了红军主力，给敌人以可乘之机，把红军逼到草地里，粮没粮，草没草，吃没吃，穿没穿，给红军带来严重损失。他还严肃地向张国焘指出，自立中央是严重的反党行为，是自绝于中国革命，是党纪决不容许的。你们已经宣布撤销第二中央，我们欢迎。末了，弼时提出，我们唯一的道路就是北上，与中央会合。这个会开完就应立即北上，到青海这条路是走不通的。弼时的发言很精彩，一向专断的张国焘竟没有反驳。

弼时十分关心全党和整个红军的团结问题，不断与党中央保持密切联系。7月6日，他就红二、四方面军会师，北上情况及红二方面军长征的简要情况致电党中央。在此期间，他先后与朱德、张国焘、刘伯承、徐向前、陈昌浩等人谈了话，详细了解张国焘与中央发生分裂的经过，以便找出妥善的解决方案，进一步消除隔阂。

张国焘后来在回忆录中谈到了弼时力求化解红一、四方面军领导人之间矛盾一事，且表示“对于他这种热忱，极为感动”。他曾笑问弼时是不是想做“包拯”，弼时也不完全否认，表示愿以调解人自居，不偏袒任何一方，希望为红一、四方面军的和好多尽些力量。

弼时担任“包公”的角色成效明显，在他的悉心斡旋下，红二、四方面军达成一致，纷纷表示团结起来，继续北上，与中央会合。

——与毛泽东据理力争

1947年3月，国民党军队调23万人大举进攻延安，中共中央决定暂时主动撤离延安，伺机歼敌。而留在陕北的中央机关人员全部武装起来，和警卫部队一起合编为800多人的中央纵队，由弼时任司令员。

6月7日，胡宗南部刘戡率4个半旅扑来，离中央机关驻地王家湾仅15华里。这时，彭德怀指挥的西北野战军主力离中央机关驻地王家湾有六七百里之遥，毛、周、任身边的全部兵力仅警7团4个连，能投入战斗的仅200多人。中央前委决定立即从王家湾转移。但到底向哪个方向转移，弼时与毛泽东发生了激烈的争论。

弼时主张中央纵队应先向北走，再折向东，万不得已时可以到河东暂避一下。这时，毛泽东因整夜工作后刚刚入睡，为了不惊动他，弼时就此定下了行动方案。没想到毛泽东第二天下午醒来后，却认为这个方案欠妥。

弼时的理由是：此时西有敌马鸿逵部，南有敌刘戡、董钊部，东又濒临黄河。只有北面路宽、活动余地大，万不得已向东走过黄河。只有这样才可保证毛泽东和党中央的绝对安全。毛泽东坚决不同意过黄河，他主张迎着敌人来的方向往西去，大路通天，各走一边。这样是有一定的风险，但往往最危险的地方可能最安全。敌人就是估计到彭德怀远在陇东，离我们有几百里，救不了我们，才想把我们往东赶，如果往东走，就正中敌人的下怀。两人谁也说服不了谁，最后还是由周恩来出面搞了折中方案，提出先向北走一段，然后视情况再向西北方向转移。这个方案，基本以毛泽东的意见为主。

毛泽东的思路已被事实证明是正确的，但却不能就此抹杀弼时方案的意义，因为中央纵队西进的过程中确实险象环生。如：10日晚，队伍继续摸黑行到月亮山山峁时，向导迷路。其间，曾一度离敌营仅几十米，能听见敌人讲话声，烟火清晰可见；后另找了一位向导，中央纵队才顺利进入天赐湾。在天赐湾住了一周后，中央纵队重返小河村。7月18日毛泽东等人在五女川又险些被山洪冲走……这说明弼时的考虑绝非多虑，从保护毛泽东和党中央安全计是很有道理的。

中央纵队到达天赐湾后，毛泽东对弼时余怒未消，又批评了弼时，并撤去他中央支队司令员的职务，任命周恩来为纵队司令。弼时坦诚地接受了一切，积极协助接替他的周恩来工作。当然，毛泽东十分清楚弼时"擅自做主"的良苦用心，并未因此事影响他对弼时的信任。

数度纠"左"

八七会议上，弼时当选为中共临时中央政治局委员，时年仅23岁。如此年轻就委以重任，直到他辞世，也才46岁，在党的领导层中仍属年轻人。尽管年纪轻，但弼时阅历丰富，且不乏远见卓识，在革命生涯中多次纠"左"，其思考之深邃，行动之沉稳，令人钦佩。

——处理"富田事变"时尽力救人

1930年10月，红一方面军因发动肃清"AB团"，出现肃反扩大化的严重问题，不少红军官兵被错误捕杀。12月初，红一方面军总前委肃反委员会主任李韶九根据逼供所得的假口供，带人前去捉拿在省行委机关和红20军中的"AB团分子"，并予以行刑逼供和滥杀，这激起了20军174团政委刘敌等的强烈不满和怀疑。他们眼看自己也将被错定为反革命分子，于是率部抓了军长刘铁超，放出政治部主任谢汉昌等人，然后包围在富田的苏维埃省行委，释放被错捕的70多名人员，误捉了中央提款委员易尔士，随后喊出"打倒毛泽东，拥护朱（德）、彭（德怀）、黄（公略）"的过激口号，把部队拉到赣江以西地区，由此引发了"富田事变"。（戴向青、罗惠兰《AB团与富田事变始末》，河南人民出版社1994年版）

中央政治局指派弼时与王稼祥、顾作霖为全权代表来解决"富田事变"。这时传来了共产国际远东局对"富田事变"的意见，局势发生陡转。远东局在代表团调查还未开始之前，就武断地认为红20军少数领导人率部包围省行委的行动"是反革命的暴动，总前委领导是对的，这一点用不着再争论"，应通知苏区"无条件的在总前委领导下来作斗争"，并要中共中央起草一信"立即发下去"。中共中央作为共产国际的一个支部，只好按照这一口径处理"富田事变"。

弼时虽赋有"全权调查与解决""富田事件"的使命，也只得贯彻共产国际和中央的决议。但对肃反扩大化的左倾做法，弼时进行了抵制，并尽可能进行了纠偏。他广泛地进行调查研究，倾听王震等许多同志的意见，提出肃反"绝对不要单独相信口供"，"要反对肃反工作中的唯心论"，保护了一大批同志，救张爱萍即其中一例。7月间，在万泰边区负责青年工作的张爱萍被诬陷为"AB团青年总团部负责人"，决定逮捕他。弼时得知后，指示"不应只凭口供，应该从这一时期工作的检查中来找根据"，即派共青团中央局书记顾作霖作实地调查，结果消除了对张爱萍的诬陷。如不是弼时及时保护，日后共和国的这颗耀眼将星恐怕就此陨落了。

——整风运动期间纠偏

1943年4月，中共中央发布《关于继续开展整风运动的决定》，决定进行一次普遍的审查干部的运动。为此，弼时代表中央书记处作了《特务活动与中央对特务的方针》的报告，其中谈到，国民党花费很多经费训练和培植了一批青年男女混入边区，这批青年绝大多数出身贫苦，本来想做一番事业，是被迫误入歧途的，真正甘心情愿替敌伪和国民党反共顽固分子做特务破坏活动的是极少数。弼时代表中央担保，对于忠诚坦白的人，不治特务之罪。

但是康生违背党中央的方针政策，掀起了所谓“抢救失足者运动”，大搞“逼、供、信”的过火斗争，乱批乱斗，大抓“特务”，短短十余天就造成了大批冤假错案。

面对审干运动出现的严重问题，中共中央政治局于12月22日召开会议讨论甄别工作，弼时在发言中首先否定康生所谓的“新知识分子大多数是特务”的谬论，进而指出：我们对国民党特务的数量要作恰当的估计，估计不足或扩大了，都不妥当。在延安的新知识分子，中直机关和军队系统共约4万人，大多数是1937年、1938年进来的，其中3600多人是地下党撤退来的。我认为他们中大多数是好的，是为了抗日救国、为了革命投奔延安来的。“抢救运动”中，有的单位把80%的新知识分子弄成“坦白”分子，应予以否定。

12月6日，弼时在中共中央西北局会议上强调：对已经坦白的人，分别是非轻重进行甄别是一项大的工作。他说：青年知识分子在“抢救”运动中“坦白”的比例那么大，是逼供信搞出来的，应很好地清理。他还指出，“真正的职业特务不容易在‘抢救’运动中冲出来，只有个别职业特务才能在群众运动中冲出来。审查重大特务主要靠调查研究”。

事实证明弼时的判断是正确的，经甄别，绝大多数的干部和学生都证明是清白的。由于弼时在党内举足轻重的地位，他的讲话和呼吁，对及时纠正冤假错案起了重要的作用。

——土地改革中纠“左”

1947年10月中共中央制定的《中国土地法大纲》颁布，土地革命掀起了新的热潮。经过这轮土改，贫雇农进一步翻身，有力地支援了解放战争，成绩无疑是很大的。但土改存在着急躁冒进的“左”的倾向，有些地区对部分地主、富农采取“扫地出门”，不给生活出路等错误做法，在老区、半老区的许多地方发展到恶性的地步，存在着杀人过多、工商业凋敝、学校关门、社会不稳等现象。

弼时认为纠正土改中“左”的倾向，关键是要确立划分阶级成分的正确标准，全国《土地法大纲》虽然颁布，但如何划成分问题却并没解决。1948年1月12日，弼时作了《关于土地改革几个问题》的长篇报告。报告稿经毛泽东修改审定，从理论和实践结合意义上阐明了：分析阶级的标准，坚固地团结全体中农，正确对待工商业、知识分子和开明士绅，以及反对乱打乱杀六个方面的问题，这是纠正一度出现的左倾错误的力作。

针对把中农错划为富农的现象，弼时指出，“中农是我们的永久同盟者”。他还指出：对地主与对富农，斗争应有所区别；对地主的大中小，恶霸与非恶霸应有分别；对新式富农和旧式富农的财产处理又应有所区别。弼时的这些主张，与后来毛泽东制定的土地改革总路线“依靠贫农，团结中农，消灭封建土地制度，发展农业生产”十分相近。

弼时的一系列举措对各解放区土改纠“左”发挥了很大的指导作用。“扫地出门”、“地主不分田”的错误得到纠正，不少逃亡户被争取回来。如冀鲁豫四分区，至1948年4月返回的逃亡户有3万多人。解放区社会秩序开始趋向安定，土改运动与农业生产走上正轨。国民党军队、政府人员向解放军投诚者日益增多。他们认为：“共产党政策变了，一定要得天下。”（薄一波《若干重大决策与事件的历史回顾》，中共中央党校出版社1993年版）

拒绝特权的“党内老妈妈”

有一次，弼时在养病时，工作人员给他读《西游记》，当念到唐僧取经到西天，阿傩、伽叶向唐僧索要“人事费”未果，只给了唐僧一本无字的空本，唐僧无奈，只得将紫金钵盂送上，才换到了真经。弼时听罢，不禁大笑："原来西天极乐世界也并不干净啊！"在弼时这里，却断然不会发生这样搞特权的事。在他30年的革命生涯中，多数时间身居中枢要津，但他从不以权谋私，始终廉洁自律。他以"三怕"著称：一怕工作少，二怕用钱多，三怕麻烦人。

弼时常说："在党内，任何个人不管他是军长、政委，都是普通的一员，都要服从组织，决不能做特殊党员。"他言行一致。在担任中央秘书长期间，正值陕甘宁经济最困难时，党中央号召军民开展大生产运动。弼时是大生产运动的领导者，也是普通劳动者。他和中央其他领导同志开了一块地，种上了玉米和蔬菜，还积极参加纺纱，向359旅的王震要了一部纺车，工作之余就像村妇一样盘腿而坐，练习纺线。他眼睛近视，开始纺的纱不是粗细不匀，就是常常断头。但他不怕困难，虚心向妻子和其他同志学习。1943年3月，中央直属机关在枣园举行了纺纱比赛，弼时因量多质优被评为第一名，纺的纱还拿到生产成果展览会上展览，一时传为佳话。周恩来惊讶地问："你怎么纺得这么好？"弼时得意地指着琮英："我有家庭教师嘛！"

弼时在延安中共中央秘书长任上，从人事安排到谁吃大灶、中灶、小灶都要管，由于处理问题周到，待同志和蔼可亲，被称为"党内的老妈妈"。弼时深知群众疾苦，尽可能紧缩开支，减轻地方政府负担，中央纵队用的信封多是用旧报纸糊的，起草文电常常用废旧印刷品的背面。弼时总是告诫部下："边区政府也很困难，我们实在没有办法的东西，可以要一点；有些东西可要可不要，没有那东西也可以过日子！"有一次，工作人员看到弼时炕上铺的单子破得不像样子，打算给他换个新的。弼时说："不要，不要，你给别的同志要点东西吧！"他盖的被子是1935年长征时战士送给他的战利品；一条毯子是1934年红六军团突围时缴获敌人的；一条背心是琮英在延安时用一条毛围巾改织的。

弼时有个22年不见的妹妹，叫任培辰，培辰夫妇1949年见到弼时的衣着和家中陈设如此俭朴，不由得大为感慨：没想到共产党这么大的官却这样的廉洁！培辰希望哥哥能出面写封信给湖南省委，为丈夫谋个工作，但弼时婉言拒绝了。他对妹妹说："这虽是件小事，但是为了私事给省委写信影响不好。你们的工作，当地政府是会安排的。"

弼时自己不讲特殊，也不准自己的子女讲特殊。西柏坡时期，一次任远远和姐姐远志在练自行车时，发现车上油漆脱了。小远远突发奇想，学着大人的样子，撕了张纸，写了张领条，跑到行政科批了个字条，然后把纸条交给父亲的警卫员去领了一块布，让姐姐做成车衣。弼时知道后很不高兴，严肃地批评了姐弟俩。远远于是把布退了回去。弼时特别对他们交代："今后要注意勤俭节约，再领什么东西，要经过我同意，你们年纪小，不要乱来。"

新中国成立前后，弼时仍保持着过去的传统，常说："进城了，我们更要注意节约。"1949年中央机关进城后，弼时先住在香山，因离城较远，工作不便，便搬到景山东街居住。但这里离马路太近，环境嘈杂，不利于重病在身的弼时养病。工作人员考虑到他的病情，找到一所环境幽雅的小院子。谁知他坚决不同意换房："这不行，那房子已经住着一个机关的工作人员，怎能为了照顾我一家而让他们搬走呢。"后来，大家又建议他买座适合的房子，换一个环境，弼时再次否定。就这样，他一直住在景山东街，直到去世。

弼时平时一副"老头儿"模样，其实极为博学多才。他擅长绘画，爱好文学，好弹钢琴，会摄影、拳术、打猎、钓鱼，还会开车。他从小喜欢美术，三四岁起，父亲就教他描红识字，绘画刻章。1930年5月上旬，弼时偕琮英到武汉，与贺诚夫妇主持的中央军委长江秘密联络点——华中大药房取得联系。省委的同志打算为他物色一处僻静的住所，弼时说："越是热闹的地方越能避过敌人的耳目。这就是出其不意，攻其不备。"他在汉口日本租界内的闹市区中山路，租赁了两间住房，摆成画像馆，以画师的身份掩护秘密工作。墙上始终挂着几幅画像，他画的一幅未完成的人像，一直放在桌子上。也有人来洽谈业务，琮英在热情接待的同时，漫天要价，把来人一一打发走。在敌人眼皮底下的闹市区，他以画师身份掩护湖北省委书记的身份。鲜为人知的是，弼时还是一位神枪手，据曾在毛泽东警卫班当过班长的武象廷回忆，西柏坡时期，警卫班曾同弼时有过一场比赛射击，打40公分的靶子，距离40米，用美制卡宾枪，每人打三次，一次卧姿，一次坐射，一次立姿。比赛结果，警卫班成绩最好的战士27.8环，弼时是30环。

弼时在繁忙的工作之余，爱好如此广泛，却没有因此影响革命事业。他没有像一些领导那样，借爱好大肆敛财；更没有像顾顺章那样，因爱好魔术而断送了党的事业和许多同志的生命。

弼时的人格之所以如此富有魅力，如此受人称道，是因为他心中始终装着百姓的疾苦。他曾针对官僚主义指出："一个革命的政党，如果只会破坏旧的，而不会建设新的，如果它不能建设起新的，确实使人民在政治、经济、文化上比以前过上好一些的生活，那人民会由不满而反对它的，而它终于要走向失败。"此番深刻的警言，经历半个世纪后，话犹在耳。

哲人虽萎，愿后世鉴之！

（作者系文史学者）

原载于《同舟共进》2011年第1期

"软"中有"硬"，"硬"中有"软"的陈云

林蕴晖

1985年6月29日，陈云同离任的秘书话别时说："我有过中央根据地失败的经验，因此，一九四五年到东北后，兢兢业业工作……但我也有硬的一面。一九六二年七千人大会时，毛主席要我讲话，我不肯讲，在陕西组的会上讲了'交换、比较、反复……'"（《陈云年谱》下卷，中央文献出版社2000年版）。对陈云何以婉拒毛泽东，研究毛泽东的专家张素华对当年的情景有如下描述："陈云，在中共党内虽然排名第五，但论经济工作，可算是第一号人物，大家公认的经济专家。""七千人大会，又是在国家经济工作最困难的形势下召开的，会议的目的，是解决经济建设中的问题。现在的毛泽东是'国难思良将，家贫念贤妻'，对经济工作，他最佩服的人是陈云。所以七千人大会怎能缺少陈云的声音呢？偏偏就是不肯讲话。"（《变局：七千人大会始末》，中国青年出版社2006年版）

陈云在如此重要的场合，何以婉拒毛泽东，不肯讲话呢？显然是有原因的。

反冒进：被迫检讨

事情得追溯到1956年，在1955年秋冬掀起的农业合作化"高潮"的推动下，对生产资料私有制的社会主义改造已胜券在握，毛泽东的注

意力迅速转向工业建设等方面，提出了“建设社会主义又多、又快、又好、又省”的要求。于是在1956年初春，从中央到地方，各行各业都急于加大基本建设的投资和规模，导致人、财、物的全面紧张。处于经济建设领导第一线的周恩来和陈云，不得不出来“救火”，指出投资规模要和国力相适应，基本建设所需的人、财、物要进行综合平衡（1957年1月18日，陈云在讲话中说：建设规模的大小必须和国家的财力物力相适应。适应还是不适应，这是经济稳定或不稳定的界限……建设的规模超过国家财力物力的可能，就是冒了，就会出现经济混乱；两者合适，经济就稳定。当然，如果保守了，妨碍了建设应有的速度也不好。但是，纠正保守比纠正冒进要容易些。见《陈云文选》第3卷，人民出版社1995年版），史称“反冒进”。对此，毛泽东当时是不满意的。到1957年的中共八届三中全会，尤其是1958年的南宁会议、成都会议，毛泽东批评“反冒进”的调子越来越尖锐，上纲越来越高。他说：1957年“右派的进攻，把一些同志抛到和右派差不多的边缘，只剩了五十米”，称“反冒进”是“政治问题”。他强调，不平衡是普遍的客观规律。从不平衡到平衡，又从平衡到不平衡。不平衡是经常的，绝对的；平衡是暂时的，相对的。他直接点名批评周恩来，而对综合平衡思想的批评，指的显然是陈云。

为此，陈云在1958年的中央会议及中共八大二次会议上多次检讨。他说：南宁会议中间讨论的，一个时期在“反冒进”问题上犯的“方针性错误”，“我有这个错误”。“对于工业的基本建设投资多用了一些，职工多了一些，工资支出多了一些，有错误看法”，“没有弄清这些缺点、错误、毛病是九个指头与一个指头的问题”。陈云还检讨说：在1957年省市委书记会议的报告中，对平衡的看法有错误。一定程度的平衡是必要的，因为我们是搞计划经济的，但只注意到物资的平衡，没有去看积极的方面，从增产方面，从群众中间，千方百计来达到平衡，这个错误属于消极平衡。“这个方针性的错误，在财政、贸易、物资供应这些部门反映得多，就是在我管的方面反映得多。所以，应该说，在这个问题上面，我要负主要的责任。”（金冲及、陈群主编《陈云传》，中央文献出版社2005年版）

"大跃进"：惹不起，躲得起

邓小平在1980年关于起草《建国以来党的若干历史问题的决议》的谈话中说：1958年"'大跃进'，毛泽东同志头脑发热，我们不发热？刘少奇同志、周恩来同志和我都没有反对，陈云同志没有说话。"（《邓小平文选》第2卷，人民出版社1994年版）

当年陈云为何没有讲话？除如上所述因"反冒进"被迫检讨外，还有毛泽东在发动"大跃进"过程中一路放话，说"要警惕党内的观潮派、算账派，秋后出来算账"，同时告诫"要准备党内分裂"。毛讲这个话，无疑是放了两顶帽子，堵人们的嘴——万一"大跃进"受挫，谁要出来说话，谁就是在搞"秋后算账"。张素华在《变局：七千人大会始末》一书中写道："陈云当时没有参加会议，事后他得知此事，除了震惊，恐怕就是担扰了。"

1959年6月8日，陈云致信毛泽东，说前一段心脏病发作后，躺了两个星期，现已能坐起来，但说话仍感吃力。医生说要使心脏功能恢复需要3个月，故拟离京休息一段时间。毛泽东批示："我认为首先应坚决易地完全休息三个月，然后看情况决定是否恢复工作。"还批示："放心休养，不要顾虑。"此后，陈云先后到江苏的无锡、苏州，山东的曲阜、济南、青岛等地疗养。

7月2日，毛泽东在庐山主持召开"神仙会"，毛对当前形势作出的估计是："成绩伟大，问题不少，前途光明。"7月14日，彭德怀上书毛泽东，对"大跃进"和人民公社化运动提出看法。7月16日，毛泽东在彭德怀信上加上"彭德怀同志意见书"的题名，批示："印发各同志参考。"（《建国以来毛泽东文稿》第8册，中央文献出版社1993年版）同日，毛泽东写信给刘少奇、周恩来、杨尚昆，建议将原来各大区小组重新编组，以便广博见闻。另一封信是要刘少奇等通知在北京的彭真、陈毅、黄克诚、安子文等上庐山开会；并征询在大连休养的陈云的意见，"能来则来，不能来则不来"。（《建国以来毛泽东文稿》第8册）

《陈云传》对陈云未上庐山参会的情节作了如下叙述："陈云是在大

连疗养期间阅读庐山会议文件，了解到庐山会议情况的。鉴于毛泽东把右倾思想同反冒进联系起来，多次点到反冒进的错误，对庐山会议作出的‘反右倾’、鼓干劲、继续‘大跃进’的各项决议，病中的陈云不便也不能公开表示不同意见。”《邓子恢传》更有如下记载：庐山会议前不久，“邓子恢又感身体不适，经卫生部组织会诊，他肝硬化有加重，糖尿病有发展，又只得去休养”。“在大连休养地，邓子恢接到参加庐山会议的通知。这时，陈云也在大连。他拿着通知到陈云那里，问去不去参加会议？陈云告诉了邓子恢庐山会议的一些情况，劝他不要去。庐山会议过后，邓子恢同身边工作人员谈起这件事，说：幸亏陈云同志，不然，后果不堪设想。”（《邓子恢传》，人民出版社1996年版）可见，陈云的态度是，在当时的大形势下，既不能直诉己见，又不愿违心表态，采取回避就是上上策了。

“七千人大会”的氛围

1962年初，中共中央召开有中央、各中央局、各省市自治区党委、地委、县委、重要厂矿党委及军队负责干部参加的扩大的中央工作会议，史称“七千人大会”。会上的形势又如何呢？

有关召开如此规模的中央工作会议的背景之一，张素华在《变局》中写道：“不少人认为‘大跃进’以来的错误，中央是有责任的，越是高级干部，这样的想法越多。而几年来，只是地方在做自我批评，尤其是县以下处分了很多人，这是人们气不壮的原因之一。中央和毛泽东看到了这一点，毛泽东说：这几年各省只讲自己错，不讲中央错，这不符合事实。所以，在邓小平等提出召开一个地委书记会议，打通思想，解决粮食征购问题时，毛泽东立刻表示同意，并提出扩大到县委书记来参加会议，要在这个大会总结‘大跃进’以来的经验，把问题讲清楚，中央做自我批评，向全党交心。”

对毛泽东当时的心情，张素华有这样一段描述：“（1961年）12月21日，邓小平在谈到毛泽东时说：他现在的心情很好。或许这一段毛泽东比较放松，因为从1960年下半年以来，国内爆发的困难形势，使他的精神高度紧张，一直处在纠‘左’的前线，身心倍感疲倦。到了1961年底，在他看来，其困难形势进入谷底后，已经在逐渐好转，中央制定的各项具体政策都开始见效，只要在各行各业把具体政策一一制定出来，落实下去，再有两三年，中国的经济就可以恢复了。中央召开了小型工作会议，再召开一个七千人大会，把过去的工作总结一下，承担一下责任，告诫大家要听中央指挥，实现今后十年的奋斗目标是不成问题的。”（《变局：七千人大会始末》）可以认为，这就是毛泽东对当时形势的基本估计。

那么，七千人大会上的氛围又是怎样呢？

根据毛泽东的意见，刘少奇、邓小平主持起草的大会报告稿，不经中央政治局讨论，直接发与会人员讨论。各组议论最多的问题，是对当前国内形势的认识，对出现困难局面的分析，对错误的表现、性质、责任、原因的探讨以及对“三面红旗”和反对分散主义的看法。出现困难形势的原因是天灾还是人祸，哪一个是主要的？安徽、西藏、山西等地有不少人认为：人祸是主要的。对错误的性质，华北地区有人提出：说缺点错误不是路线性的，是执行中的问题，为什么全国都推行错了呢？这几年造成的损失，不次于三次“左”倾造成的损失。对犯错误的责任，当时认为毛泽东犯了错误的大有人在。也有人大胆地就“三面红旗”提出质疑：“为什么说‘三面红旗’没有错？”但比较而言，认为不是成绩讲得不够，而是缺点讲得不够，这种声音比较弱；认为缺点错误讲得过分了，担心报告讲缺点错误太多会影响人们的信心的呼声较高。甚至有人说，好像缺点和错误都发生在1958年以后，这对那些原来有观潮思想、算账思想的同志没有帮助。（《变局：七千人大会始末》）

1962年1月27日，刘少奇在大会上作口头发言，一口气讲了3个小时。

首先是对困难形势的估计。刘少奇说：关于目前的国内形势，实事求是地说，我们在经济方面是有相当大的困难的。我们应该承认这一点。当前的困难表现在：人民的吃、穿、用都不足。原因是1959年、1960年、1961年这三年，我们的农业不是增产而是减产了。减产的数量不是很小，而是相当大。工业生产在1961年也减产了，据统计减产了

40%，或者还多一点。1962年的工业生产也难以上升。两三年以前，我们原来以为，在农业和工业方面这几年都会有大跃进。可是，现在不仅没有进，反而退了许多，出现了一个大的马鞍形。

其二，关于造成困难的原因。刘少奇说：有些地方的农业和工业减产，主要原因是天灾。有些地方，减产的主要原因不是天灾，而是工作中的缺点和错误。去年我回到湖南一个地方去，那里也发生了很大的困难。我问农民：你们的困难是由于什么原因？有没有天灾？他们说：天灾有，但是小，产生的原因是"三分天灾，七分人祸"。

其三，如何估计这三年的成绩与错误？刘少奇说：过去我们经常把缺点、错误和成绩，比之于一个指头和九个指头的关系。现在恐怕不能到处这样套。全国总起来讲，缺点和成绩的关系，恐怕是三个指头和七个指头的关系。还有些地区，缺点和错误不止是三个指头。

其四，在对困难形势、造成困难的原因、成绩和错误的关系作了分析和估计后，无疑就得对总路线、"大跃进"、人民公社这"三面红旗"作出结论了。刘少奇在口头报告中说："三面红旗"，我们现在都不取消，都继续保持，继续为其而奋斗。现在有些问题还看得不那么清楚，但是再经过五年、十年以后，我们再来总结经验，那时候就可以更进一步地作出结论。

对于造成错误的责任，刘少奇说，首先要负责任的是中央，"所谓中央负责，包括中央各部门，包括国务院和国务院所属的各部门"。但无论如何，不能不使人们想到毛泽东。当年参与起草刘少奇书面报告的胡绳事后回忆说：刘少奇在台上讲，毛泽东不断插话，我就担心毛主席是否能够接受。(《变局：七千人大会始末》)

1月29日，林彪在会上讲话，他首先肯定说："我们党所提出的总路线、大跃进、人民公社这'三面红旗'，是正确的，是中国革命发展中的创造，人民的创造，党的创造。"对"大跃进"以来出现的问题和困难，林彪说是物质上受了点损失，"精神上却得到了很大的收入"。"我们所得到的经验，将要发挥很大很大的作用……就像小学生付学费一样，学出来以后作用就很大了"。接着，林彪强调说："在困难的时候，我们应该更加依靠、更加相信党的领导，中央的领导，毛主席的领导，我们才更容易克服困难。”“事实证明，这些困难，在某些方面，在某种程度上，恰恰是由于我们没有照着毛主席的指示、毛主席的警告、毛主席的思想去做。”“我个人几十年来体会到，毛主席最突出的优点是实际……我深深感觉到，我们的工作搞得好一些的时候，是毛主席的思想能够顺利贯彻的时候，毛主席思想不受干扰的时候。如果毛主席的意见受不到尊重，或者受到很大的干扰的时候，事情就要出毛病。我们党几十年来的历史，就是这么一个历史。”（《变局：七千人大会始末》）

对林彪的讲话，毛泽东当时就给予了充分肯定，说：“林彪同志讲了一篇很好的讲话，关于党的路线，关于党的军事方针。我希望把它整理一下。给你一个星期、半个月搞出来。还有少奇同志的口头报告，口说无凭，也请他整理一下。他已经答应了。”1962年3月20日，毛泽东在审阅林彪讲话整理稿后，致信田家英、罗瑞卿，指出这“是一篇很好、很有分量的文章，看了很高兴”。（逄先知、金冲及主编《毛泽东传》下卷，中央文献出版社2003年版）

从以上毛泽东对形势的估计，多数与会人员对成绩和错误的认识，以及毛对刘少奇和林彪讲话的反应，可以看出在大会上完全讲真话也还是有困难的。

更深层的原因在哪里

早在大会开始之前，毛泽东就曾布置中央常委都要在会上讲一讲。会议期间，毛泽东又亲自请陈云讲话，陈云都以“在做工业调查，还没有调查完，现在还没有把握来讲”为由谢绝了。毛泽东问他哪一年可以讲，他说过半年以后。（《变局：七千人大会始末》）后来，陈云回忆说：“一九六二年七千人大会，毛主席要我讲话，我不讲话，主要是和稀泥，这不是我陈云的性格，同时不能给毛主席难堪。”[1988年5月21日陈云的谈话记录。转引自金冲及、陈群主编《陈云传》（下）]

那么，陈云对当时形势的看法究竟如何呢？在当年2月21日至23日刘少奇主持召开的中共中央政治局常委扩大会（俗称“西楼会议”）上，陈云终于开口了。《陈云传》中写道：“二月二十三日，陈云经过反复考虑，就当时的财政经济情况和克服困难的办法作了长篇讲话。他直率地毫不含糊地指出：'目前的处境是困难的。'他认为困难主要表现在五个方面：农业在近几年有很大的减产；已经摆开的基本建设规模，超过国家财力物力的可能性，同现在的工农业生产水平不相适应；钞票发得太多，导致通货膨胀；城市的钞票大量向乡村转移，一部分农民手里的钞票很多，投机倒把在发展；城市人民的生活水平下降。"据此，他提出克服困难的6条重要措施。

对陈云这一席讲话在会上引起的反响，薄一波如是说："在陈云同志发言时，大家还三言两语地插话，为他的讲话内容作补充。少奇同志在插话和会议的结论中，讲了一些极为深刻的话。他说：'中央工作会议（即七千人大会）对困难情况透底不够，有问题不愿揭，怕说漆黑一团！还它个本来面目，怕什么？说漆黑一团，可以让人悲观，也可以激发人们向困难作斗争的勇气！''现在处于恢复时期，但与一九四九年后的三年情况不一样，是个不正常的时期，带有非常时期的性质，不能用平常的方法，要用非常的方法。把调整经济的措施贯彻下去。'少奇同志还建议召开国务院全体会议，请陈云同志再展开讲一讲，统一大家的认识，并征求意见。"（《若干重大决策与事件的回顾》下卷，人民出版社1997年版）

2月26日，陈云在有各部委党组成员参加的会议上作《目前财政经济情况和克服困难的若干办法》的报告。就西楼会议讲话的内容展开作了阐述，尤其是关于农业困难和农业恢复的问题。陈云说，1961年粮食产量比1957年少800多亿斤，不得不进口粮食应急，棉花等经济作物和畜牧产品也减产很多。"肚子里缺少油水，身上缺少衣着，这都是农业减产直接带来的后果"。全国大多数农民的粮食不够吃。他认为"农业的恢复大约要三年到五年"，"每年可能增加二百亿斤粮食"。就农业生产的一些基本条件来看，水利和机械这两个条件现在比过去要好一些，但土地、耕畜、肥料、农具、种子这几个条件都比过去差。好坏两种条件相抵，现在的条件可能不如过去。"我们工作的基点应该是：争取快，准备慢"。对农业困难和农业恢复速度的估计，是整个经济调整决策的基础。陈云强调指出："对于农业生产，首先是对于粮食生产恢复快慢的估计不同，我们财政经济工作所采取的步骤就会有很大的不同。"据此，他具体阐述了克服困难的六条意见。(《陈云文选》第3卷）由此，《陈云传》作者对陈云未应毛泽东之邀在大会上讲话的主要原因，引用陈云的话说，是他感到"对困难的程度，克服困难的快慢，在高级干部中看法并不完全一致"。

笔者认为，从事后的发展看，似乎还有更深一层的原因。

就在七千人大会后，陈云心里仍在盘算着克服困难的办法，怎样解救缺粮的农民，怎样加快恢复农业生产的问题。

对如何能更快地恢复和发展农业生产，陈云更主张"分田到户"，以调动农民的生产积极性，并当面向毛泽东提议。1962年5、6月间，毛的秘书田家英在湖南作农村调查后，到上海向毛泽东汇报情况，谈到农民和农村干部提出包产到户或分田到户的要求。毛对田说："我们是要走群众路线的，但有的时候，也不能完全听群众的，比如要包产到户就不能听。"田将这个调查报告送给陈云，陈读后说："观点鲜明"，并认为："包产到户还不彻底，与其包产到户，不如提分田到户。"他认为：用重新分田的办法，可以刺激农民的生产积极性，以便恢复农业的产量。于是，陈云要姚依林帮他算一笔账，分田到户以后，农业生产每年能增产多少，国家能掌握多少粮食。姚依林担心地说："这个问题，毛主席怕不会接受。"陈说："毛主席是实事求是的，我去讲！先搞分田到户，这更彻底一点。集体化以后再搞！"6月下旬，陈云回到北京，他就分田到户的问题先后同刘少奇、林彪、邓小平、周恩来交换意见。刘表示同意，林彪也同意。邓说这是其中一种方式，还可以用各种各样的方式。周恩来第一天听后说要考虑一下，到第三天说耕牛农具等已经合了，不应再散。7月2日，邓小平在中央书记处会议上说："恢复农业，群众中相当多的提出分田。陈云同志作了调查，讲了些道理，意见提出是好的。现在是，所有形式中，农业是单干搞得好，不管是黄猫黑猫，在过渡时期，哪一种方法有利于恢复就用哪一种方法。"7月6日，陈云致信毛泽东，讲自己对恢复农业生产有一些意见，希望当面与毛谈谈。毛即约陈谈了一个多小时。毛当时没有表示意见，第二天早晨，毛很是生气，严厉批评说："'分田单干'，是瓦解农村集体经济，解散人民公社，是中国式的修正主义，是走哪一条道路的问题。”问题提得如此之高，使闻者十分震惊。此消息很快传给了陈云，他听后态度深沉，久久沉默不语。于若木回忆说：“他不沮丧，不生气，只是对我说了一句：不以成败论英雄，以此表明自己的心境。”（《陈云传》下卷）

从7月25日至9月27日，中共中央先后召开北戴河工作会议、八届十中全会的预备会议和八届十中全会。毛泽东在会上多次发表关于阶级、形势、矛盾的讲话，提出阶级斗争不可避免地要反映到党内来，是党内产生修正主义思想的社会根源，并严厉批判了所谓的“黑暗风”、“单干风”、“翻案风”（指对困难形势的估计、主张包产到户、为1959年被打成右倾机会主义者平反）。其中涉及陈云的就有两风——“黑暗风”和“单干风”。《陈云传》作者说：“持续两个月的会议形成了一九五九年庐山会议以后又一次十分紧张的政治气氛，也是又一次由纠‘左’转向反右的政治风云变化。”（《陈云传》下卷）

张素华在《变局》中分析，陈云不在七千人大会讲话的原因有三，其中第三条说：“还是心有余悸。从个人而言，他担心弄得不好，当了秋后算账派，引起毛泽东不快，万一如庐山会议一样，大会改变了方向，这也是难以预料的。”历史的发展正是如此，表明分析是有道理的。这恰恰反映了陈云“硬”的一面里又藏着“谨慎”的一面。这正是陈云“软”中有“硬”、“硬”中有“软”的辩证法。

（作者系历史学者）

原载于《同舟共进》2011年第8期

李先念“杞人忧天”？

林蕴晖

1960年4月中旬，李先念应约到毛泽东的住处，毛泽东笑着对李说：“杞国人来了，请坐下。”“杞人忧天”是比喻庸人自扰，毫无根据地瞎担心。毛泽东何以把李先念比喻为“杞国人”，这里有一段什么样的故事？

“大跃进”后的粮食生产状况

1958年发动“大跃进”和人民公社化运动，当年8月的中共中央政治局扩大会议（即北戴河会议）公报称，1958年粮食产量将达到6000—7000亿斤，比1957年增产60%—70%。到1958年底，有关部门根据各省、市、自治区的汇报，把预计产量夸大到8500亿斤。据《当代中国的粮食工作》记载，经过核实，1958年的粮食产量是4000亿斤，比1957年仅增产2.5%。（《当代中国的粮食工作》，中国社会科学出版社1988年版）

1959年的庐山会议决定在全国开展“反右倾”运动，高指标、浮夸风有增无减，1960年的粮食产量指标仍定为6000亿斤。实际上，1959年到1961年的粮食产量一路下滑，三年的平均产量为3073亿斤，比1957年减产21.2%；平均每人占有粮食433斤，比1957年减少了170斤。这给粮食分配工作带来了严重困难。由于国家掌握的粮食收不抵支，不得不年年挖库存，粮食调拨也越来越紧张，大中城市几乎有粮食脱销的危险。1960年6月上旬，北京市库存只够7天的销量，天津市只够10天的销量，上海市已没有大米库存。据统计，1960年9月底，全国82个大中城市的库存比上年同期减少近一半，还不到正常库存的1/3。当时大量调出大米的江西省以及省内的南昌、景德镇、赣州、九江4个主要城市，也处于日调日销的局面。(《当代中国的粮食工作》)

农村的情况更为严峻，由于高指标、浮夸风导致高征购，1959到1961年平均征购数占粮食总产量的34.4%，而正常年景是20%多。(《周恩来传》，中央文献出版社1998年版）大量征购过头粮，不仅夺去了农民的部分口粮，甚至征购了来年的种子和饲料粮，农村每人每天的口粮不足1斤，有的地方只有几两，农村已出现大量饿死人的情况。国家确定的粮食征购的高指标根本无法完成。

李先念致信毛泽东告急

1959年4月，全国人大举行二届一次会议，会议任命李先念为国务院副总理兼财政部部长。5月2日，周恩来总理宣布副总理的分工，李先念分管财贸工作。1960年初，各地粮食部门纷纷向国务院告急，粮食征购上不来，国家粮食库存下降。面对全国粮食危机的严重局面，负责财贸工作的李先念处于两难境地。

庐山会议期间，李先念因对彭德怀信中的内容表示赞同，不得不多次检讨自己犯了“右倾错误”。但面对如此严峻的粮食局面，若不如实向党中央、毛泽东报告并采取应对措施，将导致严重后果。李先念不顾自己可能再次遭受错误批评，及时地把情况向上报告，并提出应对的具体意见。

1960年1月13日，李先念向党中央、毛泽东报告说，据部分省区反映，在农村人民公社的基本核算单位中，约有10%—20%缺粮。(中央批转李先念同志关于安排农村人民公社生活问题和继续开展爱国售棉运动的报告，1960年1月21日）4月16日，李先念再致信毛泽东，报告说：

当前粮食情况总的来说很好，1959年到1960年粮食年度征购任务是1075亿斤，估计到6月份可以完成1200亿斤左右。但目前这50天或一个月，是保证春耕生产顺利进行、继续稳定粮食局势的紧要时期，必须开展粮食调运突击运动，坚决完成第二季度50亿斤到53亿斤的粮食调运计划，这是保证大中城市和受灾严重省份粮食供应的决定步骤。过去，国家主要是管理粮食的购销，负责城市人民和农村一部分缺粮人民的粮食供应；现在已经发展到，国家必须把六亿几千万人民的粮食消费都要更加具体和更加直接地管理起来，国家对于人民群众的吃粮够不够吃、吃饱吃不饱，负有十分重大的责任。(《李先念年谱》，中央文献出版社2011年版)

报告又说，截至4月5日，粮食入库高潮已过，但全国粮食库存517亿斤，比去年同期减少13亿斤，而销售比去年同期增加。[《李先念传》1949—1992（上），中央文献出版社2009年版]

毛泽东戏称李先念为“杞人”

尽管毛泽东对1960年的总体形势比较乐观，但对农村的粮食情况也并非全然不知。所以，李先念的报告还是引起了毛泽东的关注。

其后一天，毛泽东约李先念到中南海丰泽园住处谈话，李按时赴约。毛泽东见李先念来到，笑着说:“杞国人来了，请坐下。”接着说:“你是怎么搞的，报纸上讲形势大好，你老是泼冷水，讲什么都不好，你是怎么想的? 你知道不知道杞人忧天的故事? 你可不要学杞国人啊!”(《李先念传》) 李先念看到毛泽东并无严厉批评之意，于是认真直率地说:“我知道杞人忧天的故事。我不是像杞国人那样忧天塌下来，我是担心全国几亿人吃不上饭呀! 主席你不担心吗? 你不要听报纸上吹的那一套，形势不是大好，也不是小好，是一点也不好，老百姓在挨饿，已经饿死了不少人。有些省一方面说粮食大丰收，另一方面向我写报告要救济粮。我昨天晚上没睡觉，和粮食部副部长陈国栋等同志商量，调粮搞救火，运来一列车粮食准备调山东，结果山西来电报说他们饿死的人多，又把这一列车粮食运到了山西。当前老百姓没粮食吃，只好挖野菜、捋树叶度日。”(《李先念年谱》)

毛泽东听后，感到吃惊，要李先念详细谈谈全国粮食供应的严重情况。对李先念提出的应急措施，毛泽东表示了支持。

压在李先念肩上的粮食重担

1960年严重缺粮的危机，不能不使共和国总理周恩来承受沉重的压力。据周恩来的秘书李岩回忆："各省市天天向中央告急，搞得总理吃不下饭，睡不好觉。"在那段艰难的日子里，周恩来亲自指挥调运粮食，被称为"粮食调度的总指挥"。(《周恩来传》)要做到在全国范围内合理地调拨粮食，必须对各省粮食的真实情况心中有数，周恩来设计了《中央粮食调拨计划表》，上面按日期记载着各省市的粮食收购、库存、销售和调拨数字，中央粮食收支情况等，一目了然。

紧急调运粮食的重任则由李先念承担。李先念提议，经中央2月21日批准，成立了中央粮棉油调运指挥部，由李先念负责，有国务院财贸办公室、铁道部、交通部、粮食部和商业部有关负责人参加，规定铁路、汽车的货运要服从粮食的紧急调运任务。为加快粮食调运，需要成立一支由粮食部直接管辖的粮食运输队。李先念亲自找解放军总后勤部负责人借调1000辆汽车，又从各省抽调1000辆汽车。这支运输队，从山区到平原，从边远地区到大城市，前后三年，共运出粮食约42亿斤，对完成粮食调运任务作出了很大贡献。(《李先念传》)

6月，京、津、沪三大城市和辽宁省的10个主要城市的粮食供应紧张问题仍未解决。6月份全国粮食计划调运21亿斤，只完成14亿多斤；7月份计划调运20亿斤，22天只完成8.7亿多斤。对此严重情况，李先念在一个月内三次向中央致信告急。

7月5日，李先念、谭震林联名将《关于召集九省市财贸书记讨论当前粮食工作的报告》报送中共中央和毛泽东。《报告》中说：京、津、沪和辽宁等省市只能随调随销天天过年三十，再这样紧下去，局部地区很可能出现乱子。在农村方面，没有夏粮收获的地区，粮食情况仍然很紧张，有夏粮收获的地区，新粮已经接上了，但是丰歉不平衡，农村储备粮少，粮食分配和生活安排也存在着若干问题。报告提出：当前粮食分配工作的根本任务，就是要把全社会的粮食分配和消费都具体地管起来，认真地、毫不马虎地、满腔热情地、实事求是地安排城乡六亿五千万人民的吃饭问题。

7月13日，李先念向周恩来报送了最近粮食调运情况很不好的报告。报告说，7月份应调出粮食20亿斤，但到10日止，只调出2.19亿斤。"现在的粮食库存，北京、天津只够销4天；上海只够销两天；辽宁只够销6天。如果不加速调运补充库存，照这个样子下去，是会出乱子的。就目前情况看来，在整个国家粮食库存比较少的状况下，宁可中小城市紧张一点，也不能让京、津、沪、辽脱销。因此，我建议应当机立断，一切运输暂时为粮食运输让路，把粮食运输任务放在第一位，突击运输，迅速扭转局面。"（《李先念年谱》）

7月24、25日，李先念先后将国务院财贸办公室《关于紧急调运粮食的报告》报送周恩来、邓小平、毛泽东并中共中央。《报告》中说："今年5月份以来，京、津、沪、辽粮食库存极少，面临脱销危险，不断告急，现已到不可终日的地步。""据粮食部报告，7月22日，北京市区库存粮食销不到4天，上海只够销6天，天津只够销十七八天，辽宁20日库存粮食销不到10天，吉林19日粮食库存只够销17天。这是按铺底粮统统销光计算的。实际上许多粮店已经没有存粮，时断时销，情况危急。"并提出了一系列建议。

对李先念报告的情况，周恩来、邓小平十分焦急，周恩来于14日将李先念13日的报告批给中央办公厅主任杨尚昆，要他把报告印发正在北戴河参加中央工作会议的各省负责同志。邓小平在接到李先念25日报告的当日批示："此件印发会议各同志。请应调出粮食的各省负责同志，马上打电话回去，督促和检查一下。"（《李先念年谱》）

时任粮食部副部长的杨少桥回忆说："为了安排好粮食调拨，往往是先由粮食部党组同志打前站，同地方协商，然后由先念同志出面商谈，最后由周总理亲自定案。1959年以后，不仅年度粮食调拨计划由中央、国务院下达，季度计划也由中央安排下达。到了1960年，有好多月份的调拨计划也都由中央通知各地执行。这些计划，都在先念同志那里研究好了后，才报请中央审定下达。"（《伟大的人民公仆——怀念李

先念同志》，中央文献出版社1993年版）

李先念并非“杞人忧天”

对大饥荒年代，李先念在指挥调运粮食方面做出的贡献，中央军委总后勤部负责人洪学智回忆说：

国家三年困难时期，最突出的是粮食供应方面的困难，直接关系到亿万人民的生存和社会的稳定。党中央决定，由李先念担任突击调运粮油棉指挥部的领导工作。当时，许多城市的粮库已经挖空，频频告急，真不亚于战争年代的紧迫军情。先念同志一面及时而如实地向党中央和毛泽东同志反映情况，提出一系列解决困难的有力措施；一面组织各省区想尽一切办法，突击筹粮运粮，以保证京、津、沪、辽等地的急需。他还亲任接卸、转运进口粮食领导小组组长，调动一切港口的能力，使接运任务顺利完成。这一时期，在解决几亿人民的吃、穿、用问题上，先念同志绞尽脑汁，出了大力，立了大功，对较快地扭转经济困难局面起了重要作用。(《伟大的人民公仆——怀念李先念同志》)

然而，即使作了如此艰苦的努力，在960万平方公里的中国大地上，仍未能避免悲剧的发生。薄一波在他的《若干重大决策与事件的回顾》中写道：“在‘三年困难时期’，全国广大人民因食物缺乏、营养不良，相当普遍地发生浮肿病，不少农村因饥馑死亡增加，据统计，1960年全国总人口减少1000多万。在和平建设时期发生这种事情，我们作为共产党人实在是愧对百姓，应该永志不忘这沉痛的教训！”

历史表明，李先念当年对粮食困难局面严峻性的估计和严重后果的担心，并非“杞人忧天”。

（作者系历史学者）

原载于《同舟共进》2012年第6期

为改革开放“杀出一条血路来”
——习仲勋在广东

黄硕忠

在改革开放取得丰硕成果的今天，我们更加深切缅怀为中国改革开放作出过重要贡献的习仲勋同志。从1978年4月初到广东，到1980年11月赴中央工作，习仲勋在广东工作了两年八个月。他在改革开放的历史转折时刻不负重托，平反冤假错案，大胆探索，为广东的改革开放奠定了基础，使广东成为中国改革开放的开路先锋。

海陆丰反彭湃烈士惨案震惊中央

“文革”中令人发指的反彭湃事件致死160多人，伤3000多人，彭湃之子彭洪被迫害致死，彭湃母亲周凤被折磨得奄奄一息……聂荣臻出面干预，周恩来极为震惊。

作为祖国南大门的广东省，历经十年“文革”的动乱，国民经济到了崩溃的边缘。习仲勋到广东工作后，深感责任重大，在广东的两年多时间里，他以大无畏的气魄和高度的历史责任感，力主解决广东的问题。他主政广东期间作出的一项重大举措，就是大力平反冤假错案。

广东省是“文革”期间林彪、“四人帮”干扰破坏的重灾区，其中最令人发指的冤案是在海陆丰制造的反彭湃事件，致死160多人，伤3000多人。

彭湃，广东海丰人，中国农民运动的开拓者和理论家，海陆丰苏维埃政权的创始人，被毛泽东称为“农民运动大王”，1929年8月30日在上海龙华英勇就义。就是这样一位为中国革命作出过重要贡献、深受人民爱戴的革命家，在“文革”中却被诬陷为“叛徒”，彭湃烈士的亲属和维护烈士英名的干部群众也遭到残酷镇压。时任海丰县海城镇“四清”分团团长、党委书记的孙某和他的支持者，在海陆丰大造舆论，说“彭湃是‘左’倾机会主义者”、“彭湃是地主立场未改、品质未改、参加革命动机不纯”。他们用当年国民党诬蔑海陆丰农民运动的反动宣传材料，攻击彭湃是“叛徒”。彭湃的亲属、好友遭到迫害，儿子失踪，侄儿遭斩首，甚至母亲也遇到劫难。

生于1928年的彭洪，是彭湃的第三个儿子。20世纪50年代，彭洪先后担任海丰县委组织部长、县委副书记、县长等职。60年代，彭洪担任华南农学院党委委员。1966年6月，彭洪遭到批斗，之后被免去党内外一切职务，下放到农场放牛。1966年国庆节前后，彭洪再次被抓走，送到沙河的广州警备区司令部关押。这次被抓捕批斗的，还有1927年曾在陆丰县碣石湾黄厝寮村掩护过周恩来、叶挺、聂荣臻赴港的中共地下党员黄秀文。黄秀文是当年与彭湃一起搞农运、干革命的亲密战友，曾在彭湃领导下担任中共南塘区委书记。

解放后，黄秀文受陆丰县原县委书记程春耕委托，到华南农学院去找彭洪解决农业生产问题，这样，程春耕和黄秀文也被诬陷为“彭洪反党团伙”成员。

彭洪入狱后，家人两次给他送去《毛泽东选集》和生活用品，他在狱中给家人复过两次信之后，便再没音信。1968年8月中下旬，彭洪的爱人陈平得知，彭洪被转移到海丰去批斗。十几天后，传来了彭洪“畏罪自杀”、“自绝于党和人民”的消息。噩耗传来，彭家人悲愤万分。在彭洪去世后，陈平带着两个孩子被下放到粤北山区的一个干校，在那里待了五年，直到1973年才获准返回广州。陈平及彭家亲属始终不相信彭洪是自杀的，要求调查彭洪的死因，但提出的每次要求都石沉大海。

受彭湃案牵连的人很多，就连彭湃已过九十高龄的母亲周凤也未能幸免。1966年11月的一个深夜，老人突然被秘密带走，关押到海丰县公安局的牢房里。四个月后，被折磨得奄奄一息的老人被送回家。林彪、“四人帮”在广东的爪牙停发了国家发给她的生活补贴，取消她的粮食供给和户口，还勒令当地医生不许为她诊病。

1967年4月，与彭洪一起被关押的黄秀文在押送途中患病，他利用看病的机会逃离广东，一路乞讨到了北京。黄秀文解放初期曾受国务院邀请，到北京参加国庆观礼，到聂荣臻家做过客。他到北京后就在聂家附近等候。一天，当聂荣臻的汽车出现时，黄秀文急忙上前拦车。聂帅看见黄秀文甚为惊讶，关切地把他拉上车。黄秀文向聂帅汇报了反彭湃事件和彭湃母亲周凤受迫害得不到医治的情况，聂帅大为震惊，表示要解决好此事。不久，中央文革和国务院根据中央指示，联合致函广州军区，要求尽快把周凤接到广州治病。但是，海丰县极左势力很快进京，前来阻挠。直到1967年11月中旬，广东省革委会负责人才按照中央的指示，通过省民政厅，在海丰驻军和群众的帮助下，将周凤从海丰接到广州治病。周凤于1973年3月12日在广州辞世，享年102岁。

1967年8月26日，反彭湃的几个头目操纵群众组织，向各公社发出电报，诬称维护彭湃烈士英名的干部群众破坏学“毛著”积极分子代表大会，围攻、殴打参加会议的代表。随后，几个公社立即组织了5000多人的武装队伍，携带机枪、冲锋枪、步枪等进入海城镇，沿途任意开枪。遭“围剿”的群众纷纷上山躲藏。彭湃的几名亲属在这次暴行中遇害。1967年“8·26”事件后，周总理下令收缴枪支，停止杀人，不准围捕上山群众，然而凶手竟上街游行示威，张贴“猛揪国务院后台老板”等标语。他们大搞株连，对死难者家属进行惨无人道的迫害。

1973年，黄秀文再次逃到北京，在聂荣臻元帅办公室周秘书的帮助下，到中南海见到了周恩来总理。周总理仍记得黄秀文。1927年10月南昌起义失败后，周恩来、叶挺、聂荣臻等人，在担任南塘区委书记的黄秀文和他父亲黄依成等当地同志的帮助下，渡海赴香港。周恩来身患疟疾，连日高烧，处于半昏迷状态，一直住在黄秀文家，是黄依成、黄秀文父子每天背着周恩来去找郎中看病。他的病治好后，黄秀文等人又用小渔船将周恩来、叶挺、聂荣臻等人摇渡护送到香港。黄秀文向周总理详细汇报了海陆丰发生的事情，周总理极为震惊，亲批了字条交给叶剑英。

以反彭湃案为突破口，大力平反冤假错案

习仲勋结合掌握的大量证据和事实，认为为彭湃及其亲友平反的时机到了，下决心为在反彭湃案中死难和受迫害的干部群众平反昭雪。

1978年6月18日，习仲勋和省委有关负责人专项听取关于海陆丰问题以及南路（即湛江、茂名等地）地下党问题的汇报。习仲勋结合掌握的大量证据和事实，认为为彭湃及其亲友平反的时机到了，下决心为在反彭湃案中死难和受迫害的干部群众平反昭雪。

彭洪的爱人陈平至今仍清楚地记得，1978年初夏的一天，她在省委珠岛宾馆第一次见到习仲勋。习书记手里拿着陈平数月前写给中央和省委的申诉信，信的前面就是周总理亲批的字条。习书记将批条的来历告诉她，握着陈平的手关切地说："彭洪同志的案子，中央很重视，省委一定会抓紧落实好，对案件进行调查。"

1978年七八月间，习仲勋开始了他为期一个月的东三区（梅县、汕头、惠阳）之行。在汕头地区，他考察了海丰县，听取了"文革"期间在海丰县发生的大反彭湃问题的汇报。8月13日上午，习仲勋主持召开省委常委会议并作重要讲话，他在讲话中强调对海丰县严重违法乱纪的人要严肃处理。10月30日，习仲勋主持召开的省委常委会议决定，"要加快清查和落实政策工作的步伐，对错案、假案、冤案，要大张旗鼓地平反昭雪"。

根据习仲勋的指示，1978年夏天，联合调查组进驻海丰，历经半年多的调查，查明了反彭湃烈士事件的真相。1978年11月，调查组通过走访，找到一名曾参与掩埋彭洪尸体的农民，并根据他提供的线索，找到了一具遗骸。再根据陈平描述的彭洪特征，调查人员判定，这正是彭洪的遗骸。1978年11月10日，海丰县委为彭洪举行了追悼大会，其他受株连的干部、群众也得到平反。参与迫害的人受到了严惩。

1979年1月25日，广东省委对海陆丰反彭湃烈士事件作了定性，认为这是林彪、“四人帮”篡党夺权阴谋的组成部分，矛头指向周总理、叶剑英等老一辈无产阶级革命家，是一次反革命事件。

赢得中央支持，广东先行一步

习仲勋直谏：“中国这么大，各省有各省的特点，有些事应该根据各省的特点来搞，这也符合毛主席讲的大权独揽、小权分散的原则。”中央领导同志很重视他的提议，1979年7月，正式批准先在深圳、珠海两市试办出口特区。

改革开放初期，习仲勋为在困境中的广东赢得中央的政策支持，为使广东成为中国改革开放的窗口打下了基础。

1978年7月上旬，习仲勋到宝安视察。他看到深圳河两岸反差很大，百感交集。广东省在历史上曾为中国革命作出过巨大贡献，但解放后由于处于南海前线的特殊原因，又经十年动乱的干扰破坏，经济遭到严重挫折。

1978年12月，中央召开了具有深远意义的十一届三中全会。这次会议之前，中央在北京召开中央工作会议，习仲勋在会上作了题为《广东的建设如何大干快上》的工作汇报。他说：“从广东来看，要大干快上，当前面临的困难还很多……我们也希望，中央能给广东更大的支持，同时多给地方处理问题的机动余地。比如农业机械化，如果中央允许我们吸收港澳、华侨资金，从香港引进一批先进设备和技术，购进电力，进口部分饲料，就可以一方面先把国营农场、畜牧场、海水养殖场等武装起来，作为示范，培养人才，取得经验……”这是习仲勋希望突破旧体制的构想，也代表了当时对改革经济管理体制和发展生产力的渴求。十一届三中全会之后，习仲勋主持召开了广东省委常委扩大会议，贯彻中央工作会议和十一届三中全会精神，联系广东实际，研究如何实现将党的工作重点转移到社会主义现代化建设上来，如何团结广大干部群众以最大的热情投入到改革开放事业中去。不久，他向正在广州的叶剑英副主席汇报了省委意见，叶剑英听了十分高兴，并希望广东省委快些向邓小平汇报。

1979年4月，习仲勋赴京出席中央工作会议。这次会议主要是讨论国民经济调整问题。习仲勋在发言中说："广东作为一个省，等于人家一个或几个国。但现在省的地方机动权力太小，国家和中央统得过死，不利于国民经济的发展。我们的要求是在全国的集中统一领导下，放手一点，搞活一点。这样做，对地方有利，对国家也有利。"接着，他又补充说："如果给广东一个特殊政策，经济可能几年就上去了。"他直谏中央："不仅经济体制，整个行政体制上也要考虑改革。中国这么大，各省有各省的特点，有些事应该根据各省的特点来搞，这也符合毛主席讲的大权独揽、小权分散的原则。""我们省委已讨论过，这次来开会，希望中央给点权，让广东能够充分利用自己的有利条件先走一步"。他直截了当地向参加会议的中央领导同志提出：广东省的发展应针对其特色地理位置，广东邻近港澳，华侨众多，鉴于港澳地区对广东省的影响以及台海军事对峙态势的变化，希望能够充分利用这个有利条件，积极开展对外经济技术交流。他还提出建立"贸易合作区"的设想，在毗邻港澳的深圳市、珠海市和重要侨乡汕头市划出一块地方，单独进行管理，作为华侨港澳同胞和外商的投资场所，按照国际市场的需要组织生产。他的提议，"中央领导同志很重视"，邓小平更进一步要求广东大胆实验，创办特区，作为开放的窗口，"杀出一条血路来"。

5月中旬，国务院副总理谷牧率领由中央有关部委组成的工作组到广东，会同广东省委组织的文件起草小组，不久正式拟定了《关于发挥广东优越条件，扩大对外贸易，加快经济发展的报告》。1979年7月，党中央、国务院正式批准广东在改革开放中实行特殊政策、灵活措施，决定先在深圳、珠海两市划出部分地区试办出口特区，待取得经验后，再考虑在汕头和福建的厦门设置特区。

1980年8月26日，叶剑英主持第五届全国人大常委会第十五次会议，批准颁布《广东省经济特区条例》。

今天，当我们重新回顾共和国那段不寻常的历史，回顾习仲勋面对广东"文革"的创伤，坚持真理、实事求是，力挽狂澜，拨乱反正，推动广东省生产建设走上快速发展轨道的功绩，这位伟大的无产阶级革命家的光辉形象再次浮现在我们面前。

（作者系中国红色文化研究院名誉院长）

原载于《同舟共进》2013年第8期

被张国焘杀害的几位英烈

散 木

什么是"被错杀"

"大雪压青松，青松挺且直。要知松高洁，待到雪化时。"这是陈毅元帅的诗。"青松"的"高洁"，要到"大雪"消融的时候才显现，这意境忽然使笔者联想到一次在江西井冈山瞻仰烈士陵园，在那一座座的墓碑前，许多人在肃穆中轻声地念诵着墓文，而许多墓文上出现有三个字——"被错杀"。

什么是"被错杀"？为什么烈士是"被错杀"的？其实，就是因为这"被错杀"三个字，许多烈士的英名我们已多年不讲、不提了。他们如被"大雪"覆盖了一样，默默地长眠在地下。如今，"大雪"已消融，"青松"昂首挺立，那些"被错杀"的烈士们获得了"正名"，恢复了应有的名誉。对于他们，应予以由衷的敬意和缅怀。那么，他们是些什么样的共产党员呢？

上世纪80年代末和90年代初，中共中央军委经过两次审议，确认了36位无产阶级革命军事家的名单。这36人，应该说其中许多名字是人们耳熟能详的，他们是共和国的领袖和元帅、大将等。其中8位是在战争期间牺牲或殉职的烈士，叶挺、左权、彭雪枫、罗炳辉，人们比较熟悉；至于曾是中国工农红军高级指挥员的许继慎、蔡申熙、段德昌、曾中生，或许就有人感到陌生了。这是由于他们牺牲较早，而且是"被错杀"的。

此外还有一张名单，那是2009年新中国成立60周年时，有关方面曾发起和组织了一次全国范围的评选“一百位为新中国成立作出突出贡献的英雄模范人物”的活动，在最终的名单中，也有许继慎、段德昌，还有邝继勋、周逸群等。

这些“被错杀”的烈士，有的是在鄂豫皖根据地被张国焘“错杀”的，有的是在湘鄂西被夏曦“错杀”的。

灾难降临根据地

“被错杀”的现象，主要发生在民主革命阶段各根据地程度不同的左倾“肃反”运动中。当时在苏联影响下（即左倾“肃反”运动的国际背景），外有与国民党的严酷军事斗争，内有根据地内部除奸反特的特殊背景，由于中国革命处于千百年来小农意识严重包围的农村环境，革命队伍里存在着怀疑和防范知识分子的心理以及党内斗争的残酷性等，这都形成了“肃反”运动扩大化的趋向，从而使中国革命遭受了重大损失。其实早在大革命失败之际，在对国民党血腥的“清共”激起的反抗中就出现了“恐怖主义”的报复，正如当时共产国际代表的报告所指出的：“盲动主义的根基是相当深的，是与恐怖主义情绪有密切联系的”（《共产国际与朱毛红军》，中央文献出版社2006年版），也是由于陈独秀党中央领导大革命失败，党内掀起了一股来自苏联的“马哈耶夫主义”（19世纪末俄国工人运动中的一个流派，认为知识分子是与无产阶级敌对的，是寄生的，而只有失去阶级性的人才是革命的基础），它怀疑乃至仇视知识分子，这就形成了党内左倾错误思想和行动的直接来源。此后王明左倾中央统治形成，加之剑拔弩张的内战（“围剿”与“反围剿”）严酷局面，更加重了对形势的错误判断。如共产国际代表也认为：“毫无疑问，无论是在我们队伍里还是在红军中，都有很多不坚定的分子。很多红军指挥员是前国民党校官。在苏维埃官员中有很多富农、地主和半知识分子的子女。‘AB团’可以通过他们进行活动。这对我们是非常危险的。需要同他们斗争。”（《共产国际与朱毛红军》）

由此还须说明一下所谓左倾“肃反”运动的外部背景。很长一段时间，中国革命受苏联共产国际总部及斯大林的直接领导和遥控，而苏联共产党（即“联共（布）”）已从1929年开始在党内开展了反对布哈林的所谓“右倾机会主义”的斗争，并在党内大搞所谓“清党”和“肃反”运动。其时共产国际执委会也对中共发出指示：要求中共坚决反对“改组派”，并在党内开展“肃反斗争”。随即，在苏联学习期间结成了宗派并以中国革命“苏联化”为思想路线的王明等左倾中共领导积极响应“肃反”号召，在中共党内也开始了以“残酷斗争、无情打击”为主要手段的党内斗争，随即在各革命根据地相继开始了各种名目的“肃反”运动，如反对“AB团”、“改组派”、“第三党”、“托陈派”等。共产国际执委会远东局曾指示说：“红军应该注意托洛茨基分子和陈独秀分子的新策略，实质上他们给自己提出的任务同蒋介石及其代理人AB团分子和改组派是一样的（分化瓦解红军），应该坚决断然地制止这类反革命企图。”（《共产国际与朱毛红军》。（然而，就在共产国际领导及其驻华代表中，后来“遭非法镇压，死后恢复名誉”的，即“被错杀”的，也大有人在，如布哈林、加伦、盖利斯、雷利斯基、别尔津等，甚至还包括王明左倾中央的后台米夫，另外一个著名的罗米纳兹则是被迫自杀的。）

所谓“AB团”，原是国民党于1926年在南昌成立的“以篡夺江西国民党省党部大权为目的”的组织，所以取名“AB”，是英文Anti Bolshevik（即反布尔什维克）的缩写。它在1927年已被摧毁，其成员也早已作鸟兽散，根本无从打入共产党内部，因此它是被附会而出的。红色“割据”在江西首先形成后，面对国民党的“围剿”，有人建议“清除苏区的一切反革命组织”，随口就提到了“AB团”，而且认为它“组织活动很巧妙”，“该组织的组成人员——除富农外——是留在苏维埃政权任职的前国民党官吏”。中共江西省委还在决议中估计其人数有十万之巨，“他们似乎全都混在我们的队伍里，当时我们在这个地区共有党员三十万”，这也就是说“AB团”的人数是全部党员人数的1/3了。由此带来了一场让人痛心的“肃反”扩大化。

“改组派”则原是国民党上层的一个政治派别，1927年蒋介石与汪精卫合流后，由汪派中的陈公博、顾孟余等为了抵制蒋介石的独裁与控制在上海成立的，全名为“中国国民党改组同志会”。这是一个与国民党内的其他派系相互争攘并致力于反蒋的派别，它从来没有也不可能打入共产党内部。至于“第三党”即中国农工民主党，是由“中华革命党”、“中国国民党临时行动委员会”、“中华民族解放行动委员会”嬗递而来，是大革命失败后以邓演达为核心的反蒋反汪和坚持孙中山三民主义的一个秘密组织，它主张平民革命，实行平民政权，并致力于策划反蒋的武装斗争，后来又实行联共、反蒋、抗日的方针，也不曾有潜入苏区发展组织和进行破坏的事实。所谓“社会民主党”，更是无中生有了。原来1931年1月闽西苏区举行纪念国际共产主义运动领袖李卜克内西、卢森堡、列宁的大会，李、卢是德国社会民主党和“第二国际”的左派领袖，当时苏区大多数人并不熟悉他们，以致会上有的战士在呼喊口号时竟喊出“拥护第二国际”、“社会民主党万岁”。岂料此前已知道“第二国际”变成“修正主义”的闽西苏维埃政府肃反委员会主任林一株大惊失色，他小题大做，大肆进行逮捕和严刑逼供，有人屈打成招供出闽西有“社会民主党”，随即发展到各个苏区都大抓“社民党”。(闽西整肃“社会民主党”的结果，是苏维埃政府35个执行委员有半数以上“被错杀”，苏维埃政府主席张鼎丞也险遭不测。)

当那些在莫斯科喝过“洋墨水”的王明宗派的“斗争干部”被派赴各苏区充当“钦差大臣”时，局势更恶化了。这些被赋予生杀予夺大权的“斗争干部”，一心要把苏区变成真正“苏化”的“天国”，于是更大的灾难降临根据地。鄂豫皖苏区的白雀园(位于河南省光山境内)，就是这样一个类似于“风波亭”的地方。

受左倾中央派遣奔赴苏区，执行左倾方针，滥杀异己，张国焘可谓“首屈一指”。

整风时，凯丰在《党中央与国焘路线分歧在哪里》一文中称：张国焘的“肃反”是“凡是与国焘个人意见有不同的，他就利用这个权力的机关(即政治保卫局——作者注)去加以压制，结果使党内生活成为不可容忍的现象，许多好的干部，曾经与国焘有意见分歧的干部，都遭他的这种滥用权力的压制”，以致许多人“谈及国焘的肃反政策无不泪下”。

张国焘的“肃反”目的，“不是为着巩固党，巩固部队和苏区，而是为着巩固张国焘个人的独裁和统治，将一切妨碍遂行国焘个人统治的‘异己分子’镇压，使保卫局成为国焘个人独裁的工具”。(《反对张国焘路线讨论大纲》)正如何干之在《张国焘路线和党对张国焘路线的斗争》中指出的：张“在川陕根据地肃反中曾杀了两万多人，其中也有些剥削阶级地主富农豪绅，但多数是农民”，也包括知识分子。而对于后者张国焘竟有这样的“公式”：“知识分子都是出身地主富农，而地主富农都是反革命分子，反革命分子就必须杀掉，因此知识分子就应该被杀掉。”张国焘主持“肃反”的对象，主要是知识分子和青年学生（凡是读过书的，甚至留分头或戴着眼镜的），他认为知识分子不可靠（他自己倒是出身北大的大知识分子，此前曾号称“中国的小马克思”。其实历史教训告诉我们，知识分子收拾知识分子最可怕）；另外一部分“肃反”对象则是从白区或白军中过来的人员。后者不论起义、投诚还是被俘，不论有无反革命活动，都要严厉审查。当然，异己更是“整肃”的主要对象。

于是，1931年9月，在白雀园这个地方，一幕悲剧上演了。一大批红军高级干部被扣上“改组派”、“AB团”、“第三党”等罪名，被“整肃”，被“错杀”。时任红四方面军总指挥的徐向前在回忆中悲痛地说：“将近三个月的‘肃反’，肃掉了二千五百名以上的红军指战员，十之六七的团以上干部被逮捕、杀害。”这甚至还包括了徐向前的妻子程训宣。(此外，朱德的大哥，一位村苏维埃主席，也“被错杀”了。)

“特科”名将邝继勋之死

邝继勋（1897—1933），贵州人，曾相继担任中国工农红军第六军军长、第一军军长、第四军军长、中共鄂豫皖革命军事委员会副主席、第二十五军军长。

邝继勋早年加入川军，由士兵逐渐升为连长、营长、团长、旅长。1926年加入共产党，1929年在四川蓬溪起义，成立中国工农红军四川第一路军，任总指挥。此后他还有一段特殊的革命经历。

邝继勋年少时，父亲就教他使拳弄棒、强身健体，后来又当兵，作战英勇，精通各样兵器。加入共产党和接受了马克思主义后，他的思想发生了非常大的变化，作战之余给士兵担任教官，既讲军事，又宣传革命道理，是一位难得的“双肩挑”的将帅。也是因为他的这一特点，当中共中央在上海的机关遭到破坏之际，周恩来等人为新成立的“特科”挑选可靠、精干的成员时，邝继勋自然是合适人选，从四川被调至上海，担任特殊工作。

初来乍到，邝继勋不负使命。他身手不凡，两把手枪在他手里左右开弓、百发百中，有“神枪手”之称。更加可贵的是他还有从事地下工作的素质，勇敢机智、胆大心细，其相貌又颇似出入豪门的上流人士，于是在上海得心应手，屡次圆满完成组织交付的任务。其中最精彩的，就是由他击毙了罪大恶极的叛徒白鑫（出身黄埔军校，曾是叶挺独立团成员，参与过南昌起义，后调任上海中共临时中央军委秘书，叛变后供出了军委会议的地点和时间，致使中共中央农委书记兼江苏省委军委书记彭湃等四人被捕。所幸周恩来因病未至，才避免了更大损失）。据说，这让当时上海滩的“黑老大”、帮助蒋介石在上海“清共”的黄金荣也闻风丧胆，一度躲在公馆里不敢出来。一次黄金荣到浴池沐浴，突然枪声大作，受了伤和惊吓的黄金荣在病床上召见杜月笙、张啸林等门徒，说：“我看清了的，这个耍双枪的一定是邝继勋，但他第一枪就打中了我，第二枪、第三枪打壁灯，这说明人家是给我们点脸色。我们青帮有句老话：‘光棍不打九九’……”这意思是事情不要做绝，于是他让人给周恩来写信，表示“今后我们井水不犯河水”云云。

邝继勋此后还曾从事兵运工作。1930年1月，他奉命赴苏区任红六军军长，此后战功卓著。1931年任红四军军长，多次粉碎国民党的“围剿”，使鄂豫皖苏区连成一片。张国焘来到鄂豫皖后，成立了中共中央鄂豫皖分局和新的革命军事委员会（邝仍任革命军事委员会副主席和红四军军长）。由于邝反对和抵制张国焘强令执行的左倾政策，不久被撤销军长职务，调任红十三师师长，后又被派往皖西组建红二十五军（邝任军长兼独立师师长）。长征开始前，邝继勋和曾中生、余笃山等商议派人去中央揭发张国焘的错误，要求中央迅速采取措施纠正，后又改由曾中生以书面形式向张国焘陈述大家的意见，迫使张召开师以上干部会议。也是在这次会上，邝继勋对张国焘进行了面对面的尖锐批评，遭到张的忌恨。进入川北后，邝在新成立的川陕省临时革命委员会中任主席，他为了分化和瓦解敌人，主张利用军阀之间的矛盾，于是写信给原在军阀部队的旧部，劝说他们拥护红军，争取起义。不料此举成为张国焘的借口，他对邝进行疯狂的打击报复，竟以“国民党改组派”、“右派”的罪名将邝逮捕，并于1933年6月在通江将其秘密杀害。直到1937年，在延安批判张国焘错误时，邝的冤案才得以昭雪。

在何福圣的《红色带刀侍卫——张国焘卫队长自述》一书中，原张国焘的卫队长回忆了当年张国焘故意诬陷和杀害邝继勋的全部过程。他说：利用军阀之间的矛盾，写信和秘密会见对方的长官，其实在红军内部并不是秘密，张国焘就曾假惺惺地对邝继勋说：“看来我给田颂尧写的信不起作用，你过去在川军中当过旅长，军营中袍泽故交很多，你是不是也给他们写封信？即使不能动员他们倒戈，能争取他们保持中立也是好的。”于是邝继勋奉命写信给川军的故旧——师长罗泽洲和旅长谢德堪，然而两封秘信却落到了张国焘手上，成了邝继勋通敌的“铁证”。

在何福圣的笔下，有邝继勋人生舞台的最后一幕：那是他“被错杀”的场面。张国焘派黄超来监斩，其时“天已经黑透了”，“作为政治保卫局关押重要犯人的监狱关帝庙，孤零零地立在场头”。“监狱的负责人简单地汇报了解决邝继勋的手段，便带领我们和早已准备好待命的执行队员，来到了东厢房。在昏黄的马灯下，我一眼便看见了在木栅栏里关着的邝继勋。他没戴军帽，头发又长又乱，像一蓬荒草，一件破旧的没有领章的深蓝色军团装，空空荡荡地笼在他那瘦削不高的身子上……”

被张国焘下令抓起来关在保卫局监狱中的曾中生、余笃三，此时也被转押到了这里。而余笃三只比邝继勋多活了五天。

“候补元帅”曾中生之死

若说曾中生（1900~1935）是“候补元帅”，一点也不夸张。他不仅是开辟一方根据地、身经百战的红军将领，还是毕业于黄埔军校且又在苏联学习过军事理论的军事家。他生前曾潜心研究军事，写有一批军事著作，如《与川军作战要点》、《游击战争要诀》、《与“剿赤军”作战要诀》等，这些珍贵的红军作战的总结后来结集为《曾中生和他的军事文稿》一书。

当年一起工作时，阴险的张国焘也不得不佩服曾中生的军事才干，并将他的著作指定为红四方面军指挥员的必读书籍，而这些著作后来又被红四方面军的指战员带到延安，从而为毛泽东写作《中国革命战争的战略问题》提供了丰富的素材，并为中国革命留下了一份宝贵的军事遗产。正如徐向前在《历史的回顾》的回忆录中对他的评价：“曾中生同志是个能文能武、智勇双全的红军领导人，杰出的共产主义战士。他对党忠诚、待人诚恳、才思敏捷，浑身充满着革命者的战斗激情和力量。”（这里有一个插曲：早在曾中生从事地下工作担任中共南京市委书记时，曾与一位女同志黄书莲同在南京开展兵运工作，后又一同调到上海中央机关工作，两人产生感情，并结成夫妇。婚后，曾中生又被调往鄂豫皖，新婚的妻子则留在上海，在周恩来领导下先是跑“交通”，后又任闸北区女工部长。抗战爆发后，黄书莲易名黄杰，千里迢迢来到延安，却悲痛地得知曾中生已遇难。后来，她与被张国焘杀掉妻子的徐向前结为连理。）

曾中生原名曾钟圣，湖南资兴人，早年从军，1925年考入黄埔军校，同年加入共产党。北伐战争中，他在国民革命军第八军唐生智部任前敌总指挥部组织科长。大革命失败后，他在上海坚持地下工作，后被派赴莫斯科中山大学学习。1928年参加中共第六次全国代表大会后，曾中生回国在周恩来领导下的中央军委机关工作。他很早就对毛泽东关于武装斗争、根据地建设的思想有所认识，也阅读过毛的《中国的红色政权为什么能够存在》、《井冈山的斗争》等——两人虽处不同地方，思想却是相通的。1930年，曾中生被派任中共南京市委书记，后又调往上海中央机关，六届三中全会后他以中央特派员的身份被派赴鄂豫皖根据地，此后相继担任中国工农红军红四军政委、西北革命军事委员会参谋长。

曾中生是善于领导和指挥根据地战事的将才，他率领鄂豫皖军民胜利击溃了国民党的第一次“围剿”，随后当选为中共鄂豫皖特委书记和军委主席。不仅如此，他还善于开展根据地建设，在不长的时间内，鄂豫皖就成为拥有人口250万、仅次于中央苏区的全国第二大苏区。而当张国焘以“中央全权代表”身份来到鄂豫皖时，这种情况很快发生了变化。

按照王明中央的要求，张国焘是来“改造”苏区的党和红军的，于是中共鄂豫皖特委被撤销了，取而代之的是中共鄂豫皖中央分局和新的军事委员会，张国焘理所当然地成为中央分局书记兼军委主席，曾中生则只是红四军的政治委员。随之，为使红军和根据地实现“彻底转变”，张国焘开始狂热地推行左倾“新政策”，尤其致力于反对所谓“立三路线残余”、“反对右倾机会主义的斗争”、“反对实际工作中的机会主义”、“反对调和路线及党内和平倾向”。这一系列的“反对”也就具体到了曾中生、许继慎（红十二师师长兼鄂豫皖军委会皖西分会主席）等人头上，因为他们敢于抵制张国焘的错误，特别是在红军向外进攻的方向和兵力使用等问题上，他们的分歧越来越大。张国焘要指挥部队打安庆乃至南京，曾、许则主张消灭敌人有生力量，以巩固和扩大根据地来牵制敌人。根据毛泽东“农村包围城市”的思想，谁对谁错，这是不难看清楚的，然而张国焘认为这是反对中央。张还指责许继慎等“保持军阀和土匪的习气”，结果他势大压众，曾中生、徐向前、许继慎等被迫奉命率红四军主力东进，并且依靠红军将士的顽强战斗力攻克了英山城。但在部队休整时，曾中生、徐向前、许继慎、余笃山、周维炯等认真分析敌我态势，愈加感到张国焘的作战计划实属冒险。他们当机立断，改变原定的作战方案，一面将意见向中央分局报告，一面不失时机地挥师南下。事实证明这是正确的，在曾中生等人指挥下，红四军很快开辟和恢复了以英山为中心的大片根据地，扩大了红军，牵制了敌军，有力地策应了中央苏区的反“围剿”斗争。这本是应予表彰的战功，张国焘却猜忌难忍，来信指责曾中生等“抗拒分局指示”、“重复立三路线”。曾中生等人一方面联名上书中央，一方面提议召开干部大会充分讨论张国焘的来信以辨明是非，最后确定红四军的行动方向。可以想见，正是这一举动惹恼了张国焘，他必欲置曾中生等人于死地了。

一场杀戮随即来临。张国焘布置了红四军的“肃反”，撤销了曾中生的政委职务，改派陈昌浩接任。随即，许继慎、周维炯等被捕。在白雀园，又是腥风血雨，被酷刑折磨得遍体鳞伤的许继慎等被用担架抬进审讯室，张国焘亲自审讯，他蛮横地拒绝任何申辩，在“公审”之后，便残忍地将许继慎、周维炯等秘密处死。对于曾中生，鉴于其威望，张国焘还不敢立即杀害，他以“动摇党在红军中的威信”、“反抗中央分局”、“纵容反革命分子活动”为由，将曾中生调离部队考察，而这一处理结果也得到了左倾中央的认可支持。

1931年11月，红四方面军组成，随后独立师也组成，在广大指战员的强烈要求下，张国焘被迫让曾中生担任独立师师长，这支部队随即战功赫赫。不久，张国焘反“围剿”失利，计划向西退却，在1932年12月的小河口会议上，曾中生指责张国焘放弃鄂豫皖根据地而实行无目的无计划的退却，曾的批评代表了大家积蓄已久的意见。据原红四方面军保卫局的祁德林回忆：“那天曾中生真是勇敢极了，他面对着张国焘这个谁也不敢惹的党内霸王，列举种种事实，进行了有根有据的批评。”此前飞扬跋扈的张国焘见自己处境孤立，于是表面上接受了意见，还假惺惺地表示要加强集体领导，并且委任曾中生为西北革命军事委员会参谋长。其实，张国焘对曾中生一直耿耿于怀，伺机要除掉曾。就在红四方面军开辟川陕根据地，曾中生协助总指挥徐向前屡建战功之际，张国焘却在暗地里布置着秋后算账的阴谋。也是在红四方面军呈极盛状态之时，张国焘磨刀霍霍，把曾反对过他的邝继勋、余笃三秘密杀害，又软禁了廖承志，进而孤立了曾中生，最终又将曾关押并严刑拷打，强令他写所谓“自首书”，以交代小河口会议和在鄂豫皖时期所犯的“错误”。此后曾中生就被监禁了起来。

曾中生是不屈的。在狱中，他回顾了鄂豫皖红军反“围剿”和入川以来历次作战的经验，凝神撰写了一部《与“剿赤军”作战要诀》的军事著作，这也是他的遗著。1935年6月，红四方面军与红一方面军在懋功会师，据说毛泽东曾在毛儿盖与张国焘会见时询及曾中生，言词中颇有关切之意，对此张含糊其词，只诡称曾的身体不好，还在后方休养云云。狱中的曾中生获悉后，兴奋地上书中央，郑重地表达了为党工作的愿望，并愿意接受中央的审查和处理；同时他还向张国焘提出释放自己的要求，并要求允许他向中央汇报。据说当时的党中央也已通过各种渠道得知曾中生被张国焘非法监禁，于是提出释放曾的要求。张国焘害怕了，他扣押了曾中生的上书，同时也拒绝党中央派人与曾见面的要求。

红军长征即将全胜之际，1935年8月中旬的一个夜晚，在卓克基，张国焘派人用绳索将曾中生秘密勒死。为掩人耳目，他让人在杀了曾中生之后，又故意向天上放枪，并且大喊大叫："曾中生逃跑了！他向敌人投降了！快追呀！"随即煞有介事地派人在山上搜来搜去。

曾中生之死的消息被张国焘严密封锁。半年后，抵达陕北的中共中央还特意请中共中央驻共产国际代表林育英以共产国际代表团的名义电示张国焘："鄂豫皖肃反颇多左的错误，要接受历史教训，进行检查"，并要他对曾中生"须保全其生命安全，并给以优待"，同时希望保全廖承志的性命。（因为会画画，能进行宣传工作，廖承志才得以保全性命——作者注）

"龙潭三杰"之一胡底之死

另一位中共烈士胡底，也死在张国焘手里。

胡底，中共"龙潭三杰"之一，曾与李克农、钱壮飞在上海和天津等地从事地下工作，后赴苏区根据地，任临时中央政府国家政治保卫局预审科长、侦察部长、红军工作部执行部长等，长征时为红军总司令部侦察科长。

李克农后来曾无限感慨地说："三杰"，钱壮飞是死在长征途中的，没想到胡底也死在了长征途中，然"胡底年纪最轻，而文笔才华最高"。（"三杰"都从事过红军演剧队、宣传队的工作，他们也都是出色的编剧和演员，胡底和钱壮飞、李伯钊等还筹建创办了"高尔基戏剧学校"。）

胡底年仅30岁而死，真是可惜。1935年6月，一、四方面军会师后，由于与张国焘发生了争论，最后红军分成左路军和右路军分头北上。胡底随红军总司令朱德、总参谋长刘伯承等人，在红军总政委张国焘所在的左路军行动。兵至阿坝，张国焘突然下令全军以及受到裹胁的右路军的一部南下，从而与毛泽东和中央所在的右路军形成分裂之势。胡底对此十分气愤，遂在行军中有所表示，张国焘得知后恼羞成怒，不仅给他戴上“反革命”的帽子，并诬“三杰”为“国民党特务”（其时钱已死难，李在右路军）。此后张国焘对胡底不仅降低待遇（取消乘马和勤务兵），让他带病行军，而且予以严密控制。最后，行至草地的松岗地区（今阿坝藏族羌族自治州），在一偏僻处，张国焘下令处决了胡底，同时杀害的还有许克坚。

（作者系文史学者）

原载于《同舟共进》2011年第9期

战将风骨尤太忠

吴东峰

尤太忠，河南省光山县人。1931年参加中国工农红军，历任排长、连指导员、营教导员、旅长、师长、军长等职。曾任广州军区司令员、中央军委纪委第二书记，1955年被授予少将军衔，1988年晋上将军衔。

我至今仍清楚地记得第一次见到尤太忠将军的情景：将军站在会客厅里，就像一尊铁塔屹立着，一身深黑色的中山装，风纪扣扣得严严实实，脚蹬一双过了时的黑色白底布鞋，虽未着戎装，却依然威风凛凛，杀气逼人。

他的身后是这间会客厅里唯一的一件摆设：一只巨大的玳瑁标本。玳瑁是海龟类的一种，凶猛无比，南海渔民喜欢把它制成标本摆在家中镇妖避邪。将军从书房大步走进会客厅，我立正向他敬礼，和他握手。近距离地望着将军，立即感到他脸上有一股威，一股令人不寒而栗、望而生畏的威，尤其是那张天生的"将军脸"——如同京剧中的武生脸谱。对尤太忠将军的敬畏，我一直没有解除过，虽然以后我多次与他接触，几成忘年交。

以后与尤太忠将军来往多了，慢慢地我胆子也大了些。但曾经有几次我扎扎实实地尝到了他威严的厉害。

一次是我到北京访问陈锡联将军回广州后。陈锡联是尤太忠的老上级，我到北京代尤太忠向他问候，他也很高兴地托我向尤太忠问好。在尤将军的会客室里，我把录音机拿出来，把陈锡联的问候放给他听。将军把录音机贴在耳朵上认真地听着听着，突然脸色"晴转多云"，放下录音机指着我说："你对陈司令说，杜义德到我这里坐了三个小时，哪有三个小时？顶多两个小时。"他说："杜义德来时已经快十点了，走时我们还没有吃午饭呢，瞎胡说！"

将军当时一脸不高兴，幸亏将军夫人王雪晨及时出来打了圆场。

另一次是我采访尤太忠将军结束后，把我写的王近山将军的文章《猛将王近山》给他看。这篇稿子主要是根据尤太忠将军提供的材料写成的，登在新华社解放军分社出版的《世界军事》上。当时《世界军事》是才创刊不久的纯军事刊物，我带了几期送给将军。刚开始将军很认真地看文章，看完后，他又把其他几本拿出来翻了翻，脸上又一次"晴转阴"。因《世界军事》封面都是外国军人，将军扫了一眼，一脸不高兴："怎么都是外国鬼子啊？乱弹琴！"

将军将几本杂志往书桌上一丢，连招呼也不打，转身就走。

一

1992年11月16日下午，尤太忠将军在他的书房愉快地接受了我的第一次采访。我和将军面对面坐着，中间隔着一张橙黄色的书桌，左边是一张简陋的铁架床，床边是一排插满了军事书籍的书架。这种愉快的感觉，是我从他脸的下半部分读出来的，他的眉头仍然拧得紧紧的，而他的两片嘴唇微微张开，露出一排洁白的牙齿。他的笑容不是在眼睛而是在嘴巴上显露的。那天我采访的话题是王近山。将军刚从北京参加中共十四大会议回来。那个首次破除党的领袖"终身制"的会议，决定了中央军委的重大人事变动，也是将军心情格外好的原因之一。

近几年来随着电视剧《亮剑》的热播，男主角李云龙的原型——王近山的名字也响亮起来。而在十多年前，"王近山"是个被人遗忘在某个角落的名字。采访尤太忠之前，我曾向许多熟悉王近山的老人了解他的情况，大多是吞吞吐吐，不愿多谈，以一个"唉——"声长叹应对；有的一提到"王近山"的名字立即兴奋起来："他能打啊！"接着一个"但是……"就不愿谈了；有的甚至警觉地问："写谁不行，为什么要写一个犯了错误的人？"

尤太忠将军的态度则完全不同。他听说我要写王近山，一反过去不参加社会活动、不接受采访的惯例，热情地接受了我的采访（这一年里我曾多次联系采访，均被他一口回绝）。他还破例把我安排在他的书房里单独谈。将军夫人王雪晨后来告诉我，将军一般都在宽大的会客厅接待来访者，很少在书房接待客人。

我清楚地记得，他谈王近山打仗的事时兴致勃勃，充满了由衷的敬意；谈王近山遭受的挫折时心情沉重，充满了深深的惋惜；谈到王近山建国后和“文革”中的境遇时，有一种欲拔刀相助而难酬其愿的悲怆气概。

在1992年军事科学出版社出版的《一代战将——回忆王近山》一书中，有尤太忠将军写的一篇文章，将军写道：“早在土地革命战争时期，我们就与王近山同志在鄂豫皖根据地、川陕根据地一起战斗。抗日战争时期，我们同在八路军129师。解放战争时期，王近山同志是晋冀鲁豫野战军（后改为中原野战军）第6纵队司令员，后来又任3兵团副司令员兼12军军长和政委，我们都一直在他领导下工作。我们从王近山这位老首长、老上级身上学到了许多革命斗争经验。我们一直深深地怀念他。”

曾经在战争岁月所向披靡、战功赫赫的王近山将军，却在和平岁月跌了一个大跟斗。建国后，王近山将军不顾领导和战友的劝阻，执意与自己的结发夫人离婚。他的个人目的达到了，但为此付出沉重的代价：撤销公安部副部长职务，行政降为副军职，并由中将衔降为大校衔，下放到河南某农场任副场长。

那一天，尤太忠将军向我讲了许多王近山将军打仗的故事。后来，我根据这些素材，写出人物素描《“疯子”王近山》，发表在1993年《世界军事》第3期上（发表时标题变为《猛将王近山》），应该说这是第一篇公开为王近山正名的文章。从尤太忠谈话的神情和语气中，可以看出他对这位“老上级”十分敬重，这种敬重并没有因为王将军的落难而发生丝毫变化。岁月动乱，人事沉浮，没有使尤将军放弃对一个人的真正情感。

1969年7月，王近山复出，任南京军区副参谋长。这在当时军界上层是一件轰动的新闻，议论纷纭，莫衷一是。其实，他的复出是当时的南京军区司令员许世友向毛泽东建议的，而时任27军军长的尤太忠是促使王近山复出的幕后策划者。这是尤太忠将军不经意谈到的一个内幕。尤太忠虽是一员战将，但又有独特的政治嗅觉。王近山被处分后，他始终关心着这位老领导。

我的采访笔记详细记录了尤太忠将军在1969年4月九大召开期间与许世友散步时的一段对话——

尤太忠："王近山的问题处理得太重了。一个老红军当个农场场长，叫人家怎么过啊？"

许世友："那就叫他回来！"

尤太忠："许司令，王近山这一级干部回来，要中央同意啊！"

许世友："你有什么办法？"

尤太忠："我有什么办法？"

许世友："你没有办法，我有什么办法？"

尤太忠："许司令，现在不是要准备打仗吗？"

许世友："哼。"……

正是尤太忠对许世友的提醒，带来了王近山将军复出的重要转机。

闻鼙鼓而思良将。在九大的一次会议上，许世友主动向毛泽东建议："现在我们要准备打仗，王近山很能打，处理太重了，能不能让他出来带兵？"毛泽东问："王近山我知道，你们哪个军区要啊？"许世友立即说："我们要！"尤太忠说，这样又把另一位犯了错误的老中将周志坚也一起"解放"了。

1969年7月某日深夜一时，南京火车站。一对身穿褪色破军装的夫妇从郑州开来的硬座车厢里走出。男的一只手拎着一只旧旅行袋；女的用手拉着个三岁的小孩，手上还拎着两个网兜，里面装着玉米、山芋、地瓜等杂粮。他们就是王近山一家。王近山夫妇一下火车，便对着眼前的情景愣住了：三位军职干部早已站在月台上躬身迎候。他们是27军军长尤太忠、60军军长吴仕宏、南京军区装甲兵司令员肖永银。次日，南京军区司令员许世友在中山陵八号摆了两桌丰盛的宴席，为王近山一家接风洗尘。

那是一幅令人酸楚又令人感动的画面。我在《猛将王近山》一稿中写的这一段，就是尤将军亲口对我说的。可以肯定地说，这是王近山永生难忘的一幕。而当尤太忠向我叙述这件事时，却是那么自然，那么平常。他说——

那天，我到南京开会，住ab大楼（南京军区第一招待所）。晚饭后散步，遇到军区司令部的管理局长，他原来是我们27军的干部。

我问他："干啥？"

他说："许司令指示接一个老首长。"

我问："老首长叫什么？"

他说："叫王近山。"

我马上就对他说："几点钟到？我也去接。"

他说："从郑州开到南京的火车，一点钟到？军长太晚了吧，明天你还要开会。"

我说："你别管，我去接。"……

尤太忠告诉我，当时他很兴奋，立即给几位王近山的老部下打了电话，问他们去不去接站，但态度都不明朗，有的说你去我就去，有的问去接站好不好？将军骂道："他X的，你们不敢去，我自个去！"对尤太忠来说，为老领导复出提建议，老领导复出后去接站，这都是老部下应该做的事，是无须犹豫的正常行为。他说，老领导落难时不敢说话，落难的老领导到你家门口不出迎，那还是不是人？

尤太忠将军接着说："到了半夜，吴仕宏来了，肖永银也来了。我们三个一起去火车站接。看到老首长这个情况，我心里很不是滋味。我指着他带的那些农产品说：'你带这些干啥？'他说：'自己种的，你们城里人吃不到啊！'"

回到ab大楼，尤太忠立即叫管理局长炒了几个菜，给王近山夫妇吃。将军和夫人王雪晨一直陪伴左右。

我曾多次参加将军们的聚会，老将军们在一起的话题并不像外界所想象的那样，而是与我们普通人一样，是生老病死、衣食住行；是"某某人如何了"、"某某人应该如何，而不应该如何"、"某某人做得在理，而某某人太不像话"等。他们评判事物的准绳不一定是政治，而更多是出于人情和良知。

“一个跟党出生入死的老红军这样处理是太重了。‘文化大革命’冲击老干部就更不应该了。”将军讲到这里，我清楚地看到他脸上显出沉痛的表情，眉宇间的两条竖纹陷得更深，那条肉瘤更突出了。

二

第二次采访尤太忠将军是1996年4月13日上午。三年多不见，方知将军得了一场大病，老了很多。脸上肌肉明显松弛，神情有点疲惫。已过阳春的天气开始转暖，但他还穿着深绿色毛料军制服，风纪扣仍然扣得严严实实，头上戴着一顶蓝色的鸭舌帽。这次采访，我才清楚地看到，将军为什么始终拧着眉头——原来那是两道明显的竖纹，深深竖纹间是一长条略微凸起的肌肉。正是这展不开的眉头，生成了令人望而生畏的京剧武生相的效果。

“首长，想请你谈谈长征——”那时我在广州军区《战士报》任副社长。为了纪念红军长征胜利60周年，我们决定为尤将军做一个专访。

“长征啊，不是走路就是打仗”。忆昔抚今，将军说：“你现在叫我走，也走不了。这几个月就是在门口站一站。那时年轻啊！”长征刚开始，红四方面军31军93师279团5连指导员尤太忠，还是个17岁的小青年。刚踏上那第一蓬荒草的时候，他并没有想到自己面对的，将是戎马一生中最惨痛的记忆——待他领着那些官兵走出草地，只剩下了一半人。还有一半，长眠在草地上。

下面摘录的是我采访笔记本中关于这次谈话的记录。这种隔着时间山峦和记忆烟云的回忆，不可能达到清晰和精确，但我不想对它进行加工整理或增删修改，目的是为了让我们感受长征原生态的经历和情感。而且，将军的河南口音，使我的记录肯定有不少错误，特别是人名地名，有待知情者校正。

“我们四方面军是三过草地。第一次过草地，走到中间又返回去了，在四川南下，那时说，打下成都吃大米。这是两过。第三次又返回来，北上陕甘。我们走了三次啊，困难得很啊。过草地有的走一二十天，有的走半个月，有的走个把月，红军到了陕北好多人开了小差，回去了，不干了。太艰苦了”。

这么多年了，一个个战友的容颜，还鲜活地在将军眼前晃动。

“我当指导员时，第一个连长是唐镇国，第二个连长是邓世松。邓世松在草地上挨了藏民的冷枪，死了……用的是猎枪，打得身上到处都是子弹，都是小子弹头。我当营教导员时，营长叫陈坤昌，打天水铺牺牲了。可惜了，小个子，打仗勇敢得很。本来我们两个在一起走，他说到前面去看一下，他妈的就被打死了。那个人不牺牲，现在是很优秀的人。我们团长是孙传章，以后的团长是王采会，再以后是徐子文，可惜了，都牺牲了，他们都是很优秀的干部啊”。

“出了草地后，师长蔡宏如，在打天水铺牺牲了。那一仗打得苦啊，279团团长高原亭负伤了，政委牺牲了，主任负伤了。274团团长也牺牲了。就是271团没有伤亡，它是预备队，伤亡最大的是我们279团。几个红军老团，打仗是很强的啊！”

“我们那时饿得都走不动。没东西吃，没棉衣穿，没被子盖，冻死了、饿死了。走着走着躺下一个，走着走着坐下一个。一个冷，一个饿，就走不动了。死了好多人啊，都是饿死的，走不了了。到了夜晚，在草地上睡，也没有被子盖，又冻又饿，身体弱得很啊，晚上睡下来就走不了了。眼睁睁地呀，大家都是一样呀……”

“我开始当指导员，后来当营教导员。干部做模范，带的干粮得给走不动的人吃。也就是一点点干粮，给的也不多，就半碗炒面。我打仗缴了一个大衣，还不是我捡的，是通讯员捡了给我。我穿个大衣，那时连棉衣也没有。走不动哪有人抬啊？哪有什么收容队啊？营里干部、团里干部牲口都不骑。一个营只有一两匹牲口，拿出给别人骑，能骑几个人啊？”

“最后没有吃的，把干部骑的马，用枪打死了。有的把牛皮烧了炖着吃。我就吃过牛皮。把毛箝掉烧掉，用水洗一洗，放盐煮一煮。煮熟后装在口袋里，装几块，走走饿了咬一口，走走饿了咬一口，那时管什么味道不味道啊！”

“张国焘我见过好几次，动不动开大会讲话。出了草地，到陕北我还见过他两次。能力是可以，想另立中央，能力再行当了反革命就不行了。西路军失败了才反张国焘，西路军不失败反他是反不下去的。那时就是四方面军人最多，四军、九军、三十军、三十一军都很能打，李先念那个军很能打。那时四方面军人多啊，七万、八万多人，一方面军减员大，二方面军减员也大。四方面军到陕北还有四五万人。”

在长征途中倒下的同志，将军许多都还记得，但有的姓名想不起来了，有的只记得绰号。他们连同姓名都永远消失了。“这个数字，我记得清楚得很，我要跟你们讲一讲——”将军扳起手指头，提高嗓门，一字一顿：“我那个连队，从四川出发，是106人。走出草地时，还剩下53人！”损失了齐齐整整的一半。

尤太忠将军的记忆力十分惊人，但遗憾的是晚年没有留下详尽的回忆。他晚年阅读了大量的战争回忆录，但他就是不想写。他曾经对我说：“讲真话吧，会得罪人；不讲真话，又讲什么呢！战争年代，那么多人牺牲了，生命都献出了，你活着的人还有什么可吹的。”

有一次，他曾对老部下崔明礼说：“我问你，打羊山集时你是连指导员，你们在山上进入战斗时，全连有120多人，战斗下来就剩你光杆一个。你说现在要写的话，你怎么个写法，能都记到你崔明礼的名下吗？”

采访后，我们很快就写好了一篇专访，题目叫《那半个连队，留在了草地——访尤太忠将军》。按照惯例我把文章送尤将军审阅，但万万没有想到，将军竟不同意发表。6月1日，我收到了尤将军的批示，在打印稿的左上角空白处，将军用签字笔写道：

吴社长：

此稿，我坚决不同意发表。

尤太忠　5/30

我百思不得其解，反复望着将军的批示默默发呆，确实弄不明白问题出在哪里：如果事实有误，还可以修改嘛；不同意发表就不同意发表，为什么还要加两个字——“坚决”。

本来，我还想打电话和将军商量商量，当我拿起电话时，似乎又看到了那一双铜铃狮眼间紧紧拧起的眉头——威严而又坚决。我不敢违背将军的意愿。无论从哪个角度看，这篇稿子都符合发表的水平和要求，但将军为什么要“坚决”枪毙它呢？后来我才渐渐明白，将军并不是对这篇文章不满意，而是对那段历史有他内心难以言说的复杂情感。

那是1986年，为了纪念红军长征胜利50周年，总政治部有关单位向广州军区战士话剧团下达了上演话剧《北上》的任务。当时上面的指示是，总政拨两万元，不足部分广州军区自己补，演员不够可到海军借。谁都知道这个任务的政治背景和完成它的潜在政治压力，而时任广州军区司令员的尤太忠竟然向军区政治部指示：“我们军区不演这个戏！”

尤将军夫人王雪晨对我说，他真是吃了豹子胆！那天军区政治部副主任孙志承再次向老尤请示：“首长演不演？”老尤果断地说：“不演！”孙志承为难地说：“我们不好对总政说。”老尤说：“不好说我来说。”于是，老尤打了个电话给总政文化部的一位处长。他说：“这个戏我们军区决定不演了。”对方说：“这是……指示啊！”尤太忠将军回答：“天王老子的指示也不演！”

王雪晨回忆那段经历至今仍心有余悸。她说：他打电话时，我就在他身边。当时我担心极了，悄声说：“你这样说，非要丢官不可。”结果他对着电话又补充了一句：“就是撤了我这个司令，我们也不演！”将军拍案，震动京华。据说此事在北京军界上层曾引起了不大不小的风波，元帅将军们议论纷纭，最后还是邓小平为他说了话，才不了了之。但这件事还是在将军以后的经历中投下重重阴影。

在和尤太忠将军交往的过程中，我曾小心翼翼地试探着问他：为什么不愿上演《北上》？尤将军眉头拧得紧紧的，回答得简单而干脆：“1981年我在成都军区就看过《北上》电视，看了一半就把电视关了。”“总政要军区演《北上》，我专门把剧本要来看了三遍。”将军把右手掌握成拳头，然后伸出一个个指头，“一二三四”地数落道：“哪有那回事嘛？红四方面军30军9师师长要跟毛主席、党中央北上，结果不让他北上，把他枪毙了。九师师长我熟得很，叫汪乃贵，住在武汉元宝山，前几年才去世。还说枪毙了两个团长，四方面军的团长我都认识嘛，哪有被枪毙的。”

“哪有那回事嘛！张国焘犯了错误，不等于下面的干部都犯错误嘛……”

显然，尤太忠将军是以自己亲身经历的历史事实，与艺术典型化的《北上》的故事情节进行了简单的比照。对于那个历史事件的亲历者来说，这种比照当然也在情理之中。他对红四方面军的胜败功过有着自己的事实标准，有着自己出生入死的亲身体验。他的沉默和抵制，是一种道德良知的坚持。

“不说了，不说了。”将军挥挥手，神情有点疲惫。我们的交谈戛然而止，没有任何回旋余地。

三

“毛主席去世是一级战备，邓小平去世来了个三级战备。”尤太忠将军的眉头又拧了起来——两道竖起的条纹向中间夹紧，条形肉瘤更加突出了。

1997年2月23日上午，也就是邓小平去世后的第四天，正在医院住院的尤太忠将军特地赶回家，接受我的第三次采访。这是将军落座后突然蹦出来的第一句话。我看到，将军在说这话时，抬起曾指挥千军万马的右臂，以大拇指和食指不停地捏着双目之间的那条肉瘤。将军垂垂老矣，但高度警觉戒备和张弓搭箭的军人作风犹存。

这是尤太忠将军在战争年代的习惯动作。许多老同志告诉我，凡遇到紧急情况，尤司令就喜欢用拇指和食指捏着眉头，捏来捏去，直到他考虑成熟。条形肉瘤就是将军在战争年代思考问题时不停地捏出来的。

他一边捏着眉头，一边说：“邓小平去世，是一件大事。我就要求出院了。”

邓小平在解放战争中任晋冀鲁豫野战军（后改为中原野战军）政委时，尤太忠是其麾下一名旅长。谈起邓小平，尤太忠不但充满了自豪也充满了感情。邓小平与尤太忠的“亲密接触”应该在解放战争期间。

1947年8月，刘邓大军根据党中央、中央军委赋予的战略任务，千里跃进大别山。23日下午，中路先头部队冒着敌机的轰炸扫射，抢占了汝河南岸的一个桥头堡大雷岗。蒋军马上从东西南三面构成马蹄形攻势，把这个小小的村庄围住。

这时，东西两路部队和中路的一个纵队已先敌抢过汝河，继续南进。留在汝河北岸的，只有野战军指挥部率一个纵队的兵力，和中共中央中原局机关。而紧跟在背后的蒋军三个师距离只有五六十里，不用一天就可以赶到。前有阻敌，后有追兵，千钧一发，险恶万分。

曾经任新华社刘邓大军前线分社社长的李普在《记刘帅》一书中曾多次提到尤太忠将军在这一关键时刻发挥的重要作用——

这时，尤太忠手里只有两个团和旅直属队，总兵力七个多营……尤太忠带着四十七团进了大雷岗。他把一家老乡的破马房打通土墙，架上几根木头……作了他的临时指挥所。旅政委张国传在离他200公尺左右的地方。他们之所以分开，是准备牺牲了一个，还有一个可以指挥。参谋长赖光勋，在汝河岸边指挥渡河。小雷岗方向，四十八团遇到敌人的顽抗，黑夜里展开了作战，一鼓作气把敌人赶跑了。

天刚亮，刘、邓和李达突然出现在尤太忠面前。刘、邓首长来到最前线，使尤太忠很高兴，更使他非常着急。这里离敌人仅一两里地，是激战的中心。敌人的炮弹一阵阵地在周围爆炸，弹片横飞。尤太忠再三劝他们进掩体，他们不听。突然一颗炮弹落在他们附近，气浪把尤太忠的帽子冲飞了，尤太忠这才把他们强拉进指挥所。刘、邓命令他们坚守到晚上，等全部人马过完才能南撤。这时无论刘、邓说什么，尤太忠都回答是，只希望他们赶快离开这个险地。他们问尤太忠还需要什么？尤太忠想了一下，要了萧旅后卫部队一个营……

我没想到尤太忠谈起那一仗，一开始竟是满腹怨气，一腔悲怆。

“那天晚上过汝河。上面命令重装备，野战炮啊、汽车啊，都要炸掉。炮营营长、教导员不干。我说，我负责，几门榴炮、野战炮、汽车、小吉普车，都炸掉。营长哭，叫我见到了，他们都哭，舍不得啊，打仗不就靠武器装备吗。我说，不炸，我枪毙你们。后来都炸掉了，连我坐的吉普车也炸掉了。炸装备的决心是邓小平下的。哎呀妈的，前面敌军把我们拦住了，后面几个师又追上来了。不轻装我们都完蛋！”

“本来我们旅已经在前面走了。突然杜义德政委命令我旅返回汝河打阻击。我一听就和杜政委吵。我说，鲁西南反敌围攻是我们旅，打定陶也是我们旅，打羊山集，还是我们旅，我们伤亡多大啊，还叫我们打阻击？杜政委对我说，这是刘师长和邓政委亲自指定的，我有什么办法啊！”

“听说当时刘伯承和邓小平到了你们旅。”我向将军复述了李普的回忆。

“炮弹打过来，子弹打过来，飞机的炸弹也掉下来。”尤太忠回忆起当时的情景惊心动魄：“我叫他们进房子，他们不进，我对杜义德政委说，你赶快带他们走，不然的话，敌人打过来怎么办？他说往那儿走呀？我大声说，就走高粱地，麦子地，从高粱地麦子地踩出一条路来。”

炮火中，杜义德带着刘、邓等沿着尤太忠指的方向走了，突然刘伯承回转身，走到尤太忠跟前叮嘱：“太忠同志，太忠同志，集合的地点知道不知道？”尤太忠赶忙回答：“知道了。”

刘伯承这才放心地前行，约几步，又回过头来高声对尤太忠说：“彭店，彭店，不要忘了啊——”

“彭店，彭店”，几十年前刘伯承的叮嘱，一直回响在尤太忠的心头，也回响在采访现场。这声音，忧心忡忡；这声音，关切备至；这声音，是生离死别的嘱托也是死里还生的希冀。

刘、邓强渡汝河以后，冒雨走了一天。8月26日午夜两点多钟，到达淮河北岸。过了淮河就是大别山。而尤太忠这里，激战犹酣，胜败难分，生死莫测。

这一仗打得非常艰苦，连长牺牲了，排长自动出来指挥，班长牺牲了，战士出来顶上去。一个班到剩下一个战士的时候，就单独同敌人战斗。一场激战过去，阵地面前满是敌人尸体。下午，尤太忠从报话机里听到敌人喊叫：“攻不动，快来炮，共军凶得很！”敌军将近两个营的兵力全部完蛋了。下午，敌军又发起几次进攻，没占到什么便宜。

李普是新华社的“元老”记者，他的《记刘帅》一书是我见过的最好的“革命回忆录”之一。从李普回忆中可以看到，在刘邓大军过汝河时，尤太忠率部“护驾”起了关键作用。因此，刘、邓对尤太忠在当时的表现留下了深刻印象。邓小平复出后，在谈到二野战史时曾两次提到："尤太忠是一员战将，有功之臣。"

第二天天亮时分，胜利完成汝河阻击任务的尤太忠率部赶到了纵队宿营地彭店。将军回忆说，杜义德政委才起床，他看到我，关切地问："你休息了没有？"我说："才到。"他说："你还没有休息啊！"我说："休息什么啊！"这时邓政委走出屋子。杜义德对邓政委说："太忠同志才到，还没有休息呢！"邓小平政委大步走过来，紧紧握着尤太忠的手，深情地打量着满身尘土的将军，激动地说："你辛苦了！"

将军讲到这里又长叹了口气："啊呀，整整打了一天一夜，把中原局掩护过来了，把野司掩护过来了，把纵队掩护过来了，全部都掩护过来了，所有的彩号全部抬过来了。那天，困难得很啊！没办法啊，整整打了一天。我们旅伤亡了两千多人，牺牲的人挖了个坑，用毯子一卷，就埋了。"

尤太忠将军不无骄傲地对我说："刘、邓在大别山主要靠6纵，他们跟我们住了一个礼拜。开始跟另一支部队，很被动。邓小平很生气，对我说，背时的（四川话"倒霉"——作者注），我不跟他们走了，我跟你们旅。李达参谋长也说，刘、邓首长不跟他们走，就跟你们在一起。"

如果说汝河之战，使邓小平对尤太忠留下了深刻印象，那么在随尤太忠旅的行动中，他们之间结下了更为深厚的情谊。邓小平对尤太忠是十分信任和欣赏的。

在刘邓大军中，刘伯承是忠厚长者，邓小平则是严肃的政委。尤太忠说："在我们二野有一句话，叫做'刘司令的战术，邓政委的决心'。邓政委的风格是一针见血，斩钉截铁。他下的决心一般不会改变，因此许多人对他有点怕。这不是吹牛，有时我在他面前还可以说上几句话。"

据将军回忆，参谋长李达曾多次悄悄地交代尤太忠，向邓小平提一些建议。如有一次行军中，司令部侦察到前面有敌情时，李达告诉尤太忠，乘吃饭气氛轻松时，向首长建议指挥部暂时不要前进。尤太忠按照李达的意思对邓小平说："邓政委，现在这里没有什么情况，指挥部暂时不要走吧。"尤太忠说："我一说，他们也就同意了。"

"邓政委在商城白雀园向我们旅连以上干部讲了话，主要讲形势和纪律。"尤太忠说：这次讲话也是我向邓政委建议的。部队到大别山后，我向邓政委反映了许多北方兵把水田里的水放掉去捉鱼的事。邓政委在讲话中特别强调了群众纪律，他说："水田里的水放掉，老乡怎么种稻秧？"

四

就是这天采访中，尤太忠将军给我谈了他从未披露过的一件往事。这件事，如果小平不去世，将军是不会贸然说的。

1973年2月22日晚上，被贬谪江西3年之久的邓小平刚回到北京的第二天，尤太忠和李达、苏振华三人一起，冒着极大的风险看望了小平同志。

一个人的经历中往往会遇到许多偶然的事情，但在偶然事情中的表现往往最能体现这个人的品德。尤太忠是在去301医院看望李达时，得知小平回京消息的。当时他和李达有这样一段对话——

李达："你知道不知道邓政委回来了？"尤太忠："我不知道。"

李达："你去看他不？"尤太忠："我不知道他住哪里呀，怎么去看？"

李达："你愿意不愿意去？"尤太忠："当然愿意去，多少年没见面了。"

李达："那你去坐我的车，或者坐苏振华的车。"尤太忠："我就坐你的车。"

李达问尤太忠愿意不愿意去，说明去看小平是要冒一定风险的。因为当时小平只是回北京，他的政治命运如何谁都不清楚。何况后来还有一个"批邓、反击右倾翻案风"运动。李达和苏振华都是在"文革"中"靠边"的老同志，尤太忠则不同，他虽受冲击但未"靠边"，何况还担任着北京军区副司令员兼内蒙古自治区主要领导的职务。据说，当时有一位和尤太忠相同职务的军区领导，邓小平专门托话给他，仍不敢前往看望。但尤太忠就是尤太忠，他的回答毫不含糊，没有一点儿犹豫。

将军接着说，小平住在西山的一个院子里。值班守门的正好我认识，原来是27军一个参谋，调到那儿当连长。他看到我来，给我敬了个礼，让我们进去了。我进去后，看到小平同志，立正给他敬了个礼，握握手。他看到我来有点惊讶，说：“啊呀，你怎么也来了，你也敢来看我吗？”我说：“你是我的老政委啊。”李达、苏振华、尤太忠看望他们的老政委邓小平时，谈了些什么，将军没有说，但他谈的一个细节给我印象极深。

尤太忠说：“当时，我口袋里就装着带嘴的中华烟。由于动作慢了些，小平先给我递烟，我只好接过来吸了，光板烟……那烟差得很。结果，我自己口袋里带嘴的中华烟，怎么也不好意思拿出来了。”

历史大多是在无意间写成的，人的品德往往也是在无意间流露的。看到小平同志当时的境况，尤太忠心里很不是滋味。从西山返回时，他没有回家，而是直驱京西宾馆，找到在小卖部当经理的一位老部下。

尤太忠急乎乎地问：“有没有好烟？”老部下答：“有，中华。”当时中华烟是最紧俏的高档商品，需要凭票购买或按级别分配。将军说：“给我买几条。”

老部下瞪大眼睛望着他，问：“你买那么好的烟谁吃？”将军说：“送人。”

将军买了5条烟后，立即驱车回到小平住处。门开了，小平同志奇怪地问：“你怎么又来了？”将军说，“给你拿几条好烟来。”

尤太忠将军告诉我，邓小平立马拆开一包烟，抽出一支，掏出火柴点上，深深地吸了一口，说：“啊——好多年没吸这么好的烟了。”

烟雾缭绕中，尤太忠将军的眼睛湿润了。过足了第一口烟瘾的邓小平感激地望着这位老部下，就像当年望着汝河激战中的将军一样。

（作者系文史学者、军旅作家）

原载于《同舟共进》2012年第12期

“二把手”彭述之的人生沉浮

何立波

对很多人而言，彭述之是一个陌生的名字。在1925年召开的中共四大前，他连中央委员都不是。而在中共四大上，彭述之成为一颗“政治新星”，不仅当选中央执委（即中央委员），而且与陈独秀、张国焘、蔡和森、瞿秋白一道当选中央局委员（相当于后来的政治局常委），成为仅次于陈独秀的“二把手”。除此之外，彭述之还担任中央宣传部部长，是当时举足轻重的人物。

然而这位中共早期风云人物，后来却成为中国托派首领，经历坎坷，漂泊海外，了此一生。

党内“留苏三领袖”之一

彭述之1894年出生于湖南省邵阳隆回县，后考入北京大学学习。1921年中国共产党成立后，彭作为中共最早党员之一被派往苏联留学，先后在莫斯科红军大学和东方大学学习。1924年，彭述之以中共中央代表的身份和李大钊一同出席了共产国际五大。

因从小接受私塾教育，彭述之精通“四书五经”，又读了许多马克思主义著作，善于引经据典。他著作颇丰，撰写的《帝国主义和义和团运动》、《谁是国民革命的领导者》都是大革命时期的重要著作。彭述之口才好，擅长演说，有会必讲，滔滔不绝，很受苏俄当局的重视，连苏联负责第三国际工作的季诺维也夫也称他为“老夫子”。留学莫斯科期间彭非常活跃，与瞿秋白、罗亦农被称为中共党内“留苏三领袖”。

者，让这些代表听得胆战心惊。开幕式一结束，不少代表就纷纷找到苏联代表团，向团长索洛维约夫激烈地表示异议甚至批评。他们认为，中国人本来只应礼貌性地致简短的祝词，怎么能在这样的会议上大谈政治问题，甚至公开提出武装斗争和推翻政府这种激进的革命号召。他们强烈要求，绝不能把这样的发言登到报纸上去。

世界工会联合会固然是得到苏联支持的带有社会主义倾向的国际组织，但它历来都照顾到各国工会组织所处的环境和从事合法斗争的现实，从不兜售或推销俄国革命的经验与作法。尤其二战结束后，美苏日渐走入冷战状态，双方非常注意不在对方的势力范围内挑起冲突。因此，苏联代表团也对刘少奇的发言深感不满。为此，索洛维约夫直截了当地向中共代表团反映了各国代表的意见。但中共代表不以为然，双方的交涉无果而终。

索洛维约夫马上通过苏联大使馆向莫斯科汇报了这件事，并且表明了自己的态度。大会的决议稿没有理会中共代表的要求，只字未提与本国统治者和帝国主义进行武装斗争的问题。中共代表团对此十分气愤，与世界工会联合会的执委们发生了激烈的争论。但后者明确告诉刘少奇等人：如果按照中共的意见通过决议，“我们就得收拾行装，从巴黎搬到莫斯科去。因为通过类似决议之后，处在帝国主义国家领土上的世界工联任何事情都做不成了”。

结果，这次会议虽然在新中国召开，中共代表明确地表示了自己的意见，会议的决议却和以往一样，完全没有响应中共的号召。

斯大林的认可与力推

让所有人都没有想到的是，在这种问题上一向十分谨慎的斯大林，这次却一反常态地站在中共代表的一边。

斯大林得到报告后不久，毛泽东即以中华人民共和国中央政府主席的身份，亲自前往莫斯科进行公开访问。斯大林最初在与新中国结盟的问题上还多有犹豫，不久就彻底打消了顾忌，下决心将中苏两国结为友好互助同盟关系。据此，他复电索洛维约夫，批评后者犯了严重的政治错误。斯大林声称：刘少奇的讲话不仅是正确的和及时的，而且应该公开发表，并应向各国代表团通报他的意见。为了表示苏联党对中国党这一立场的支持，苏共中央机关报《真理报》还在1950年1月4日把刘少奇的上述讲话译成俄文刊发出来。

此后，斯大林迅速采取了一系列重大措施来推动亚洲各殖民地半殖民地国家，包括资本主义国家的共产党人，学中共的榜样，走“中国道路”，即实行武装夺取政权的方针。

1950年1月6日，莫斯科改变了战后与日共中央商谈好的斗争策略，它通过欧洲九国共产党情报局机关刊物发表文章，公开批评日共奉行的议会斗争政策，要求日共学中共，用武装斗争将美国占领者赶出日本。

一周之后，莫斯科又进一步发表文章，批评印共，同样要求印度共产党用武装斗争的方式实现民族解放。

在日共、印共先后被推向武装斗争的同时，斯大林在1月下旬得到了朝鲜劳动党领导人再度提出的，希望苏联批准和支持通过武力的手段实现朝鲜统一的要求。在数月前还明确反对这样做的斯大林，这一次终于表示了同意，并很快通过各种方式为朝鲜实现这一计划提供了全面的指导和援助。

也正是受到苏联方面这一态度的鼓舞，还在莫斯科访问的毛泽东也明确指示中共中央，要尽最大努力援助正在进行反法武装斗争的越南党，包括为越方人员在中国境内提供训练场所，配备武器装备，派遣军事、政治顾问，等等。

由此不难看出，从1950年开始，在中国革命成功的影响下和“中国道路”推广的作用下，中国周边亚洲各国的武装斗争都迅速扩展起来，其中尤以朝鲜战争的爆发和越南抗法战争的迅速推进最为典型且影响最大。中国以某种形式参与朝鲜和越南战争，几乎不可避免。

斯大林去世，“中国道路”暂时停摆

以武装斗争为特色的“中国道路”的推广，从一开始就遭遇了多方面的阻滞和抵抗。日本和印度的共产党人因对这一政策的看法不一，先后发生分裂。除个别原本因文化不同具有分裂倾向的地区外，在印度这个崇尚甘地的非暴力哲学的国度中，暴力革命全无推行的土壤。而在日本这个城市化和工业化已相当发达且地域狭小的岛国，依照中国式的农村包围城市的办法建立庞大军队和根据地，从事大规模武装斗争，也全无可能。结果，少数模仿“中国道路”走入武装斗争者很快受到镇压，而整个党因政策转变，合法地位不复存在，国内民众原来较高的支持度，也骤然降到冰点。

在整个这一波走“中国道路”的热潮中，最具成功可能的，就是受到中苏支持的朝鲜的军事作战行动。然而，自1950年6月25日战争打响后，这场名义上的国内战争就受到了美国的直接干预。美国除迅速出兵增援南半岛的韩国政府外，还通过联合国组成了以美军为首的联合国军进行干预。这场战争最后只是维持了战前的地理格局，但参战各方在人力、物力和财力上都损失极大。

在这时中国周边所有按照中国革命方式开展武装斗争的国家中，只有越南党的武装斗争取得了明显进展。因为这场战争发生在中国边境线外，援助越南党的地理优势明显，法国却远隔重洋，运输线长达几万公里，越、法之间的战争又是殖民主义和民族独立之间的战争，越南民众的同情全在越南党一边，两者力量对比优劣明显。再加上战争发生在朝鲜战争的同时，唯一可能援助法国的美国分身乏术，在这种情况下，越南党的军事斗争才取得了较明显的成功。到1953年夏朝鲜战争结束时，越南党已经从最初的中越边界小块丛林地带，在越南大部分地区建立起了武装根据地。

这一波推广“中国道路”的热潮，因斯大林去世戛然而止。一方面，多数苏共领导人原本即不理解、不赞成斯大林的这一主张，斯大林一死，苏共中央马上停止了对各国武装斗争的支持，转而主张实行和平共处的外交政策，希望促成国际缓和局面；另一方面，新中国作为“中国道路”的推行者，在这一系列援外斗争过程中，虽然取得了骄人的战绩，但数十万人的死伤，无数人力、物力、财力的损失，亦成为百废待兴的经济恢复和国内建设工作的沉重负担。特别是1952年中国开始了第一个大规模的五年经济建设计划，继续深陷于南北两面的紧张战争中，维持庞大的军费开支也不现实。权衡利弊的结果，中共中央接受了苏共中央的主张，并不顾越南党内的反对意见，硬性劝告越南党与法国方面以十七度线为界，实现了停战与分治。同样，中共也先后劝止了东南亚各国背靠中国展开武装斗争的共产党和分裂组织反对本国政府的暴力行动，一度全面推行和平共处五项原则，力图与这些国家的资产阶级政府发展外交关系。

毛泽东对“中国道路”的坚定态度

然而，暂时改变武装斗争的方针，并不等于毛泽东改变了对“中国道路”放之四海而皆准的意识形态观点。实际上，早在1938年11月毛泽东初步实现党内领袖地位之时，就曾明白地告诫过党内干部：“革命的中心任务和最高形式是武装夺取政权，是战争解决问题。这个马克思列宁主义的革命原则是普遍地对的，不论在中国在外国，一概都是对的。”

正是基于这一观点，当1940年代初延安整风结束，全党完全统一在毛泽东思想的基础上之后，一些中共领导人就曾公开发表文章宣告：毛泽东所开辟的中国革命的道路具有指导世界革命的特殊意义。这是因为，俄国十月革命的道路只适用于资本主义国家，而中国革命的道路却是适合于一切殖民地半殖民地落后国家和民族的一条解放道路。

在1949年5月，即刘少奇上述讲话半年之前，也是朝鲜战争爆发一年多前，毛泽东也针对这条道路的普遍意义表示过看法。他当时针对朝鲜问题有过一段谈话，明确认为武装斗争是实现落后民族解放的唯一途径，哪怕中国可能会卷入其中，也是必要的。他告诉过朝鲜党的代表：朝鲜目前虽没有解放全朝鲜的实力，但这个时机是一定会到来的，朝鲜党、军队和人民应做好思想准备，等待有利时机的出现。在毛看来，一旦中国自身完成了统一的军事作战，美国人又离开了朝鲜半岛，比如1950年上半年，就可能出现有利时机。到时候，即使有国际干预，我们也能迅速派出精锐部队给予朝鲜党有力的支持。

由上可知，即使是在推行和平共处五项原则的外交方针的情况下，毛泽东和中共领导人对世界革命和“中国道路”经验意义的看法，也是不会改变的。1954年，英国共产党为了能够把《毛泽东选集》翻译介绍给英国民众，同时又不致因毛泽东文章中对暴力革命和战争手段的强调引发反感，主张删除相关论断，毛泽东得知消息后，当即表示了强烈不满的态度，坚持对这一原则性观点绝对不能做任何删改。这件事也可以清楚地看出毛泽东对“中国道路”的坚定态度。

在这样一种情况下，当苏共中央领导人赫鲁晓夫全面提出“和平共处”、“和平竞赛”和“和平过渡”的政治外交方针之后，毛泽东对这位新的苏联领导人的不满也逐渐溢于言表。他开始告诫党内干部：要警惕苏共领导人放弃暴力革命道路的倾向，暴力革命是共产党人手里最有效的，也是唯一能够取得胜利的“刀子”（武器），放弃对帝国主义、资产阶级的这一革命手段，就意味着放弃了这一制胜的法宝。

对邻国的援助逐渐停止

1958年，越南党因看不到在自己主导下实现和平统一的可能性，再度恢复武装斗争，毛泽东表态支持。紧接着，中苏围绕着要不要对美缓和发生争论，苏联在中印边界冲突问题上态度中立，进一步加深了中苏两党的意识形态分歧。

1960年4月，中共中央借列宁诞辰90周年之际，公开发表《列宁主义万岁》的政论文章，阐明了坚持暴力革命和阶级专政的原则立场。随即，针对印度当局纵容西藏分裂主义势力和蚕食中印边界争议地区的情况，毛泽东不仅下令反击印军，而且从此改变了对中立于美苏两大阵营之间的各国资产阶级政府的统战态度，逐渐转向了“三斗一多”的方针，即对帝国主义、修正主义、各国反动派坚决斗争，绝不缓和；对亚非拉各国人民革命斗争的援助只能多，不能少。用周恩来的话说，中国已经成为世界革命的中心，我们必须担负起领导的责任，当仁不让。

既然要由中国来领导世界革命，那么毫无疑问地“中国道路”又再度成为中国的核心思想。国防部长林彪为此专门组织写作班子，发表《人民战争胜利万岁》的长文，系统总结中国革命经验，把当时的世界局势和中国革命的地理状况相类比，认为帝国主义就相当于城市，落后国家和地区就相当于农村，世界革命理当按照“中国道路”，到处开展武装斗争，实行农村包围城市的战略，由星星之火而渐成燎原之势。

其实，说到底，所谓“中国道路”，核心就是一个“打”字。对此，毛泽东讲得很明白。“文革”开始后，他曾明确讲：各国革命的关键是要开展武装斗争，“苏联道路也好，中国道路也好，十月革命不就是打么。什么道路？打就是道路”。

正是依照这个“打”的部署，从1960年代开始，中国把联络和援助的目标全面转向了各国激进的小组织，采取接进来、送出去的方法，在中国内地建立训练基地，学习中国革命的理论和经验，以及各种武装斗争的技术和战术，再援以金钱和武器，送他们回去开展革命。而“文化大革命”的发动，包含着一个很重要的目标，即把中国进一步树立成世界革命的样板，广泛传播毛泽东革命思想，并且向各国输出中国式革命的对外政治意图。尤其是对周边容易援助的各国党，这类援助就更是驾轻就熟了。

以1954年后与中国关系最好的东南亚邻国缅甸为例。“文革”一开始，中共中央就基于上述意图，批准并协助来华十余年的缅甸共产党人和少数民族武装力量回缅甸去开展武装斗争，建立根据地。和当年对越南党一样，中国政府在1954年实行和平共处外交方针时，曾停止了对它们武装斗争的支持，并把其中相当多数无法在缅甸合法生活的青年骨干分子，撤进中国来，分别安排在远离云南边境的四川和贵州农场中劳动生产，并为他们中大多数人介绍了中国姑娘，帮他们在中国安了家。但这个时候，毛泽东因为相信只有重新推行“中国道路”，才可以造成世界革命的大环境，故决心要在周边国家进行此种实验。缅甸被选为试验的重点国家。早年撤到中国来的缅甸武装斗争人员自然又被安排受训，然后送回国开展斗争。

为了保证这些人员能够安全回缅，以及缅甸的革命者能够集体到中国来学习军事和进行装备，中国军队还专门组建了训练营，组织后勤补给基地，成立了武装护送部队，甚至不惜化装成缅共游击队，直接与缅甸政府军作战，以掩护缅共人员在中缅边界地区的进出。可想而知的是，这样的“中国道路”的试验，其成功的可能性究竟会有多大。

做过缅共中央高级干部的杨美红介绍说：当时缅共所在之地全都挂的是毛泽东和林彪的画像。不但挂像，每天还必读毛主席语录，对着毛主席像“早请示、晚汇报”。缅共人民军穿的衣服、用的枪、吃的粮食，都是中国的。缅共部队中都派有中国的军代表。军事训练营地最初是设在中国云南境内，后移至缅甸境内……

“中国道路”在中国能够成功，纯粹是中国自身的内部和当时特殊的外部条件所造成的。若相信这一道路可以用之四海而皆赢，在今天看来，实在是一厢情愿。其实，毛泽东自己反复讲过，中国革命的经验，首要就在于把放之四海而皆准的理论，与中国具体的实际相结合。毛泽东曾经再三表示过反对照搬苏联的经验，然而，却又格外迷信自己的经验；对中国的事情不管对错都要照自己的方法来办，对外国的事情也要比照自己的经验和意志，来判断是非对错，甚至推而广之。毛泽东活着的时候，就已经开始抱怨这些小党“不争气”，转而去和美国打起交道来了。毛泽东去世后，中国要对世界开放友好，重点转向经济建设，再度放弃支持缅共等小组织的武装斗争，不可避免。

1979年底，中共中央召见了缅共领导人，宣布了中方的决定：给缅共5年的过渡期，从1985年1月1日起，中国将全部中止对缅共的援助。随后，中国顾问团和参加缅共斗争的中国人民解放军官兵全部撤回了中国。缅共内部顿时人心浮动。若是读过杨美红的回忆，读到那些曾立志要为实践“中国道路”而牺牲的人们，最后竟因失去援助而绝望自杀的情景，相信一定都深感震撼并扼腕不已。杨美红这样表达自己的感慨：“真是壮志未酬身先死，长使英雄泪沾襟。一切只是一场虚幻的梦！”

（作者系文史学者、华东师范大学教授）

原载于《同舟共进》2011年第1期

庐山1959

罗平汉

“大跃进”运动之所以持续3年之久，1959年夏天的庐山会议至为关键。这次会议原本是纠“左”的，会议快结束时，彭德怀给毛泽东写了一封反映“大跃进”问题的信，引起了毛的反感，会议的主题也就从纠“左”变为“反右倾”，并在庐山会议后启动新一轮“大跃进”。直到1960年底，由于国民经济遭到严重困难，“大跃进”才不得不停止，转而对国民经济进行调整。那么，如果彭德怀不写这封信，是否纠“左”就能坚持下去，“大跃进”就会中止，所谓“三年暂时困难”就不会出现？为什么彭德怀这封不过是反映问题的信，却使会议的主题发生根本性的转换？

庐山会议前对“左”的纠正

客观而论，毛泽东既是“大跃进”和人民公社化运动的积极倡导者，也是中共领导人中较早发现“大跃进”和人民公社化运动存在许多问题的人。1958年8月北戴河会议后不久，毛曾到天津找河北省保定地区的一些县委书记谈话，了解情况，事后还让河北省委组织调查组对徐水县进行调查，并听取了河北省委对调查情况的汇报。通过调查了解，他发现很多人“急急忙忙往前闯”，脑子里有一大堆的混乱思想，认为有必要让各级干部冷静下来。

为了解决运动中出现的一些问题，1958年11月2日至10日，中共中央在郑州召开有部分中央领导人和省委书记参加的会议，史称第一次郑州会议，由此开始了半年多的纠“左”工作。会议开始后，毛泽东多次找与会的省委书记谈话，做高级干部的“降温”工作。会上，毛泽东提醒那些头脑发热的高级干部说，苏联搞了40年的社会主义，还没有宣布进入共产主义，中国才搞几年的社会主义，不要那么急急忙忙地宣布过渡。毛泽东还号召各级干部联系中国社会主义革命与建设，认真读斯大林的《苏联社会主义经济问题》等两本书，以“使自己获得一个清醒的头脑”。第一次郑州会议之后，中共中央政治局又于11月21日至27日在武昌召开扩大会议。毛泽东在讲话中说：破除迷信，不能把科学当作迷信破除。凡是迷信一定要破除，凡是真理一定要保护。必须老老实实，不要弄虚作假，要压缩空气。

在第一次郑州会议和武昌会议的基础上，1958年11月28日至12月10日，中共八届六中全会在武昌召开，全会通过了《关于人民公社若干问题的决议》，强调农业社变为人民公社，不等于已经把农村中的集体所有制变成了全民所有制，要在全国农村实现全民所有制，还需要一个相当长的时间；企图在条件不成熟的时候勉强进入共产主义，无疑是一个不可能成功的空想。这次会议之后，各地开展了人民公社的整顿工作。

接着，中共中央于1959年2月27日至3月5日在郑州再次召开政治局扩大会议，重点研究人民公社问题，史称第二次郑州会议。毛泽东在讲话中强调，在分配中要承认队与队、社员与社员的收入有合理的差别，穷队和富队的伙食和工资应当有所不同。公社应当实行权力下放，三级所有，三级核算，并以队的核算为基础，在社与社、队与队之间要实行等价交换。随后，毛泽东多次致信各级党委，强调要下决心纠正人民公社化运动中的“共产风”。

3月25日至4月1日，中共中央在上海召开政治局扩大会议，为即将召开的中共八届七中全会作准备。会议讨论了1959年的国民经济计划草案，有的中央委员提出应公开修改过去宣布的过高指标，但由于当时“大跃进”的问题尚未充分暴露，许多人对高指标仍有一种难以割舍的情结，这个建议未能被会议采纳。八届七中全会通过的1959年计划中，只降低了基本建设投资，其他的高指标大都未变。

1959年第二季度，国民经济中比例失调造成的严重后果进一步暴露出来。首先是农业生产情况很不好，夏收粮食、油料大幅减产，蔬菜、肉类等副食品短缺。其次是钢铁生产上不去，1959年头四个月按计划应生产钢600万吨，实际只完成336万吨。由于“以钢为纲”，其他工业项目特别是轻工业项目被挤占，日用品生产下降，许多商品库存减少，造成供应紧张。针对这种形势，1959年5月中旬，中共中央和毛泽东根据陈云的建议，将1959年的钢产量指标从1800万吨降为1300万吨。同时，中共中央还调整了农村政策，决定恢复社员的自留地，允许社员饲养家畜家禽，鼓励社员充分利用屋旁、路旁的零星闲散土地种庄稼和树木，不征公粮，不归公有。中共中央还明确指出，这种大集体当中的小私有，在一个长时期内是必要的。允许这种小私有，实际上是保护社员在集体劳动时间以外的劳动果实，并不是“发展资本主义”。

第一次郑州会议之后半年多的时间，农村人民公社经过几个月的整顿，逐渐剥去了一些空想色彩，刹住了急于向全民所有制和共产主义过渡的势头，“共产风”得到了初步遏制，许多混乱不清的政策问题得到了明确，同农民的关系有了改善；工业领域一些过高的指标降了下来，取消商品生产和商品交换的做法被中止。所有这些，都是值得肯定的。

但是，在对庐山会议前的纠“左”工作进行充分肯定的同时，也应看到当时对左倾错误的纠正还相当有限，尤其没有从根本上认识到“大跃进”和人民公社化运动本身的问题。虽然毛泽东在这个过程中也强调“价值法则是一个伟大的学校”，但他所批评的是那种急急忙忙取消等价交换、混淆集体所有制与全民所有制界限的做法，而没有认识到通过群众运动的方式搞经济建设，不但不能实现经济的“跃进”式发展，而且会造成国民经济各部门间比例的失衡；也没有认识到在外界条件不具备时就建立人民公社，本身既违背经济规律，也违背了社会发展规律。所以，庐山会议前半年多时间的纠“左”，不是纠正指导思想上的“左”，而是纠正一些具体问题的“左”。当时，中共中央领导层特别是作为主要领导人的毛泽东，对总路线、“大跃进”和人民公社仍是充分肯定的，认为这是探索中国自己的社会主义建设道路中了不起的创造，问题主要是基层干部在贯彻执行这“三面红旗”的过程中出现了偏差。

还应该看到，“大跃进”是在不断批评反冒进的过程中逐步发展起来的。1956年的反冒进，本来得到了中央领导层多数人赞成，可以说是中共中央领导集体作出的决策，但由于毛泽东在这个问题上一开始就有保留意见，到反右派运动快结束的时候，他认为反冒进给群众运动泼了冷水，挫伤干部群众快速建设社会主义的积极性，于是从中共八届三中全会开始，一再对反冒进进行批评，而原本主张反冒进的领导人只得再三作检讨。毛泽东批评反冒进实际上是对中央集体决策的否定，也在一定程度上助长了个人说了算的现象和个人崇拜的发展，这就使得一些正确的意见很难反映到中央并被采纳。因此，当时纠“左”的程度取决于毛泽东对“三面红旗”的认知态度。于是出现了一种怪现象——当领导人认为应当纠“左”的时候，全党上下忙着纠“左”；而当领导人认为应当“反右倾”的时候，全党又紧跟着开展“反右倾”。

对形势的不同看法促成会议转向

众所周知，庐山会议主题的转换，起因于7月14日彭德怀给毛泽东的那封信。这封三千字的长信分为两个部分：一是认为“1958年大跃进的成绩是肯定无疑的”，二是谈及“如何总结工作中的经验教训”。长信在肯定总路线、“大跃进”和人民公社化运动成绩的前提下，着重指出1958年以来工作中的问题，特别是全民炼钢浪费了一些人财物力，是“有失有得”，提出应当总结经验教训。

在这封信中，引起毛泽东不满的主要是这两段话。一段是：“在全民炼钢铁中，多办了一些小土高炉，浪费了一些资源（物力、财力）和人力，当然是一笔较大损失。但是得到对全国地质作了一次规模巨大的初步普查，培养了不少技术人员，广大干部在这一运动中得到了锻炼和提高。虽然付出了一笔学费（贴补20余亿）。即在这一方面也是有失有得的。”另一段话是：“小资产阶级的狂热性，使我们容易犯左的错误。在一九五八年的大跃进中，我和其他不少同志一样，为大跃进的成绩和群众运动的热情所迷惑，一些左的倾向有了相当程度的发展，总想一步跨进共产主义，抢先思想（指抢先于苏联进入共产主义——笔者注）一度占了上风，把党长期以来形成的群众路线和实事求是作风置诸脑后了。”（《彭德怀同志的意见书》，1959年7月14日。载《建国以来重要文献选编》第12册，中央文献出版社1996年版）毛泽东在庐山会议批判彭德怀时表示，信上说“有失有得”，把“失”放在“得”前面，反映了彭的灵魂深处的问题。还说彭在信中讲“小资产阶级的狂热性”，主要锋芒是向着中央领导，是反中央、攻击中央。（《黄克诚自述》，人民出版社1994年版）

毛泽东之所以对彭德怀信中的“有失有得”不满，一个重要的原因是彭对“大跃进”的批评超越了他所能接受的程度。1958年初，毛写了一篇很重要的文章《工作方法六十条（草案）》，其中提出：“要使干部学会善于区别九个指头和一个指头，或者多数指头和少数指头。”他说：“我们的工作，除非发生了根本路线上的错误，成绩总是主要的。”对工作中的缺点与失误，不能采取“攻其一点或几点，尽量夸大，不及其余”的做法。（《毛泽东文集》第7卷，人民出版社1999年版）在毛泽东看来，对待“大跃进”和人民公社，也应当这样，成绩是主要的，是九个指头。

庐山会议的主题原本是纠“左”，可是，由于彭德怀的这封信却导致会议主题转变为“反右倾”，并在随后启动新一轮的“大跃进”，造成了比上一轮“大跃进”更严重的后果。于是有人假设，如果彭德怀不写这封信，会议的结局也许是另一种情形。然而，历史是不能假设的。实际上，庐山会议前期的纠“左”很有限，而且纠“左”的目的也是为了更好地“大跃进”。因此，即使彭德怀不写这封信，会议如期结束，“大跃进”也不会中止，人民公社的问题也难以真正解决，国民经济的困难局面仍会出现。当然，经济困难的程度可能会有所不同，因为庐山会议后的新一轮“大跃进”，实际上带有某种赌气性质。

在彭德怀上书前，毛泽东对形势的估计比较乐观，认为工作中虽存在一些问题，但并不是很严重。6月13日，毛泽东主持召开中央政治局会议，研究工农业生产和市场问题。他在讲话中说：“许多问题是料不到的。谁知道吹‘共产风’？根本不管价值法则、等价交换，一办公社，‘共产风’就吹出来了，没有料到。现在落实到一千三百万吨钢，我也没有料到。许多事情是料不到的。粮食那么紧张，去年大丰收，今年大紧张，也没有料到。要随时注意新问题，发现新问题。虽然出了这么多乱子，但是最大的成绩是自从去年北戴河会议以来，各级党委注意搞经济了。”他还说：“我到井冈山，头一仗就是打败仗。这是一个好经验，吃了亏嘛。”（转引自中共中央文献研究室《毛泽东传（1949—1976）》，中央文献出版社2003年版）毛泽东的意思很清楚，之所以出现问题，是因为没有经验。

庐山会议开始后，毛泽东提出了会议需要讨论的十八个问题，其中第二个问题是关于对形势的看法，实际上也是如何评价前一阶段的“大跃进”。在6月27日的讲话中，毛说：国内形势是好是坏？大形势还好，有点坏，但还不至于坏到“报老爷，大事不好”的程度。八大二次会议的方针对不对？我看要坚持。总的说来，像湖南省一个同志所说的，是两句话：“有伟大的成绩，有丰富的经验。”“有丰富的经验”，说得很巧妙，实际上是：有伟大的成绩，有不少的问题，前途是光明的。他又说：今年这时的形势和去年这时的形势比较，哪个形势好？去年这时很快地刮起了“共产风”，今年不会刮，比去年好。明年“五一”可以完全好转。去年人们的热情是宝贵的，只是工作中有些盲目性。在大跃进形势中，包含着某些错误，某些消极因素。现在虽然存在一些问题，但是包含着有益的积极因素。去年形势本来很好，但是带有一些盲目性，只想好的方面，没有想到困难。现在形势又好转了，盲目性少了，大家认识了。（《庐山会议讨论的十八个问题》，1959年6月27日，《毛泽东文集》第8卷，人民出版社1999年版）

7月10日，毛泽东召集各小组长会议并作了长篇讲话，着重讲对形势的看法，“对党内越来越多地提出的不同意见已表现出不满，并且同右派进攻联系起来”。他说：“我们把道理讲清楚，把问题摆开，也不戴帽子，什么‘观潮派’、‘怀疑派’、‘算账派’、‘保守派’等等，都不戴……世界上的将军没有一个没打过败仗的。在三仗中打两个胜仗、一个败仗就是好的，有威信……要找问题，可以找几千几万件不对头的。但是从总的形势来说，就是这样：九个指头和一个指头。”（《毛泽东传（1949—1976）》）从这些讲话可以看出，毛泽东此时的态度是，

"'左'的错误要批评，但不应总是抓住不放；对热心搞'大跃进'的同志，应该是既批评又鼓励，不要挫伤他们的积极性；现已经批了9个月的'左'，差不多了；应赶快抓生产，争取1959年的跃进。"（薄一波《若干重大决策与事件的回顾》下卷，中共中央党校出版社1993年版）

毛泽东对彭德怀的不满，其实不仅仅是7月14日的这封信，还与此前彭在小组会上的发言内容不无关系。如彭说："解放以来，一连串的胜利，造成群众的头脑发热，因而向毛主席反映情况只讲可能和有利的因素。在大胜利中，容易看不见、听不进反面东西。""要找经验，不要埋怨，不要追究责任。人人有责，人人有一份，包括毛泽东同志在内。我也有一份，至少当时没有反对。""现在是不管党委集体领导的决定，而是个人决定；第一书记决定的算，第二书记决定的就不算。不建立集体威信，只建立个人威信，是很不正常的，是危险的。""毛主席和党中央在全国人民心目中威信之高，是全世界找不到的。但滥用这种威信是不行的。去年乱传毛主席的意见，问题不少。"（《彭德怀传》编写组《彭德怀传》，当代中国出版社1993年版）

7月16日，毛泽东将彭德怀的信以"彭德怀同志的意见书"为标题，批示印发给与会人员讨论，并在中央政治局常委会的范围内提出，要"评论这封信的性质"。同时决定将会期延长，并通知留在北京主持有关方面工作的一些领导人上山来参加讨论，"毛泽东原来估计，彭德怀的《意见书》印发后，会引起一些人的批评和反对"（《杨尚昆谈新中国若干历史问题》，四川人民出版社2010年版）。但与会人员在讨论信的过程中，却出现了另一种情况，"一些人基本赞同信中的意见。他们认为，这封信总的精神是好的，对于推动会议深入讨论，促使大家思考问题，有积极作用。应该在肯定成绩的前提下，把过去工作中的缺点和错误讲深讲透，这样才有利于总结经验教训，改进以后的工作。彭德怀敢于反映自己的意见，这种精神值得大家学习。信的缺点主要是一些提法和词句斟酌不够，容易引起误会，但不必计较和争论。也有一些人对彭德怀的信持不同意见，认为对错误'认识过迟'的说法，不符合实际。从北戴河会议到现在，许多重大问题都已得到解决，并非认识过迟。认为这封信'实际上会引导到怀疑党的总路线的正确性，怀疑去年大跃进和伟大的群众运动，以及所取得的伟大胜利是否可靠'”。（中共中央党史研究室《中国共产党历史》第2卷，中共党史出版社2011年版）

7月21日，张闻天在小组会上就“大跃进”和人民公社问题作了长篇发言。张闻天不但明确支持彭德怀信中的基本观点，而且对“大跃进”以来发生的严重问题作了理论上的分析，强调要多从观点、方法、作风上，去探讨缺点和错误产生的原因。他在发言中说，胜利容易使人头脑发热，骄傲自满，听不得不同意见，民主空气很重要。“我们不要怕没有人歌功颂德，讲共产党英明、伟大……怕的是人家不敢向我们提不同意见。决不能因为人家讲几句不同意见，就给扣上种种帽子。”（《张闻天庐山会议发言》，北京出版社1990年版）张闻天的这番话，很有针对性，也很有见地，说明他对当时存在的问题是作过认真思考的。张闻天的发言，“引起了毛泽东的特别注意”，由此“怀疑党内有人在刮风”（苏维民《杨尚昆谈新中国若干历史问题》，四川人民出版社2010年版）。

7月22日，毛泽东找几个人谈话。有人对毛泽东说，现在很需要他出来讲话，顶住这股风，不然队伍就散了。还说，彭德怀的信是对着总路线，对着毛泽东的。这番话直接促使毛泽东下决心“反右倾”。当天晚上，毛泽东与刘少奇、周恩来商量准备第二天开大会。7月23日，毛泽东在大会上发表长篇讲话，对彭德怀信中提出的观点逐一批驳，庐山会议的主题也就由纠“左”转变为“反右倾”。

“历史旧账”里的积怨

应当说，在过去战争年代，毛泽东与彭德怀之间确实曾经在某些问题上产生过分歧，也发生过某些误解——所谓的“历史旧账”，也在一定程度上影响了庐山会议的转向。

一是1932年的江口会议。会议没有采纳毛的意见，作出了打赣州的决定。1月10日，中央革命军事委员会发布攻打赣州的训令，并由彭德怀任前敌总指挥，负责攻城。一个月后，赣州之役以失败告终。1932年3月中旬，中共苏区中央局在赣江县的江口圩召开扩大会议，讨论攻打赣州的经验教训和红军今后的行动方针。会上，毛泽东指出攻打赣州是错误的，主张红军主力向敌人力量比较薄弱、党和群众基础较好、地势有利的赣东北发展。但有人认为，红军还是要执行中央的“进攻路线”，要夺取中心城市的。会议没有接受毛泽东的意见，“彭德怀同意、支持了中央局多数人的意见，为此曾与毛泽东争论得面红耳赤，甚至拍了桌子”。(《彭德怀全传》，中国大百科全书出版社2009年版)

二是1935年的会理会议。林彪之前给中革军委写信，建议毛泽东、朱德、周恩来随军主持大计，由彭德怀任前敌指挥，迅速北进与红四方面军会合。5月11日，也就是在会理会议的前一天，林彪又打电话给彭德怀，认为此地不能久留，提出要由彭德怀指挥全军迅速北进。彭德怀当时回答说:“我怎能指挥北进，这是中央的事。”不料此事为毛泽东知道后，误以为这是彭德怀鼓动所致，对彭产生了不满。

第二天，中共中央政治局在会理城外的铁厂召开扩大会议。会议由张闻天主持，毛泽东在发言中说:“彭德怀同志，你对失去中央苏区不满，是在困难面前动摇，是右倾。林彪给中央写信，是你鼓动起来的……”毛泽东的话音刚落，会上一直低头不语的林彪抬起头来说:“我给中央写信，没有什么想法，主要因为老跑路，心里烦得慌……”毛泽东打断林彪的话说:“你是个娃娃，懂得什么!”

三是1937年的十二月会议。1937年11月底，王明从莫斯科回国。12月9日至14日，中共中央政治局召开会议，听取王明对共产国际指示的传达，讨论抗战形势和国共关系诸问题。毛泽东自第二次国共合作实现之后，不厌其烦地一再强调，要警惕右倾投降危险，要保持在统一战线中的独立性。王明的重心却是强调“一切为了抗日，一切经过抗日民族统一战线，一切服从抗日”，要求全党充分认识抗战爆发后国民党的进步，对国民党不能用过去的眼光看待，要尽量地帮助其进步。王明也认为，共产党不能投降国民党，两党谁也不能投降谁，但现在中共的力量还与国民党不对等，要坚持抗战和取得抗战的最终胜利，主要靠国民党的力量。“讨论中许多同志在一时难以分辨是非的情况下，不同程度地同意和拥护了王明的主张”(《张闻天年谱》上卷，中共党史出版社2000年版)，彭德怀也是这“许多同志”中的一个。

战争年代毛泽东和彭德怀之间虽然产生过某些分歧甚至误解，但双方都以革命事业为重，在相当长的时间内并没有影响到两人的关系；可是在庐山会议后半段批判彭德怀等人的过程中，这些问题却变成了历史旧账，算成了彭德怀一贯反对毛泽东的证据，从而影响了庐山会议后期对彭德怀等人的定性。

抗战爆发后，朱德和彭德怀率八路军总部前往山西，此后彭德怀一直坚持在华北抗日第一线，直到1943年10月因准备参加中共七大才回到延安。1945年初，薄一波提议召开一次华北工作座谈会，以总结华北工作的经验教训。这个建议得到了中共中央的采纳。2月1日，华北工作座谈会正式召开，参加会议的人员为华北各根据地来延安的高级干部。在华北工作座谈会后期，约有十几位在中央和其他地区工作的同志，如李富春、陈毅等同志，来参加会议。康生也来了，他气势汹汹地对彭德怀说："你在抗战开始时执行的是王明路线。你不懂根据地建设的规律，不发动群众。你组织的百团大战，过早地暴露了我军力量，把日军力量大部吸引过来，帮了国民党蒋介石的忙。""从此把座谈会变成了批判会，把意见完全集中到彭德怀同志身上。讨论、批评的内容，也突破了华北的工作，变成对彭德怀同志历史问题的'清算'。"（薄一波《七十年的奋斗与思考》上卷，中共党史出版社1996年版）

华北座谈会并没有作出结论，会议所涉及的问题后来实际上不了了之，但这次会议对1959年庐山会议的转向却存在某种历史关联。对那些不实事求是的批评，彭德怀当时没有违心地做检讨，但这不等于说他对会议上遭受的不公正批评已完全释然。在庐山会议的小组发言中，他曾提及华北座谈会的问题，"说了几句不该说的话"。如彭说："华北会议骂了我40天的娘，难道庐山会议骂你20天的娘还不行？"（薄一波《若干重大决策与事件的回顾》下卷，中共中央党校出版社1993年版）这样的话传出之后，难免引起毛泽东的不快。

对彭的"担心"和不信任感由来已久

应当说，毛泽东对彭德怀的不满并非庐山会议才突然引发的。1958

年以来，毛对彭已产生了某种不信任感。是年，毛在许多会议上讲到要准备党分裂的问题。5月17日，他在中共八大二次会议上讲的最后一个问题是“准备最后灾难”。何谓“最后灾难”？他说，其一是世界大战，其二是党搞得不好，要分裂。过了几天，他又说：新的分裂是可能的。只要有党，就可能分裂，一百年后还会有。以后他又多次讲到分裂问题。当时，毛泽东并未明言要对付谁的分裂。等到庐山会议批彭时，他才把话点明了，说：“去年八大二次党代会上讲过，准备对付分裂，是有所指的，就是指你（彭德怀）。”（李锐《庐山会议实录》，湖南教育出版社1989年版）在这年4月的中共八届七中全会上，毛泽东说：我这个人是很多人恨的，特别是彭德怀同志，他是恨死了我的。是不是这样呢？不恨死了，也有若干恨。因为我跟他闹别扭闹得相当多。会理会议、延安会议、中央苏区江口会议，我们两个人斗。但是我们两个人我看是好的，有什么不好呢？都是革命党。我是寸步不让，你一炮来，我一炮去。我跟彭德怀同志的政策是这样的：人不犯我，我不犯人；人若犯我，我必犯人。不仅（是）跟彭德怀同志一个人的问题，跟其他同志也是这样。（李锐《“大跃进”亲历记》下，南方出版社1999年版）据黄克诚回忆：“早有一次，主席对彭开玩笑似地说：‘老总，咱们定个协议，我死以后，你别造反，行不行？’可见主席对彭顾忌之深，而彭并未因此稍增警惕，依然我行我素，想说就说。”（《黄克诚回忆录》，人民出版社1994年版）

黄克诚没有进一步说明毛泽东“顾忌”彭德怀的原因。笔者认为，前文所述及的“历史旧账”，多少会影响到他们之间的关系。在1945年的中共七大上，彭德怀发言时对华北期间的工作作了检讨。毛泽东曾问师哲：“彭德怀那天在大会上的发言你听了没有？有什么认识、有什么感想？”师哲说：“他的发言我注意听了，觉得还好，谈到实质性的问题，作了自我检讨，承认错误的态度也是诚恳的……”话还没有讲完，毛泽东就不高兴地说：“但他承认错误的态度十分勉强！也难说他是心悦诚服的。”随后又补充了一句：“此人刚愎自用、目空一切。”（师哲《在历史巨人身边——师哲回忆录》（修订本），中央文献出版社1995年版）

彭德怀长期主持中央军委日常工作，在军队有很高的地位与威望，而毛泽东“在匈牙利事件之后，开始担心我军领导出问题”。(《黄克诚回忆录》)1958年军中曾开展反教条主义斗争，使刘伯承、粟裕等一批将领受到错误的批判。虽然主持对刘、粟等人批判的是彭德怀，但这并不意味着毛泽东对彭就没有“担心”。1959年3月，中共中央政治局在上海召开扩大会议，正式决定毛泽东不担任国家主席，由刘少奇接任。彭德怀在会上提出，不再担任下届政府的国防部长，想去搞经济工作。毛泽东听后说了一句:“你现在已经是副总理兼国防部长，你还想要什么!”(《彭德怀全传》四，中国大百科全书出版社2009年版)

新中国成立以后，毛泽东在党和人民中的威望越来越高，尽管毛泽东本人对个人崇拜在一段时间里保持了比较清醒的头脑，但国内的造神运动已经开始萌动,《东方红》的乐曲响彻全国。彭德怀是对国内的个人崇拜认识较早的人。1951年7月1日，彭德怀在朝鲜听到志愿军庆祝建党30周年时唱了《国际歌》和《东方红》，他感到《东方红》歌词中“他是人民大救星”同《国际歌》中“全靠自己救自己”似乎有些抵触，认为改为“他是人民的好领导”，“领导我们向前进”更好一些。但他这一想法没有向他人透露过，只是写进了自己的日记。1956年苏共二十大后，在中南海开会时，他几次提议不要唱《东方红》，不赞成喊“毛主席万岁”。1956年11月1日，彭德怀途经江苏新沂县视察驻军某部，看到墙上《军人誓词》第一条是“我们要在毛主席领导下……”他说:“这个写法有毛病，我们的军队……不能只说在哪一个人领导之下。我们是唯物主义者，毛主席死了谁领导?今后要修改。”1959年1月30日，彭德怀在解放军后勤学院学员毕业大会上讲话说:“躯壳都是要死的，人家说万岁，那是捧的，是个假话。没有哪个人真正活一万岁。”(郑文翰等《秘书日记里的彭老总》，军事科学出版社1998年版)彭德怀的这些话，今天看来难能可贵，可当时个人崇拜已相当严重，他说的这些话未必都能传到毛泽东耳朵里，不过，这起码显示出彭的特立独行，加之“他性格刚烈，遇事不能容忍，不大能适应人类社会的复杂性。水至清则无鱼，人至察则无徒。所以不易和领导及周围同志搞好关系”，因而与毛“相处得不很愉快，多有误会”。(《黄克诚回忆录》)

由于彭德怀信中对“大跃进”和人民公社的批评，毛泽东形成了一种印象，彭德怀多次在关键时刻不能与自己保持一致，并且得出他与彭的关系是“三分合作七分不合作”的结论。结果，庐山会议后期对彭德怀的批判，主要集中在清算他与毛泽东“不合作”的历史旧账上。这种算账的结果，彭德怀等人被错误地打成右倾机会主义分子，并且决定在全党范围内开展大规模的“反右倾”斗争。

对庐山会议及随后开展的“反右倾”的后果，《中国共产党历史》第二卷归纳为两个方面：政治上使阶级斗争扩大化的错误在理论和实践上进一步上升，并延伸到党内，伤害了许多同志；经济上打断了第一次郑州会议以来纠“左”的进程，使“大跃进”和人民公社化运动中许多已经暴露出来、有待纠正的左倾错误重新发展起来；在组织上严重破坏了党内民主生活，使个人崇拜和个人专断的不良倾向在党内进一步发展。庐山会议最直接的后果，就是在“反右倾”的口号下启动新一轮的“大跃进”，使“共产风”、“浮夸风”等左倾错误再度泛滥，致使国民经济已经出现的困难非但未能克服，反而日趋严重。

（作者系文史学者、中共中央党校教授）

原载于《同舟共进》2013年第7期

康生问题被揭露始末

程冠军

中共中央统战部原部长、全国政协原副主席阎明复曾撰文回忆说，他在上世纪90年代曾听原国家主席杨尚昆谈到过康生历史上的一些情况。毛主席曾对杨尚昆说:“康生这个人极‘左’。在抢救运动中极‘左’，现在也没改掉这个毛病。”

“康生是鬼不是人”——这是“文革”后陈云对康生的评价。

康生问题的揭露是彻底否定“文化大革命”的关键，更是拨乱反正的关键。

1976年10月6日，中央一举粉碎“四人帮”。此后的一段时间内，全党全国上下虽然都在深揭猛批“四人帮”，但康生问题一直没有被揭露，这就给彻底否定“文革”、实现拨乱反正带来了一定障碍。

康生把持中央党校20多年

中央党校是“真理标准讨论”的发端之地，但“文革”时期却是重灾区。该校被康生把持长达20多年，破坏成了个烂摊子。1956年八大后，康生被重新启用，当选中央政治局候补委员，并从1957年起分管党校。“文革”前期和“文革”时期，康生在党校先后诬陷迫害中央党校原校长、著名哲学家杨献珍和曾任刘少奇秘书、后任中央党校校长和全国人大副委员长的林枫，制造了大批冤案。

在中央党校，康生被尊称为“康老”，他的妻子曹轶欧则被尊称为“曹大姐”。有时康生到党校视察，随时看到一个人，突然冒出一句：

"我看你这个人不像个好人"，这个人很快就会被打成反革命。提起康生，曾担任过胡耀邦秘书的中央党校原副校长陈维仁说："康生的头上有'两顶桂冠'；我也送给他三个称号，康生是'四人帮'的教父，'文革'的罪魁，党内最大的'棍子'。"

"文革"期间，中央党校原副校长刘海藩与康生有过一次"狭路相逢"。

1966年6月初，迫于康生的高压，林枫在党校成立了"文革"办公室。当时刚从中国人民大学毕业的刘海藩被调来负责写简报，主要是将党校开展"文革"的动态及时上报中央。

在康生的一手策划下，林枫于1966年8月19日被造反派批斗。为煽动党校群众继续陷害林枫和刘少奇，1966年8月30日下午，康生在人民大会堂福建厅召开"50人座谈会"，康生讲话长达4个小时，反复讲党校阶级斗争的"盖子"又大、又深、又厚、又黑，说党校是反毛泽东思想的黑阵地，反无产阶级革命的"黑堡垒"，修正主义的"黑据点"，叛徒特务的"黑窝子"，资产阶级思想的"黑染缸"。讲了四个"黑"之后，康生突然话锋一转："党校报来的70多期简报，完全是与无产阶级革命对抗的，我越看越生气。简报是什么人负责写的？"这时刘海藩正在台下听得发懵，突然听到康生在叫是什么人写的简报，着实吃了一惊。这时有人喊："刘海藩写的。"康生问："他来了吗？""来了！"几个造反派齐声回答。"刘海藩站起来！"一个造反派吼叫。刘海藩坐的位子正好与康生妻子曹轶欧挨着。看到这情形，曹轶欧就说："刘海藩，康老叫你，你站起来嘛！"刘海藩不情愿地站了起来。康生厉声问道："简报是谁叫你写的？"刘海藩有几分紧张地回答："是组织上安排我写的。""什么组织？"康生越来越严厉。"当然是党组织。"康生愤怒地反问："哪个党组织？"刘海藩预感到灾难来临且已经躲不过去了，于是这位湖南青年的辣椒味冒出来了，他一字一句地回答："中国共产党！"康生没想到这么个小人物竟然对自己大不敬，气急败坏地吼道："你什么东西！"刘海藩强忍着没有再说话。康生抖动着手头的简报接着说："你写的这些简报是共产党的话吗？你执行的完全是资产阶级反动路线，你是替林枫说话的黑笔杆子、黑爪牙！"

当晚，刘海藩就被造反派抄了家。

中央党校整风会议引燃康生问题“第一把火”

1977年3月，中共中央决定：恢复中央党校，中共中央主席华国锋兼任中央党校校长，汪东兴副主席任第一副校长，胡耀邦任副校长。由于当时中央党校还是造反派掌权，胡耀邦到党校抓的第一件大事就是召开“整风会议”，实际上是进一步深入揭批“四人帮”，解决“文革”遗留问题。

1977年9月3日，在中央党校的“整风会议”上，王富长在发言中首次揭发康生和曹轶欧的问题。他揭露了康生的“十个问题”：

一、一直把持党校，说党校是“长期反毛泽东思想的顽固堡垒”，给党校的同志们套上叛徒、特务、走资派等精神枷锁。

二、对待党校群众组织问题上是支持一派，打压一派，使很多干部群众受到摧残。

三、指使造反派在党校大骂朱德、叶剑英、陈毅等老帅，并编辑出版《林彪选集》、《林彪语录》。

四、康生、曹轶欧在党校搞“清队”和“整党”问题上，颠倒敌我关系，致使大批的干部群众受到审查、关押、开除、遣送。

五、康生、曹轶欧在党校乱点名的问题。康、曹在党校动辄说某某是反革命、叛徒、黑帮、修正主义分子。（实际上与第四个问题是一回事）

六、康生在对待李广文（曾任中共山东省委书记处书记，中央党校一部主任、校务委员会委员等职）问题的处理上出尔反尔。

七、党校的“五七”干校的办校方向违反毛主席关于办好“五七”干校的精神。

八、党校的“五七”干校的办校方针有问题。（实际上与第七个问题是一回事）

九、康、曹包庇造反派头头。

十、康生把持党校期间，其亲信和党羽为“四人帮”篡党夺权大造舆论。

康生虽然于1975年12月16日因病撒手人寰，但在死后的悼词上，他却被封为“伟大的无产阶级革命家”和“光荣的反修战士”。当时这“两顶桂冠”还在，并且曹轶欧还活着，又在党的十一大上当选为中央委员。王富长的发言石破天惊，无异于在第一教室投下了一枚重磅炸弹。对于王富长的揭发，胡耀邦是比较慎重的。他在会上说，一个党员对现在的领导，对过去的领导有意见，可以不可以提呢？我看有意见是可以提的。这是符合我们党的组织原则的……但是提意见必须遵守以下几条：第一，必须实事求是。为什么要提意见，主要是为了分清是非，要摆事实，讲道理，防止不实之词，污蔑更不允许，要把颠倒了的是非颠倒过来。第二，只在我们党的会议上提。党章规定，在党的会议上可以批评任何人。在党的会议上提意见是合法的，是党员的权利，是不可侵犯的，不可剥夺的。没有参加会议的同志怎么办？每个党员如有意见，可找组织谈，或者写材料交给组织。这一条我提议作为这个会议的纪律，不搞小广播，搞小广播性质就变了，是自由主义了。第三，只在会上讲，或写书面材料，不贴大字报。第四，意见提了后怎么落实，怎么办？如实向华主席，向几位副主席反映。请华主席、党中央去决定。

从目前公开的历史材料看，这是粉碎“四人帮”后第一次在公开场合提出揭发康生问题。会后，“整风会议”材料组的陈文斌、刘立中两位同志根据王富长的发言整理了一份书面材料，按照耀邦的要求上报中央。

王富长为什么敢公开揭露康生？他说，当时虽然“四人帮”被粉碎了，但康生问题依然是禁区，对康生和曹轶欧依然要称康老和曹大姐。公开揭露康生，他心中也有一定顾虑。但他之所以敢挺身而出，主要有三方面原因：一是在经过一段时间“整风会议”的揭发和讨论后，逐步认清了“文革”的本质，同时感觉“文革”中党校问题的罪魁祸首就是康生。至于揭发康生会不会有风险，他认为风险是有，但大环境已改变了，“四人帮”毕竟倒台了，过去那一套站不住脚了，站出来揭发康生也不会被打成反革命了。第二个原因是，王富长曾被评为全国青年标兵，对曾在团中央工作的胡耀邦有感情。在发言前的一个月，王富长在电视和报纸上看到中央党校的造反派武某（康生的党羽）竟然还与华主席一起坐在主席台上，他就冒昧地给华主席写了一封信，揭发武某与江青有密切联系。后来，曾任中央党校副校长的李一非和副教育长牟泽衔对他说："耀邦同志很关心你！"听了这话，王富长预感到是他写给华主席的信引起了耀邦同志的注意。第三个原因就是，王富长不是从事理论工作的，对康生问题没有更多的思想顾虑。

王富长在"整风会议"上的揭发，成为引燃康生问题的"第一把火"，这把火正伴随着拨乱反正的罡风越烧越旺。

胡耀邦在敏感时刻间接出手支持

1977年12月3日，中央党校哲学研究室教员李公天去找哲学研究室副主任韩树英，告诉他从朋友处听来的曹轶欧去世的消息，并提议贴小字报揭发康生。

韩树英说："应该揭发，但这不是个小事情，我们要去请示一下耀邦同志，况且在他的上边还有汪东兴和华国锋。"李公天找到胡耀邦的秘书梁金泉，对他谈了揭露康生的想法。梁表示要向耀邦同志汇报。

据曾担任胡耀邦秘书的陈维仁说，对于康生这个人，耀邦非常厌恶。陈维仁记得，每当提起康生，耀邦从来不说其名字，而是用食指在鼻子下边一划说："那个人"（康生的上唇一直留着胡子）。12月3日是星期六，本来胡耀邦已决定不回城里了，但听了梁金泉汇报后，当即决定回城里的家中。他的目的是回城里打听消息。

12月5日星期一，胡耀邦一到办公室就对梁金泉说："这个李公天，不好好念书，却去打探小道消息，曹轶欧根本就没有死！"

刚上班李公天就去找梁金泉打探消息，这时才知道自己得到的消息不准确。他问梁金泉："那么小字报还可不可以贴呢？"梁金泉说："你们自己看着办吧！"李公天又找韩树英，韩树英说："为了慎重起见，你再去问问副教育长冯文彬，看他什么态度。"

12月8日早8点前，李公天就来到冯文彬家中说："现在中央对康生没有表态，而且有人还要保他。在这种情况下，我们考虑到不给耀邦同志惹麻烦，打算不贴大字报，而贴小字报，不贴在室外，而贴在16楼室内走廊墙上。16楼是教务处所在的地方，学员常来常往，能看到小字报，这就能把康生问题端到全国去。不知这样做行不行？”

冯文彬说：“我要征求耀邦同志意见。”

中午一下班，李公天又来到冯文彬家中，冯文彬对他说：“耀邦同志讲了，贴康生的小字报这件事，我们既不提倡，也不反对。”李公天高兴地说：“这个态度就是对我们广大干部和群众的极大支持。我们决定贴出去了。中央如果怪罪下来，责任完全由我们来负。”

李公天又找了哲学教研室的韩树英、吴秉元、卢俊忠、吴义生、毛卫平，中午就把小字报写了出来。由于吴秉元表示自己要单独署名写一份，韩树英、李公天、卢俊忠、吴义生、毛卫平就五个人联合署名写了一份。当天下午，他们就把两份小字报都贴在了16楼的走廊里（哲学教研室就在16楼办公）。

小字报指出：所谓“康生路线”，实质上与林彪、“四人帮”的路线是同一路线。

当晚，有人向胡耀邦报告说16楼有人贴出了揭康生的小字报，胡耀邦当即兴奋地披起大衣对梁金泉说：“走，看看去！”梁金泉劝阻说：“耀邦同志，你不知道这件事啊！”耀邦听了，先是一怔，接着便会意地笑着说：“对对，我不知道！”

12月9日，到16楼观看小字报的人特别多，有党校教员，也有学员，许多高级班学员也纷纷来看，多数人看完后沉默无语。直到晚上，还有人打着手电筒来看。这天，胡耀邦不顾秘书的劝阻也去看了小字报。看完后，他对秘书说：“你懂我的意思了吗？我们来看小字报，这就是一种支持。贴‘那个人’的小字报，我不提倡，也不反对。我们要把被‘四人帮’颠倒的一切是非通通颠倒过来，对谁有意见你们都可以提，不写大字报，可以写材料，小字报找个地方贴，校内外同志都可以看。”

有人贴出了揭康生的小字报的消息在中央党校不胫而走，一连几天，不但观看的人络绎不绝，并且小字报越贴越多，墙上很快就贴不下了，大家就在走廊里面拉起铁丝，把小字报挂在铁丝上。一楼挂不下，就顺着楼梯向二楼挂，煞是壮观。

由于学员们纷纷前来观看，这个消息很快就传到了全国各地。

这里有必要交代的是，李公天曾在团中央机关工作，是胡耀邦和冯文彬的老部下。他认为当时揭批康生问题难度最大的是胡耀邦的上面还有华国锋和汪东兴，另一个让人顾虑的是汪东兴曾在社会部工作，是康生的老部下。正是有这些因素，为了稳妥起见，才使得他与韩树英采取了上述措施。

如果说中央党校“整风会议”上的揭发，是引燃康生问题的“第一把火”，那么，中央党校公开揭批康生问题的小字报，则向康生打响了“第一枪”。这一批判，掀起了中央党校的揭批康生运动，并迅速扩及全党、全国，从而为党的十一届三中全会揭露康生问题及以后中央对重大问题作出正确结论作了思想上舆论上的准备。

历史的审判：向全党公布康生罪行

在1978年11月的中央工作会议召开前，胡耀邦指示根据中央党校的揭发材料、造反派头头的笔记和中央组织部、中央联络部提供的材料，把康生点名诬陷、迫害的人，按姓名、职务、点名的时间和场合，以及所加的罪名，整理出一个名单，铅印成册，报给中央。这个材料揭露了在“文革”中被康生点名诬陷的共603人。其中党中央副主席、政治局委员、候补委员，国务院总理、副总理，全国人大常委会委员长、副委员长，国家主席、副主席33人；八届中央委员、候补中央委员58人，三届人大和四届政协常委93人；中央和国家机关部长、副部长91人；中央局和省、市、自治区党委书记、副书记，省长、副省长51人；人民解放军大军区一级干部11人。以上共计337人。其余266人，大部分也是老干部和社会知名人士。

1978年11月10至12月13日举行的中央工作会议上，陈云在东北组的发言中提出了康生问题。据于光远记述，陈云说：“文革初期，康生同志是中央文革的顾问。康生同志那时随便点名，对在中央各部和全国各地造成党政机关的瘫痪状态是负有重大责任的。康生同志的错误是很严重的，中央应该在适当的会议上对康生同志的错误给予应有的批评。”

陈漫远（解放军后勤学院院长）在发言中共阐述了七条意见。他说，我听到的关于康生的几个问题，希望中央能够查清：

一、康生知道张春桥、江青是叛徒，为什么在临死时才要把张、江的叛徒问题报告给毛主席（以“四人帮”罪证材料之一章含之的信为证）。

二、康生在苏联时，曾组织了一小部分人，反对毛主席当党中央书记，拥护王明当书记。王明《为中共更加布尔什维克化而斗争》的小册子，就是王明伙同康生炮制的。据说书名还是康生议定的。

三、康生在延安时搞抢救运动，搞错了很多，毛主席提出的九条纠偏指示，就是纠正康生造成这些错误的。

四、康生推荐江青和毛主席结婚，当时有人提出江青历史有问题，可是康生却保证江青历史没有问题。

五、康生在上海工作时，曾被国民党特务突审了两个小时，就当了国民党特务，干了很多坏事。丁肇中的祖父曾保留着这方面的材料，这个材料听说丁肇中已交给了中央。

六、全国解放后康生曾派中央党校两个人到全国各地查找两个托派分子。后来听说这两个托派分子在延安时已被枪毙了，他放心了。

七、“文化大革命”，康生掌握中央宣传、组织大权，还掌握了一、二、三办，并抓了很多人。

陈漫远最后说：“康生究竟是什么人，最好在党内讲清楚。”

吕正操在华东组发言：“有人说‘人之将死，其言也善’，我看康生是‘其人将死，其计也毒’。”程子华、金如柏、马文瑞、萧克、韩光等也从不同方面揭发了康生的问题。

谈到康生问题，胡耀邦说，康生在“文革”中做了大量坏事，民愤极大，他不但给许许多多人戴上叛徒、死不悔改走资派的帽子，甚至把朱委员长、叶副主席都放到“有严重问题，未定性”的人里面，还指使天津南开大学搞所谓“南方叛徒集团”，反周总理。

十一届三中全会上，中共中央组建了纪律检查委员会，中纪委成立了对林彪、“四人帮”案件审理工作领导小组，开始了对林彪、“四人帮”和康生等的审查工作。

1980年9月26日，中共中央发出《关于审判林彪、江青反革命集团案的通知》。9月29日，五届人大十六次会议决定：成立最高人民检察院特别检察厅，对林彪、江青反革命集团案进行检察起诉。在起诉书中，已去世五年的康生排在林、江之后，位列第三。

1980年10月，中共中央根据确凿证据，查明康生在"文革"期间所犯下的严重罪行，指出康生"政治品质表现恶劣，在'文革'期间，直接参与林彪、江青等人篡党夺权的反革命阴谋活动，犯下严重罪行"。中共中央郑重决定：向全党公布康生的罪行，撤销原悼词，开除其党籍。与此同时，康生被列为林彪、江青反革命集团案16名主犯之一，接受历史的审判。康生的骨灰也从八宝山革命公墓迁出。这时的曹轶欧也一下子从政治的巅峰跌落到谷底，从此过起了隐居生活，直到1989年去世。

康生，这个阴谋家终于被钉在了历史的耻辱柱上。

据中央党校教授沈宝祥介绍，"文革"期间，曹轶欧曾让人把党校办公楼后面的10棵白皮松移栽到了位于颐和园东侧的党校南院。粉碎"四人帮"后，白皮松又被移了回来。如今，这10棵松树仍然枝繁叶茂、蔚然挺立，守卫着党校"实事求是"的校训。时间是真理的女儿，被颠倒了的是非，最终还是会被重新颠倒过来的。

（作者系《学习时报》记者、中央党校理论网编辑）

原载于《同舟共进》2011年第1期

林彪如何对待抗美援朝

陈立旭

在中共中央决定抗美援朝时，毛泽东与林彪有不同意见。当年，毛泽东和中央确曾考虑由林彪带兵入朝，但林彪因为身体不好而没有去，改由彭德怀带兵。后来，对这一问题有种种说法，特别是“九一三”事件之后，流传这样一个“版本”：林彪在抗美援朝问题上态度消极，装病不带兵入朝。对这一历史情况，笔者以为，应该本着实事求是的原则，进行深入分析，探求历史真相。

林彪推荐入朝指挥人选

朝鲜战争爆发后，毛泽东考虑到东北地区直接受到战争威胁，且战略地位重要，建议中央成立东北边防军。中央领导人对此均表赞成。很快，中共中央做出决定：以十三兵团组建东北边防军，作为防患于未然的战略措施。

1950年7月7日下午，周恩来在中南海居仁堂主持召开了保卫国防问题会议，传达中共中央、毛泽东关于成立东北边防军的决定，讨论保卫东北边防问题。参加会议的有解放军总司令朱德、代总参谋长聂荣臻、第四野战军司令员林彪和副政治委员谭政、总政治部主任罗荣桓和副主任萧华、总情报部部长李克农、总后勤部部长杨立三、作战部部长李涛、摩托装甲兵司令员许光达、海军司令员萧劲光、空军司令员刘亚楼、军委铁道部部长滕代远、炮兵副司令员苏进等。从这份主要领导成员的名单可以看出，与会者主要是中央军委三总部、陆海空三军及有关军兵种负责人。作为野战军领导人参加会议的，只有林彪和谭政。林彪在会上发言，积极支持组建东北边防军。

7月10日，周恩来主持召开第二次保卫国防问题会议，与会的基本还是上面那些人。林彪再次发言，就组建东北边防军的具体问题谈了意见。他发言的总精神是：第四野战军在这个问题上义不容辞，要多少人出多少人，要多少装备出多少装备。会议经过讨论，决定分别从河南、广东、广西、湖南、黑龙江等地抽调十三兵团的三十八军、三十九军、四十军及四十二军，炮兵第一师、第二师、第八师，以及一个高射炮团、一个工兵团，共计二十五万五千余人，组成东北边防军。显然，这些部队大多来自林彪原来所率领的四野部队。林彪历来对粟裕十分赏识，认为粟裕有很高的军事才能，他亲自提名粟裕为入朝部队的先期主帅，到东北地区带兵。考虑到当时还不能任命粟裕入朝的职务，会议决定先任命粟裕为东北边防军司令员兼政治委员，萧劲光为副司令员，萧华为副政治委员。这一系列决定会后经周恩来斟酌修改后，给林彪看过，于13日报毛泽东批准。

从上述决定可以看出，林彪对于保卫祖国问题十分重视，对于组建东北边防军是坚决支持的。可惜的是，粟裕身体不好，不能赴朝指挥作战。从近期出版的《粟裕年谱》可以看到：就在中央决定组建东北边防军时，粟裕正在青岛治病。他得知中央的任命后十分着急，便托罗瑞卿给毛泽东捎了封信，说明了自己的身体状况。毛泽东收到信后即于8月8日回信，信中说：“罗瑞卿同志带来的信收到了，病情仍重，甚为系念。目前新任务不甚迫切，你可以安心休养，直至病愈。休养地点，如青岛合适则在青岛；如青岛不甚合适，可来北京，望酌定之。”此前，周恩来和聂荣臻考虑到粟裕正在治病，而萧劲光、萧华二人一时也无法到东北边防军任职，便联名致函毛泽东，建议东北边防军“先归东北军区高岗司令员兼政委指挥”，待粟裕、萧劲光、萧华赴任后再成立边防军司令部。毛泽东同意他们的意见。

中央曾一度属意林彪

毛泽东从来就没有放松对国家安全问题的警惕性。当年，他每天一起床，首先要看的，就是朝鲜战事的文件和东北边防军情况的文件。此时林彪对这方面情况也十分重视。在中央的统一领导和精心安排下，东北边防军的部队建设、武器补充、物资筹措等准备工作一直在紧张进行，应该调动的部队也开赴东北，但由于主帅没有定下来，东北边防军的领导班子一直没有成立。8月下旬，朝鲜人民军向南的攻势减弱了，朝鲜战场上呈现僵持局面，战局发生逆转的可能性增大了。在这种情况下，毛泽东预见到，中国不出兵朝鲜，已经不可能。他和周恩来开始物色新的东北边防军统帅人选。很自然地想到了林彪。

为什么会想到林彪？因为林彪是第四野战军司令员，时任中南局第一书记、中南军区司令员兼政治委员、中南军政委员会主席。组建东北边防军时抽调的大多是原四野的部队，他本人也参与了东北边防军的组建工作，由他指挥作战比较顺当。更重要的原因是——毛泽东和周恩来都认为，林彪在军事上是有才干的。长期革命战争的考验证明林彪很会打仗，而且，在解放战争中，林彪又以善于打硬仗、大仗而闻名。军队中当时就对林彪有“三大战役有其二”（指林彪参加指挥了辽沈、平津两大战役），“渡江战役有其半”（指林彪在渡江战役中指挥了西线军队过江）之说。同时，林彪很受毛泽东的赏识，毛对林有过这样的评价：林彪打仗又狠又刁。毛泽东和周恩来的另一个考虑是：出兵朝鲜肯定要与朝鲜领导人和苏联军事顾问配合行动，林彪在东北期间，曾和朝鲜党领导人共同作战，朝鲜人民军的许多高级将领曾是林彪的部下。林彪在苏联治病期间，与苏军的高级将领关系很好。毛、周还有第三个考虑：抗美援朝，必定要在冬季作战。林彪在东北时，有指挥大部队冬季作战的经验。这样反复斟酌，林彪当属不二人选。

毛泽东就拟派林彪赴朝指挥作战一事，曾与中央书记处的几名书记谈起，大家也都赞成，中央亦曾在一定范围内酝酿过。毛泽东与周恩来商议后，有意识地让林彪多接触一些关于东北边防军出国作战的准备情况，以及来自朝鲜战场的信息。其他中央领导，如军委副主席彭德怀、代总参谋长聂荣臻、国家副主席高岗、政务院财经委员会副主任薄一波等人都知道此事。但中央没有正式讨论过这件事，也没有为此作出过正式决定，自然，也没有与林彪正式谈过这件事。9月15日，美军在仁川登陆，朝鲜人民军陷入被动局面，美军趁机加速向朝鲜北方推进。毛泽东认识到入朝的迫切性，并指示东北边防军加快出兵朝鲜的步伐。同时，毛泽东也不能不考虑最后确定主帅人选了。但毛显然已考虑到林彪的身体情况，他并没有直接向林彪下令让他率兵赴朝作战，而是先就出兵朝鲜问题，征求林彪的意见。

对出兵朝鲜，毛、林确有意见分歧

1950年9月下旬，毛泽东和林彪曾就派兵入朝参战等问题作过一次长谈。长谈中，林彪十分坦率地向毛泽东讲了自己对于派兵入朝作战的不同意见。林彪是从中国国内情况和军事力量两个方面谈的。他认为，国内战争刚刚结束，各方面工作都未就绪。美国是最大的工业强国，军队装备高度现代化，一个军就有各种火炮一千五百门，而我们一个军只有三十六门。美国有强大的空军和海军舰艇，而我们海、空军才刚刚开始组建。他认为在敌我装备极为悬殊的情况下，若贸然出兵，必然引火烧身，后果不堪设想。他的意见是，中国可以派出重兵在东北驻扎，一方面保卫中国边境，另一方面可作为朝鲜人民军的战略支持力量，而朝鲜人民军在目前情况下，应该转而采取游击战方式，与美国军队继续作战。

林彪所谈的意见是直截了当的，毛泽东也没责怪他。但是，他的意见毛泽东不能接受。此时，毛泽东出兵朝鲜的决心已下。此后，毛又多次约林长谈，但不谈派他做统帅，谈的主要是我们为什么要出兵，不出兵将来会有什么结果，出兵有哪些有利条件，对美帝国主义应该采取什么对策等，目的是做林彪的工作，争取林彪在政治局会议上支持派兵入朝作战。但是，林彪在毛泽东的面前，仍然坚持自己的意见，仍然不同意派兵赴朝。在这个问题上，毛泽东做不通林彪的工作，转而就派兵入朝后具体作战的战略战术问题，征求林彪的意见。林彪在这方面倒是积极献计献策的，他在分析了敌我双方的情况后，设想了各种各样的可能，提出了一些方案供毛泽东参考。他不赞成派兵入朝，但他认为，如果中央决定派兵入朝，他个人服从中央决定，并且认为，如果作出这个决定，派兵入朝后，要先打几个大的歼灭战，稳定战场局面；为了打大的歼灭战，就要集中火力，把分散在许多个师的重炮，尽可能集中到打歼灭战的几个师去。对林彪的这些意见，毛泽东是赞赏的。

应该说，毛泽东和林彪在是否出兵朝鲜的问题上，是存在意见分歧的。显然，林彪也知道了毛泽东和中央书记处其他领导人有让他率兵入朝作战的意图。林彪也不能不在毛泽东面前如实讲清楚自己目前的身体情况。林彪说他每晚失眠，身体虚弱多病，怕风、怕光、怕声音。对于林彪的身体情况，毛泽东是相信的、了解的。就在谈话当中，毛泽东也看出了林彪身体的虚弱。林彪此时谈这些话的意思，是他身体情况不允许他率兵入朝作战：如果中央决定出兵朝鲜，最好另外物色率兵的人选。

关于林彪的病

林彪是不是有病呢？他说的是真话。林彪年少时身体就不算强健，入黄埔军校后，由于军事训练，身体逐步强壮起来。后来在中央苏区，他也同广大红军战士一样过艰苦的生活，进行激烈的战斗，身体顶了下来。再到后来，红军长征时，他也在艰难的情况下，走了二万五千里。他身体真正不好，始于平型关战役之后，被国民党哨兵误伤。当时，林彪骑着从日本军队缴获的战马，披着缴获的日本军官的大衣外出，国民党哨兵误以为是敌方人员，喊口令后开枪，枪弹打穿了林彪的肺部。更糟糕的是，子弹擦伤了林彪的脊髓神经，他不得不到苏联治疗。林彪的身体从此就极度糟糕。

解放战争期间，林彪回国参加指挥重大战役时，身体情况也十分不好。在东北，他多次发病，但还是咬牙挺了下来。那段时间，为了对付疾病，林彪自己想出了许多怪办法。一是吃饭十分简单，只吃白菜炖豆腐和土豆炖豆腐两种菜，不吃或很少吃肉食。二是长年不洗澡，因为他怕水。据身边工作人员讲，由于林彪长年不洗澡，他的衬衣穿两天就要换洗。三是不在有水的地方居住，因为他只要听到流水的声音就拉稀。这的确是一种伤了神经后的怪病。不光苏联权威医生很无奈，林彪自己也感到奇怪，但确实没有办法。

林彪的病还不止于此。自从被伤了神经，他就必须经常嗅火柴燃烧的味道，否则便头痛，也会有昏昏欲睡的感觉。因此，林彪虽不吸烟，但身边总要预备一些火柴。他平时听汇报、看文件时，经常要划着一根火柴，嗅一嗅火柴燃烧的味道。

除了神经受伤，林彪还有一个重病，就是不知什么原因、什么时候，就会突然脸色发白，身体立即虚弱下去，浑身出汗，急剧喘息。这时，什么药物、什么办法，都治不了。而他自己却在久病之中摸索出一个办法，那就是“颠车”。他身边警卫人员回忆了这样一个情形：某次林彪在广东，叶群突然在屋中高喊：“快，林总病了！”随着这一声喊叫，跑来的不是医生，而是专门给林彪配备的一个警卫兼特殊“司机”陈良顺。他也不是跑到林彪卧室去抢救，而是跑到林彪居室西北角的一间空屋子里，那里停放着一辆从部队淘汰下来的老式带斗摩托车。这个摩托车被固定在墙边，排气筒伸向屋外。陈良顺跳上摩托，立即发动。这时，叶群和林彪的一些警卫员一起，扶着身披军大衣，脸色煞白、身体极度虚弱的林彪，坐到摩托车的坐斗里。十分难受的林彪咬牙忍着。陈良顺加大了油门，摩托剧烈地颤抖起来。林彪小声命令：开猛些！陈良顺再次加大油门，摩托车颠簸得更猛烈了。这时，奇迹发生了——林彪的脸上有了血色，咬着的牙松开了，紧闭着的双眼睁开了，重新放出锐利的光芒，全身也有了力量。过了十几分钟，林彪小声说：好了。他自己迈出摩托车坐斗，慢慢走回办公室继续办公。

林彪到中央工作后，住在北京毛家湾一号。在这里，给林彪配的车，比别人多了一辆——这就是一辆卡车。在这辆卡车上，安放着一个类似集装箱的东西，里面固定着一张行军床。每当林彪犯病时，他就要在警卫员搀扶下躺上行军床，让司机开出毛家湾，在大街上颠簸。后来，条件稍微好一些后，上边给林彪配了一辆旧轿车。每当犯病，他就坐上这辆车，让司机开到北京市郊外，在乡间崎岖不平的路上颠簸十几分钟后，才能恢复正常。这是林彪自己摸索出来的“土办法”。当时，中央主要领导人和中央办公厅都了解林彪这一情况；对于林彪这种办法，只要有利于他缓解病情，没什么危险，也是同意的，因为再没有别的更好的办法能治他的怪病。

林彪在指挥第四野战军参加解放战争时，身体已经同上面所描述的样子差不多了。不过由于刚从苏联治病回来时间不算长，有原来治疗的基础，加上在延安那段时间比较轻闲，林彪的身体勉强能顶住。但他在指挥辽沈、平津战役，后来的渡江战役，以及渡江后追歼国民党在南方军队的紧张工作中，也多次发病。这几次发病，把林彪的精力耗得差不多了。解放后，林受命主持南方军政，事情头绪多，很复杂，处理起来自然很繁重。有一个时期，他睡得很少，连续召开会议，还要召集部队高级干部部署军事，加上不能吃油腻的食物，营养也成了问题，因此身体状况更差了：发病的次数不仅多，而且一次比一次重。他多次病倒，但在病床上还得处理文电，决定重要事情，这使林彪的身体基本垮了。他与中央的往来电报中，多次谈到自己的身体情况，中央对他也很关心。

那一时期，林彪的身体情况到底怎么样呢？可以这么说：只要身边警卫人员和医护人员稍稍疏忽，就会有生命危险。他的身体情况与他在东北指挥第四野战军时已经大大不同了，也与他挥师南下平定南中国时大大不同了。此时，林彪若到朝鲜指挥作战，别说紧张的指挥工作他的身体顶不下来，单是异国他乡生活这一项，他也顶不下来。在这种情况下，林彪提出自己身体不行，也是实事求是的，是负责任的做法。他如实向中央讲明身体情况，也是合乎组织原则的。

毛泽东抄诗相送

早在派林彪去东北时，毛泽东就特别注意林的身体情况。林彪主政南方时，毛泽东还特地派医生去为他治病。

由于担心林彪在南方吃不消，毛泽东调林彪到北京工作，一方面在中央参与重大事情决策，更主要的是让林彪有一个好的医治条件。林到北京不久，毛泽东就委托负责中央高级领导人保健的傅连暲医生前去看望林彪。毛泽东还指示傅连暲，让他出面，从上海、北京、天津调来一流的医学专家，专门为林彪治病。为了使这项任务能有个统一的协调，毛还专门派萧华代表中央统一负责。1953年，专家小组对林彪的神经、心脏、胃肠、泌尿、血液、肝脏、肺部进行了全面细致的检查，发现林彪确实十分虚弱，但外在的脏器却没有大问题。他们知道，这是一种怪病，苏联专家也治不好。尽管他们研究了多次，拿出了各种方案，但没有一种是专家们满意的，对林彪的病也没有多大帮助。除了采取一些维护性措施外，专家组只好允许林彪按照他自己发明的减轻病痛的办法去做了。医生们建议，林彪需要长期静养治疗。

医疗小组的意见，通过萧华转告中央，毛泽东很快知道了结果。对林彪的这种疾病状态，毛的心情是很沉重的，但也没有办法，只能让林彪长期休养治疗。为此，他特意给林彪抄写了曹操的诗《龟虽寿》：

神龟虽寿，犹有竟时。腾蛇乘雾，终为土灰。
老骥伏枥，志在千里；烈士暮年，壮心不已。
盈缩之期，不但在天；养怡之福，可得永年。
幸甚至哉，歌以咏志。

林彪在赴朝参战问题上坚持己见

不久，毛泽东决定召开中央政治局扩大会议，讨论决定是否出兵朝鲜这件大事。此时他已物色了另一指挥人选——彭德怀。在1950年10月2日召开的为准备召开政治局扩大会议的中央书记处会议上，毛泽东说：“出兵援朝已是万分火急，既然林彪说他有病不能去，我的意见还是彭老总最合适了。”

10月4日，中央政治局召开扩大会议专门商讨出兵援朝的问题。出席会议的有：毛泽东、朱德、刘少奇、周恩来、任弼时、陈云、高岗、彭真、董必武、林伯渠、张闻天。彭德怀于会议中间赶到。李富春、罗荣桓、林彪、邓小平、饶漱石、薄一波、聂荣臻、邓子恢、杨尚昆、胡乔木列席了会议。

政治局扩大会议一开始，毛泽东就要求大家先摆一摆派兵入朝参战的困难方面。林彪在这次会议上发言了，他仍然坚持他当面和毛泽东谈的观点——不宜派兵入朝。他说了各方面的困难后，用一句话总结：我还是那个意见，要慎重。在随后的几天会议里，林彪又多次发言，表达同样的意见。由于他的发言有材料、有根据，得到了政治局不少成员的赞成。

对于林彪在政治局扩大会议上的态度，曾任周恩来军事秘书的雷英夫在回忆中有所记述："他（指林彪——编者注）在军委常委居仁堂会议上说，为了拯救一个几百万人的朝鲜，而打烂一个5亿人口的中国有点划不来。我军打蒋介石国民党的军队是有把握的，但能否打得过美军很难说。它有庞大的陆海空军，有原子弹，还有雄厚的工业基础。把它逼急了，它打两颗原子弹或者用飞机对我大规模狂轰滥炸，也够我们受的。因此，他不赞成出兵，最好不出兵。如一定要出，那就采取'出而不战'的方针，屯兵于朝鲜北部，看一看形势的发展，能不打就不打，这是上策。"

但林彪的意见还是被毛泽东否定了。毛泽东是从国际和中国今后长远战略这个大视角看待出兵朝鲜问题的。他决计必须出兵朝鲜，而且，他的意见得到了中央政治局许多成员的支持，其中包括另一领兵主帅彭德怀。10月5日，中央政治局扩大会议继续讨论抗美援朝的决策问题。前一天刚从西安赴京的彭德怀表态说："出兵援朝是必要的，打烂了，最多等于解放战争晚胜利几年。如让美军摆在鸭绿江岸和台湾，它要发动侵略战争，随时都可以找到借口。"听完彭德怀的发言，毛泽东站起来坚定地说："彭老总说得好！我们出兵参战的困难确实很多，但是，朝鲜是中国的友好邻邦，中国人民不能眼看着美国侵略者对其肆行践踏而置之不理；唇亡则齿寒，户破则堂危。我们应当参战，必须参战。参战利益极大，不参战损害极大。"这样，出兵朝鲜的事情就定下来了。当中央政治局扩大会议作出这个决定后，林彪也在会上表示服从，并说自己会告诉第四野战军中准备入朝的部队，让他们坚决拥护中央抗美援朝的决定。

政治局扩大会议结束后，毛泽东对彭德怀说：给你10天准备的时间，出兵时间初定10月15日。这样，关于由谁率军入朝作战的问题最终确定了。

在这之后相当长的一段时间里，中央从没有提起林彪不同意出兵朝鲜，以及他因病不能带兵入朝的问题，更没有提起他与毛泽东曾有过的意见分歧。因为在中央看来，这些都是正常的，并没有违反党内原则。

是否参战，党内很多同志都曾犹豫

朝鲜战争爆发后，在出兵朝鲜问题上，党内有许多同志与林彪的看法基本相同，不同的是：林彪不赞成中国出兵朝鲜的意见，大概是他从朝鲜战争爆发一开始就形成了，是他固定的看法。而且，林彪一旦形成自己的看法，是不轻易改变的。

据时任中国驻朝鲜大使馆政务参赞、临时代办柴军武回忆，1950年9月初，他从平壤回到北京后，接到中央军委办公厅的通知，说林彪要见他，了解朝鲜方面的情况。柴军武马上去林彪住处汇报。此前，柴军武已经向林彪汇报过朝鲜方面的情况，这是第二次汇报，需要谈新情况。林彪听完汇报，问柴军武："他们有无上山打游击的准备？"显然，"他们"是指朝鲜人民军及其领导人。柴军武回答："我不能确切地讲有，但根据和金日成相处的了解，如果形势需要，他是能够上山打游击的。"

林彪又问："我们不出兵，让他们上山打游击行不行？"

林彪问这个话，实际上是自言自语，或者说，他在谈自己的看法。因为这个问题柴军武是不能回答的。林彪也理解柴军武，谈话就此结束了。

当时，党内有许多同志与林彪意见相同。毛泽东本人也回忆过当时党内存在不同意见的情况，并且认为是正常的。1970年10月10日，毛泽东在北京同来访的金日成会谈时，提到了当年中国共产党中央政治局在讨论出兵朝鲜问题上意见分歧因而犹豫不决的情况，他说："我们虽然摆了5个军在鸭绿江边，可是我们政治局总是定不了，这么一翻，那么一翻，这么一翻，那么一翻，嗯！最后还是决定了。”毛泽东在这里所说的“翻”，就是中央政治局在讨论中意见不统一，翻来覆去争论的情况。

就是坚决主张出兵朝鲜的毛泽东等人，在做出这个决策时，也经过了反复思考、多次犹豫的过程。聂荣臻在自己的回忆录中谈道：“对于打不打的问题，毛泽东同志也是左思右想，想了很久。那时部队已经开到鸭绿江边，邓华同志的先遣队已经做好过江的准备，毛泽东同志又让我给邓华发电报，让他慢一点，再停一下，还要再三斟酌斟酌，最后才下了决心。毛泽东同志对这件事确实是思之再三，煞费苦心的。”胡耀邦也在回忆中谈道：毛泽东在思考是否出兵朝鲜时，“他不作声，一个礼拜不刮胡子，留那么长，想通以后开个会，大家意见统一了，毛主席就刮胡子了。”当时担任毛泽东秘书的胡乔木也说：“我在毛主席身边工作了20多年，记得有两件事使毛主席很难下决心。一件是1950年派志愿军入朝作战，一件就是1946年我们准备同国民党彻底决裂……”

1980年代，黄克诚的态度

中央政治局扩大会议结束后，林彪按照毛泽东的意见，与周恩来一起去莫斯科，就苏联对中国入朝参战军队提供援助问题与斯大林谈判。谈判中，林彪对苏联表示了中共中央抗美援朝的决心，并且在基本战略、需要的武器等方面，与苏方谈得很具体。谈判结束后，周恩来回京，林彪留苏治病。此后，毛泽东仍安排林彪在军队里担任重要职务，并没有表示出对林彪的失望和不满。

在林彪问题上，黄克诚为我们做出了榜样，中央也尊重了黄克诚的意见。这个历史过程是：1985年春，《中国大百科全书·军事卷》正在编纂，解放军总政治部百科全书编辑室将“林彪”条目释文送黄克诚审查，释文中讲到林彪在抗美援朝前夕不赞成出兵的错误。黄克诚就此事谈道：“在党内来说，一个下面的干部，向党的领导反映自己的观点，提出自己的意见，现在看来这是个好的事情；如果把自己的观点隐瞒起来，上面说什么就跟着说什么，这是不正确的态度。林彪不隐瞒自己的观点，尽管观点错误，但敢于向上面反映，就这一点说，是表现了一个共产党员的态度。”他还说：“我考虑，如果其他人的条目释文中像这类问题都写，‘林彪’这一条也可以写；如果在其他人的条目中这类问题不写，对林彪也不要那么苛刻。在我们党几十年革命斗争中，没有错误的人是没有的，没有讲过错话、没有做过错事的，恐怕一个也找不出来。”

在研究历史和评价历史人物时，应该学习黄克诚的实事求是精神。

（作者系文史学者、当代中国研究所研究员）

原载于《同舟共进》2013年第6期

林彪夺权海军内幕

吴殿卿

1979年7月，邓小平在海军党委扩大会上曾说，海军是“文革”内乱中部队遭受破坏的“重灾区”。这话是非常真切的。在这期间，海军部队不仅遭受冲击破坏范围广、程度深，其持续时间之长，林彪一伙插手之早，在全军也是少有的。1966年夏天，全国范围内的“文化大革命”尚在“发动阶段”，林彪就插手海军，在海军党委扩大会上导演了一幕夺权丑剧。

林彪的一桩“心病”：海军没有“自己人”

林彪，身为中央军委副主席、共和国元帅，在人民海军初创的前十年里，并没有给这个新建的军种以应有的关注。据查，在1949至1959年期间，从毛泽东、刘少奇、周恩来等党和国家主要领导人，到身兼多职的诸位元帅、军委和总部领导，林彪是唯一没有正式视察过海军部队、没有对海军建设作过具体指示的人。但在此后，随着政治形势和个人地位的变化，特别是1959年9月林彪取代被错误批判的彭德怀进而主持军委日常工作后，来了个180度的大转变。

据悉，1959年秋林彪从庐山回到北京不久，曾不无得意地对妻子叶群说：“在庐山，我抓到了毛泽东的活思想。”叶群也心领神会地答道：“我也抓到了你的活思想，101要大展宏图了！”（101是叶群称呼林彪的代号）接下来，林彪有计划地在全军发起了“政治攻势”：作为就职宣言，甫一上任就在中央权威理论刊物《红旗》杂志发表了洋洋大文：《高举党的总路线和毛泽东军事思想的红旗阔步前进》。继而，通过讲话、发文件等方式，围绕着突出政治、学习毛主席著作大做文章。他提出，毛泽东思想是“现时代思想的顶峰”。他把毛泽东当年在延安为抗日军政大学的两次题词，即“坚定正确的政治方向，艰苦朴素的工作作风，灵活机动的战略战术”，“团结、紧张、严肃、活泼”，捏在一起，名之为“三八作风”。他别出心裁地提出“政治挂帅”必须坚持“四个第一”（人的因素第一，政治工作第一，思想工作第一，活的思想第一）。在当时，林彪这样做得到了毛泽东的默认和肯定，所以他有恃无恐。在如此强大的声威面前，军委首长提不得相反意见，全军部队便只有“紧跟”、“理解的执行，不理解的也要执行”的份了！然而，林彪很快发现，在这些方面海军行动迟缓、“跟得不紧”。

从现存的大量资料看，肖劲光等海军领导对林彪的某些观点、行为有自己的看法，“跟得不紧”（准确说是“不很紧”）是事实，但这绝非他们刻意抵制，而是由海军部队的特点和实际情况决定的。海军是新创建的高技术军种。部队官兵大部分来自陆军部队，且文化水平偏低。当时沿海战斗任务频繁，军舰要出海，飞机要上天，没有系统的专业技术训练是万万不行的。而海上、空中训练受自然气候的制约，有时难免对政治学习、军事训练时间作点调整。所以，林彪主持军委日常工作不久便发现海军“军政位置摆得不正”。林彪得出结论：根本原因在于偌大海军没有“自己的人”。一天，他颇有感慨地对身边的一个亲信说：三军少了一军不行，如果少一军，就可能出大问题。

当时海军的政治委员是苏振华。林彪经过一段时间观察，发现苏振华工作积极、负责，也有建树，但是“不很听话”。具体说，就是苏振华不仅听他的，也听贺龙（中央军委副主席）、罗荣桓（军委常委、总政治部主任）的。这使林彪心里不是滋味。一次，听取海军的工作汇报后，林彪特别强调：“就按我刚才说的搞，别的都不要听！”苏振华调海军任职是由彭德怀提名、邓小平同意的，据此，林彪又认为苏振华很难成为“自己人”。

时任海军司令员的肖劲光，在东北战场上曾与林彪共蹈战火三年多。肖到海军任职虽非林彪推荐，却也是经他同意的。按说，这应该算“自己人”了。但林彪清楚，肖劲光很有自己的见解，不轻易听命于人。加之肖劲光年龄比他大，资历比他深（林彪进入黄埔军校时，肖劲光已留苏归来，就任国民革命军中将、师党代表），且与毛泽东有特殊的关系，指挥起来也不是“很方便”。

基于此，林彪开始考虑逐步削弱肖劲光等人的权力，安插“自己的人”。第一个大的动作，即于1962年初向海军派出了庞大的“军委检查团”。

1959年至1961年，是三年自然灾害时期。在这前后，海军东海舰队在训练中连续出了飞行员叛逃、潜艇沉没等几个重大事故。这些事故的产生有管理上的原因，也有经验不足的问题，与当时经济困难、思想混乱的大环境也有很大关系。这样的问题海军部队有，其他大单位也有。对同时发生问题的其他大单位，林彪视而不见，却抓住东海舰队大做文章。

军委检查团是1962年4月2日派出的，以杨成武副总参谋长为团长，由总参军训部长李作鹏、总政组织部副部长张秀川等41人组成。检查内容，最初说是检查政治思想工作，但很快就说不清楚了，最后上纲上线地对海军问题作结论：“海军存在的最本质问题是：毛泽东思想红旗举得不高，‘四个第一’没有真正摆在第一位，在海军党委的指导思想上存在着单纯军事观点的偏向。”4月底，林彪在军委装备会上长篇发言，据此对海军的工作进行了严厉批评，指责海军“放着现成的药方子不用，另找药方子”，“懒婆娘管家，管得稀稀拉拉、乱七八糟”。（后来被称为“林副主席对海军工作的三点指示”）

军委检查团工作结束后，林彪以加强海军领导为名把李作鹏和张秀川留在海军，分别担任了海军副司令员和海军政治部主任。

李作鹏带着“尚方宝剑”来了

李作鹏、张秀川动身来海军前，林彪专门召见了他们，并具体交待：你们到海军是加强领导，以后海军的工作，肖（劲光）、苏（振华）他们的做法，你们认为对的就执行，你们认为不对的就不执行。李、张心领神会。

从资历上看，李作鹏堪称典型的“红小鬼”。可令肖劲光没有想到的是，这个打仗时很有点子的人，在政治上更有手腕。此前海军原有的副司令员王宏坤，因工作上的分歧与肖劲光、苏振华有些矛盾。李作鹏到任后，很快便与王宏坤联合在一起。他们一面互相吹捧，一面在海军机关及舰队、基地等各级领导中分线划派。“李作鹏是林副主席信得过的人”很快传遍机关、部队。1963年初，在李作鹏主持下，海军党委通过了《关于坚决执行林彪同志的三条指示，加强海军政治思想工作的决议》，以党委文件的形式，否定了海军此前十几年的工作。一时间弄得海军部队，特别是中、上层领导无所适从，空气异常紧张。在林副主席的“尚方宝剑”面前，肖劲光、苏振华动辄得咎，举步艰难。

林彪的支持，海军形势的发展，使李作鹏一伙头脑越来越热。至1965年，他们再不满意单靠舆论、帮派势力控制部队，而是妄图从组织上解决问题，要名正言顺地掌权。在李作鹏等人的一再坚持下，海军党委常委于1965年3月召开了整风会议。会议由李作鹏主持，议题冠冕堂皇：“集中讨论刘道生同志与党委在一些重大问题上的原则分歧。”

刘道生熟悉海军业务，资历深且年轻，在部队深孚众望，是呼声很高的海军司令员接班人。李作鹏清楚，攫取海军领导权，刘是最大的潜在威胁。整风会以“主要解决刘道生的问题”为题，可谓一箭双雕、用意深远。

整风会在吵吵闹闹中开了20多天，于4月12日结束。由于多数常委不赞成李作鹏等人的意见，他们的计划无法如期实现。但会议作出了一个非同寻常的决定，即向军委上报了《关于海军党委常委分工等问题的报告》。“报告”笼统地提出“军、政工作由肖劲光、苏振华同志全面领导”后，明确规定：“日常军事行政工作由李作鹏负责处理，并建立海军首长集体办公制度，由李作鹏主持”；“改变由党委书记、副书记轮流主持党委日常工作的情况，决定由苏振华、王宏坤主持党委日常工作。如他们不在家或身体不好时，则由李作鹏、杜义德负责”；“今后不提海军党委以肖、苏为核心，而应强调党委是统一和团结的核心”。

这一报告于5月29日得到新军委的批复同意。此后，肖劲光、苏振华再难以主持海军日常工作，副司令员、副书记李作鹏实际上成了海军党委的“核心”。

肖劲光即将被打倒，毛泽东发话了

1965年8月6日，海军进行了一次较大的海上作战。南海舰队某水警区部队在福建东山岛兄弟屿附近海面，击沉运载武装特务企图进行登陆袭扰的国民党海军猎潜艇“剑门”号、“章江”号。毙俘敌巡防第二舰队司令胡嘉恒以下官兵200多人。南海舰队参战部队牺牲4人，伤28人。史称“八六”海战。

“八六”海战结束的第二天，李作鹏就亲自跑到作战部队组织“总结经验”。他草草问一下战斗经过，就按照预先想定的路子起草了《海军关于击沉蒋匪“剑门”“章江”两艘战舰经验总结报告》。“报告”完全否定了海军长期以来教育训练的成绩，认为“这次战斗的胜利，再一次证明了突出政治的强大威力。只要突出政治，就有敢于斗争、敢于胜利、不怕牺牲的精神，就能克服一切困难，战胜一切敌人”。

这一报告甚得林彪欢心。9月8日，林彪的秘书给海军司令部办公室打电话：“海战经验总结，主席已阅，并退回来了。主席看得很仔细，并划了许多杠杠。送海军李作鹏同志一阅，并要特别看划了杠杠的地方，尤其要特别看划双杠杠的地方。”至此，李作鹏等人还不满足。他们决计以此为契机总结工作，与肖劲光、苏振华“以辨是非”，于是提议召开了海军党委第三届第二次全体会议（以下简称“三·二”会议）。

10月25日，“三·二”会议在北京召开。出席会议的除全体海军党委委员外，另有机关部队军以上领导干部47人列席会议。会前，李作鹏组织起草了一个《关于贯彻执行1963年海军党委扩大会议决议的基本总结》（简称“海军三年工作总结”）。总结里说：海军三年来取得的成绩，“充分显示了突出政治、坚持四个第一的巨大威力。雄辩地证明：只要我们突出政治，坚持四个第一，使政治思想工作成为全盘工作的基础，就会一通百通”。并且按照对待“四个第一”的态度，罗列出部队14种现象和问题，据此把海军团以上干部划分为“高举的、犹豫的和反对的”三种类型。宣称要根据这三种表现，调整和配备各级特别是军以上领导班子。

对这样一份混淆是非的材料，肖劲光当然不会同意。在会前和会议期间，他都旗帜鲜明地提出了不同意见。但这不影响会议材料通过和上报，因为“林副主席支持”。林彪看了报告果然大加赞赏，亲自给李作鹏打电话：“海军这几年工作有很大进步，不是很小进步。现在的样子和三年以前的样子明显不同。一个军种几十万人，这种进步和转变很不容易。”

按照会议通知，第二个阶段是研究工作，实际上则成了对不同意李作鹏等人观点的海军党委常委——肖劲光、苏振华、刘道生、杜义德等人的围攻。身经百战，以敢打硬仗著称的海军副政治委员杜义德气得脸色铁青，几次怒不可遏地指出：“这是党的会议！你们杀气腾腾的，想干什么？”兼任东海舰队司令员、海军副司令员的著名“虎将”陶勇，实在看不过去，会议开了一半就借口前线形势紧张去了福建。一天大会结束时，被围攻了一天的肖劲光气得站都站不起来。他一边步履沉重地离开会场，一边小声自语：我写报告调走，把权让给他们。为什么非要把我的身体也搞垮？海军“三·二”会议还在进行中，肖劲光和李作鹏都接到了前往上海参加中央政治局常委扩大会议（以下简称“上海会议”）的通知。肖劲光感到突然，李作鹏却心中有数。后来得知，会议是林彪提议召开的。事前叶群按照林彪的旨意专程到杭州，向在那里疗养的毛泽东做了专题汇报，之后又分别与各大单位的“自己人”打了招呼。他们经过周密策划，欲置时任军委秘书长、总参谋长的罗瑞卿于死地。

上海会议由毛泽东主持。会上，作为打击罗瑞卿的重磅炮弹，印发了李作鹏等人在林彪授意下，精心炮制的揭发罗瑞卿与肖劲光、苏振华“勾结”在一起的材料。

按照李作鹏等人的设想，会上搞掉罗瑞卿，会议文件（连同他们提供的材料）一批转，肖、苏也就“从政治上、组织上解决了”。然而，他们失算了。根据叶群、李作鹏、吴法宪等人炮制的材料，特别是叶群在会上长达10个小时的发言，毛泽东错误地同意了免除罗瑞卿军委秘书长、总参谋长的职务，“把问题先挂起来”，但也明确指出：会议涉及海军等单位高级将领的问题，一律不准向下传达，文件到此为止。会后，毛泽东特别召见了肖劲光。在例行的问寒问暖后，毛泽东结论式地说："海军的问题与罗瑞卿的问题是两回事，不要相提并论。"

获知这一信息，李作鹏等人大为震惊，但他们不甘心，上海会议后，仍然企图"把老干部统统调出海军"，全面调整军以上班子。

夺权者的梦想：海军要"改朝换代"

1966年5月，席卷全国的"文化大革命"风暴来临在即。首都北京，"风声紧、雨意浓、天低云暗"。坐落在西郊的海军大院，空气更加紧张：海军党委"三·二"会议结束还不到半年，又召开了第三届第三次全体会议（以下简称"三·三"会议）。虽然通知议题变了，但参加会议的人都清楚，此次会议只能是"三·二"会议的继续。

"三·三"会议是5月27日开幕的。这时，"文革"已开始从文化学术领域向政治领域发展，林彪的地位越发显赫。在这样的形势下，李作鹏等人已不把肖劲光、苏振华放在眼里。整个会议都是李作鹏、张秀川、王宏坤三人筹划。考虑到毛泽东的态度，为进退方便，在会议一切准备工作就绪后，李作鹏假称"心脏病犯了"，去庐山疗养，遥控指挥。（后来张秀川检查时交代：会议期间，他与李作鹏每天通电话）鉴于海军在两次批判罗瑞卿会议上暴露出的问题，军委领导对海军"三·三"会议异常关注，专门抽调叶剑英办公室副主任莫阳、总政组织部副部长刘德润、总政干部部副部长朱光等，组成军委联络组参加会议。

会议中心议题是传达贯彻上海和北京两次"批罗"会议的精神。结果，在林彪的指使和叶群等人的串联下，实际上成了对罗瑞卿的批斗会。少数别有用心的人和部分不明真相的人，突然变脸激愤地声讨、批判罗瑞卿"反对突出政治"、"篡军反党"的罪行。李作鹏话里话外暗示，肖劲光、苏振华是"罗瑞卿分子和半罗瑞卿分子"。与此同时，李作鹏、张秀川与王宏坤三人联名抛出了两份材料：《肖劲光与罗瑞卿关系十六条》、《苏振华与罗瑞卿关系十一条》。他们决意在置罗瑞卿于死地的同时，也要置肖劲光、苏振华于死地。

由于会议主持人清醒地把握了中央原定的会议主旨，李作鹏等人的活动没能得逞。彭真在大会、小会上几次强调：发言时要讲大问题不要讲枝节问题，只讲罗的问题不要牵扯别人，只讲站得住脚的材料不要讲无把握的材料。针对李作鹏等人的发言和某些人在会上表现过于激动，他说："现在愤慨的人，将来冷静下来是会失悔的，人在火头上和冷静下来的时候不一样。冷下来时，人们还想说什么，很难说。"这些讲话向不明真相的人敲了警钟，对李作鹏等人来说无疑是一瓢冷水。

两个月过去，形势再变，彭真被撤职、批判。还有什么可顾忌的呢？"三·三"会议一开始，王宏坤就大讲罗瑞卿在海军的"罪行"，讲海军军事路线错误与罗瑞卿的关系，并鼓动大家"齐心协力揭开党委内部的盖子"。王宏坤公然宣称："党委内部的问题为什么不能扯？一定要扯，开除党籍、杀头也要扯！"

肖劲光曾生气地拍着桌子说："你们这是民主？民主就是不要党的领导？就是不要纪律？中央的话也可以不听？你们这样下去，会搞乱部队，后果不堪设想！"说着，他拒绝表态，中途退出了会场。

尽管第一书记肖劲光、第二书记苏振华都不同意，会议"报告"仍以海军党委名义报送了中共中央、中央军委。

当时林彪在上海休养，军委日常工作由叶剑英主持。叶剑英对海军情况是了解的。看了报告，他敏锐地察觉了李作鹏等人极力要求扩大传达范围的用心，于是立即明确批示："我意以照中央规定的文件传达为宜。"

7月2日，李作鹏一伙暗中安排的人争先恐后地发言，叫嚷要抓"海军的罗瑞卿分子"。有的同志对他们无视事实的恶毒中伤难以容忍，发言反驳。会议乱到极点。上午会议行将结束时，有三个小组公开提议撤换会议领导。他们说："肖、苏是批判重点，不适合领导会议，领导小组要调整，要由王副司令领导。"王宏坤一面假意制止，一面却说"要李作鹏同志回来领导"。见此情况，性情豪爽、脾气火爆的杜义德副政委怒不可遏，站起来大声说："这是在部队，是党的会议！希望大家冷静点，不要走得太远！"向来沉稳持重的海军参谋长张学思，也愤慨地对旁边的同志小声说:“没想到他们真敢在天子脚下下毒手……还有王法吗?”(正是由于他的这一态度,事过不久便被关押起来,最后被迫害致死。)

然而,谁反对也没有用。撤换肖劲光、苏振华,是他们蓄谋已久的。当晚,张秀川给在庐山遥控指挥的李作鹏作了电话汇报,这次李作鹏的答复明确具体:“群众这么要求,就按群众的意见办!”于是,会议材料组连夜加班,将三个组要求撤换会议领导(岂止是会议领导)的提议作为“群众意见”编成简报,正式报送总部、军委。

当时林彪在大连休养,无从知道他获悉这一信息后的心态和反应。而海军党委扩大会上的李作鹏等人是喜形于色的:只要军委一批,接下来便是肖劲光、苏振华被撤职,李作鹏等人上台——“海军要改朝换代了!”

刘少奇指出:夺权是第一位的错误

海军党委扩大会上的混乱局面和不正常的举动,引起了军委联络小组的注意。

莫阳、刘德润、朱光等人为了弄清原委,分别与参加会议的各方面领导谈了话,并如实地向叶剑英等军委、总部首长汇报了会议的进展情况。莫阳后来说:“我们到海军去的时候,叶帅亲自交代的任务是带着耳朵去,多听大家的意见,做调查研究,了解情况,不要随便发表议论。我们不了解海军党委过去的情况,没有任何框框。我们只是凭着党性,凭着传统的观点,感到一个副司令,一个政治部主任,操纵着党委扩大会,搞地下活动,抓住党委一二把手工作上的缺点错误不放,一定要往敌我矛盾上整。甚至想通过会议罢官、夺权,很不正常。”因这次汇报及在海军党委扩大会上的鲜明态度,莫、刘、朱三人后来在“文革”期间都受到了残酷的打击迫害。

会议的发展,使肖劲光越来越难以接受和理解。7月2日晚,他与苏振华一起分析了会议的形势,并立即将会议要撤换领导的严重情况写成报告,连夜报送党中央、中央军委。

对海军党委扩大会出现的局面，主持军委日常工作的副主席叶剑英似乎早有预料。7月3日一早，他就亲自打电话给肖劲光，告诉肖劲光，报告已看了，看来问题比较复杂。他将报告林彪同志、报告中央，然后决定处理意见。最后，建议会议重新印发学习毛泽东1963年对海军党委扩大会议的批示。

这一批示，是毛泽东于1963年5月2日在《军委关于海军问题向中央的报告》上批的。全文是："关于海军问题的报告已看过，认为很好，照此执行，每年检查一次执行情况。希望海军各级党委同志们团结起来，以大局为重，焕发精神，努力工作，发扬成绩，纠正缺点错误，同其他军种一样，把海军工作做好。有错误并不要紧，只要改正就好了。"回味这一批示，肖劲光基本明白了叶剑英对海军问题的态度，但他深深疑惑：这仅仅是团结问题吗?

当晚，叶剑英又与在大连休养的林彪通电话，汇报了海军的问题。叶剑英旗帜鲜明地讲，通过一个会议撤换领导，是极不正常的。实质上操纵着会议的林彪，可能意识到条件不成熟，佯作不知情地问了会上的情况，然后模棱两可地说：海军现在的领导不能变，肖劲光、苏振华两同志的领导不能变。通过这样一个会议，把肖、苏撤了，全军就会乱了，此风不可长。海军领导每个人要自己洗澡，互相擦背，提高思想，但不能夺权。接着又说：李作鹏、张秀川同志到海军三年来，工作是有成绩的，工作是好的。如果撤换李、张，实际工作又没有人做。"肖、苏要支持李、张去工作，李、张要维护肖、苏的威信。按照这个方针努力工作。坚决执行这个方针，继续搞下去，如果再出现问题，就调离"。或许为了避免使李作鹏等人引起误会，林彪特别强调，传达他的意见时"要告诉他们，这是我们两人直接电话讲的"。与林彪通电话后，叶剑英又向党中央和毛泽东同志作了汇报。

海军党委扩大会的异常情况，引起了中央领导的高度关注。7月4日，由中共中央副主席刘少奇主持召开政治局常委会，专门研究海军党委扩大会问题。除毛泽东、林彪不在北京，周恩来、邓小平均出席，中央书记处常务书记陶铸，贺龙、陈毅、叶剑英、聂荣臻四位元帅列席会议。大家都为海军的形势感到忧虑。会议一开始，刘少奇就严肃指出：

“夺权是第一位的错误，其他错误都是第二位的。”经过讨论，由负责记录的邓小平综合归纳，最后形成了《对海军会议的三条指示》:（一）不能够也不允许搞地下活动。应按党的民主集中制原则，公开讲自己的意见，进行批评和自我批评;（二）肖、苏已经进行了自我批评，应欢迎。不够的以后再讲，其他同志也应利用这个机会洗洗澡;（三）由会议本身作出决议撤换领导，这种方式是错误的。

叶剑英指责:“你们的会议已到黄河边了”

7月7日，中央军委召开常委会议，专门研究海军“三·三”会议问题。海军党委常委除李作鹏不在北京外，9名常委全部列席。叶剑英逐字逐句地传达中央的“三条”指示和林彪的指示后，作了近一个小时的长篇讲话。

叶剑英说:“……这次会议上，肖、苏检查几次，也比较深，挖了单纯军事观点、教条主义的问题。他们的检讨，中央、军委和常委都看了，我们认为是很好的。他们的问题，是认识问题，是工作中的错误……7月2日那天，三个小组提出肖、苏是批判重点，要王宏坤同志来负责领导。这个情况不仅是我耳朵听到的，而且登了简报，有文字可查。简报代表领导的态度，是指导会议的重要工具。你们准备把会议引导到哪里去?这样搞下去，把肖、苏搞成黑帮，罢了官，从领导岗位上赶下来，王宏坤上台，黄袍加身，这意味着什么?会是什么后果?你们想想吧!”

最后，叶剑英对李作鹏一伙进行了尖锐的批评。他严厉地指出:“王宏坤是个老同志。但由于个人主义严重，放弃党的原则。李作鹏利用王宏坤的老资格，在海军工作时间长，把他推到前台，自己在后边摇鹅毛扇子。意见好像是群众提出来的，这不能怪群众，因为领导上有人在引导。中央军委密切注意着你们会议的发展，认为很危险。危险的不是肖、苏，危险的是引导会议把肖、苏搞成黑帮分子的同志。你们的会议已到黄河边了!中央如果不管对党的事业不利，后果是不堪设想的。”接下来，贺龙、聂荣臻、徐向前和陶铸也都讲了话，要求大家按照中央常委和林副主席的指示，同心协力地把会开好；都要多检查自己，“洗洗澡”，使这次会议成为海军的一个转折点；认真学习贯彻毛主席的指示、批示，为建设强大海军作出努力，作出贡献！

为了切实把会议方向转过来，第二天，叶剑英又到海军党委扩大会议上，亲自传达中央政治局常委的指示、林彪的指示及军委常委会议精神。在这种形势下，与李作鹏抱在一起的几个海军常委只得立即刹车，作检查。王宏坤也低了头：“要不是党中央、中央军委的挽救，就要从黄河岸摔下去，掉进黄河里了。实在对不起党，对不起肖劲光、苏振华同志。”7月中旬，李作鹏从庐山疗养回京，在大量事实和各方面的压力面前，也不得不承认“搞了非组织活动”，表示“要承担责任，接受教训”。

李作鹏一伙的夺权阴谋失败了。然而，斗争并没有结束。就在会议期间还有两段耐人寻味的插曲：

一是林彪继续抓住李作鹏不放。8月12日，在党的八届十一中全会上，林彪荣升为中国“二号人物”、“副统帅”。翌日，他在“文革”百忙中对海军常委成员作出了评价：“李（作鹏）、王、张是高举毛泽东思想红旗的，突出政治的，反对罗瑞卿有功的。”“肖劲光、苏振华是反对我的。”并要求尽快传达到海军党委常委、海军领导。17日，听说海军党委扩大会还在进行，还在对张秀川等人进行批评，林彪又在叶剑英副主席等人的陪同下，在人民大会堂接见了海军常委，明确指示：海军会议可以结束了，对王宏坤、张秀川的批评可以结束了，“不要烧焦了，立即收兵停战”，并当场指定，李作鹏为海军党委第三书记。

二是毛泽东再次为肖劲光讲话。8月18日，毛泽东在天安门广场接见红卫兵，肖劲光、苏振华及李作鹏、王宏坤、张秀川都上了观礼台。毛泽东把他们叫到身边，一一握手，简单问了海军情况，而后严肃地对李作鹏等人说：“肖劲光是个老同志，苏振华是个好同志，你们老整他们干什么？”一边说着一边拉过肖劲光，两人照了合影。事后，李作鹏无奈地说：凡是毛主席握过手、照过相的人，就是要保的人。从此，他们排挤肖劲光不得不有所收敛。

时过不久，苏振华、刘道生等海军领导、海军党委原常委的多数成员被“打倒”，海军副司令员陶勇被迫害致死。因有毛泽东的“最高指示”，肖劲光打不倒。李作鹏当不成海军司令，于是在1967年改任为海军第一政治委员。1968年9月，中央军委再次颁发命令，任命李作鹏为中国人民解放军副总参谋长兼海军政治委员，并于翌年取代肖劲光担任了海军党委第一书记。

李作鹏在林彪的支持下，主持着海军的全面工作。肖劲光等部分尚在位的老同志则按照军队的传统、纪律，努力管理着部队、支撑着局面。此后海军上层的斗争也越来越复杂。直到1971年“九一三”林彪叛逃后，才有了初步结论，海军部队的形势出现转机。

（作者系军史学者、海军政治部编研室原主任）

原载于《同舟共进》2011年第2期

中共党史上的“林家三兄弟”

散　木

俗话所谓“打虎亲兄弟，上阵父子兵”，中共党史上的著名兄弟，一一道来，就有陈独秀的儿子陈延年和陈乔年，毛泽东和他的弟弟毛泽民、毛泽覃，杨闇公烈士和他的弟弟杨尚昆、杨白冰，方志敏和方志纯兄弟，沈雁冰和沈泽民兄弟，惠浴宇和周惠（惠珏）兄弟，王树声和王宏坤兄弟，邹韬奋的公子邹家华和邹竞蒙兄弟，以及叛徒和烈士兄弟的奇异组合——张国焘和张国庶兄弟等。当然，还有一例更为人们熟知的，那就是“林家三兄弟”——林育英（张浩）、林育南、林彪（林育容），他们当中，一个是让人尊敬的中共元老、无产阶级革命家，一个是因反对党内左倾错误，而被“内鬼”假敌人之手杀害的革命烈士，另外一个军功辉煌但晚节不保。这三兄弟的人生经历可谓跌宕起伏，他们的伟业和事功、壮烈和喑哑，几乎伴随了中国革命的完整历程。

“林家三兄弟”的故乡湖北黄冈，地处鄂东和大别山南麓，位于长江中游北岸，是鄂东通往武汉的咽喉，可谓锁钥之地。

历史上从来就是兵家必争之地的黄冈（朱元璋曾在这里击败过陈友谅），在中国革命的风云时代，曾诞生了中国工农红军的红十五军、红四方面军、红二十五军、红二十八军等，并爆发过著名的“黄麻起义”。而为了中国革命的胜利，除了“林家三兄弟”之中的林育英、林育南外，曾有44万黄冈儿女为革命牺牲，其中5.3万人被追认为革命烈士。中共党史上的一些著名人物如董必武、陈潭秋、李先念，以及众多的解放军将帅如王树声、韩先楚、陈再道、陈锡联、秦基伟、周希汉等，多达200多名开国将帅都诞生在这里。

林育英：毛泽东为他守灵

黄冈团风的林家大湾，今有由当地群众自发集资修缮的“林氏三兄弟”故居。“林氏三兄弟”是黄冈白羊山林氏家族的第八代，在他们的父辈时代，这还是一个殷实的家族，有水田，有染铺，还在武汉开了一家颇具规模的布行。论辈分，林育英是林时朗的侄孙，林育南和林彪（林育容）则是林时朗的孙子。“林氏三兄弟”是堂兄弟关系。

年长的林育英（1897—1942），后来化名“张浩”，是中共元老之一和无产阶级革命家。林育英年龄最大，“出道”却在堂弟林育南之后，他是受了后者影响才走上革命道路的。而林育南又是在中共元老之一恽代英的引导下参加革命的。

当林育南从黄冈考入武昌“中华大学”附中部之后，结识了教务主任恽代英，随即加入了由恽创办的“互助社”。1921年7月，恽代英、李求实和林育南、林育英在他们创办的“浚新小学”内发起成立了带有共产主义性质的“共存社”——这也就是中共正式成立之前湖北“共产主义小组”的渊源了。

恽代英后来让林育英去上海熟悉中国工人阶级的状况。1922年2月，林育英在武昌由恽代英、林育南介绍，加入中国共产党。诞生不久的中共把全部精力用于发动工人运动，林育英也成为中共早期的“工运”骨干。当“二七”大罢工发动之后，他奉命去长沙开展工作，热烈地鼓动人力车夫开展要求降低租金的工人运动，1500名人力车夫在他的带领下，浩浩荡荡地在长沙街头示威，高喊着“老板不减租，我们不罢休”的口号，最终迫使人力车行老板答应工人的请求。

1924年5月，苏联为了援助正在萌动的大革命运动，接受中国同志去苏联学习，林育英被组织选中远赴苏联，在莫斯科“共产主义劳动大学”学习。翌年7月，林育英化名“林春山”回国，不久即参与领导了上海的工人运动。其时正值北洋政局动荡，是年12月，上海总工会举行万人集会，提出“反奉倒段”的口号，引起当局的镇压。在军警围殴中林育英头部被戳伤，留下了严重的脑伤后遗症。

大革命失败后，林育英潜伏长沙，负责恢复中共湖南省委和组建工会。湖南反动军阀何健闻讯广为搜捕，林育英无存身之所，索性剃去头发，化装成僧人，以化缘和乞讨为生，跋涉月余，潜入党中央所在地上海。1930年4月，组织上派林育英去东北筹组中共满洲省委，林育英为省委书记。不久由于叛徒出卖，林育英被当地日军逮捕，敌人对他严刑逼供，非要他承认是“共产党大头目林育英”，但他始终没有吐一个字。

1932年1月，林育英经营救出狱，但身体已遭受严重伤害。翌年1月，林奉命赴莫斯科，任全国总工会驻赤色职工国际代表和中共中央驻共产国际代表。这时正是“九一八”事变后中国革命形势发生转变之际，也是民族矛盾急剧上升的关键时刻。1935年8月1日，中共驻共产国际代表团以中共中央和中华苏维埃中央政府的名义，在海外发表《为抗日救国告全体同胞书》(即《八一宣言》)，其时由于左倾中央导致红军反“围剿”战争失利而被迫长征，共产国际与中共中央已失去电讯联系。为了尽快与中共中央建立联系，共产国际指派林育英回国。于是林育英化名“张浩”，扮成商人，带着密电码，牵着骆驼，跋山涉水，月余后穿过茫茫无际的沙漠，终于来到中共中央所在地陕北瓦窑堡，与中共中央总书记张闻天和毛泽东等相会，并与弟弟林彪团聚。

“张浩”的到来是中共党史上的一件大事，中共中央由此与共产国际恢复联系。随后在瓦窑堡召开的政治局扩大会议上，“张浩”向大会传达了共产国际七大的精神和《八一宣言》的内容，为之后的中共抗日民族统一战线的策略奠定了思想基础。“张浩”的到来还解决了此前中共党内和军内严重的分裂问题，即红军长征过程中，毛泽东率领的红一方面军和张国焘率领的红四方面军围绕“北上”和“南下”产生争论。张国焘自恃人多枪多，一再拒绝中央的北上进军路线，而“张浩”行前已得到共产国际负责人季米特洛夫等人的意见，认可中央的政治路线，于是毛泽东和张闻天请林育英以共产国际代表的名义，让张国焘改弦更张，不使红军发生分裂。

1936年1月22日，陕北的中共中央召开政治局会议，作出了《关于张国焘同志成立“第二中央”的决定》。会后毛泽东对“张浩”说:“目前张国焘与我和闻天、恩来的关系很僵，我们发电报，他听不进去。朱德、徐向前等同志在那里很为难。张国焘比较相信共产国际，你如以共产国际代表的身份做工作，他有可能会听。”“张浩”自知使命重大，随即致电张国焘和随四方面军行动的朱德，他以自己特殊的身份，表示“共产国际完全同意中国党中央的政治路线”，“兄等对中央的原则争论，可提交国际解决”，并多次致电要求张国焘取消另立“中央”的计划，尽快率队北上，并希望一、四方面军消除分歧，共同统一在抗日民族统一战线的旗帜之下。张国焘不敢背负“违背共产国际”指示的罪名，于是被迫宣布取消拟议中的“第二中央”。后来张国焘写《我的回忆》，称其时他“对张浩极为看重”云云，这也从一个侧面说明当时“张浩”调停的功劳。

接下来的西路军事件，“张浩”也发挥了一定作用。

西路军事件是与东北“抗联”、南方游击战争并列的中共党史上三大曾经蒙受重大损失、挫折的事件。对它的表述，《毛泽东选集》新版中有新的注释，即：“一九三六年七月，红四方面军和红二方面军会合后，由于中共中央的积极争取，并经过朱德、刘伯承等以及四方面军广大指战员的斗争，张国焘被迫同意与二方面军共同北上，于同年十月到达甘肃会宁。十月下旬，四方面军一部奉中央军委指示西渡黄河，执行宁夏战役计划。十一月上旬根据中共中央和中央军委的决定，过河部队称西路军。他们在极端困难的条件下孤军奋战四个月，歼敌二万余人，终因敌众我寡，于一九三七年三月失败。”这样的表述应该是合乎实情的。当然，整个西路军的事件绝非三言两语能说清楚，有兴趣的读者不妨从陈铁健等研究者的文章中寻找来龙去脉。

这里笔者只谈与“张浩”有关的一些材料。就在原红四方面军的前锋部队两万余人西渡黄河组成西路军并陷入困境后，当时进入祁连山的部队首长连续给中央发电，请求中央派部队救援。至1937年2月，中央军委决定抽调部队组成“援西军”，刘伯承任司令员，“张浩”任政委。就在“援西军”日夜兼程西进时，突然收到了西路军发来的电报，电报称西路军已陷入绝境，经过数次血战，迭遭挫折，干部和战士大部分牺牲、被俘，余下的人员被迫上了祁连山的康隆寺，也已弹尽粮绝，在这种情况下，“援西军”是“远水解不了近渴”，也就不必渡河了。此时中共中央也来电要求“援西军”暂时屯兵于当地，一面收容西路军失散人员，一面进行整训。这一期间，“张浩”与朱德、张国焘等不断致电前方的徐向前、陈昌浩等人，转达中央和军委对西路军行动的意见。而由于全国形势的急速变化，以及通讯手段的极端落后，事实上在西安事变之前，处在河东的中共中央和中央红军也自顾不暇，至于对河西的遥控指挥，可能并不完全正确。此后，西路军以失败告终。根据中央的决定，“援西军”随即展开了对张国焘错误行为的批判，这一批判由于牵涉长征途中和渡河后的种种是非，以及山头等问题，未免在批判中出现某些偏差。有人就认为红四方面军与张国焘是一回事，相关争执非常激烈。“张浩”则很快发现了这些倾向，他致力于统一认识，把批判张国焘的斗争引入正轨，并深入各军、师、团，一次又一次地向干部、战士作报告，用摆事实、讲道理的办法，对基层官兵进行教育，引导他们深刻认识张国焘错误的严重性，同时按照中央规定的政策界限，将张国焘与红四方面军的广大干部和战士严格区别开来。

1937年，抗日战争爆发，红军改编为八路军，林彪为115师师长，林育英为129师政委（先以政训处主任的名义）。据说毛泽东曾不无调侃地说：“假如林育南还在，干脆八路军这三个师都由你们林家包了。”然而此时“张浩”积劳成疾，加之两次入狱给他带来的身体伤害，已经很难担当艰苦的军旅工作了。当时刘伯承看到他发病时的痛苦情形，心情极为难受，只得向中央如实报告他的病情，请求让他去延安治病，并另派人来接替政委一职。1938年春，“张浩”被调回中央，接替他的是八路军政治部副主任邓小平。

在延安，“张浩”一边养病，一边努力做一些力所能及的工作，如安吴堡“青训班职工大队”和延安“工人学校”就是由他创办的。当时他还任中共中央“工委”副书记，并曾主编《中国工人》月刊，还是中共第六届中央委员。在陕北时，“张浩”还曾多次应邀到延安“抗日军政大学”讲课，写了数万字的讲义《党的建设》，内容包括党的战略和策略的转变、加强党的组织建设和思想建设、如何开展工人运动等。这本《党的建设》几经作者修改，后由“抗大”用钢板刻印，成为广泛使用的一本理论结合实际的优秀教材，并成为后来整风运动中的一本学习读物。

意外的是,《党的建设》于1938年被国民党特务组织“中统”发现,核定后抄送呈报蒋介石。国民党当局顿时“如获至宝”,因为这是他们的特务机关在抗战中获得的第一本中共的“秘密文件”。而蒋介石看后也竟然颇有会心之处,他还用红铅笔加注了一些眉批,“足资参考”,“所见甚是”,以及“吾人亦可采用”等。1938年11月18日,蒋介石在日记中说:“共党教育与经验是由其国际百年来秘密苦痛幽囚中所得之教训而成,故其纪律最严,方法最精,组织最密,任何党派所不及。读共党之《党的建设》一书,深有感也……”

蒋介石还让幕僚长陈布雷将此书及蒋的眉批翻印千册,分送国民党高级干部阅读,并嘱咐陈果夫参照此书,起草关于国民党组织和训练的教材,即后来撰成的《党员调查工作须知》(1945年在国民党“六大”上散发),一时风行于国民党内部。

1941年8月,“张浩”病情恶化,被送往延安中央医院抢救。翌年2月,林彪在苏联养伤痊愈后取道新疆回国,刚刚抵达延安,得知兄长病危住院的消息,匆忙赶到医院,总算得以在林育英生前相聚。其时林育英已经说不出话来,但还是艰难地叮嘱林彪向中央反映林育南等人的冤案。

1942年3月6日,林育英在延安中央医院逝世,享年45岁。治丧期间,毛泽东、朱德、任弼时、陈云、叶剑英等轮流为他守灵。毛泽东还为他题写了挽联“忠心为国,虽死犹荣”,并为他的墓碑题写了“张浩同志之墓”几个大字。

毛泽东为人守灵、题写挽联、抬柩、题碑,大概只有过这么一次,这也说明毛对“张浩”是极为看重的。

林育南:到底谁出卖了烈士?

林育南(1898—1931)是“三林”中的老二,他比林育英小两岁,比林彪大八岁。

林育南在党内先后担任共青团中央组织部部长和书记、中共湖北省委常委兼宣传部长及代理省委书记、中共河南省委书记、全国苏维埃区域代表大会秘书长、中共中央《红旗日报》主编、全国苏维埃中央准备委员会秘书长、中共中央候补委员等。

林育南是“三林”中最早的革命者，而他的革命启蒙人是恽代英。林育南很早就成为武汉地区学生运动的中坚分子，甚至还参加过北京的五四运动。就在中共一大成立时，1921年7月，他还与恽代英等在林家大重新成立了旨在“企求阶级斗争、劳务政治的实现”的组织。待董必武、陈潭秋这两位中共一大的湖北小组代表返回武汉后，林育南随即庄重地宣誓加入中国共产党。中共成立之后的一个“大手笔”——“二七”大罢工，林育南是主要领导人之一。

林育南后来曾担任共青团中央书记和《中国青年》的主编，若干年之后又重返武汉领导湖北工人运动。在大革命的高潮中，1927年2月，他和刘少奇、李立三等发动了数十万群众，召开反英示威大会，并一鼓作气收回了汉口的租界。然而在大革命失败后，中国革命已明显走向低潮，继瞿秋白的“左倾”之后，李立三并未吸取教训，“左倾”迅速升温。难能可贵的是，此时的林育南头脑清醒，他对李立三关于中国革命形势的分析颇有忧虑，并多次与李谈话，希望李能客观和实际地分析形势。可是被苏联城市革命模式冲昏头脑的李立三听不进意见，林育南只得转而与党的其他领导人如罗章龙、林育英、张昆弟等交换意见，以取得共识，借此抵消李立三错误的消极影响，结果竟受到李立三的指责和批判。

1930年6月，中央政治局通过了《新的革命高潮与一省数省首先胜利》的决议，所谓“立三路线”的错误已形成，党的事业面临严重危机。林育南继续向李立三进言，同时又与观点相同的何孟雄、李求实等向中央反映情况，并建议重新改选中央领导机构。是年9月底，中共六届三中全会在上海召开，结束了李立三左倾错误在党内的统治。这年冬天，中共中央决定第一次全国苏维埃代表大会在苏区举行，通知林育南赴中央苏区做大会的筹备工作。就在途中，国民党对红军发动了第一次军事“围剿”，通往苏区的道路被封锁，林育南等人被迫潜回上海，他失去了在根据地继续革命的机会，也失去了与弟弟林彪会合的可能。

林育南返回上海后，1931年1月，中共中央扩大的六届四中全会在上海秘密召开，后来人们称之为民主革命时期的一次“小文革”，当时有相当部分中央委员和候补委员未到会或被排挤在会外。就在这次会议上，“立三路线”迅速升级为“王明路线”，还得到了莫斯科的青睐。与“立三路线”斗争过的林育南，又要面临一场更加残酷的党内斗争了。

深怀着对中国革命的责任感，林育南等人不能听之任之，在党内体制尚不健全的情况下，他们不得不另外召开党的会议，并联名多人发表了反对王明的《告同志书》。王明等人则把当时在苏联甚嚣尘上的“大清洗”式的残酷党内斗争经验带了回来，认为不如此则是不革命或反革命，他们不容许有任何反对和质疑的声音。

1931年1月17日，林育南、何孟雄等分别在上海汉口路的东方旅社和天津路的中山旅社开会，就在会议进行中，他们几乎同时被国民党军警包围和逮捕了（前者还包括龙大道、欧阳立安及“左联”作家胡也频、柔石、殷夫、冯铿、李伟森等）。这就是著名的中共党史上的一大谜案“东方旅社案”。一次事件竟使如此之多的中共机关遭到破坏，使如此之众的党内干部（皆为反对王明派别的人）遭到逮捕（其中数十人被秘密枪决），不可不谓蹊跷。

原来，那天下午，一个租界的巡捕化装成茶房，走进了东方旅社的第31号房间，当他断定在里面开会的7个人都是共产党之后，马上向守候在外的巡捕发出信号。数十名巡捕一拥而入，将毫无防范的7人抓住，随后密探们又抓捕了后来到会的李求实（即李伟森）等人。与此同时，何孟雄及另外7人也在天津路中山旅社被抓捕。这次大搜捕整整持续了一夜，翌日共有36名共产党人落网。他们很快被移送上海龙华淞沪警备司令部监狱。

这是国民党特务在1930年代破获共产党组织的一个“杰作”，当时蒋介石得知这一消息后，立即派陈立夫前来劝降和处理。结果陈立夫费尽口舌，没有一人愿意改变自己的信仰。失望之余的蒋介石见劝降不成，指令就地处决。1931年2月7日深夜，何孟雄、林育南以及“左联”五烈士等共24人英勇就义于上海龙华。鲁迅闻讯后悲愤地写下了《为了忘却的纪念》一文。

“东方旅社案”背后有什么隐情？后来也有不同的说法。一说是当时苏区反“围剿”捉到了国民党大官张辉瓒，国共双方曾就此有幕后的谈判交易，国民党给出的条件有换人（以中共在押政治犯交换）及20万元，同时张的眷属也私底下加紧进行交易。不料后来事情有变，张被斩首且人头被钉在木匾上沿赣江顺江而下，以此作为对国民党“围剿”的警示。值得注意的是，就在张辉瓒被处决后第10天，“龙华二十四烈士”英勇就义，这难道是巧合么？抑或是国民党对张辉瓒之死的一个报复？（详见《同舟共进》2010年第10期，陆茂清《“齐声唤，前头捉了张辉瓒”》一文）多年后，陆续披露的史料表明，这一案件与当时王明等宗派主义者的阴暗和狭隘心理有关。王明等人当时已获知国民党特务在东方旅社密布网罗，与会者随时会有被捕的危险。不久又确有与会者被捕的消息传来，王明等人竟无动于衷。在有人提出应予营救时，王明指示静观其变，让江苏省委和中央都不要插手，他甚至不无幸灾乐祸地说：“这是他们反党反中央搞分裂活动的必然结果，是咎由自取。”在林育南等人壮烈牺牲后，王明仍然毫无悲悯之意，继续向烈士身上泼污水，说他们虽然死了还是要清算他们的错误云云。（据陈修良在《潘汉年非凡的一生》一书中回忆：林育南等被捕后，“大家听到这消息都很着急，只有省委书记王明的态度非常冷漠，说什么这是‘咎由自取’，说这批人是‘反党的右派分子，进行反党活动才被捕的’。他幸灾乐祸的表情，引起大家的愤慨。潘汉年执拗地问他：‘怎么办？’王明这才指着潘汉年说：‘你去调查一下吧！’沉吟一下，他又说：‘此事要同中央商议，省委不要管。’”在相关的《共产国际执行委员会远东局成员同陈绍禹谈话记录》的文件中，也有当时中共江苏省委给狱中支部书记的指示，赫然写着：“别把反对派列入自己的组织。”）

直到1945年4月，中共中央才推翻了王明强加给林育南等人的不实之词，在《关于党的若干历史问题的决议》中指出：强加于林育南、何孟雄、李求实等的所谓“右派”的问题，“主要地是六届四中全会宗派主义的‘反右倾’斗争的产物……”

当年“东方旅社案”的告密者，最早有人说是叛徒王掘夫（即唐虞，一称唐禹），这是事后“特科”的陈赓通过内线得知的情报。原来王掘夫是留苏归国的中共党员，据罗章龙回忆，在苏联时他就是王明的心腹，回国后曾在中央工作，在李立三时期，他不曾得到重用，只是管理财务工作，且被李立三发现有贪污行为，于是被调离中央，并给予了纪律处分。失意的王掘夫本就是没什么信仰的“混混儿”，受处分后，竟暗中向国民党当局秘密写信自首，伺机出卖同志。中共六届四中全会后，他佯装拥护罗章龙派的主张，取得接近罗章龙等的机会，并从内部探听到何孟雄、林育南、李求实等将在东方旅社31号房间开会的消息，于是向租界巡捕告密。不过，将“东方旅社案”归咎于叛徒王掘夫一人（当时成了叛徒的还有汪盛荻等），毕竟不能使人信服，因为根据当时中共地下工作的原则，似乎一人难有如此作为，加之被捕者都是清一色反对王明的人，则不能不使人产生其他的怀疑。

多年后，随着“拨乱反正”时期的到来，康生问题被揪了出来，于是有人又将此案的谜底指向了康生，说王云程（时为中共江苏省委书记）曾亲眼目睹了康生具体出卖林育南等人的过程。王云程原来也是留苏学生，曾一度当过共青团中央书记，是王明的亲信，后回国被捕叛变，解放后再度被捕。他写供词说：“像何孟雄（包括林育南）和他的20多个追随者，都是死于赵容（康生的名字）领导下的……”有文史学者称：随着王明的逐渐得势，康生最终选择了把政治赌注押在王明一边，而王明也正需要像康生那样的人才能对付敌手，巩固自己在党内的地位。为了表示器重，王明把康生加进了新的中央委员名单，康生自然急于证明自己在派系斗争中的才干和效率，不惜使用借刀杀人计。王云程后来在“文革”中由康生提请枪决，这也再度留下了一个谜底。（据说康生也有被捕的经历。1968年上海市革命委员会档案清查小组给张春桥打过一个报告，称康生的历史档案少了90多页，不知去向。）

另有《炎黄春秋》上发表的《谁是告密者——龙华二十四烈士被捕之谜》一文，称告密者就是王明，而作证者则是时任中共中央政治局委员的王克全。

以上种种说法，特别是揭发王明、康生落井下石造成“东方旅社案”的，都是在特定历史背景下一种带有“演义”性质的推论。如果要加以证实，需经过有关部门认真的核查，特别是公布相关档案。

却说林育南牺牲后，林彪一直不知详情。直到周恩来进入中央苏区之后，林彪才得知堂哥牺牲了，无比悲痛。

林彪："向使当初身便死……"

林彪，原名林祚大，字阳春，号毓蓉，曾用名育容（育蓉）、育荣、李进等。

林彪是在两个哥哥的带动下参加革命的。当林育南和恽代英在林家大湾开办"浚新小学"时，林彪只是一个十几岁的孩子，当时他听从林育南的劝告，由私塾转入"浚新小学"读书。后来，林育南又介绍他到武昌"共进中学"读书，在这里接受了最初的革命启蒙和熏陶。如果不是后来发生了林彪诡异的结局，林家兄弟留在历史上的评价也许不会那么悬殊。有意思的是，即使是他们的感情生活，也多有相似之处。

彼时深受"五四"新文化运动中"恋爱神圣"新观念的影响，革命者可谓革命与爱情两不误。当然，一如中国革命的残酷、跌宕，革命者的爱情历程也多不能一帆风顺。林育南、林彪，其恋情的曲折和幽深，多为人所不知。笔者以为，试图破解林彪内心世界的一道窗口，就是其复杂曲折的婚恋史。一代将帅，却在爱情史上饱受挫折。

这是林家两兄弟的婚恋关系：

林育南——汪秀芝（发妻）、陆若冰（恋人）、李莲贞（妻子）。

林彪——汪静宜（发妻）、陆若冰（林彪的单恋对象）、刘新民（即张梅，后林彪与叶群结婚，与刘离婚）、孙维世（林彪的单恋对象）、叶群（妻子）。

陆若冰，其兄陆沉是中共党史上的重要人物，由于这一关系，这位卢姓（后改为陆姓）小女子从反抗包办婚姻开始，走上了革命道路。在大革命的"红都"武汉，她得以与湖北的一批革命家朝夕相处，有恽代英、李求实以及"三林"。其间，林育南对她渐渐有了好感。至于小弟林彪，也正是情感朦胧的年纪，对着亭亭玉立的陆若冰，他也有了莫名的爱慕。而陆若冰却是以姐弟友情对待林彪。

陆若冰晚年，有人好奇地询问当年故事，陆安详地回答："林彪打仗胆大，追求女人胆也大……我拒绝了林彪的追求，主要有四个原因：其一，他比我小……其二，我太年轻，书未读完……其三，我知道他在老家有未婚妻……其四，我看不上林彪，青年时的林彪个性奇特，形象太差，特别是他头上长的黄癣，看着很不舒服。他暗恋我几年，我全不知道。那时，他的条件那么差，鼓那么大的劲追求我，可以说是‘盖被子垫竹席——一面发烧！’”

陆若冰拒绝了林彪，与林育南最终也没走到一起。1925年，林育南被调到上海负责工人运动，其时林育英正在上海任中共上海沪西区委书记，兄弟见面，谈到私生活，林育南痛慨自己在婚姻上的痛苦，以及对陆若冰的爱恋，没想到林育英听后坚决反对弟弟的想法，不仅如此，他还找陆若冰作了一次长谈，要求她与弟弟斩断情网，最后又自作主张，给弟弟介绍了一个对象——上海纱厂女工李莲贞。

林育南听大哥的，与李莲贞结婚了。然而，两人的志向、情趣相差甚远，婚后矛盾接踵而来。陆若冰晚年回忆，当年她在上海，经常看到林家夫妻吵架。

林育南苦涩于夫妻关系的时候，陆若冰已被组织调到中共中央机关报《红旗日报》社，给副总编辑肖昌年当助手，这对“假夫妻”后来成了真夫妻，且生有一女。1930年，肖昌年因叛徒告密，被国民党逮捕后慷慨就义，那个女孩也因病夭折了。陆若冰找到已是“中华全国苏维埃区域代表大会筹委会”秘书长的林育南，希望党组织重新给她安排工作，以便在工作中暂时忘却悲痛。不过，那时的林育南正忙于革命斗争，无暇儿女情长。但在这年年末，林育南原本奉命赴中央苏区，因路上受阻而滞留某地，其间突然思念起陆若冰来，并且连续给她写了好几封信（有幸得以保存下来）。在林育南折回上海之后，两人又见面了，他们相互倾诉了彼此的思念之情。

“东方旅社案”发生后，陆若冰接到了林育南的暗信，马上去探望，结果狱方说林是“重政治犯”，不许见面。陆只好将几本小说和身上仅有的5元钱交给狱卒，请求转交。这是他们最后的联系了。林育南牺牲后，李莲贞另嫁他人，陆若冰后来曾在全国总工会、甘肃省图书馆工作，晚年为武汉市政协委员。

有人曾在黄冈拜访时已88岁高龄的陆若冰，谈起林育南她感慨万千："在我接触的党的早期领导人中，林育南是特别优秀的一位。他思想敏锐，头脑冷静，智慧超群，口才、笔功出类拔萃。我在与他一起工作的时光里，在他身上学到许多东西。很可惜，他牺牲得太早了。对于他，我是很尊敬、很喜欢的。他也很喜欢我。因这样那样的原因，我们没有结合。其中最重要的原因，是他的堂哥林育英反对得太厉害。他不愿为我们的爱情伤害兄弟之间的感情，但在我的心里，他永远是我最喜欢的人。可以说，他如不牺牲，肯定要与我结婚。古人说，易求无价宝，难得有心郎。仔细一想，此语一点不假。"

听了这一段话，相信任何人的心情都会无比惋惜和沉重吧。

却说1925年林彪中学毕业后，在林育南和林育英的动员下，决定报考广州的黄埔军校。当时林育南给林彪回信说："中国的革命，最终要靠军事解决问题，共产主义事业需要大批军事人才。我和你八哥（林育英）搞党务、工运，你搞军事，我们林家三兄弟就各有所长。"这两位哥哥还特意给在广州的恽代英、萧楚女去信，让他们帮助弟弟。10月，林彪经过在上海的初试，去广州参加复试，最终如愿考入黄埔军校第四期。不久，他便将原名"林育容"改为"林彪"，并加入了中国共产党。

林彪不久就成长为一员虎将。北伐革命，他在叶挺独立团任见习排长。南昌起义，他荣任连长。井冈山斗争，他的军事才能更为毛泽东所赏识。当时在毛泽东身边的"哼哈二将"，一个是林彪，另一个就是"彭大将军"了。

那还是1928年7月，中国工农红军的元老之一、红四军二十八团团长王尔琢被叛徒杀害，毛泽东深感痛惜之余，为之作挽联曰："一哭同胞，再哭同胞，同胞今已矣，留却工作谁承受？"王尔琢的二十八团以战斗力顽强著称，可谓红军的中坚力量，王尔琢牺牲了，谁能成为他的继任者呢？毛泽东以诗发问。后来朱、毛推举林彪担任此团团长，林彪不辱使命，至1929年春红四军整编为3个纵队，22岁的林彪担任了主力纵队第1纵队的司令。那还是井冈山风雨飘摇之际，处在国民党重重军事进攻和经济封锁之下，形势至为险峻，于是红四军中出现了"红旗能打多久"和"井冈山要守到何时"的悲观思想，林彪也因动摇而发出一封信，对红军的前途提出质疑。毛泽东读此信后，写了一封回信对他进行批评和帮助，此即宏文《星星之火，可以燎原》。

正所谓“成也萧何，败也萧何”，彼时的林彪和后来的林彪，就在这一点上被联缀了起来。后来黄克诚将军公道地说：“林彪写信给毛主席，提出‘红旗能打多久’的问题。在党内来说，一个下面的干部，向党的领导反映自己的观点，提出自己的意见，现在看来这是个好的事情……林彪不隐瞒自己的观点，尽管观点错误，但敢于向上面反映，就这一点说，是表现了一个共产党员的态度……据我了解，像这类的事情林彪不止这一回，他向毛主席提意见还有提得更厉害的。”此后种种，不说也罢。

林彪，23岁的红一军团红四军军长，25岁的红一军团总指挥，亲历和指挥了五次反“围剿”战争，抗战之初又取得了平型关大捷，一时“抗日英豪”、“民族英雄”、“无敌元帅”、“常胜将军”等美名扬天下；继之，从东北下海南，声名赫赫的“四野”扫荡大半个中国，可谓英武。“周公恐惧流言日，王莽谦恭未篡时。向使当初身便死，一生真伪复谁知？”此间种种，足以让人读史而长叹矣。

今见诗人、杂文家曾彦修先生有一阙《说林彪》，堪为本文结句，不妨抄录于下：

四字真经帝业开，
一封朝奏滚将来。
敢问世间谋策士，
几率是摔或不摔？

（“四字”指“四个第一”、“四个伟大”等，“朝奏”指庐山会议设立国家主席一案——作者按）

（作者系文史学者）

原载于《同舟共进》2011年第6期

庄则栋、刘庆棠、钱浩梁的人生沉浮

何立波

“文革”是一场史无前例的风暴，风云际会、瞬间变幻。庄则栋、刘庆棠、钱浩梁三人，就上演了一出人生变奏曲，起伏跌宕。由于江青的青睐，他们一跃担任部级领导，成为“文革”新贵。“文革”结束后，他们或被开除党籍，或锒铛入狱，湮没在历史的烟尘之中，体味了“文革”带来的五味人生。

庄则栋：大起大落的人生传奇

毛泽东曾称呼一个人为“小祖宗”，他就是著名乒乓球运动员庄则栋。1961年4月，第26届世界乒乓球锦标赛在北京举行。这次世乒赛，中国队获得3项冠军，国人大受激励。中日争夺男团冠军进入白热化的紧张时刻，毛泽东在家中看电视，激动不已，对表现神勇的庄则栋喊：“我的小祖宗，你快给我拿下来吧！”

这届世乒赛，年轻的庄则栋战胜了两次获得世界单打冠军的日本名将荻村伊智朗，帮助中国乒乓球第一次夺得男子团体冠军。在随后的几十年时间里，中国队拿走了大部分团体冠军，但最激动最值得纪念的，还是这个开创性的冠军。在当时中国乒乓球男子选手中，没有一个人能像庄则栋，在连续3届团体赛决战中有如此显赫的战功；也没有一个人像他一样，在三届单打赛中连续淘汰了最强劲的外国选手荻村、木村、高桥浩、绍勒尔，拔得头筹。

在中国体育史上，庄则栋书写了新的一页。然而他的人生，却不像他在球场上那样纵意所如。“文革”开始后，国家体委被军管，体育系统陷入瘫痪。1968年5月，庄则栋因为没有同“修正主义分子”贺龙、刘仁、荣高棠划清界限，被造反派抓走并抄家。此后，他每天被游街、殴打、批斗，住牛棚，经历了一段黑暗的岁月。

庄则栋是个球员，无心涉足政治。然而命运和他开了个玩笑，他不经意地制造的一场体育政治事件，瞬间改变了自己的人生轨迹。“文革”爆发后，中国没有参加第29届、30届世乒赛。1971年，毛泽东批示组队参加第31届世乒赛，中国乒乓球队恢复训练，庄则栋被解放。

1971年4月，庄则栋等人到日本名古屋参加第31届世界乒乓球锦标赛，其中有两台车是专门给中国运动员乘坐的，往返于驻地与赛场之间。一天，美国选手科恩不小心搭错车，登上了中国运动员的专车。庄则栋很大度，友好地送了科恩一件礼物——杭州织锦。汽车到达体育馆后，敏感的日本记者发现两人站在一起，纷纷把这个镜头拍摄下来。第二天，科恩把一件别有美国乒协纪念章的短袖运动衫回赠庄则栋。各家报纸图文并茂报道这件事。几天后，美国乒乓球队领队拉福德·哈里森主动登门，询问中国能不能邀请美国乒乓球队访问中国。事情汇报到毛泽东、周恩来那里。他们运筹帷幄，决定邀请美国乒乓球队访问中国，打开中美两国20多年不相往来的不正常状态，此事日后被誉为“小球推动大球”。后来，庄则栋作为团长，率领中国乒乓球队访问美国，受到美国总统尼克松的接见，这是建国后中国第一个访问美国的代表团。庄则栋从一名出色的运动员，成为“乒乓外交”中一个符号性的人物，从此和政治挂钩。这种身份的变化，几乎是庄则栋荣誉和磨难曲折交替的开始。

1971年“乒乓外交”后，国家体委不再实行军管。38军政委王猛出任国家体委主任，庄则栋担任了国家体委党组副书记，兼中国青年队主教练。用庄则栋自己的话:“副书记就是挂个名，还是每天骑自行车上下班。”他已不自觉地跨入政坛。1973年，庄则栋被选送到“中央读书班”学习，学的第一个文件就是《毛泽东致江青的信》。学习班结束回到国家体委后，庄则栋发现王猛的处境不妙。别人告诉他，两名内蒙古乒乓球运动员被殴打后写信告状，江青让王猛处理，但几天后没有回音。王洪文的秘书到国家体委说，王猛不传达中央领导指示。国家体委的造反派开始质问王猛。江青告诉庄则栋，王猛是大恶霸、死官僚，是林彪线上的人，让庄回去跟王斗。庄则栋在接下来的国家体委党组会上将矛头对准王猛，并得到很多人的支持。1974年12月6日，33岁的庄则栋取代王猛出任国家体委主任。江青、王洪文等人告诉他："你年轻，很多事情不懂，什么时候有问题找我们，都见。"庄则栋提出了"批国家体委三代修正主义"的口号，所谓"三代"就是指贺龙、曹诚、王猛，统统都是修正主义，都要批倒批臭。2007年6月29日，王猛在广州逝世，享年88岁。在他去世前，庄则栋给他寄来赠书，并为当年的事情道歉。

遵从"四人帮"的指示，庄则栋上任后更换、提拔了很多干部。庄则栋曾回忆说，以可靠为出发点，"大批地换干部，这下得罪很多人了，得罪的人不是一般的多。任职期间，再没有什么能留下印象的大事情。我也不打干部，更没整死过人。"

作为一代传奇乒乓球运动员的庄则栋，不仅在事业上遭受过沉重打击，感情生活也未能幸免。庄则栋的妻子鲍蕙荞是一名钢琴演奏家，两人相识于1959年的维也纳世界青年联欢节上。1961年，鲍蕙荞在埃涅斯库国际钢琴比赛中获奖，在中国音乐界引起轰动；此时，庄则栋刚好第一次获得世界冠军，一下子成为民族英雄和很多女孩子的偶像。1962年春节，在北京市委举行的春节联欢会上，两人再次邂逅，其后正式确定恋爱关系。一个是世界冠军，一个是钢琴演奏家，令人羡慕。

1965年，他们结婚了。婚后，庄则栋住在北京鲍蕙荞的娘家。这是一所独门独户的四合院，岳父是水电专家。他们的结合原本很诗意、很完美，然而随着"文革"的到来，一切开始蒙上阴影。鲍蕙荞的父亲被打成"反动权威"，遭到隔离审查。庄则栋因为反对批斗原国家体委主任荣高棠，也成为批判对象。在庄则栋被批斗的3个多月里，他的教练傅其芳和队友容国团因为受不了羞辱，相继自杀身亡。

1969年，在周恩来总理的直接过问下，庄则栋恢复了训练和比赛。后来就有了"乒乓外交"。1973年以后，庄则栋开始步入仕途。从这时起，鲍蕙荞和庄则栋之间有了分歧，感情也逐渐产生了裂痕。鲍蕙荞在回忆录中写道："我生第二个孩子斓斓的时刻，庄则栋已是体委主任。在分娩前，他匆匆地对我说：'我还要去会见外宾，我先走了。'一个下午，迟迟不见他来，后来，他终于出现在产房里。他背着手，不像在看自己的妻子，倒像一个大干部在巡视工作，身后还跟着一位最能标志首长身份的随从。"

"文革"结束后，庄则栋的人生又回到原点。1976年10月，庄则栋被关入北京卫戍区，审查长达4年。审查期间，庄则栋靠看书和练书法打发时间，四年间读了几千部书。

1980年8月，庄则栋出狱，担任山西省乒乓球队教练。因为不算正式教练，他没有伙食补贴，每月只有70元工资，还要给北京的母亲和孩子寄出50元，剩下的20元全部用来吃饭。1984年，时任国际乒联主席的荻村伊智朗，得知了老朋友庄则栋的遭遇，经多方斡旋，庄则栋终于调回北京与家人团聚。回京找工作的过程中，庄则栋私下表示不愿回体委系统。最终，他选择在北京市少年宫任教，回到了他30年前出道的地方，培养青少年选手。有次基辛格来华访问时问起，得到的回答是："庄则栋出差了。"

1980年代初，拍摄了电视连续剧《乒坛坛主庄则栋》。随后，中国新闻社用多种文字版本向海外发行播放。在这部电视片中，庄则栋亲口说："人生的道路有时真像一个圆，它既是开始又是终结，它的终结又是一个新的开始。过去，我在少年宫打球，现在又去少年宫当教练，这就是一个新的开始。在热爱的事业中重新找到我自己！"

1985年，庄则栋与鲍蕙荞离婚了。他回到北京交道口母亲的家，住进了一间十平方米的小房子。在人生低谷里，日本姑娘佐佐木敦子走入他的世界。

庄则栋后来曾这么描述自己的心情："深夜我在沉寂的斗室里，形影相吊，心里很不平静。我背负生活的重负，赤裸着双脚吃力地跋涉着。我品尝人生的苦、辣、咸、酸，领悟着人生阴、晴、圆、缺的风光。现在，我是一块炭，只能发点热而没有光，谁碰上我，会沾上黑。然而，敦子女士十三年来没有忘记我，却在关心着我，打听我的下落……"

由于政治原因，庄则栋不可以与外籍女子结婚。佐佐木敦子说：为嫁给庄则栋，愿意放弃日本国籍，成为中国公民。然而，他们结婚还需要得到组织的批准。佐佐木敦子随后给中国大使馆和邓小平寄去了申请信，并得到了邓小平的批准，成就了这段传奇婚恋。

2013年2月10日，庄则栋在北京佑安医院去世，享年73岁。在庄则栋一生中，最让他引以为傲的，是“毛主席叫过我‘庄爷爷’”。

刘庆棠："洪常青"的"腾飞"与坠落

看过芭蕾舞剧《红色娘子军》的人，都会对那位英俊大方、气宇轩昂的娘子军连党代表洪常青留下深刻印象。作为洪常青的第一代扮演者，刘庆棠曾是当时许多少女心中的白马王子。那么，刘庆棠是怎么从一个芭蕾舞演员成为文化部领导的呢？

1946年初，16岁的刘庆棠考入白山艺术学校，这是中国共产党在东北地区创办的第一所艺术学校。1952年12月，新中国诞生后的第一个国家歌舞团——中央歌舞团正式成立，刘庆棠成为该团的民族舞演员。当年，中央歌舞团曾聘请苏联芭蕾舞演员来教芭蕾。苏联老师根据水平，将男演员分成高中低三个班。刘庆棠属低级的第三班，然而他勤奋好学，一年半之后进入属于高级的第一班。

1956年，刘庆棠听说北京舞蹈学校（已改称北京舞蹈学院）开设了芭蕾舞专业，积极要求去学习，得到组织的批准，24岁“高龄”时开始正式学习芭蕾舞。

1959年12月31日，北京舞蹈学校成立了实验芭蕾舞团，由被誉为“中国第一只白天鹅”的白淑湘等22名演员和18名演奏员组成。这是中国有史以来第一个专业芭蕾舞团。实验芭蕾舞团成立后，在古雪夫等苏联专家帮助下排演了芭蕾舞《天鹅湖》。在挑选男主角王子的演员时，其他几位候选人在托举女主角白淑湘时显得力量不够，唯有刘庆棠完成得较好，他因此被选为王子的扮演者。首演《天鹅湖》，在中国芭蕾舞史上具有划时代的意义。随着它的首演成功，鲜花、掌声和荣誉接踵而来。《天鹅湖》《海侠》《泪泉》等舞剧，都是刘庆棠和白淑湘一起跳的。

在大家的眼中，两人是很好的搭档。但是随着白淑湘名气越来越大，刘庆棠心中颇不是滋味。在排演中，刘庆棠也付出了汗水和艰辛，但是人们大多把目光集中在白淑湘身上。一些内行已毫不客气地指出："刘庆棠的气质不像个王子，倒像个战士……"刘庆棠不是不明白，芭蕾舞是以女演员为主的艺术，但是他就是摆不平心态。为发泄不满，他开始变相整白淑湘。当时，白淑湘是演员队队长，刘庆棠是党支部委员，分管共青团工作。刘庆棠拉拢唆使一部分人，散布"白淑湘只专不红"，"父亲是被镇压的，她跟父亲划不清界限"等言论。不久，刘庆棠取白淑湘而代之，当上了演员队队长。小试牛刀，让刘庆棠看到了权力的力量。

芭蕾舞剧《红色娘子军》的创意，源自周恩来1963年秋的一次谈话。12月，林默涵根据舞蹈界知名人士的建议，决定把电影《红色娘子军》改编成芭蕾舞剧。创作组很快成立，刘庆棠是成员之一。1964年2月，中央歌剧舞剧院芭蕾舞团11人组成《红色娘子军》创作组，前往海南岛体验生活。创作组组长是李承祥，刘庆棠是副组长。为体验生活，刘庆棠带领编导和其他主演到海南屯昌的解放军某部当兵一个半月。4月下旬，刘庆棠一行回到北京彩排。7月中旬，芭蕾舞剧《红色娘子军》完成，请周恩来总理和有关领导审查。北京军区一位领导看后说："气质不够。满台'娘子'不见'军'，手中拿着'烧火棍'！"

刘庆棠对这个意见很重视，他作为领队带领全体演员、演奏员一百多人又到部队当兵一个半月。回来后再演，气质果然有了明显变化。9月26日，经过重新编排的芭蕾舞剧《红色娘子军》第三次彩排。周恩来观看后眼睛湿润了，他在与演员握手时的头一句话就是："我比你们落后了、保守了。我原来在想，用芭蕾形式表现中国现代生活恐怕有困难，是否先编个外国题材过渡一下。没想到你们演得这样成功！"周恩来当即决定，用演出《红色娘子军》招待西哈努克亲王。10月8日，毛泽东、刘少奇、朱德、彭真等在中南海小礼堂观看了芭蕾舞剧《红色娘子军》。毛泽东很高兴，当场赞扬道："方向是对的，革命是成功的，艺术上也是好的！"

1964年10月，芭蕾舞剧《红色娘子军》公演，在全国引起很大反响，从此改变了刘庆棠的政治命运。在这部舞剧中，才华横溢、暂时无人能替代的白淑湘仍担当女主角。刘庆棠也当仁不让地成为男主角洪常青的最佳扮演者。他们之间虽有矛盾，但为了舞剧的成功，还是尽力合作。剧组多次赴海南岛下部队体验生活，刘庆棠自己也确实付出了努力，最终成功塑造了一个高大感人的红军党代表形象。

在政治运动频繁的1960年代，家庭出身愈来愈重要。这让刘庆棠兴奋不已，感到自己的舞台更为广阔。江青从1963年开始下大力气抓样板戏，看中了芭蕾舞剧《红色娘子军》。善于把握时机的刘庆棠明白，这是自己发迹的最佳时机。江青第一次来到北京南城太平街的芭蕾舞团视察时，全团上下非常高兴，没有料到江青会来“关心”他们。在中央歌剧舞剧院、芭蕾舞团院、团两级领导在场的情况下，刘庆棠喧宾夺主，积极表现，围着江青跑前跑后，给她拿材料，汇报《红色娘子军》的创作排演情况。江青也想在中央歌剧舞剧院寻找一个可靠的人为自己效劳，仪表堂堂、善于逢迎的刘庆棠引起了她的注意。此后，刘庆棠便与江青建立了直线联系，经常主动给江青写信，汇报团里的情况。

“文革”开始后，红卫兵冲击芭蕾舞团，贴大字报，叫嚣“砸烂芭蕾舞团，禁止芭蕾舞演出”。但江青出于政治的需要，提出“八个样板戏占领舞台”的口号。在江青的“关怀”下，芭蕾舞剧《红色娘子军》成为样板戏。一夜之间，芭蕾舞团“扬眉吐气”起来。

在芭蕾舞团，刘庆棠率先造反，贴大字报。中央歌剧舞剧院副院长、首席指挥黎国荃在刘庆棠主持的一次批斗会后，因无法忍受诬陷和污辱愤然自杀。

一时间，刘庆棠俨然是造反派的领袖，成为芭蕾舞团新成立的革委会主任和党支部书记。大权在握的刘庆棠开始疯狂地整人，白淑湘更是在劫难逃，被宣布为“反革命”。李承祥是《红色娘子军》的主要编导，演样板戏还需要他。刘庆棠借整党之机逼李承祥退党，甚至代他写好了退党报告。在刘庆棠的威逼下，李承祥被迫退党。“文革”时期政治风云变幻莫测，连张春桥、谢富治都一度受到过红卫兵大字报的批判，刘庆棠也不例外。1967年初，造反派将刘庆棠拉下马，进行批斗，关进“牛棚”，勒令他与院里“头号走资派”、原院长赵沨一块抬煤，团里排演《白毛女》时，还让他饰演日本兵跑龙套以羞辱之。

然而刘庆棠得到了江青的信任，他不断给江青写信求助。1967年夏，江青数次指示芭蕾舞团的领导班子应安排刘庆棠。不久，江青在一次接见文艺界代表的讲话中，公开明确表态支持刘庆棠。由于“旗手”的支持，刘庆棠重新成为芭蕾舞剧团的“一把手”。有了被打倒的经历，在重新掌权后，刘庆棠对江青更加誓死效忠。被别人搞下台的经历让他刻骨铭心。他利用当时“清理阶级队伍”、“整党”、“清查五一六分子”等运动，疯狂报复那些反对过他的人。刘庆棠给他们捏造的罪名繁多，有所谓的“裴多菲俱乐部成员”、“炮打无产阶级司令部”、“反对中央文革”、“攻击江青同志”等罪名。中央芭蕾舞团全团包括临时工仅240人，刘庆棠就“发现”了70多个“反革命”。

1968年，刘庆棠以“革命文艺战士”和“样板戏”领导的身份，开始染指中央其他直属文艺团体，实行刑讯逼供，实施“车轮战法”，强迫演职员们招供纯属子虚乌有的“罪行”和“组织”。陈爱莲是北京舞蹈学校教师、著名舞蹈家，1959年以主演舞剧《鱼美人》一举成名，其丈夫杨宗光与刘庆棠曾是老同学，关系还算融洽。仅因与刘观点不一，杨宗光被刘在一次大会上点名为“五一六分子”，当晚就跑到铁路上卧轨自杀。陈爱莲获知这一消息时，丈夫已成为一把骨灰。1970年前后，由刘庆棠主持的这场文艺界“清查”运动中，仅中央直属文艺团体被打成“五一六分子”的，就多达四百余人。

在江青的提携下，刘庆棠开始“飞黄腾达”。1969年4月，他参加了中共九大，并成为主席团成员。九大前后，刘庆棠当上了国务院文化组成员。1972年秋季，为招待日本首相田中角荣，刘庆棠最后一次扮演洪常青。当时，刘已经演了五百多场芭蕾舞剧《红色娘子军》。为尼克松、田中角荣的演出，成为他舞蹈生涯中的告别演出。此后，刘庆棠走下了文艺舞台，转向政治舞台。由江青提名，刘庆棠在1973年中共十大上当选中央委员，并于1975年初的四届全国人大当上文化部副部长。从一个芭蕾舞演员到文化部副部长，刘庆棠实现了自己的政治野心。有人愤愤不平地说：“红军长征二万五，不如跳个芭蕾舞。”

1972年，美国总统尼克松访华前夕，中国军乐团按照周恩来的指示，在人民大会堂东大厅练习演奏美国歌曲《美丽的阿美利加》，准备欢迎这位贵宾。刘庆棠却兴师问罪，把军乐团领导叫来质问道："怎么能奏这个曲子呢，这是为美帝国主义唱赞歌嘛！"军乐团领导把这个情况汇报给了周恩来。周恩来不悦地说："我记得这是一首赞美美国风光的曲子，尼克松就职仪式上用过。我们选择它是表示对总统的欢迎。不要太'左'了，我看很好，可以演奏。"刘庆棠无话可说，悻悻而归。1972年，法国总统蓬皮杜访华，观看了芭蕾舞剧《红色娘子军》。演出结束后，外交部礼宾司提议大家上台合唱一首歌。不知是谁带了一句头，大家开始唱《我们走在大路上》。在场的周恩来也和大家一起唱了起来。晚会结束后，江青把国务院文化组组长吴德叫来，质问道："这首歌的作者是一个叫李劫夫的反革命。他们为什么唱这支歌，你去查一查，然后向我汇报。"几天后，吴德向江青汇报说是刘庆棠同意的。刘庆棠拒不承认是自己领唱的，把责任推给了周恩来。在中央政治局会议上，江青几次追问周恩来。周恩来也火了："这事我负责，有什么了不起！"

就在刘庆棠在"仕途"上平步青云的时候，有人不断地给上级领导部门写信，检举他生活糜烂。"文革"前，刘庆棠就曾因与某歌舞团一个女演员的不正常关系，中央歌剧舞剧院给他党内批评教育的处理。"文革"大权在握时，刘庆棠利用手中的权力多次玩弄女性。这些受害女性写检举信揭发刘庆棠，信件最后转到了江青、张春桥手中，他们以"小节无害"为由不予追究，事情不了了之。

"四人帮"垮台后，刘庆棠被隔离审查。从王洪文家中抄出了一份"组阁"名单，是江青、张春桥、姚文元拟定的，上面有王洪文批改的笔迹。名单中，安排刘庆棠担任"国务院副总理"。中组部和文化部专案组经过深入调查，搞清楚了刘庆棠的罪行。鉴于他在长时间的隔离审查期间毫无认罪悔改的恶劣态度，决定交付检察机关予以起诉。1983年4月，北京市中级人民法院公开审理刘庆棠一案。首都文艺界奔走相告，纷纷前去旁听。中央芭蕾舞剧团去旁听的人太多，不得不特地派一辆大客车，每天接送大家前去观看这个"魔鬼"的下场。

刘庆棠被判处有期徒刑17年，剥夺政治权利4年。在林彪、江青反革命集团中，只有刘庆棠一人被定流氓罪。刘庆棠的妻子是一位老舞蹈演员，也是一位离休干部，知道了他的丑事后毅然与他离婚，子女也与他脱离了关系。1985年，刘庆棠因患肝硬化，获准保外就医。但他在北京已经没有家了，只好由他弟弟接回老家辽宁盖县居住，又回到自己当年生活过的那个小村子。

1993年10月21日，刘庆棠刑满出狱。他曾试图与前妻复婚，但被拒绝。女儿劝他说："你想和妈妈和好，我们明白，你是为了这个家。但是，你们确实没感情了，也就没必要再和好了。"刘庆棠从此死了心。后来，他曾应聘到广州某大学教授舞蹈，重新拾起了昔日的芭蕾舞之梦，又曾于北京西山脚下成立北京刘庆棠艺术学校，自任校长。

2010年，刘庆棠因病去世。

钱浩梁：被江青改名，"文革"后又改回来

经历过"文革"的人，都会对样板戏《红灯记》有一种挥之不去的记忆。《红灯记》也改变了"李玉和"的扮演者钱浩梁的人生。因为《红灯记》，他引起了江青的注意，成为江青搞样板戏的得力助手，一跃而为文化部副部长。"文革"结束后，钱浩梁的人生也回到了正常的轨道。

钱浩梁出身梨园家庭，6岁起随父练功学艺，爱上了京剧。1956年，他成为中国戏曲学校首届毕业生，并被留在该校的实验京剧团工作。

1962年，中国京剧院为补充队伍，决定从中国戏曲学校实验剧团选调40人。由梅兰芳任院长，李少春、叶盛兰、袁世海、杜近芳等名角荟萃的中国京剧院，是全国规模最大的京剧院。中国京剧院总导演阿甲、副院长张东川等看了钱浩梁主演的《挑滑车》，深感这位年轻人是棵好苗子，就把他选走了。

钱浩梁十分景仰中国京剧院一团的著名演员李少春。初到京剧院，选调去的这些人全都留在四团，等待调整分配。在等待分配工作期间，一天，四团在吉祥剧院演出《伐子都》。不巧的是，主要演员在第一天演出《雁荡山》时把手扎伤了，不能上场，副团长李殿华急得团团转。李殿华忽然想到钱浩梁演过这出戏，便让他临时顶替救火。钱浩梁披挂

上阵，十分卖力。当晚，江青前来看戏。钱浩梁年轻武生的扮相和演技，给她留下了很深的印象。

凭着突出表现，钱浩梁如愿以偿地被分到一团。43岁的李少春身体不太好，京剧院领导有意安排他带钱浩梁，培养新生力量。李少春对钱浩梁很是器重，下了很大工夫栽培他。钱浩梁悟性高，进步很快。1964年2月，中国京剧院一团在排京剧现代戏《红灯记》时，选定李少春作为扮演主人公李玉和的A角。按惯例需另配备一名B角，李少春很自然想到钱浩梁。为塑造李玉和这个英雄人物形象，在领会编导意图及去东北体验生活后，李少春从台步、身架到唱腔，都反复揣摩，精心设计。排练中，他一如既往，一招一式，一板一眼地手把手传授钱浩梁。钱浩梁也对李少春毕恭毕敬，言必称“老师”。

在1964年5月全国京剧现代戏观摩演出大会的演出中，因李少春身体不好，钱浩梁作为B角在《红灯记》中频频亮相。又因在当年第6期《戏剧报》封面上获得饰演李玉和剧照的刊载机遇，开始在全国走红。江青曾建议：“以后李玉和还是小钱演吧。李少春不像个工人，倒像个站长……”之后，在江青插手的《红灯记》修改中，有一次曾提出李铁梅的一段唱腔不行，下令修改。从事唱腔设计的李少春在艺术上自有主见，没理会江青的意见。江青非常生气，认定李少春眼里没她，多次借题发挥指责李少春。

1965年初，《红灯记》剧组到南方演出，钱浩梁担任主演。江青准备栽培钱浩梁，亲自给在广州的钱浩梁去信，勉励他好好努力，走又红又专的道路。李少春因未随剧组南下，所到之处的新闻媒介宣传，总是不离钱浩梁的李玉和、高玉倩的李奶奶、刘长瑜的李铁梅、袁世海的鸠山，这几人无形中被人们视为《红灯记》的最佳搭档。钱浩梁的知名度甚至超过了李少春——他有点忘乎所以了。

1966年6月，中国京剧院贴出了第一张大字报，声称“中国京剧院的文艺黑线又臭又长”。“文革”爆发后，演出活动不得不停止了。阿甲、张东川、李少春、刘吉典等人都成了“牛鬼蛇神”，关入“牛棚”。钱浩梁作为“黑苗子”，也在被贴了大字报后，被责令靠边站。但是江青并没有忘记钱浩梁。1967年4月，江青派戚本禹带人进驻中国京剧院，授意钱浩梁起来“革命造反”。一些人急忙张罗，帮着钱浩梁成立了一个以他为首的“红灯记战斗兵团”。对这个“革命造反”组织，戚本禹立即表示支持。有江青和中央文革的支持，“红灯记战斗兵团”顿时威风凛凛。众多造反派立即改换门庭投到旗下，钱浩梁也一下子成了中国京剧院实际上的负责人。

在江青的“关怀”下，京剧《红灯记》成了首批八部样板戏之一。早在《红灯记》修改过程中，阿甲、李少春等人因不屑于江青的指手画脚，已引起江青的不满。钱浩梁对此一清二楚，为了自己的前途，他将这些人与林默涵等“文艺黑线人物”挂上钩，当作“破坏样板戏的阶级敌人”。钱浩梁的表现，让江青非常高兴。1968年底，在一次“革命文艺战士”会议上，江青笑着对钱浩梁说：“小钱，咱也不要钱了，钱是资产阶级的。你就叫浩亮吧！”钱浩梁非常激动：“谢谢江青同志，这个名字又响亮又好记！”江青替钱浩梁改名的消息不胫而走，让他在文艺界成为响当当的人物。随着京剧《红灯记》被拍摄成电影，饰李玉和的“浩亮”开始在神州大地家喻户晓。钱浩梁青云直上，被任命为中国京剧院党委副书记，成为京剧院实际上的“一把手”。1969年4月，在江青的安排下，钱浩梁当选为中共九大代表。1970年5月，钱浩梁开始参与国务院文化组对全国文艺的领导工作。

钱浩梁是个好演员，却不是当领导的料。但在江青眼中，他是个驯服听话的好干部。1975年四届人大后不久，钱浩梁被任命为文化部副部长。此后，他搬进了原京剧大师梅兰芳的寓所。当上了副部长，就不能再登台演出了。他曾把《红灯记》剧组的老战友召集到自己宿舍，感伤地说：“今后我怕是再也不能演戏了……”他对京剧充满了无限留恋。钱浩梁曾闹过一个笑话：一份关于一位戏剧界老同志的报告，送主管的钱浩梁签批。谁知，钱浩梁的批件上把这位老同志的名字中一个很普通的字，写成一个谁也不认识的怪字，弄得办公室的人认又认不得，问又不好问。笑话传出，一些熟人慨叹：“钱浩梁当部长，‘不是这里事儿’（京剧界常用语，贬义，意为外行）。”

粉碎“四人帮”后，在隔离审查中，钱浩梁被定为“犯有严重政治错误，免予起诉”。1981年，组织上正式对他作出结论：敌我矛盾按人民内部矛盾处理，开除党籍，降一级工资，调出北京去外地工作。在解除长达5年半的隔离审查之时，文化部副部长刘复之还找他谈了一次话，鼓励他改正错误，重新做人，耐心等待组织上对他的工作安排。

钱浩梁的工作安排很快有了结果，回到了昔日的工作单位——中国京剧院，名字也改回了本名——钱浩梁。不再担任副部长，自然不能再住梅兰芳的宅院了，钱浩梁搬到海淀区魏公村一幢筒子楼两间背阴的小屋。虽然回到了中国京剧院，但却不能再上舞台。

1983年，钱浩梁的命运有了转机。时任河北省委副书记的高占祥分管文教卫生工作，他很喜欢京剧，也爱惜人才，认为对钱浩梁要真正落实党的"治病救人"的政策。不久，钱浩梁到河北艺校报到。多年来第一次被人尊称"钱老师"，钱浩梁感激涕零，忘我地投入工作，赢得了同事和学生的尊重。1988年河北文艺界评定技术职称，钱浩梁的高级讲师职称在河北艺校得以通过，但报到省里，唯独他的没被批下来。有人把此事告诉了高占祥。高占祥明确表示："钱浩梁的情况我了解，他的职称应该批，他的住房也应调整。他是难得的人才，要用人所长，我们要把党的政策落到实处。"这年国庆前夕，钱浩梁的职称问题解决了。钱心情愉快，笑容满面，亲自做了几个菜招待前来祝贺的艺校同事。

1992年底，钱浩梁被批准病退回京，结束了河北艺校的教师生活。当时他的病情很严重，半身瘫痪，失去了语言能力。病休一年后，身体得以恢复，能绕着居所步行一周。他每天除遵医嘱休养外，闲时看报看电视。但京剧节目他坚决不看，以免引起对旧日的回忆。

钱浩梁是幸运的。妻子曲素英和他相濡以沫，陪伴他度过了孤独的晚年。曲素英曾对别人说："以前别人老说，岁数大的人不就是搭帮过日子，哪还有什么爱情呀！其实不完全是这样。我们的经历也证明了爱情常在，如果没有爱情，我们哪会走过这么多艰难岁月，正是我们俩有忠贞的爱情，才使我们经受了一次又一次考验。所以，爱一个人就不要计较什么得失，我爱钱老师，所以肯为他付出一切，愿意与他同甘共苦。每当看到他这几天又进步了，我就特高兴，我也没觉得有什么委屈。"

如今，钱浩梁、曲素英夫妇过着半隐居的生活，除与知根知底的朋友来往外，基本上闭门谢客。当街坊邻居认出他们时，曲素英会赶快掩饰说：“他只是长得像李玉和而已。”曲素英曾对记者说：“希望30岁以上的人们忘了我们，平安度余生是我们最大的心愿。”

（作者系文史学者）

原载于《同舟共进》2013年第9期

1956：波匈事件的“中国因素”

沈志华

1956年10月爆发的震动世界的波兰危机和匈牙利危机，对国际共产主义运动的发展以及社会主义阵营内部关系的变化，产生了深刻影响，对1956—1957年中国社会发展道路的突然转轨，在很大程度上也起了决定性的作用。

1990年代初以来，有关波匈事件的各国档案文献相继解密和开放（感谢波兰华沙大学扬·罗文斯基教授为笔者提供了波兰档案公布的情况），并不断被整理、公布于世。可以说，过去被认为是一桩历史谜案的波匈事件，就其本身的发展进程，以及波兰、匈牙利、苏联乃至西方大国的政策变化而言，除个别细节外，现在已基本上水落石出，真相大白了。（本文所据材料，主要是俄国、波兰和匈牙利的档案文献，至于中国方面的参考资料，大量的只能是包括回忆录和采访录在内的口述史料，以及当时公开的和内部的新闻报道——笔者注）

斯大林的分工：苏联负责欧洲，中国负责亚洲

从性质上讲，这两次事件是同时爆发在东欧地区的社会主义发展道路的危机，是苏联与东欧国家关系的危机，又是苏联以社会主义阵营领袖身份予以处理的问题。显然，这是在欧洲地区发生的社会主义阵营内部的问题。那么，中国因素在这里是如何体现的呢？

从战后到危机前十余年的时间里，苏联与东欧的关系有一个复杂而曲折的变化过程。到1952年10月苏共十九大召开的时候，东欧各执政

党已经完全顺从莫斯科，苏联与东欧的关系也开始进入冷冻状态。斯大林去世后，情况逐渐发生了变化。东欧各国对苏联在本国代理人的不满日益强烈地表现出来，特别是苏共二十大公开批判斯大林后，党内反对派的力量开始不断积聚，民众的反抗情绪也直接指向莫斯科。随着舆论开放和政治解冻，要求本国"斯大林分子"下台的呼声越来越高。这种状况在波兰和匈牙利尤为突出，尽管两国有着明显的区别。

苏共二十大后，波兰舆论提出了追查枪杀波兰军官的卡廷案件、重新评价1944年华沙起义和苏联在波兰大量驻军与波兰主权的关系等问题。苏联外交官报告说，波兰的报刊有一种"错误地煽动修正主义和反苏情绪的企图"（俄罗斯联邦对外政策档案馆）。另一方面，改革派在波兰党内逐渐崛起，一致呼吁过去受到批判的哥穆尔卡出山。而6月底爆发的波兹南工人罢工事件进一步给改革注入了新的活力，有力地推动波兰走向独立的发展道路。由于波兰党内改革派力量强大，又得到全国民众的一致拥护，莫斯科虽心急如焚，却感到无从下手。

显然，苏东关系的紧张状态在客观上需要外界的调解，那么中国是否具有参与处理危机的条件呢？对东欧诸国，毛泽东很早就发生了兴趣。不过斯大林在世时，对中苏两党在国际共产主义运动中的责任是有明确分工的——苏联负责欧洲，中国负责亚洲。苏共二十大以后，中国越来越引起东欧的注意。在波兰各界讨论苏共二十大提出的诸问题时，不少人表示：当今世界上最有权威的共产主义理论家毛泽东尚未对此发表意见，需要听一听毛泽东对这个问题的见解才能令人信服。人们在争论不休时往往说：等着听毛泽东的见解吧！（《内部参考》第1817期，1956年3月5日）此时，不仅东欧各国仰望着北京，莫斯科也开始指望得到中共的帮助。

自赫鲁晓夫执政后，中苏关系进入了蜜月期，这种状况一直持续到1958年上半年。（参见笔者在《苏联专家在中国（1948—1960）》一书中的相关论述）尽管赫鲁晓夫的有些做法令毛泽东担忧，但丝毫没有影响中苏之间的友好合作关系。恰恰相反，赫鲁晓夫勇敢地批判斯大林，搬掉了长期以来压在中共头上的"盖子"，正是毛泽东求之不得的。总体说来，苏共二十大的方针与中共八大路线是一致的。莫斯科越来越重视中共的意见。正是在这样的背景下，赫鲁晓夫回忆说，在波匈事件的危急关头他首先想到的就是“同兄弟的中国共产党协商”。(《赫鲁晓夫回忆录》，张岱云等译，东方出版社1988年版)

处理波兰危机：苏联未遂的军事干涉

关于中国是否参与处理波兰10月危机的问题，过去流传着一种说法，似乎是中国阻止了苏联对波兰的武装干涉。按照新华社在事后报告的情况，当时“波兰人众口一词的说法”是：“如无中国党的劝阻，波兰事件的演变将比匈牙利惨得多。”(《内部参考》第2236期，1957年10月18日)美国《纽约先驱论坛报》报道的标题就是：“苏联在波兰的克制是由于中国的关系——毛泽东第一个向哥穆尔卡发出贺电”。那么实际情况究竟如何呢?

波兹南的罢工和游行先是遭到镇压，随后又被苏联定性为由帝国主义代理人挑起的反人民事件，这在波兰党内外引起了强烈的抵制和不满。在紧张而惊慌的气氛下，波兰统一工人党召开了二届七中全会。人们把希望寄托在改革派身上，几乎所有的发言者都提出应为哥穆尔卡恢复政治名誉，恢复党籍，甚至邀请他参加全会。这一切很快就实现了，10月12日哥穆尔卡在政治局会议上发表了讲话。哥穆尔卡的头脑十分清醒，他在讲话中除批评过去的经济政策、提出重新评价波兹南事件的原因和性质外，还特别强调必须使波苏关系正常化，因为他充分意识到同苏联关系恶化的危险性。(《苏联历史档案选编》第27卷，社会科学文献出版社2005年版)尽管如此，由于改革派在政治局里已占有明显优势，党内外推进改革和排斥苏联影响的情绪不断高涨。15日至17日的政治局会议作出决定，将于19日召开八中全会，改组党的最高领导层，拟定推举哥穆尔卡出任中央第一书记，而在新政治局委员名单中排除所有保守派以及与苏联有密切联系的人，特别是仍保留苏联国籍的国防部长罗科索夫斯基元帅。(罗科索夫斯基1896年出生在华沙，后加入苏联国籍。卫国战争中成为苏联的著名将领，因解放波兰有功获波兰元帅衔。1949年11月被斯大林派往波兰担任部长会议副主席兼国防部长。

罗科索夫斯基回到波兰后仍保留着苏联国籍，后又兼任华沙条约部队副总司令。因此在波兰人眼中，罗科索夫斯基是苏联对波兰实行统治的象征——笔者注）

波兰党内部的保守派和亲苏势力一方面秘密通知苏联使馆，说波兰当局正在走上反苏道路，一方面准备发动政变，并草拟了约700人的拘捕名单。但是，政变计划被科马尔将军（哥穆尔卡的亲密战友，1952年被捕，1956年4月恢复政治名誉，8月出任内卫部队总司令）指挥的内卫部队和组织起来的华沙市民挫败，而苏联大使波诺马连科转达的赫鲁晓夫的坚决请求——要波兰党政治局全体成员与哥穆尔卡一起去莫斯科讨论局势，也遭到了波兰方面的拒绝，理由是八中全会即将开幕。

10月18日，波诺马连科又通知波兰人说，以赫鲁晓夫为首的苏共代表团计划于19日晨抵达华沙，并要求推迟八中全会的开幕日期，均遭到拒绝。哥穆尔卡后来向周恩来讲述的情况与此相同，只是补充了一个情况：在苏联的压力下，为避免局势恶化和复杂化，波兰党中央政治局最后同意苏联代表团来波，并决定前往机场迎接。

同一天，苏共中央主席团会议做出两个决定：一、派遣苏共代表团去波兰；二、将此事通告各兄弟党。与中国的一些回忆史料完全不同，苏共在通报中只提到代表团去波兰的必要性，根本没提准备武装干涉的想法，尽管莫斯科已决定如此行事。就在主席团会议后，国防部长朱可夫下达了命令，要求苏联在波兰及其边境附近的驻军做好军事准备。俄国国防部的档案材料证明，10月19日，波罗的海军区和第7空降师108伞兵近卫团已完成了战斗准备，54架里-2和45架伊尔-12飞机正待命出发。

苏联和波兰军队正向华沙逼近的消息不断传来。10月19日晚9时，感到受骗的哥穆尔卡向赫鲁晓夫提出强烈抗议，坚决要求苏联立即停止部队调动，否则将通过电台向波兰人民揭露事情真相，同时又责问罗科索夫斯基，波兰军队向华沙移动的目的何在。随后，哥穆尔卡断然中止了会谈，等待苏联人尽快做出决定。

其实，波兰改革派领导人早就对危急的形势有所估计，并有了军事准备。必须做出选择的赫鲁晓夫得到了两个情报，第一，通往华沙的道路已被波兰内卫部队阻断，除非进行战斗，否则苏军无法前进；第二，罗科索夫斯基已失去了对波兰大部分军队的控制，一旦发生军事冲突，部队将拒绝执行他的命令。于是，赫鲁晓夫一方面命令苏联坦克部队停止前进，原地休息待命，一方面决定接受哥穆尔卡担任第一书记。恢复会谈后，赫鲁晓夫表示可以退让，但如果波兰企图退出社会主义阵营，苏联将不得不干涉。哥穆尔卡则再次向苏联代表团保证，他们的担忧是毫无根据的，“波兰需要苏联的友谊甚于苏联需要波兰的友谊”，波党中央全会的决议将会使他们对此深信不疑。同时，哥穆尔卡也提出了一系列有关波苏之间经济问题的解决方案。赫鲁晓夫终于相信了哥穆尔卡充满诚意的保证，双方商定11月在莫斯科举行会谈，解决双边关系问题。会谈到20日清晨结束，苏联的“军事演习”也停止了。苏联代表团离开华沙时，机场上的告别仪式是在正常气氛中举行的。（以上关于苏波会谈的描述，除特别注明外，均根据波兰的档案文献——笔者注）

赫鲁晓夫发现，这时候需要中国出场

当华沙剑拔弩张时，北京似乎还很平静。

10月19日，尤金向刘少奇递交了苏共中央的来信。据刘少奇的翻译师哲回忆，尤金说：波兰统一工人党内部在一些根本性政策上发生了严重分歧，并准备召开八中全会，改组政治局，要把罗科索夫斯基等人开除出政治局。苏共中央认为，这些政策关系到苏联、东欧的根本利益，怀疑波兰有脱离社会主义阵营，投入西方集团的危险。尤金通知说，苏共中央代表团已经去了波兰。师哲还特别指出：尤金没有告诉中共领导人，苏联此时已出动了军队，对华沙形成了包围态势，形势十分紧张。（师哲《波匈事件与刘少奇访苏》。逄先知、金冲及主编的《毛泽东传（1949—1976）》也采用了这个说法——笔者注）

师哲是直接当事人，而且这个说法与上述俄国的档案材料是完全一致的。因此可以判断，事实上中国当时并不知道苏联已经准备武装干涉波兰。

赫鲁晓夫一行回国后对波兰的局势仍然放心不下，接连召开会议讨论。10月20日苏共中央主席团会议工作纪录片段显示，苏联领导人希望“结束波兰目前的局面”，并拟派一位中央委员会代表专门去中国通报情况。(《苏联历史档案选编》第27卷)

接到苏联的信后，毛泽东在21日晚上召开了政治局常委扩大会议，讨论波兰局势和苏共中央的来信。会议决定派遣代表团赴苏，任务主要是从中做调解工作，劝苏波协商一致，达成协议；方针是着重批评苏共的大国沙文主义，同时劝说波兰党顾全大局；方式是分别与波苏两方会谈，而不搞三方会谈。会后，毛泽东连夜接见尤金，告诉了中共中央的决定。22日晚，毛泽东在颐年堂主持召开政治局常委会议，继续讨论波兰问题。会议结束后，毛再次约见尤金，对他说：看来波兰还不像马上要脱离社会主义阵营，加入西方集团。波兰要改组政治局似乎是坚决的。对于这种情况，苏联方面到底采取什么方针？无非一种是软的办法，一种是硬的办法。所谓硬的办法就是派军队，把他压下来，比如武装干涉；软的办法是劝告他。劝他，他不听，剩下一个就是让步。他要改组政治局，就让他改组，承认哥穆尔卡为首的中央，同他打交道，在平等的基础上跟他合作。他不是要独立要平等吗？就让他独立，跟他讲平等。这样，就可以争取波兰留在社会主义阵营和华沙条约组织里。(逄先知、金冲及《毛泽东传》。另据出席中共八大的波兰轻工业部长米契斯瓦夫·马热茨回忆，刘少奇曾在机场休息室对波兰一行即将回国的人表示，中国将向波兰提供3000万美元的无偿贷款。波兰领导人对此十分感激——笔者注)

赫鲁晓夫似已感觉到中国人将在波苏之间起到重要的沟通和调解作用。10月23日苏共中央主席团会议决定，10月24日11时集体同中国人会晤。(《苏联历史档案选编》)然而，未等集体会见，赫鲁晓夫便抢先单独赶到机场等候，一路陪同刘少奇来到宾馆，并不断诉说苏联在对波关系中的委屈，希望中国党给他出主意，并表态支持他。赫鲁晓夫强调，苏联对波兰不大好讲话，你们中国好讲话，波兰同志对你们比较信任，对你们好，希望中国同志能够劝劝他们，那样对苏联、对社会主义阵营都有好处。刘少奇、邓小平当即表态说：我们支持你们。(师哲《波匈事件与刘少奇访苏》)

根据俄国档案记载，在出席10月24日上午的苏共中央主席团会议时，刘少奇首先声明，“苏共中央委员会对波兰采取的措施是正确的。基本的一条是，苏联是社会主义阵营的中心，不能有几个中心”，同时指出：请苏联同志考虑，苏联在斯大林时期，是不是犯有大国沙文主义、大民族主义的错误，致使社会主义国家相互之间的关系处于一种不正常的状态。这也是波兰事件、匈牙利事件发生的根本原因之一。刘少奇说，有不少苏联同志处理许多国家事务时有缺点，有错误。有些国际会议不是采取认真协商的方式，甚至于常常把自己的意志强加于人……不听，你们就要整人。刘少奇还回应赫鲁晓夫：为了社会主义的利益，为了反对帝国主义的利益，我们需要站在一起，这是压倒一切的大原则、大道理，其他的争论都是小问题。最后赫鲁晓夫发表讲话，表示完全同意刘少奇所提出的意见。（师哲《波匈事件与刘少奇访苏》）

赫鲁晓夫提出请刘少奇亲自到华沙去帮助苏联做工作。由于担心刘少奇来华沙是为莫斯科当说客，向波兰施加压力，哥穆尔卡婉言拒绝了中国的请求。于是，同波兰人的接触只能换一个方式进行。为了进一步让哥穆尔卡了解中国的立场，毛泽东决定亲自出面。

10月27日深夜2时，毛泽东、周恩来等在北京紧急会见波兰大使基里洛克，谈话进行了3个小时。毛泽东表示支持波兰党的纲领和路线，同时也指出，“撤军问题的性质要广泛、深刻得多”，因为社会主义阵营中其他一些国家也可能仿效波兰提出同样的要求，例如在匈牙利和民主德国。如果出现类似局面，“这将意味着对社会主义阵营构成严重危险”。（基里洛克致哥穆尔卡电，1956年10月27日）中国的支持在很大程度上鼓舞了波兰人，他们最终对一些棘手的问题做出了决断。得到北京发来的消息后，波兰统一工人党在28日召开的政治局会议上决定，致信感谢中国同志，并拟在波苏会谈结束后邀请中国代表团访波；宣布罗科索夫斯基休假，临时指派波杰罗夫斯基担任国防部长；通知中国，波兰从未打算要求苏联从波兰领土撤军。

然而，尚未接到波兰的信件，毛泽东已经开始改变处理问题的方式，原因显然是对当时动乱的匈牙利局势有所好转做出了过于乐观的判断。据师哲和骆亦粟回忆，10月29日，赫鲁晓夫、莫洛托夫、布尔加宁到别墅来看望中共代表团。他们说，最近波兰、匈牙利都要求苏联军队退出，而这个问题涉及整个华沙条约，如果其他国家也要求退出，那么整个华沙条约组织就垮了，这只会对帝国主义有利。刘少奇也明确表示：苏军最好不要退出，还是要保持华沙条约。这时北京来了电话，刘少奇接完电话后向苏联人转达了毛泽东的意见：希望苏联对其他社会主义国家在政治上、经济上一律平等，更加放开些，驻军也应撤离，让这些国家独立自主。

赫鲁晓夫等人对此很不理解，感到冤枉。经过讨论和说服工作，赫鲁晓夫最后表示：同意毛泽东的意见，他的看法和想法是对的……

至此，在刘少奇看来，波兰问题算是解决了。不过，最后通过发表宣言解决问题的时机和方式却给处理匈牙利危机带来了麻烦。

“波兰是党内问题，而匈牙利已出现反革命征兆”

与波兰事件相比，苏联最初在处理匈牙利危机时（10月23~24日），反应非常迅速，决策也非常果断。这里的问题是：第一，苏联出兵镇压布达佩斯骚乱的决定是如何做出的；第二，中国当时是否知道莫斯科的这个决策；第三，中国对苏联这次军事行动持何种态度。

如果拉科西“退休”时，苏联和匈牙利党能够及时选择像纳吉或卡达尔这样的改革派人物出来主政，匈牙利的危机应该是可以避免的。可惜，莫斯科接受了拉科西极力举荐的格罗，而格罗的思想路线与拉科西完全一致，结果使匈牙利的动乱更加剧烈。格罗执政后的举动令人颇感失望，他竟然到苏联休假长达两个月。回国后不久又带领主要中央领导人去访问南斯拉夫，直到23日上午才回国，国内问题都交给布达佩斯市委第一书记科瓦奇全权处理。而手足无措的匈牙利劳动人民党被迫做出的一个又一个让步，总是比情绪激昂的群众运动和舆论要求晚半拍，以致危机步步逼近。

10月6日，匈牙利为拉科西大清洗最著名的受害者拉伊克举行了重新安葬仪式，前往送葬的群众队伍多达20万人。（1948年6月，斯大林的追随者拉科西在匈牙利掀起“清洗铁托分子”的镇压运动，曾经的老地下工作者、匈牙利共产党的主要领导人之一拉伊克被诬为美国特务。1949年10月，拉伊克被处以绞刑——编者注）这是人们第一次走上街头表示对现政权的不满，而政府的默许也使民众从心理上感到自己有力量对抗当局。特别是当官方的新闻影片中出现纳吉参加送葬的特写镜头时，在群众中引起了极大反响。（山多尔·科帕奇《匈牙利悲剧》，龚新康译，群众出版社1982年版）10月14日《自由人民报》刊载了匈牙利劳动人民党中央委员会政治局的一项决议：为纳吉恢复党籍。尽管决议称纳吉仍是犯有错误的，但同时刊登的纳吉给党中央的信件却使人感到错误不在纳吉，而在党的路线和政策。（详见《人民日报》1956年10月7日）这时，安德罗波夫已经预感到，“过些时候大概不得不让纳吉进入党的领导——中央委员会，也许还要进入政治局，因为在这方面的压力非常大。而纳吉一旦进入政治局，他可能就是‘局势的主宰者’”。

从16日开始，布达佩斯等匈牙利各大城市的学生提出要求，拒绝学习马克思列宁主义，拒绝斯大林式的治国方法，坚持按民主原则改革政治体制。学生的口号越来越响亮，要求越来越激烈，而且得到了党内改革派和城市多数居民的支持。19日匈牙利新闻工作者协会代表大会通过一项决议，要求制定新的出版法，保证批评自由和给予新闻工作者以豁免权。大会特别提出赞成中国的“百花齐放、百家争鸣”的方针，并致电匈党政治局祝贺恢复纳吉的党籍。（《内部参考》第2063期）此时，党内改革派、知识分子和学生这三股力量已经聚合在一起了。

游行的规模越来越大，口号也越来越激进，愤怒的人群开始行动起来——象征苏联统治的斯大林铜像被吊车和钢索拉倒了，人们拖着被切割下来的斯大林头像在街上奔跑，情绪激奋。白天的和平游行到晚上变成了难以控制的骚乱。匈党中央下令实行戒严，镇压开始了。

就目前看到的材料，最先想到出动苏联军队进行镇压的是苏联驻匈军事总顾问吉洪诺夫和大使安德罗波夫。23日夜晚，苏联和匈牙利领导人都在紧张地研究应对危机的办法。据俄国档案记载，23日22~23时召开的苏共中央主席团会议，正在莫斯科“休养”的拉科西也被邀请来了。当赫鲁晓夫问道，在目前这种局势下是否需要苏联军队出面干涉时，拉科西毫不犹豫地回答：“绝对需要，而且必须立即干涉。”23时，苏联国防部根据政府的决定向驻匈特别军、喀尔巴阡军区步兵军、部署在罗马尼亚的独立机械化集团军发出了战斗警报，24日2时至4时进入布达佩斯并占领了该市重要设施……

从匈牙利局势骤然恶化到苏联军队进入布达佩斯和占领匈牙利其他大城市，前后不足12个小时，在此期间，中国没有任何反应。原因在于，一则中国的方针是“多听少说，不轻易表态”；二则情况不明，也不便发言。据逄先知、金冲及的《毛泽东传》记载：刘少奇23日晚上与苏共领导人会谈时听到了匈牙利发生暴乱的消息，即打电话报告毛泽东。从24日到31日，毛泽东连续召开政治局常委会议、政治局会议和政治局扩大会议，讨论波匈事件，并与刘少奇保持直接的电话联系。但是，讨论的具体内容目前还不得而知。

根据俄国的档案记载和师哲的回忆录，23日下午刘少奇到达莫斯科。赫鲁晓夫对刘少奇说：匈牙利目前的局势你们完全不知道，现在也来不及征求你们的意见了，明天主席团开会，请你们参加。说完就走了。24日上午刘少奇出席苏共中央主席团会议，赫鲁晓夫在会上介绍了匈牙利的情况，称苏军已出动，进入了布达佩斯，社会秩序已基本上恢复。只有几个据点没有拿下来，其他问题都解决了。人民欢迎苏联红军，欢迎苏联的坦克。他希望中国同志理解，这是完全必要的步骤。赫鲁晓夫还强调，波兰是党内问题，是正确与错误的问题，而匈牙利已出现了反革命征兆，因此对匈牙利问题的处理不能跟波兰一样，希望中国同志了解。看来，赫鲁晓夫只是向中国代表团解释了一下出兵的原因，并不需要中国人对此做出评论。师哲的回忆也都没有记述刘少奇对匈牙利问题及苏联出兵的反应——很可能，刘少奇因尚未得到北京的指示，根本就没有表示任何态度。

10月24—28日匈牙利的局势变化既曲折又复杂，但无论如何到28日晚上，当苏斯洛夫从布达佩斯返回并汇报了最新情况后，苏联领导人的倾向性意见是宣布支持卡达尔和纳吉的新政府（已排除格罗和赫格居斯等），接受纳吉的宣言，同意从布达佩斯和其他占领地区撤军。同一天，驻匈苏军司令部下令制定苏军撤出布达佩斯而由匈牙利军队接管的计划。

没有人会想到，两天后风云突变，更大规模的军事干涉从天而降。但这次苏联军队要对付的已经不是街头“暴民”，而是匈牙利政府、军队和武装起来的市民了。

苏军为何杀了一个回马枪

如果说苏联第一次出兵决策完全是独自做出的话，那么在苏联第二次出兵的决策过程中，中国领导人的意见则发挥了微妙的作用。在这个问题上，中苏领导人在后来的政治论战中各执一词：中国方面强调中共“建议苏共中央不要从匈牙利撤走军队，要利用部队镇压反革命叛乱”，否则就要“犯历史的错误，给国际工人运动带来损失”。苏联方面承认当时中共确曾对苏共中央提出劝告，但劝告的内容与现在所说完全不同。（中共代表团会谈纪要，1960年9月17—20日）那么实际情况究竟如何呢？

就目前掌握的史料看，问题的大致脉络是可以说清楚的。

苏军撤出布达佩斯后突然又杀了一个回马枪，在外人看来很难理解。按照赫鲁晓夫在1957年6月全会和后来出版的回忆录中的说法，30日凌晨赫鲁晓夫离开刘少奇回家时，做出的决定是不在匈牙利使用武力。但回家后看到匈牙利局势恶化的新情报，经召开主席团会议讨论，一致决定再次出兵干涉。为此，在31日晚刘少奇回国前，赫鲁晓夫带领整个主席团赶到机场，与刘少奇等举行会谈。令他感到意外的是，刘少奇对此完全赞同，说这也是中国方面的考虑。（赵永穆等译《苏联共产党最后一个“反党”集团》，中国社会出版社1997年版）这就是说，再次出兵的决定完全是苏联自主做出的。

中方的说法完全相反，以师哲的回忆最为详细：10月30日上午，苏方将米高扬关于匈牙利局势恶化的报告送给刘少奇看。由于一直不太了解匈牙利的情况，中共代表团看了这个报告后深感意外，整整讨论了一天。经研究提出了两种办法，一是苏军撤出布达佩斯，二是苏军采取镇压行动。由于两种办法各有利弊，大家讨论了一天也没有结果。因此，晚上刘少奇打电话请示毛泽东。毛泽东表示，可以把两种办法都向苏联提出，跟他们商量。毛倾向于进行镇压，但以为最好等反革命多暴露一些，在人民看得更清楚的时候再行动为好。当晚，应中共代表团要求，中苏领导人举行了紧急会议。刘少奇在发言时明确表示，对匈牙利的局势是不是还有挽救的机会，不要就这样放弃了，放弃了可能要犯错误。邓小平更是直截了当地提出：先要掌握住政权，不让政权落入敌人手里。苏军部队应当回到布达佩斯，坚决维护人民政权。中共的意见很清楚，匈牙利的问题不同于波兰问题，已经具有反革命的性质了，必须想办法加以挽救。但赫鲁晓夫表示非常为难，他说，出兵就意味着要对匈牙利实行全面占领，那样我们就变成征服者了。我们已经考虑过，大家都认为这样很不利，因此一致主张退让。鉴于苏方已有一致意见，中共代表团不好再说什么了。第二天（31日）晚上，刘少奇接到苏方电话，要求代表团成员提前一个小时到达飞机场，同苏方再度会谈。赫鲁晓夫一见面就告诉刘少奇，经过主席团一整天的讨论，又有了新的决定，准备在匈牙利采取进攻的方针。刘少奇表示赞同，又提出苏联出兵的前提条件一是要有匈牙利政府的邀请，二是要得到匈牙利群众的拥护。

对比俄国档案，可知师哲的回忆是准确的。这个过程表明，对苏联第二次出兵决策起关键作用的是10月30日晚毛泽东对匈牙利危机态度的转变，更准确地说，是对纳吉政府态度的转变。促使毛泽东态度突然转变的原因，刘少奇转告的米高扬30日电报是一个因素，同时也有史料显示，来自中国驻匈使馆的分析也影响了毛泽东的判断。在1959年5月5日与匈牙利党政代表团的会见中，毛泽东向明尼赫强调，匈牙利共产党为国际共产主义运动作出了巨大的贡献，中国从他们的经验中受益不小。毛泽东说，中国的领导人对1956年的事件给予了密切关注，并指着坐在陈毅后面的郝德青（中国驻匈牙利大使）说，大使的报告和建议对于评价和处理1956年匈牙利迅速发展的局势是最有帮助的。毛追述，在那年的10月底，中国使馆报告说，反革命势力正取得越来越多的支持，并且警告说如果苏联不能成功地清算纳吉政府，资本主义在匈牙利的恢复将是不可避免的。毛泽东说，由于这个消息和来自几个东欧共产党的消息，他决定立即请赫鲁晓夫对匈牙利的修正主义者采取军事行动。

11月1日至2日，就在赫鲁晓夫、莫洛托夫等人在社会主义国家之间穿梭游说时，朱可夫迅速制定了再次攻占匈牙利的“旋风”战役计划，并得到主席团会议的批准。11月3日下午，在布达佩斯的50多名中国留学生接到通知，全部到使馆避难。当晚24时，由科涅夫元帅指挥的12个师、总兵力达10万人的驻匈苏军已经全部完成了战斗准备。莫斯科时间11月4日晨6时，口令“霹雳”下达后，全面占领匈牙利的“旋风”战役开始了。

赫鲁晓夫将中国带进了欧洲

波匈事件实际上是东欧国家长期以来积累的与苏联的矛盾，以及对斯大林模式不满的总爆发，而打开潘多拉盒子的就是苏共二十大与赫鲁晓夫的秘密报告。

应该说，苏联在斯大林去世后便逐步走上了希望变革的道路，这是社会发展的趋势和要求。国内的社会压力和国际的紧张局势交织在一起，使几乎所有的苏联领导人都看到了改变现状的紧迫性。在斯大林弥留之际召开的苏联最高机构联席会议及其迫不及待的人事变动，充分说明了苏联未来领导人想要摆脱斯大林阴影的心态。尽管由于党内继承权斗争接连不断，使某些改革措施没有展开，但当这种斗争趋于平静以后，克里姆林宫新主人感到改革已是当务之急，而改革的前提是对斯大林模式的重新认识，这就是苏共二十大和赫鲁晓夫秘密报告必然出现的理论基础和现实要求。

然而，保守势力的存在，以及赫鲁晓夫本人的特性（性格暴躁多变，文化素养不高，缺乏政治经验）造成了这次改革的盲目性、随意性、急躁性和不彻底性，其政治上最典型的例子就是处理斯大林问题的不慎重、不稳妥的方式。对斯大林的公开批判，在苏联和社会主义阵营内部引起强烈反响，一方面推动了东欧各国，尤其是波兰和匈牙利的改革进程，一方面也在共产党世界引起了困惑、不满和动荡。

在这样的背景下，赫鲁晓夫在处理东欧问题时便陷入了二律背反的两难境地。推行政治和经济改革的路线，必然要求苏联在东欧国家解放和起用过去受到打击和压制的“非斯大林分子”，只有这样才能保证社会主义阵营步调一致。但是，所有这些东欧国家的新领导人同时又代表了一股反对和摆脱苏联控制的力量——这也是社会和民众的呼声，其结果必然导致社会主义阵营松散，构成对苏联安全的威胁。还有一个非常重要的情况，就是苏联领导层内部的分歧和斗争，以赫鲁晓夫为首的变革力量和以莫洛托夫为首的保守力量在政治路线上各有主张，而在保障国家安全方面却是利益一致的。尽管赫鲁晓夫和米高扬倾向于和平解决匈牙利危机，但面对苏联和社会主义阵营安全受到的威胁，他们也无法承担党内分裂的风险。所有这些因素造成了苏联处理波兰和匈牙利危机时表现出来的犹豫不决、前后矛盾的状况，也正是出于这个原因，莫斯科需要北京的支持和帮助。

恰如毛泽东所说，对于苏共二十大，中国既支持赫鲁晓夫揭开了斯大林这个“盖子”，又担心批判斯大林的方式造成社会主义阵营的动荡甚至瓦解。由此出发，在处理波匈危机时，中共始终坚持了两个原则：一方面是借批评斯大林的东风，强调在社会主义国家关系中实行独立平等的原则，联合东欧国家一起扫除苏联的大国主义和大党作风——对波兰危机的处理特别突出地表现了这个原则。另一个方面是调和苏东关系，强调社会主义阵营的统一、团结和稳定，坚决排斥和打击一切有可能背离社会主义道路的措施和倾向——对匈牙利危机的处理最明显地表现出这个原则。

在波匈事件中，与其说中国帮助苏联解决了危机，不如说毛泽东通过处理危机达到了自己的目标——既批判了莫斯科的大国主义，又保持了社会主义阵营的团结。正是因此，波匈事件后中国在苏联和东欧国家中的影响进一步扩大，声望也显著提高。也正是在这个意义上，笔者赞同有些学者提出的这样一种看法——在处理1956年秋天的危机中，赫鲁晓夫最关键的行动之一，是将中国带进了欧洲。

（作者系文史学者、华东师范大学教授）

原载于《同舟共进》2011年第1期

毛泽东的“老朋友”纪登奎

彭劲秀

在中共党内，被毛泽东从基层破格提拔到中央重要职位上且显赫多年的人物并不多，纪登奎就是其中一个——他与毛泽东风云际会，在政坛上红了20多年，直到十一届三中全会上受到批评，十一届五中全会批准他的辞职请求之后，才从政治舞台黯然退出。

专列上的“六问六答”

1951年春天，毛泽东乘专列沿京广铁路南下视察，途经许昌时停车听取许昌地区负责人的工作汇报。这是时任地委副书记兼宣传部长的纪登奎第一次见毛泽东。在专列上，纪登奎扼要地介绍了许昌地区的历史文化、乡土风情、资源物产等概况，汇报了土改、治淮、抗美援朝、农业生产和宣传等方面的工作。

汇报结束时，毛泽东突然问他：“你挨过整吗？”纪回答：“挨过，挨过两次。”

毛泽东说：“我挨过三次，比你多一次。”并说“挨点整，有好处”。接着提出二问：“人家整你，是整对了，还是整错了？”

纪说：“整错了。两次都整错了。”并简略叙述了自己在冀鲁豫两次挨整的经过。

毛泽东三问：“那么，你整过人么？”纪坦诚地回答：“整过。整人比我挨整要多。”

毛泽东四问：“整错过没有？”纪说：“有，也整错过。”

毛泽东突然又严肃地第五次发问:“你杀过人吗?”纪登奎一怔,随即答道:“杀过人。剿匪,反霸,镇压反革命,杀了不少人。”

毛泽东第六次发问:“杀错过人吗?”纪答道:“也有杀错的。”并解释说“那是在情况紧急时发生的,没有来得及做调查就把人杀了”。随即检讨:“是我的工作没有做好。”

毛泽东连续发出的六问,看似闲谈,实则是对纪登奎的经历、水平、胆识、人品等诸多方面进行的一次多方位、深层次的考察和面试。面对毛泽东的六问,纪登奎没有张口结舌,没有刻意回避,没有顾左右而言他,更没有假言蒙骗,而是在总体上做了实事求是的回答,毛泽东甚为满意。

毛泽东离开许昌到了武汉,他要中南局负责人王任重派人调查、总结许昌地区宣传工作的经验。王任重找来中南局宣传部宣传处长郭小川,传达了毛泽东的指示,要他去完成这个任务。郭小川马上到许昌调查,很快写出《中共许昌地委宣传工作》一文,在1951年4月29日《人民日报》上发表。同日的《人民日报》还发表了《学习许昌地区经验,做好党的宣传工作》的社论。这样一来,许昌地区的宣传工作引起全国的关注。5月,纪登奎应邀参加了全国第一次宣传工作会议,并向与会代表介绍了许昌地区宣传工作的经验。毛泽东称赞道:“我党的宣传工作有了新的发展。”

会议结束不久,年仅28岁的纪登奎被任命为中共许昌地委书记。

此后一直到“文革”前,毛泽东到河南十多次。每次去,毛都要把纪登奎找来,听他汇报。由于毛的赏识和信任,也由于纪登奎的工作出色,到“文革”开始时,纪登奎的职务已是中共河南省委书记处候补书记兼省委秘书长了。不久他又被提拔到中央,一再委以重任——这一切,都起源于专列上的成功“面试”。

“老朋友”的来历

毛泽东生于1893年,比生于1923年的纪登奎整整大30岁,应该说属于两辈人。然而,毛泽东却公开称纪登奎为“老朋友”,从此,“老朋友”就成了纪登奎的外号。这在中共党内极为少见。

这个外号源于1967年，地点不是许昌，而是郑州。在“文革”的高潮中，1967年9月22日，毛泽东在从南方返回北京的途中，经过郑州时稍作停留，河南省党政军负责人刘建勋、王新、纪登奎应召登上毛泽东的专列。毛泽东见到纪登奎，高兴地握着他的手说:“纪登奎，老朋友啦!”这就是毛泽东第一次称纪登奎为“老朋友”。

毛泽东第二次称纪登奎为“老朋友”，是在中共第九次全国代表大会的主席台上。

1969年4月，纪登奎出席了中共九大。4月14日，毛泽东主持第二次全体会议。会议首先通过了政治报告和新党章，然后是大会发言，先后有周恩来、陈伯达、康生、黄永胜、王洪文、陈永贵、孙玉国、尉凤英、纪登奎9人发言。轮到纪登奎发言时，毛泽东扭头往身后的主席团成员席上扫视，没有看到纪登奎，于是问身旁的周恩来：纪登奎同志在哪里呢?周恩来指着前面的代表席，说：纪登奎同志在下面。这时，纪登奎从代表席上站起身，走向主席台发言席，当他走到毛泽东面前时，毛微笑道：请你讲话。然后，毛泽东向大会全体代表说：他叫纪登奎，是我的老朋友，山西人，长期在河南工作。

听到毛泽东的公开介绍，容纳1512名代表的会场顿时响起雷鸣般的掌声。在这次大会上，纪登奎当选为中央委员。在九届一中全会上，经毛泽东提议，纪登奎又成为中共中央政治局候补委员——显然，“老朋友”的称呼发挥了极大的作用。

缘何获得赏识?

回到列车上的召见。据纪登奎晚年回忆，这样的召见有13次之多。不少人据此认为纪之所以获得毛的赏识，主要是由于纪幸运地到了专列。但是，光有机遇显然不够。毛泽东在河南曾同时召见纪登奎和路宪文，但两人的表现和结果迥然不同——

大跃进期间，毛泽东南下的专列从郑州开向信阳，信阳地委书记路宪文也曾应召登车汇报工作，但他总是说不到点子上。毛泽东兴味索然，很快就让他下车。而这时本该下车的许昌地委书记纪登奎，毛却不让下车。路宪文事后埋怨办公室的秘书们“不会弄材料，还是人家老纪会说，毛主席听得不让走”。

原来，毛泽东问路宪文：你所管辖的地方既然有一个上蔡县，理当还有一个下蔡喽？路宪文紧张地说：报告毛主席，我学习得不好，不知道有没有下蔡。毛泽东又问：你那个信阳州里，宋士杰告状的文庙还在不在？路宪文又赶紧答道：报告毛主席，我学习得不好，不知道。毛泽东说，好了，你谈谈工作吧！路宪文就赶紧汇报说怎么发动群众，怎么发明创造，过去蒸着吃的红薯，现在可以蒸馍馍、包饺子、做点心……毛泽东终于不耐烦地说：你说了半天，不就是一块红薯么？！

后来，地委秘书们告诉路宪文：新蔡建县时间晚于上蔡，地势较低，应该就是“下蔡”了；地委办公室后面的老古董房子，就是过去的文庙。路宪文恼羞成怒地说：你们给我准备的材料上有这些吗？就是这个路宪文，在担任信阳地委书记期间，急功近利，虚报浮夸，在1959年闹出了震惊中外、饿死百万民众的“信阳事件”，被撤职查办，落了个身败名裂。

纪登奎就完全不同了。他工作比较深入、务实，掌握实际情况，善于搞群众运动。早在1943年4月，冀鲁豫边区党委书记黄敬主持召开大会，总结几个月来的群众运动。会议期间，二地委向黄敬汇报了纪登奎在鄄北搞群众运动的做法，引起了黄敬的重视。他当即派人通知纪登奎参加会议，并要他在大会上介绍经验。纪登奎从访贫问苦、同吃同住、扎根串连、申冤诉苦，讲到建立农会、成立支部、民选村长、整顿民兵、分半减息、二五减租，等等，讲得有条有理，头头是道。与会听众称誉他为冀鲁豫边区的“群运专家”。会后，边区各地县纷纷派人到鄄北参观学习。黄敬对纪登奎倍加重视，经常通知这位年仅20岁的小伙子参加区党委的有关重要会议。

在“大跃进”运动中，各地争先恐后地“放卫星”，虚报浮夸盛行，造成严重后果。1959年庐山会议后，全国开展反右倾运动，使大跃进中的错误更加严重。纪登奎害怕把农村搞乱，但又顶不住上面的压力，在不得不贯彻上级指示、集中各级干部开动员大会时，他采取迟迟不散会的办法，以延缓反右倾会议的精神传达到基层。

大跃进期间，仅信阳一地非正常死亡就逾百万，而洛阳地区基本上没有饿死人的现象。1960年冬天，在河南考察的陈云听说这个情况，问纪登奎这是怎么一回事。纪登奎说，我这个办法叫两本账，上边布置那个往下压的高指标、高征购啊，我没有办法，我也接收，但是我得弄清楚实际情况，这是另一本账。我得安排群众生活啊。

除了工作实力，更重要的是纪登奎往往能准确地按毛的心理和思想回答提问。如1967年9月22日的专列召见。当时正是“文革”高潮，几乎所有的领导干部都受到冲击，纪登奎也不例外。刘建勋对毛泽东说：登奎同志在河南可受锻炼了，他在运动中被关了四个多月，挨批斗，坐“喷气式飞机”……

毛泽东看着纪登奎说：啊，真是多灾多难。你说，这一点好处都没有吗？此时，精明过人的纪登奎没有大诉其苦，发泄不满，而是颇为轻松地说：大有好处，能够锻炼人。

毛泽东问：你挨了多少次斗？坐“喷气式飞机”是什么样子？纪登奎回答说：挨斗不少，有几百次。坐“喷气式飞机”就跟割麦子差不多，还可以锻炼身体呢！毛泽东听了哈哈大笑。他从椅子上站起身，学着坐“喷气式飞机”的样子，弯腰，低头，把两只胳膊朝身后高高抬起，大家见状都笑了起来。

这样的气氛，在毛和下属的谈话经验里，应当是不多见的，也是受欢迎的吧。

与张爱萍当面冲突

纪登奎虽然在“文革”初期受到冲击，挨批斗，但很快就被结合进河南省革命委员会任副主任。被提拔到中央担任重要职务后，他就一直是文革中的“红人”。位高权重的纪登奎跟着文革犯错误、说错话、做错事、伤害人，可以说是必然的。

据张爱萍将军的儿子张胜写的《从战争中走来》（中国青年出版社2008年版）披露，1975年3月，经过叶帅的反复动员，张爱萍重新回到国防科委系统，重点整顿230厂。他兴奋地对孩子们说："邓小平出来了，说明毛主席回心转意了。"这是他出山的前提。

其实，张爱萍判断错了。毛并没有回心转意，他要"把无产阶级文化大革命进行到底"。这样，重新工作后狠抓整顿的张爱萍必然在劫难逃。

1975年11月2日，被张爱萍赶出七机部的造反派头头舒龙山揭发张爱萍的告状信递到了毛泽东案头。毛批示："印发政治局各位同志，请总政酌处。此人是9·16左派。"

对张爱萍的问题，总政当然"酌处"不了。于是，由华国锋出面主持，李先念、纪登奎、陈锡联等大员召见张爱萍。规格如此之高，连国防科委政委陶鲁笳也只能"奉陪末座"。

从张胜抄录的会议记录看，张爱萍的态度仍很强硬，不仅没有认错的意思，而且与纪登奎当面发生了冲突。

纪登奎：我问你，"今不如昔"这句话是什么人说的？张爱萍：是右派说的。

纪登奎：你这话是什么意思？张爱萍：还用解释吗？告状的人不是左派吗？

纪登奎：那你到底说了没有？张爱萍：还用我说吗？七机部的问题你不清楚？

纪登奎：你看看你，讲的话就有这么厚厚一大摞！张爱萍：你都看过了？没有看到你自己讲过的话吗？

纪登奎：你什么意思？张爱萍："九年无宁日"，就是你说的。忘记了？

纪登奎：你血口喷人！态度很不老实！

陈锡联用腿碰碰张爱萍，悄声说："你承认了算了。"张爱萍大声问："你们要我承认什么？"陈锡联："承认犯了路线错误啊。我不也承认过嘛，也没有把我怎么样嘛！"张爱萍大吼："那是你！"

主持人华国锋觉得会议开不下去了，宣布："这件事很突然，对毛主席的指示需要一个理解和认识的过程。是不是请爱萍同志回去再想一想。就散了吧！"

张爱萍事后说："华国锋替我解了围。"

张胜在书中写道："张爱萍解释他当时的激愤心态：'只是有些人品格太差，还坐在这样高的位置。'"

纪登奎的儿子曾写文章为父亲叫屈。其实，文革结束了，纪登奎不下来，还能站得住吗？

张爱萍比纪登奎大13岁，为革命出生入死，戎马一生，1955年被授予上将军衔。纪登奎对这样一位无产阶级革命家、军事家、现代国防科技建设领导人上纲上线，后来又要张爱萍在批判大会上检讨，显然是错误的、不明智的。

十一届三中全会上老干部的严厉批评

粉碎"四人帮"后，在文革中蒙受冤屈和迫害的老干部对纪登奎不满，是非常正常的。在具有里程碑意义的十一届三中全会上，不少历经沧桑、劫后余生的老干部都对纪登奎展开了公开的批评——

万里说：活着的个别领导人干了错事坏事，必须自我批评，不要欠账。

吕正操说：你指的是纪登奎，说明白点。

万里说：对，就是指他。

江一真说：纪登奎在1970年农林部成立时指出，要把农林部办成农林政治部，又对农科院军宣队指示："科研是依靠7500人还是依靠7.5亿人？"纪还说"大学十年没有招生，卫星照样上天，农业还是丰收"。今年4月他还指示农林部给中央报告，认为当前主要倾向是对资产阶级法权批得不够。这次会议前，他又派人去安徽调查包产到户和学大寨动摇的问题。段君毅说：群众反映河南问题在上边，上边就是指纪登奎。"四人帮"倒台后，纪给造反派通气，让他们表态，河南人说"心有余悸（纪）"。

许世友的发言更加尖锐：你是造反起家，进了政治局，官不小了，还搞什么名堂，你基本是跟"四人帮"走的。

邓颖超也不客气地批评说：你的检讨很坏，避重就轻，应把十年来在政治、思想、工作、作风、立场上与“四人帮”是什么关系说清楚。建议中央也要查清，一批二保三看。有同志说你是翻云覆雨的政客，你今后还是政治局委员，希望警惕，不要利用权位报复我们。

廖承志说：外交部有反总理、反陈老总的逆流，捂盖子，有你的账，而且是相当大的账。

程子华说：十一届一中全会，我揭发了纪登奎等人，没出简报。前几天，我批纪的简报又有好几天没出，我问简报组，说是送主席、副主席传阅去了。建议给华主席写一个报告，这样做叫什么民主。

谭震林、陈漫远、姚依林等也都作了发言。出席三中全会的许多人都给纪登奎提了意见，有的意见还相当尖锐。纪登奎表示接受大家的批评，并做了检讨。

值得一提的是，在这些对纪登奎提出批评的老干部中，万里、段君毅都曾在冀鲁豫边区时期担任过地委书记，是纪登奎的老领导，对他都有过支持和帮助。在三中全会上，他们对纪登奎不仅当面提出批评，而且措辞颇为严厉，说明在“文革”中，位高权重的纪登奎没能正确对待受难中的老领导、老干部，他们对纪登奎是很有意见的。

与“四人帮”之间：追随和矛盾

人所共知，“文革”中“四人帮”不可一世。作为“文革”中的“红人”，纪登奎不可能超然物外，他与“四人帮”必然存在某些联系，乃至追随。正因如此，许世友甚至说纪登奎是“造反起家”，“基本是跟‘四人帮’走的”。

据《话说纪登奎》(《贵阳文史》2008年第5期）披露，毛泽东在点名批评“四人帮”的同时，说过这样的话：“登奎有的事不和我说，也不和总理讲，却是找江青、春桥讲，政治局大多数，他都不讲，不团结多数，只找少数人，这是什么性质呢？一个政治局委员要和政治局，要和党中央保持一致，而不是和几个人保持一致。”毛泽东的这段话说明纪登奎对“四人帮”确实有所追随。

毛泽东虽然批评了纪登奎，但对他仍是信任的。纪登奎对主席的指示也仍是坚定不移地执行的。如1976年3月在中央政治局会议上“批邓”时，纪登奎说：“小平同志是旧病复发，没有吸取1966年的教训，没有按照毛主席的意见抓好革命的方方面面，而是继续和那些死不改悔的走资派纠缠不清，以后，小平的问题升级了，也是由此而来的。”

纪登奎虽然有时紧跟“四人帮”，但和他们还是保持了相当的距离，特别是华国锋被确定为接班人后，纪登奎表示拥护。在讨论毛远新的去留和江青的具体工作安排上，他支持了华国锋，以致江青等人恨恨地说：“真是人走茶凉，主席尸骨未寒，连纪登奎都敢和我们顶嘴了。”

纪登奎在思想、品德、性格、作风等方面与“四人帮”确实有不同之处，后来“四人帮”也把纪登奎视为异己，有时不仅排斥他，甚至诬陷他。所以，有人说“纪登奎与‘四人帮’不是一路人”，此话是有一定道理的。正因为如此，在某些问题上，纪登奎与“四人帮”产生了一些矛盾。

1974年，紧随“四人帮”的迟群和谢静宜在清华大学“批林批孔”大会上讲话时，除讲了“批林批孔”，还强调批“走后门”问题，后来被毛泽东批评为“三箭齐发”。时任校党委副书记刘冰不赞成这个讲话，同时对迟、谢二人的一些不良作风不满，矛盾很深。

纪登奎的一个女儿在清华大学上学，她关心政治，觉得迟、谢的讲话与中央的8号文件有所不同，回家后就把迟、谢的讲话内容向纪登奎说了，还问纪登奎：迟群、谢静宜的讲话和中央8号文件，哪个对？纪登奎立即明确表态：迟、谢的讲话是错误的。他还告诉女儿：江青等人搞“三箭齐发”，毛主席已经批评。当时中央政治局开会要求将毛主席的批示下发，但江青、张春桥提出要保护青年干部，文件不下发，只在中央8号文件中“点一下这个事”。纪登奎的女儿回学校后，把父亲说的话告诉了刘冰。刘冰与迟、谢二人斗争的信心更足了。后来毛泽东批了刘冰，并由此发起反击右倾翻案风运动。纪登奎虽然侥幸没有挨批，但“四人帮”与他的矛盾进一步加剧了，甚至对纪登奎横加诬陷。

吴德1993年在回忆中说：“1975年根据毛主席的指示，邓小平主持中央政治局会议批评‘四人帮’。从那以后，毛主席就很少见江青了。为了摸毛主席的情况，江青就不惜屈尊拉拢毛主席的秘书张玉凤，给张玉凤送礼，把张玉凤请到钓鱼台吃饭。席间，动不动就对人兴师问罪的江青，竟忘乎所以地议论起政治局的同志，她对张玉凤说：纪登奎是苏联特务，汪东兴是个大特务，吴德是国民党。”“张玉凤回来就把江青的这些话向汪东兴汇报了，她请示是否把江青的话上报毛主席。汪东兴说这个事情不要汇报，有关中央负责同志的情况，不要听江青乱讲。”“对于这件事，汪东兴曾经向我谈过，提醒我注意。”

江青公然诬陷纪登奎是“苏联特务”，这个“帽子”的性质和后果是不言而喻的。这反映了江青对纪登奎的怨恨。纪登奎听到这个情况后，与江青的矛盾自然进一步加剧。

1976年7月，毛泽东的病情加重，“四人帮”加快了篡党夺权的步伐。由于纪登奎长期担任河南省领导职务，到中央后又兼任一段时间的中共河南省委书记，所以他与河南省委的干部常有接触。纪登奎曾通过一定的渠道和方式向河南省委的领导干部打招呼，让他们注意“四人帮”，与“四人帮”划清界限。

1976年10月6日晚10点多钟，中央政治局在玉泉山叶剑英住地开会。华国锋、叶剑英通报了抓捕“四人帮”的情况。大家发言时，纪登奎表示坚决拥护中央的这个决定。

尽管犯了某些文革错误，伤害了一些老干部的感情，但纪登奎有时也冒着风险为老干部说几句公道话，甚至向毛泽东坦诚地提出自己的建议。

在毛泽东面前的一次“唱反调”

1980年春，纪登奎已受到批评，做了检讨，并辞去了党和国家的领导职务。

就在纪赋闲在家、门可罗雀时，已获平反的李雪峰登门拜望。李雪峰见到纪登奎，第一句话是：“纪登奎啊，你好大的胆子哟，竟然敢在毛主席面前唱反调！”纪登奎如何“胆大”？唱了什么“反调”？

据纪登奎的儿子纪坡民《回忆李雪峰和我父亲的一段往事》(《党史博览》2008年第5期）披露，“文革”前，李雪峰是中共中央华北局第一书记，是党的高级干部。1966年5月，“文革”正式开始了，6月1日，中央宣布李雪峰取代彭真接任北京市委第一书记。李雪峰一度成为政治明星。“这意味着他是毛主席和党中央非常信任的干部，用那时的话来说，是‘无产阶级司令部的人’”。可是不久，李雪峰卷进“路线错误”之中。当时，毛泽东对他还是眷顾的，所以李雪峰虽离开了北京，但几经折腾，仍被“结合”为河北省革命委员会主任。

九届一中全会上，纪登奎当选为政治局候补委员。此时，李雪峰正面临着一场“灭顶之灾”。在1970年的庐山会议上，发生了所谓“华北组简报”事件。当时，陈伯达在华北组发表煽动性的讲话。作为华北组的召集人，李雪峰签发了华北组记录会议发言的“简报”。这本来是正常的工作，但两天半之后，“华北组简报”一下子成了严重问题。而且“上纲上线”说这不仅是一个“错误”，而且是“反革命简报”。于是，李雪峰又一次陷身政治斗争的漩涡。

针对林彪集团，毛泽东采取“甩石头”、“掺沙子”、“挖墙脚”的“三大措施”，展开检举、揭发、批判、追查“华北会议”的问题，最后撤销了李雪峰、郑维山北京军区政委、司令员的职务，改组了北京军区。从此，李雪峰开始了他长达8年的牢狱之灾。

庐山会议后纪登奎更受重用，中央任命他和李德生分别取代李雪峰、郑维山担任北京军区政委、司令员职务。“九一三”事件后，纪登奎参加了对“林彪反党集团”的专案审查，李雪峰的问题自然归他管。1973年党的十大前，林彪的专案审查工作结案，纪登奎和周总理、叶帅一道去向毛主席汇报。在谈到林彪事件涉案人员的处理意见时，纪登奎向毛主席提议：“李雪峰、郑维山两位，同黄（永胜）、吴（法宪）、李（作鹏）、邱（会作）四位大将的问题不一样，处理上也应当有区别，建议不要开除党籍了。”

毛泽东听后，高深莫测地说：“纪登奎呀，你这个人啊，少两根白头发。不像我们这些人。”纪登奎曾给儿子解释说，毛主席这个话，听起来好像是开玩笑，实际上是批评他阅历太少，政治上幼稚、不成熟。而且，这番话，也就表示毛主席驳回了他的提议。就这样，李雪峰和黄、吴、李、邱一起，被开除了党籍。

也有资料说，十大前夕，毛泽东提出把李雪峰当作林彪的同伙处理，政治局讨论时认为不妥，建议周恩来去向毛泽东反映，周恩来建议纪登奎去。纪登奎反映后，毛泽东表示不屑再考虑，只说“不能原谅他”，坚持将李雪峰开除出党。

纪登奎的建议未被采纳，但后来听说了此事的李雪峰仍心存感激。当一个人在蒙冤负屈的困境中，人们纷纷远避甚至落井下石的时刻，有人敢于说一句公道话，这是非常难得的。李雪峰的登门造访，无疑使冷落在家的纪登奎感到欣慰。对当初李雪峰获罪的“华北组简报”，纪登奎说:“是啊，如果大家的发言讲的是对的、革命的，‘简报’自然不是反革命；如果他们的发言是反革命的，那么‘简报’就等于向中央检举了他们的反革命活动嘛，怎么会是‘反革命简报’呢？”

然而，纪登奎这番实事求是的话只是他后来回首往事时的“自言自语”。如果当时他敢于在毛泽东面前如此直抒己见，结局可能就完全不同了。

1970年9月中共九届二中全会后，毛、林矛盾加剧，林的接班人地位发生动摇。毛泽东在与林彪的一次谈话中明确提出：要培养接班人，我们都是60岁以上的人了，要培养60岁以下、30岁以上的人。像李德生、纪登奎等人。这说明，毛泽东在考虑下一步由谁来接替林彪接班人地位时，确实曾将纪登奎纳入视线——当然，毛泽东最终选定的接班人是华国锋。

1988年7月13日，纪登奎因病在北京去世，享年65岁。纪登奎的一生，折射出建国后20多年间中国政治舞台的风云变幻，其进退沉浮的传奇经历，让人至今思来仍感慨不已。

（作者系文史学者）

原载于《同舟共进》2012年第11期

毛泽东与东方情报局

沈志华

1947年9月，欧洲九国共产党集会，宣布成立共产党、工人党情报局，联共（布）中央书记日丹诺夫在报告中提出了著名判断——国际局势已出现两个对立阵营。日丹诺夫的报告被认为是与杜鲁门主义相对应的苏联的冷战宣言，而共产党情报局则成为领导社会主义阵营与西方对抗的大本营和司令部。随后，在亚洲，特别是在中国，便开始流传关于共产党东方情报局成立的消息。但一阵喧嚣过后，人们并没有看到东方情报局的影子。于是，这个神话就自然消失了。时至今日，很少有人再提起此事。

然而，随着冷战结束后中、俄档案的不断解密和公布，东方情报局的问题再次浮出水面。其实，东方情报局最后并未成立，但中国共产党在上世纪五六十年代的确承担了领导亚洲革命的责任。那么，东方情报局的问题是如何提出的？在斯大林的战略中亚洲处于什么地位？毛泽东对领导亚洲革命有哪些考虑？中共对待东方情报局持什么态度？东方情报局为何最终没有建立？归根结底，亚洲革命的领导权是如何从莫斯科向北京转移的？要回答这些问题，就必须解开东方情报局这个历史之谜。

斯大林的战略

1947年11月19日，香港广播电台播发了一条“可靠的”消息：“11月20日，满洲、蒙古、朝鲜、印尼、马来亚和印度支那共产党将在哈尔滨召开代表大会，会上将要建立东南亚和远东情报局，共产国际在贝尔格莱德恢复行动非常明显地证明，苏联政府进行伪装的时期一去不复返了。”第二天，上海《东南日报》的报道又增加一些引人注意的细节：“今天，在哈尔滨召开了远东共产党代表大会，以便讨论关于建立远东情报局的问题。中国、朝鲜、蒙古和暹罗将派代表出席会议，毛泽东已经派遣非常著名的中共领导人李立三参加会议，并担任会议主席，李立三现在正在满洲。”这一消息瞬间就传遍了巴黎和伦敦的报纸，并引起了正在努力恢复对其原有亚洲殖民地控制的法国、英国的疑虑和恐慌。

不过，这些传言很快就销声匿迹了，因为传说中的东方情报局根本就没有出现。的确，在斯大林的冷战战略中，最初的设想是外线防御、内线进攻，即对美国及西方采取保守和防御的策略，而集中力量对阵营内部进行整肃，统一思想和步调，以稳定与西方抗衡的阵脚。此外，苏联的外交重点始终在欧洲，斯大林也没有精力和心情过多地关注亚洲。这一特点，在共产党情报局成立时就显现出来。斯大林拒绝希腊共产党参加情报局会议，日丹诺夫的报告对如火如荼的中国革命轻描淡写，以及斯大林因铁托的鲁莽行动而最终决定将南共赶出教门——这一切都表明苏联的冷战战略不具进攻性，且希望避免和推迟与美国的直接冲突。

俄国学者艾菲莫娃查阅了大量苏共中央档案，发现在1948年春季之前，苏联共产党同所有东南亚共产主义活动都保持着一定的距离，并且尽力不卷入这些国家的国内斗争。由于不确信这些国家的民族解放斗争能否取得胜利，苏联领导人甚至不愿同东南亚共产党保持正常的关系。有研究表明，有关越南情况的文章一直到苏联承认了越南民主共和国之后，也就是在1950年，才出现在《真理报》和《消息报》上。

不过，莫斯科注意到，中国共产党人对欧洲共产党情报局会议非常重视，甚至有意在远东也建立一个类似的组织。

但是，如果认为毛泽东当时就想建立东方情报局这样的国际组织，未免言过其实。1947年底，国共内战的局面刚刚开始有利于共产党，毛泽东的相关讲话不过是希望借欧洲共产党情报局成立的东风鼓舞士气而已。不过，一年以后，当国民党败局已定，共产党即将掌握政权时，毛泽东确实想起了东方情报局。

高岗突然发问

1948年7月，毛泽东向苏共中央派驻中共中央的代表科瓦廖夫提出，他希望尽快访问莫斯科，以便向斯大林求教，并协调中苏两党的政策。在所列举的与斯大林会谈的几个问题中，就包括与东方革命力量联合，同东方各国共产党及其他党派建立关系的问题。经过一段时间的犹豫，斯大林最后还是拒绝了毛泽东访苏的要求。到1949年初，斯大林已改变了过去对中国问题的观望态度。然而，毛泽东严词拒绝由苏联政府单独出面调停国共内战的立场，使斯大林感到他对中共确实缺乏了解——如果莫斯科想要通过支持中共来达到与未来的中国政权建立友好关系的目的，首先必须搞清楚中共的性质和政治主张。于是，政治局委员米高扬便被秘密派往西柏坡。

在1949年2月3日与米高扬的会谈中，毛泽东正式提出了建立亚洲共产党情报局的问题。当米高扬问到亚洲各国共产党之间的联合行动时，毛泽东说，中共还没有明确的意见，但中共赞同与印度支那、朝鲜等国的共产党建立联系。目前中共与印度支那和朝鲜共产党联系比较密切，与其他共产党联系较少，主要是通过香港的联络员联系，而与日本共产党基本没有联系。毛泽东提出，应该成立像欧洲共产党情报局那样的亚洲局，这个问题可以等到中国局势稳定以后再讨论。米高扬当即表示，苏共中央认为中共中央不必参加（欧洲）共产党情报局，而应该建立以中共为首的共产党东亚国家局，最初可以由三个政党，即中、日、朝三国的共产党组成，以后逐步吸收其他党。这时毛泽东提问，中共与苏共的关系是否应该是直接的，是否可以就成立东亚国家局的问题与日本及朝鲜共产党进行联系。米高扬这次给了肯定答复。虽然毛泽东最初的口气带有试探性，但听了米高扬的答复后就显得有些迫不及待了。

此后中共与亚洲各国共产党进行联系的情况，目前尚未发现史料记载。不过，是年5月初与朝鲜劳动党代表金一的会谈中，毛泽东再次提到情报局的问题。关于这次谈话，朝鲜和中共分别向苏联作了通报。朝鲜通报的内容是：毛泽东详细询问了金日成3月访问莫斯科的情况，并特别想知道是否同斯大林谈起这个问题，朝鲜劳动党持何种意见。毛泽东说，中共已收到缅甸、马来亚、印度支那等四国共产党的来信，“他们建议成立东方各国共产党情报局”。至于中共的意见，毛泽东认为，“现在成立情报局似乎还为时过早”，因为中国和印度支那都在打仗，朝鲜局势又紧张，如果成立情报局，会被认为是建立军事同盟。中共通报的内容比较简单：毛泽东认为“成立东方情报局的问题还不成熟”，理由是在12个东方国家中，中共只与蒙古、泰国、印度支那、菲律宾和朝鲜的共产党保持着联系，而对其他国家的情况了解甚少，同日本和印尼甚至没有联系。所以，应该先建立联系，研究情况，之后再着手成立东方情报局。

从这两个通报的细微差别可以看出，毛泽东对建立东方情报局的事情非常关切，但不想让斯大林看到他的急迫心情。所谓“为时过早”、“还不成熟”，不过是一种试探性的说法。毕竟，毛泽东那时还在担心斯大林把自己看做东方的铁托。（毛泽东后来多次提起斯大林对自己的猜疑，而斯大林也确实有此顾虑。1948年12月，斯大林从中国召回科瓦廖夫。在这次会谈中，斯大林直接提出了关于中共对“南斯拉夫事件”的立场问题，并要求知晓中国人站在哪一边——作者注）他不知道斯大林是否真心同意成立共产党东方情报局，更不想让斯大林感到中共尚未夺取政权，就要“另起炉灶”。

毛泽东的担心果然不错。在5月26日的回电中，斯大林提醒毛泽东：一旦人民解放军接近印度支那、缅甸、印度边境，在这些国家，甚至在印度尼西亚和菲律宾，就会造成一种革命形势。对帝国主义者来说，这意味着将有可能失去这些国家，因此它们会想尽一切办法，进行封锁或与人民解放军发生武装冲突，以便将华南控制在自己的势力范围内……随后斯大林明确表示，同意毛泽东关于目前不宜建立东方共产党情报局的意见。

斯大林的答复显然令毛泽东失望。实际上，毛泽东是真想在中国组建起亚洲革命的大本营。所以，借着刘少奇秘密访苏的机会，毛泽东决定再次试探斯大林的态度。在7月27日两党代表团会谈时，斯大林主动谈到1945年他要求毛泽东去重庆谈判的失误，并对此表示歉意。斯大林说，中国共产党是一个成熟的党，祝愿中共站在国际共产主义运动的前列。斯大林还建议，在国际革命运动中，中苏两家都应多承担一些义务，而且应该有某种分工。希望中国今后多做东方和殖民地、半殖民地国家的工作，苏联对西方多承担些义务，多做些工作……谈到这里，高岗突然问了一句：中国共产党是否可以加入欧洲共产党情报局？斯大林当然听出了弦外之音，回答说，这不太合适，因为中国的情况与欧洲完全不同。东亚各国的情况与中国类似，可以考虑建立“东亚各国共产党联盟”，但是时机也许还略为早了一些。斯大林又说，苏联既是欧洲国家，也是亚洲国家，将来可以参加东亚共产党联盟。（刘少奇致中共中央书记处电，1949年7月27日；中共中央文献研究室、中央档案馆编《建国以来刘少奇文稿》第一册，中央文献出版社2005年版）看来，斯大林嘴上说把领导亚洲革命的责任交付给中共，但实际上并不放心。至于东方情报局，斯大林仍坚持认为不宜过早建立。

不过，对毛泽东来说，实质问题已解决。1957年5月25日毛泽东对来访的苏联最高苏维埃主席伏罗希洛夫说，中国是一个亚洲大国，首先感兴趣的是亚洲。1949年与斯大林取得共识，那就是中国要把主要注意力集中在亚洲问题上。（阎明复《1957年形势与伏罗希洛夫访华》，《百年潮》2009年第2期）斯大林主动提出要中国领导亚洲各国共产党，这已经够了，东方情报局只是一个形式问题。有了斯大林的尚方宝剑，毛泽东立即展开了实际行动。

毛泽东的眼光与司徒雷登的评价

中共中央机关于1949年3月下旬从西柏坡迁入北平，首先开展的工作之一就是与亚洲各国共产党建立联系，并对其革命活动给予指导。至少在7月上旬，中共中央统战部已经开始筹划组织亚洲各国共产党领导人学习中共的革命经验。斯大林提出中苏两党分工合作的建议后，大约7月底，“第一学习组”便在中南海开班授课，学期一年。学习组按国家分为7个小组，即越共组、泰共组、菲共组、印尼共组、缅共组、马共组、印共组。学习资料以《毛泽东选集》为主，授课的都是中共中央领导人及有关部门负责人，有朱德、陈毅、刘伯承、邓小平、李涛、李维汉、彭真、张闻天、罗瑞卿、陈伯达、安子文、刘宁一、廖鲁言等。讲课的内容包括武装斗争、统一战线、党的建设、群众运动等理论问题，以及中国革命的经验。

随着中华人民共和国的成立，特别是斯大林表面上认可了中共武装夺取政权的革命经验后，中国作为亚洲革命领导者的地位更加突出了，中共的积极性也更加高涨。1949年10月7日，共产党情报局机关报发表社论指出，中国革命的胜利是人类历史上的一个里程碑，具有世界性的历史意义，不仅影响了中国人民的命运，而且将影响东西方所有人民的命运……尽管这是一篇祝贺性的社论，但它对中国革命意义的评价已足令中共感到兴奋。接着发生的亚澳工会会议事件，更加凸显了中共领导革命的经验和地位。1949年11月16日，世界工会联合会亚澳会议在北京开幕。作为第一次会议主席，刘少奇在开幕词中大力宣扬中国革命的经验，并总结说，开展武装斗争是中国人民取得胜利的基本道路，“这条道路就是毛泽东的道路”，也是“许多殖民地半殖民地人民争取独立和解放的不可避免的道路”。（《人民日报》，1949年11月17日第1版，11月22日第1版）刘少奇的讲话引起了包括苏联代表团在内的很多国家代表团的反对。斯大林得知这种情况后，立即给苏联代表团团长索洛维约夫发出一封电报。斯大林指出：索洛维约夫反对发表刘少奇的讲话稿，是犯了严重的政治错误，苏联领导人认为刘少奇的这个讲话是正确和及时的。（详见《同舟共进》2011年第1期，杨奎松《60年前的“中国道路”》）

其实，这个故事并不表明斯大林认为中共武装夺取政权的道路具有普遍意义，更不能说明他同意把武装斗争作为世界工联的工作路线。面对世界工联会议的冲突，斯大林非常为难。毛泽东就要来苏访问，斯大林此时可不想令他难堪。后来《真理报》突然刊登刘少奇的讲话，也是对毛泽东做出的一种政治姿态，因为苏联在远东需要一个可靠的盟友。如果仔细观察可以发现，就在共产党情报局机关刊物10月7日社论发表前两天，《真理报》也发表了一篇祝贺中华人民共和国成立的文章，而该文将中国革命的胜利归结为十月革命的影响和列宁、斯大林思想的引导，强调工人阶级对农民的领导作用，却没有突出毛泽东以及中共关于农村包围城市、武装夺取政权的经验。斯大林同意中国报纸刊登刘少奇的开幕词而对会议决议的争执不予表态，就反映出他的另一用心——让毛泽东心满意足，以争取苏联提出的关于旅顺、大连和中长铁路协定在下一轮谈判中得以通过。关于这一点，德国学者海茵茨希的考察很说明问题：那时《真理报》第1版有一个关于社会主义国家报道的专门栏目，在中华人民共和国成立后的3个月里，总共只发表了5条关于新中国的消息。但是在斯大林同意周恩来到莫斯科来重新签订中苏同盟条约后，情况突然发生了变化。自1950年1月5日起连续5天，该栏目每天都有中国的报道，而且其中4天被列为头条。此外，从1月1日起，《真理报》分18次连载了著名作家西蒙诺夫的长篇文章《战斗的中国》。斯大林可谓用心良苦。

不管斯大林的真实意图如何，世界工联会议事件和《真理报》的报道，无疑使中共感到鼓舞。为了加强对亚洲各国共产党的了解和领导，1950年2月，中共中央在统战部下设立了东方各国革命问题研究会，李维汉任书记，廖承志等7人为委员。以后朝鲜战争爆发，毛泽东在极其困难的条件下，答应苏联的要求，毅然派兵入朝作战，不仅赢得了斯大林的信任，而且在社会主义阵营和亚洲各国引起重大反响。毛泽东在决定出兵时所说“应当参战，必须参战，参战利益极大”，“对中国，对朝鲜，对东方，对世界都极为有利”，显然是考虑到这方面的因素。(《建国以来毛泽东文稿》第一册，中央文献出版社1987年版)

中国在一个亚洲国家的革命面临危机时挺身而出，在实际上承担起领导者的责任，也就自然突出了北京的中心地位。毛泽东的想法确与其他中国领导人不同，他的眼光早已注意到中国以外的世界。美国驻华大使司徒雷登曾说过一句话，可谓一语中的：在未来“可能导致中苏分裂甚或走向战争的众多原因中，最重要的是不甘人下的毛泽东要成为亚洲的列宁”。此后，中国与亚洲各国共产党的联系迅速扩展，工作也越来越繁重。

斯大林终于"放权"给中共

在中朝联军顺利推进到三八线时，毛泽东、刘少奇和周恩来分别会见了斯大林派来帮助编辑《毛泽东选集》的苏联著名哲学家尤金，详细介绍了亚洲各国共产党的情况及中共与它们的联系。在1950年12月31日的谈话中，毛泽东告诉尤金，"现在所有亚洲国家的共产党都要求向它们提供建议和帮助"，"北京已经聚集了除印度共产党以外所有亚洲共产党的代表"。毛泽东说，中共应当研究亚洲各党的情况，并给予它们建议和各方面的援助。同时，希望苏共中央能派代表常驻中共中央，以便共同研究和解决亚洲各国共产党的问题。1951年1月3日，刘少奇受毛泽东委托，向尤金详细介绍了这方面的情况，希望苏共中央在北京设立常驻代表处，在中共中央的领导下，共同帮助亚洲各国共产党。为此，中共正在组织一个有400多人参加的训练班，为亚洲国家各共产党培养骨干。

随着对亚洲各国共产党工作量的增加，中共的机构建置也需要重新调整。考虑到东南亚华人华侨的问题，过去与亚洲各国共产党的联系都是由统战部兼管。1950年8月，统战部长李维汉向中央建议，最好设立一个国际部专门管理这方面的工作。1951年1月16日，刘少奇通知正在莫斯科担任大使的王稼祥：中央已决定你为中央对外联络部长，负责与各国兄弟党联络……专门负责给兄弟党训练干部的干部学校。刘少奇指出：这个学校是秘密的，不要正式名称，也不要正式的校长，由中央委派专人负责办理，一切日常事务由联络部解决。

到1951年初中联部成立时，北京已成为亚洲各国共产党代表集中活动的中心。当时亚洲未执政的各国共产党都有代表常驻北京，他们大都携带家属居住和工作在马列学院第一分院（现中共中央高级党校所在地）大院内。这些代表主要是作为本党与中共的联络员。有的还代表该党出席一些重要会议，如马共政治局委员阿成曾作为正式代表出席苏共二十大和中共八大。初期还有些代表享有双重身份，直接参与中共的工作，如阿成就曾担任北京市委组织部副部长。这些代表多是通过交通员与本党保持秘密联系，传递情报、运送经费、传达指示、接送干部，都是交通员的工作。常驻代表的子女，年龄小的在中南海幼儿园或马列一分院托儿所，稍大一些便被送进海淀区的育才学校，与中联部子弟在一起读书。（李丹慧、沈志华采访阿成及其子女的记录，2011年2月24日至3月6日于泰国合艾、勿洞——作者注）整个情况，与1920年代至1940年代各国共产党派代表常驻共产国际非常相似，这或许就是中共感到困难而要向苏共中央请求帮助的原因。

由此不难看出，中国出兵朝鲜后，斯大林已把亚洲革命的领导权完全交给中共。1951年5月斯大林接见中联部部长王稼祥时，主动提出了建立一个以中国为主的亚洲社会主义联盟的设想。毛泽东的愿望终于实现了。

中国帮助最多的应属越南劳动党

新中国建立伊始，中共就主动担负起指导和帮助亚洲各国共产党的责任，毛泽东领导中国革命尚未取得完全胜利，便已成为亚洲革命的领袖。中共中央认为，援助亚洲革命，不仅是一种责任，也是自身安全的需要。

最早要求中共提供帮助的是朝鲜劳动党。尽管在苏联的统治下，金日成已在朝鲜北方建立起革命政权，但为了实现朝鲜半岛的统一，他完全依赖苏联和中国的支持，尤其是在采取武力方式解决统一的问题上，金日成迫切需要中国的人力支持。1949年5月和1950年1月，中国人民解放军部队中的朝鲜族官兵4万多人成建制地携带全副武装开赴朝鲜，客观上为金日成希图通过武力实现统一创造了先决条件。

不过，斯大林虽然让毛泽东承担起领导亚洲革命的责任，但朝鲜是一个例外。作为苏联在远东安全的门户，斯大林一直把朝鲜牢牢掌握在自己手中。例如，新中国建立后，朝鲜是否可以与中国建交，何时建交，都要经过斯大林的首肯。中朝之间是否需要签订同盟条约，何时签订，也要听从斯大林的旨意。朝鲜战争爆发以后，毛泽东几次要求出兵，帮助朝鲜迅速结束战争，而斯大林一直不肯答应，根本原因就是不愿意放弃对朝鲜的主导权。直到联合国军突破三八线，斯大林才不得不请求中国出兵。经过几番周折，当毛泽东毅然决定出兵朝鲜时，处理朝鲜问题的主动权实际上已开始向中国转移。战争期间，中朝高层在军队指挥权、突破三八线后的战略安排、铁路管理权的归属、停战谈判策略等一系列重大问题上发生分歧和争执，斯大林都支持了中方的主张，固然与毛泽东从社会主义阵营整体利益出发的立场有关，但很大程度上，也是因为在战场上中朝一方行动的主导因素实际上在于中国的意向。斯大林去世以后，特别是在1954年至1956年，莫斯科进一步认可和尊重中国对朝鲜问题的发言权。苏联领导人不仅劝告朝鲜应多听取中国的意见，甚至在确定对朝政策和处理苏朝关系时，莫斯科也都要与北京协商。

对于远在东南亚的越南革命，斯大林始终不感兴趣。1950年1月胡志明对莫斯科的访问以及苏越建交，很大程度上是斯大林看在毛泽东的面子上应允的。因此，尽管越南很早就提出派阮良朋担任驻苏大使，但苏联方面迟迟没有回复，也没有任命苏联驻越大使。斯大林甚至批准了苏联外交部这样一个奇怪的建议：越南民主共和国在苏联的利益由中国大使馆代表。于是，毛泽东欣然担负起领导越南革命的责任。

如果不计抗美援朝战争，那么在亚洲各国共产党中，中国指导和帮助最多的应属越南劳动党。早在1949年10月印度支那共产党（文献中一般称越共）中央便派华侨工作委员会主任李碧山（李班）和阮德瑞来到北京，要求中共给予帮助。1950年上半年，中共先后派出军委办公厅主任罗贵波、第三野战军十兵团政委韦国清、云南军区司令员陈赓，作为中共中央联络员、代表，同大批军事顾问前往越南解放区工作，其任务第一步是了解情况，听取意见，帮助解决军火、物资及其他援助问题，并组织交通运输，第二步是帮助越共建立正规军队、加强党和政权的建设，以最终战胜法国帝国主义。1月6日刘少奇向接近中越边境的林彪部队转达了毛泽东的指示：对于越南人民和武装部队必须尽可能地提供便利和帮助，准许他们在需要和困难时进入中国国境躲避或借道通行，所需武器、弹药和粮食也应尽力帮助。据不完全统计，至1951年2月，除广西、云南各提供10000支枪和弹药外，中国为越共装备了9个师、1个主力团、2个炮团及若干地方武装部队。同时派遣大量师、团、营各级指挥员到越共部队作顾问，协助作战指挥，并派遣炮手、爆破手帮助越共训练部队。此外，应越共请求，中国还在几个月内提供了数千吨粮食、几百辆汽车和大量服装、汽油等物资。同时，接受越共部队到中国境内进行培训。这些援助为越共战胜法国军队奠定了基础。直到1950年代中期，苏联始终把越南问题看作中国权限范围内的事务。

从一些零星的俄国档案还可以看出，1953年至1955年，对于日本共产党的问题主要也是通过中共联系和处理的。如苏共与日共的联系，就需要通过北京中转。向日共提供的经费，也是由中共来处理的。不过，至少从1958年开始，苏共就不再通过中共与日共联系，给日共的经费援助也是由莫斯科直接划拨了。

与其他亚洲国家如印度、尼泊尔的共产党之间的联系，在俄国档案中也有所反映。由于中共中央联络部的档案没有开放，研究者至今无法了解中共与亚洲各国共产党相互关系的总体的和详细的情况。不过，从目前看到的史料可以判断，自新中国成立后，亚洲各国共产党基本都是与中共发生关系并接受其指导和帮助的。

东方情报局只是革命的副产品

尽管中国实际上领导、支持和援助了亚洲各国共产党的革命斗争，但东方情报局却一直没有建立起来。究其原因，主要在于朝鲜战争结束后国际形势的变化，以及中国和苏联对外政策的相应改变。

1954年3月2日，刘少奇主持召开中央书记处会议，讨论并原则批准了周恩来提出的《关于日内瓦会议的估计及其准备工作的初步意见》，确定了缓和国际紧张局势、协商解决国际争端的方针。在7月7日听取周恩来关于日内瓦会议进展情况的汇报后，毛泽东总结说："缓和国际紧张局势，不同制度的国家可以和平共处，这是苏联提出来的口号，也是我们的口号"，"总之，国际上我们就是执行这个方针"。不仅如此，1954年10月，中共中央和苏共中央还联合给马来亚共产党提出书面意见，要求马共放弃武装斗争，走和平的道路。特别是在1955年4月的万隆会议上，周恩来再次重申了一年前中印联合提出的“和平共处五项原则”，并向与会各国首脑保证：愿意与各国建立正常国家关系，中国不会干涉别国内政，也“决无颠覆邻邦政府的意图”。在这样的国际背景下，建立共产党国际组织的问题当然无从提起。

到1957年11月世界各国共产党莫斯科会议召开时，中共代表团重新提出“走武装夺取政权的道路”，并与苏共产生了分歧。此时，毛泽东考虑的已经不是亚洲革命，而是如何领导世界革命的问题了。

东方情报局问题与共产党、工人党情报局一样，都是那个时代“革命”的副产品。尽管苏联的关注点在欧洲，斯大林对西方的冷战政策是以战略防守为重点，但亚洲革命形势的发展却令东方情报局的问题呼之欲出；毛泽东的革命观和领袖欲使他在中国革命尚未完全成功之时，便开始考虑亚洲革命的问题，而且把中国革命和亚洲革命看作两个相互依赖、共同促进的历史现象；斯大林对世界革命的谨慎态度与毛泽东的革命激情和主动精神形成鲜明的对照，这在客观上令亚洲革命的领导权从莫斯科向北京转移；朝鲜战争的爆发，特别是中国出兵朝鲜，实际上让毛泽东成了亚洲革命的真正领导者，斯大林甚至不得不舍弃苏联对朝鲜半岛问题的主导权；朝鲜战争结束后国际形势的变化使得中苏共同采取了“和平共处”的外交方针，东方情报局作为亚洲革命指挥中心的问题自然不便再提。但中国实际上仍然保持和控制着与亚洲各国共产党的联系，一旦“革命高潮”出现，这个幽灵还会出现在东方大地。

因此，尽管目前有关中共与亚洲各国共产党关系的史料还非常零散，但东方情报局的问题为研究者提供了一个观察中国革命和亚洲冷战起源的新视角，值得继续关注和讨论。

（作者系文史学者，华东师范大学教授、博导）

原载于《同舟共进》2012年第1期

有关粉碎"四人帮"事件的史实和疑点

韩　钢

关于粉碎"四人帮"的历史事件，学界有不少著述和文章。由于缺乏档案文献，研究者主要依据回忆和口述资料来梳理和讨论。亲历者和当事人的记忆多有龃龉和出入，研究者关于一些史实特别是细节的叙述也不尽一致；至于种种未经证实的说法，在坊间更有不少流传。抓捕"四人帮"是一次前所未有的高层权力更替，政治风险极大。笔者猜测，出于谨慎和保密，除了笔记、日记、字条之类的个人资料，很可能当年就没有多少文献。目前和今后一个时期，相关研究还要基本依靠回忆和口述的进一步披露来深化。

从回忆和口述看，整个事件的主动当事人（以下简称当事人。笔者将该事件的当事人分为主动方和被动方，决定和实施抓捕者为主动当事人，被抓捕者为被动当事人），大致可分为四个层级：第一个层级是决策层，即华国锋、叶剑英、汪东兴、李先念、吴德，核心人物是华、叶、汪；吴、李参与商议较多；陈锡联、苏振华、纪登奎、陈永贵、倪志福或者参与过商议，或者知情。第二个层级是领导指挥层，主要人物是汪东兴、吴德。第三个层级是组织实施层，主要人物是张耀祠（时任中共中央办公厅副主任）、武健华（时任中央警卫局副局长）和吴忠（时任北京卫戍区司令员）、耿飚（时任中共中央对外联络部部长）、邱巍高（时任北京卫戍区副司令员）。第四个层级是具体执行层，即直接参加行动的八三四一部队和北京卫戍区官兵。需要说明，还有几位当事人如李鑫（时任国务院政治研究室负责人之一）、周启才（时任中共中央办公厅秘书局局长）作为文件起草者，亦部分参与了事件，了解一些情况，所处地位相当于组织实施层。上述当事人的回忆和口述最值得重视。

从还原历史的要求说，回忆和口述是记忆性史料，虽属第一手资料，但不宜简单采信，而需要与其他史料比对和参照，或证实，或证伪，或存疑。本着上述要求，本文对当事人的回忆和口述以及相关研究涉及的若干史实作一综述，并提出仍然存疑的一些问题。

解决“四人帮”问题的酝酿：叶、汪四次密谈

粉碎“四人帮”后，一个广为宣传的说法，是毛泽东生前即对“四人帮”问题早有察觉，并对解决他们的问题有所部署，1975年5月就说过他们的问题“上半年解决不了，下半年解决；今年解决不了，明年解决；明年解决不了，后年解决。”(《人民日报》《红旗》杂志、《解放军报》社论《伟大的历史性胜利》,《人民日报》1976年10月25日）今天看来，这显然是政治策略说辞。毛泽东所说的“解决”，同采取强力措施的“解决”是全然不同的两件事。

那么，采取强力措施解决“四人帮”究竟是如何酝酿的呢？现有回忆和口述史料表明，最早酝酿的是叶剑英。据对王震、王石坚和聂荣臻秘书周均伦的访谈，毛泽东生前，叶剑英就曾同王震（时任国务院副总理)、聂荣臻（时任全国人大常委会副委员长、中共中央军委副主席）等人谈过解决“四人帮”的话题；毛泽东逝世后，叶剑英更是同一些元老和将帅议论过此事。据对云杉的访问，叶剑英曾邀请乌兰夫（时任中共中央委员、全国人大常委会副委员长）谈话，征求意见；乌兰夫明确支持叶的主张。据对李德生（时任中共中央政治局委员、沈阳军区司令员）的访谈，他去看望叶剑英，叶曾暗示他当务之急是果断解决“四人帮”的问题。(参见《叶剑英传》，当代中国出版社1995年版）李德生在回忆录里也谈及：毛泽东逝世后他到北京参加治丧活动期间，曾去看望叶剑英，叶谈了当前形势，还开着收音机谈话，他明白叶是用这种方式征求意见，要果断解决“四人帮”的问题。(《李德生回忆录》，人民出版社2012年版）

最值得注意的是，《叶剑英年谱》称，毛逝世后几天，叶剑英便同

汪东兴就国内局势和“四人帮”问题交换过意见，时间是1976年9月12日和13日。(《叶剑英年谱（一八九七——一九八六）》下，中央文献出版社2007年版）过去的说法，都是华国锋与叶剑英商量之后才与汪东兴沟通的。《叶剑英年谱》修正了这一说法，表明华、叶商谈之前，叶、汪已经议论过。叶、汪交换意见的情况,《叶剑英年谱》语焉不详；武健华前些年和2013年发表的文章，则有详述。据武健华说，9月12日至10月4日，叶、汪曾四次密谈。9月12日，叶到人民大会堂参加吊唁和守灵，上午休息时在福建厅与汪就政治局势交换意见。两人都感到局势的严重；叶指出“现在双方都在搞火力侦察，选择突破口寻找时机”。9月15日，叶又到人民大会堂守灵，并会见前来吊唁的各国外宾。会见外宾后，叶在东大厅南侧一间办公室，再次同汪交谈，叶提出“我们如果不采取紧急措施，中国革命就会遭受挫折，甚至倒退失败”。(武健华《叶剑英汪东兴密谈处置四人帮》,《炎黄春秋》2013年第2期）武文不仅证实了《叶剑英年谱》所说，而且远比《叶剑英年谱》具体。武不是酝酿此事的直接当事人，但系汪东兴（时兼中共中央办公厅主任、中央警卫局局长）的直接部下；据他说，当时汪同华、叶交谈之后回来都与李鑫和他通气。但武文提到的第二次密谈时间，与《叶剑英年谱》不一。查《人民日报》，9月11日至14日，叶连续四天去人民大会堂守灵，15日未去。故武文所说时间可能有误，叶、汪第二次密谈当是13日或14日。

也有人说，叶剑英与华国锋在毛泽东去世前后，已经就解决“四人帮”达成共识。提出这种看法的是叶选基（叶剑英的侄子）。叶选基的根据，是1976年7月叶剑英曾去华国锋家拜访，表示支持华主持中央工作，提出党不能搞第二武装，直指“四人帮”在上海大搞民兵的阴谋。寥寥几句，看不出叶、华是如何谈及解决“四人帮”问题的。关于叶、华这次谈话，其实熊蕾（熊向晖之女）的文章记述比较细致，而谈话的情况是叶剑英亲口向熊蕾父亲熊向晖（曾任解放军总参谋部二部副部长，时任中共中央调查部副部长）转述的。据熊蕾所述，叶剑英同华国锋谈话，与熊向晖的建议有关。叶、华谈话的时间是1976年7月，华称叶是“九亿人民的元帅”，表示了对叶的敬重。叶主要问了华两个问题，一是治国方针，华说“举一纲抓两目”，“一纲”是阶级斗争，“两目”是把国民经济搞上去和安定团结；二是人事安排，华表示除非有主席指示，人事问题一概不动。华向叶请教应该注意的问题，叶提醒注意民兵，解放军的传统是指挥只能一个，不能搞多中心。叶对他和华的面谈非常满意。（熊蕾《1976年，华国锋和叶剑英怎样联手的》，《炎黄春秋》2008年第10期）熊蕾的文章没有提及叶、华商谈解决“四人帮”问题的情况。看来，这次谈话加深了叶、华彼此的了解，但说两人就解决“四人帮”问题达成了共识，则根据不足。

谁最早提出解决“四人帮”问题的动议？

酝酿是一回事，提出动议又是一回事。究竟谁最早提出解决“四人帮”问题的动议？过去广泛流传的说法是叶剑英。近十多年来主要当事人的回忆和口述表明，提出动议的是时任中共中央第一副主席、国务院总理的华国锋。

李先念事后在中央政治局会议上曾谈过抓捕“四人帮”的经过：1976年9月11日华国锋去他家，对他说：我们同“四人帮”的斗争是不可避免的，现在到解决的时候了。他问华下了决心没有，华答：“下了，现在不能再等待了。问题是什么时候解决好，采用什么方式好，请你考虑。如果你同意，请你代表我去见叶帅，征求他的意见，采取什么方式、什么时间解决‘四人帮’的问题。”9月14日，他去北京西山，向叶剑英转告了华的意见。（李先念在中央政治局会议上的发言，1980年11月29日，参见《李先念传》编写组《李先念传》下，中央文献出版社2009年版）

吴德口述：1976年9月11日，华国锋去李先念家，告诉李：“现在‘四人帮’问题已经到了不解决不行的时候了。如果不抓紧解决，就要亡党、亡国、亡头。请你速找叶帅商量此事。”9月13日，李先念到叶帅处转达了华的委托。吴德不是这个情节的直接当事人，他大概是从华那里得知的。因为他说过，华国锋同叶剑英、汪东兴商量的事都是华告诉他的。

华国锋回答老熟人的询问说：9月10日，他首先找了李先念密谈，指出“四人帮”正猖狂活动，他们阴谋篡党夺权的野心迫不及待，特请李先念亲赴西山找叶帅交流看法、沟通思想。9月13日，李先念去西山转达了华国锋的意见。(《我所了解的华国锋》，载张根生著《家庭联产承包责任制》，海天出版社2004年版)

另一位直接当事人叶剑英，没有公开发表过回忆。熊蕾的文章披露了一个情况：抓捕“四人帮”后的第六天，叶选基请熊向晖到王震家中，他和刘诗昆向王震和熊向晖介绍了抓捕“四人帮”的经过。叶选基说，毛主席去世后的一天，李先念突然造访叶帅。叶问：是哪阵风把你吹来了？李说：是东风。叶问：哪股东风啊？李答：华总理。叶选基不是直接当事人，很可能是叶剑英告诉了他事情的经过，他再转告王震和熊向晖的。熊蕾显然是从父亲那里听说了此事。这个拐了几道弯的回忆，也许算是来自叶剑英方面的佐证。李先念哪天去西山拜访叶剑英的，叶选基的转述很含糊。《叶剑英年谱》则明确记述：9月24日，叶剑英在北京西山住地同李先念谈话；李先念转达华国锋的意见：请叶帅考虑什么时间、以什么方式解决“四人帮”问题。

一些知情人还提到一个过去不大知道的情况：毛泽东追悼大会后，李鑫曾向华国锋进言，建议采取断然措施解决问题。武健华新近发表的文章记述比较具体。他说，9月12日（不是毛泽东追悼大会之后，追悼大会是9月18日——笔者注）李鑫就跟汪东兴议论过“四人帮”的动向，建议“早下决心除掉他们，免得被动”。汪同意李鑫的想法，建议他找个时间同华谈谈。9月14日晚，李鑫去北京东交民巷华国锋家（耿飚也说，华国锋当时的住处是北京东城区东交民巷，参见《耿飚回忆录》，中华书局2009年版。但《叶剑英传》称，华国锋当时居住北京市东城区史家胡同），同华谈了“四人帮”的情况，代表汪东兴提出除掉“四人帮”的意见。华“听进去了”，但没有明确态度，也没有表示反对的意见。以前引当事人的回忆，李鑫向华汇报时，华此前两天或一天已经委托李先念去向叶提出动议，所以，华不表态很可能是出于保密的缘故。

华国锋、李先念的回忆，吴德的口述，还有熊蕾的文章，所说时间和对话内容不尽一致，但基本情节相同，都说是华国锋最先提议，经由李先念向叶剑英转达，得到早有此意的叶剑英赞同。

目前的疑点有：第一，华国锋是什么时候提议的？据华本人的记忆是毛泽东去世后的第二天，即9月10日；而李先念、吴德回忆是9月11日，时间相差一天。第二，李先念是哪天去北京西山向叶转达华的提议的？华国锋、吴德的记忆都是9月13日，而李先念本人说是9月14日，《叶剑英年谱》则说是9月24日。三个说法，前两个相差一天，后一个则差了十天。第三，李先念转达华国锋的提议后，叶何时与华面谈的？这是一个相当关键的细节。据华说，9月21日叶去他家商议此事。《叶剑英年谱》记载，9月中旬、9月25日和10月2日华、叶有三次密谈。也就是说，李带话之后，华、叶的第一次面谈，应该是9月21日或9月中旬。细究起来，《叶剑英年谱》不仅与华国锋所说有出入，而且自相矛盾：既然李先念24日才向叶转达华的提议，怎么会9月中旬华、叶已经秘密商议？第四，吴德口述谈及一个情况：华曾告诉他，9月11日华找了汪商量此事，汪的态度很明确，表示坚决支持华解决“四人帮”问题的意见。也就是说，叶、汪密谈前一天，华、汪已经谈过此事。果真如此，第二天叶、汪密谈应该会涉及华、汪谈话，汪也不必再托李鑫找华报告。但武健华所记，丝毫没有提及。谁的记忆有误，一时尚难判定。

政治局成员极少知晓此事？

以往的说法是，出于保密，政治局成员极少知晓此事。从当事人的回忆和口述看，这种说法并不属实。

据前引史料，至迟到9月14日前，至少华国锋、叶剑英、汪东兴、李先念已就解决“四人帮”问题达成共识，其中最重要的当然是华与叶之间的互动。华与叶是如何商量的？这方面材料不多，华国锋事后曾零星谈到。1977年3月，华在中央工作会议上说：“叶副主席同‘四人帮’斗争是很坚决的。他找到我那儿，和我商量，他说，我们和‘四人帮’的斗争是你死我活的斗争。”（华国锋在中共中央工作会议闭幕会上的讲话，1977年3月22日。转引自《叶剑英传》）2000年5月，华对《李先念传》编写组人员谈及，9月21日，叶剑英到他住处，商讨解决“四人帮”的方式。两人商定采取隔离审查措施后，征求了李先念等人的意见。（参见《李先念传》下）更多的详情，由于两位都已故去，无法向人们披露了。

华国锋、叶剑英、汪东兴之间的联系，是叶剑英分别沟通的。据叶向真说，这是叶剑英的安排。叶向真说：叶剑英分头与华国锋、汪东兴谈话，“他们三个人没有在一起待过，更不会大张旗鼓开会，父亲都是晚上开车到中南海，到汪东兴家里谈部署和安排”。“汪东兴不能出来，他是管八三四一部队的……他的行动是‘四人帮’严密盯死的。所以要一动不动，得让江青等人摸不着汪的动向，这就是叶帅的部署。”“华国锋当时集党、政、军三权于一身，也不能走来走去。”事后叶向真问汪东兴、华国锋，他们证实了这些细节。汪说，“你父亲要我和华国锋同志不要动，他在我们中间来回穿插”。（周海滨《“红色公主”叶向真——凌子口述历史》，《同舟共进》2013年第3期）从回忆和口述史料看，商议过程中，华、叶、汪的确未曾三人碰头；不过，华汪之间还是有几次直接面商的。

有意思的是，与其他政治局成员的联系，是华国锋本人沟通的。据吴德口述，大约是（九月）十几号，华国锋、李先念、陈锡联、纪登奎和他在国务院后的会议室里议论过解决“四人帮”的问题。华说：“毛主席提出的‘四人帮’的问题，怎么解决？”他记得纪登奎说，对这些人恐怕还是要区别对待。他们当时都没有说什么，没有再往下深谈。（吴德口述《十年风雨纪事》）华国锋的记忆证实了吴德口述，他说：（1976年）9月16日，在国务院会议厅开会参加的有李先念、吴德、陈锡联、纪登奎和陈永贵。他讲了要解决“四人帮”的问题，话音刚落，有位同志就说，对“四人帮”也应该区别对待，其他人没有发言，显然不能再深谈下去了。华感到范围大了不行，只能个别串连。（《李先念传》编写组人员访问华国锋的谈话，2000年5月20日。参见《李先念传》下）华、吴所忆，情形基本一致。与吴德口述对照，华说的“有位同志”就是纪登奎。

吴德口述和华国锋的回忆表明，华、叶、汪、李分别联系后，华又同政治局成员吴德、陈锡联、纪登奎或许加上陈永贵作了沟通。据吴德口述，事后华国锋曾告诉他，华还与苏振华谈过解决“四人帮”的问题。吴德说，只有倪志福是他打的招呼。也就是说，除了江青等四人和被疑为追随“四人帮”的吴桂贤、有恙在身的刘伯承外，所有在京政治局成员都程度不同地参与或知晓此事。

高层人士之间的联系，除了政治局成员外，还有一些元老和将帅，后者主要是通过叶剑英来沟通的。《叶剑英年谱》记载，9月21日，叶在北京西山住地同聂荣臻派去的杨成武（时任解放军第一副总参谋长）谈话，杨成武转达了聂荣臻有关采取断然措施解决“四人帮”问题的意见；9月24日或25日，叶在住地同粟裕（时任解放军军事科学院第一政委）、宋时轮（时任解放军军事科学院院长）谈话，告知要解决“四人帮”问题；10月3、4日，应陈云要求，叶剑英派叶选基将陈接至家中，征求对解决“四人帮”问题的意见；此前，叶还在住所同邓颖超谈话。据陈云说，叶还准备告诉聂（荣臻）、徐（向前）两帅。聂荣臻的回忆证实：10月5日叶剑英要杨成武告诉他，事情已商量好，请他放心。（《聂荣臻回忆录》下，解放军出版社1984年版）《粟裕传》说，毛的追悼活动结束后，叶剑英就找了粟裕，要他摸一下北京周围部队的情况，粟知道解决“四人帮”的时机已经到来。他了解了部队情况，向叶作过汇报。（《粟裕传》编写组《粟裕传》，当代中国出版社2012年版）叶当时是中共中央副主席、中央军委副主席，是硕果仅存的仍居党政军权力核心的元老，一些元老自然都将希望寄托于他。

上述情况还说明，“四人帮”积怨甚深，毛泽东逝世前后，党内上层对其不满已不是个别人和少数人，而这种不满也到了快要爆发的程度，尽快解决他们的问题渐成一种隐伏的共识。

尚存的疑问，一是在国务院会议室的议论到底是几号？吴德只记得十几号，华明确记得是9月16日；二是陈永贵是否参加了这次碰头会？华说陈参加了，吴德口述则未提及。李先念也说过，陈永贵不知此事。（李先念谈话记录，1986年10月22日。《李先念传》下）

解决方式：“开会投票”还是“隔离审查”？

解决“四人帮”的方式是如何确定的？以往人们都以为从一开始就确定了“隔离审查”的方式，近些年来披露的当事人的回忆说明，事情并不完全如此。

最高层的商议，当然是在华国锋和叶剑英之间。前引华国锋访谈称，9月21日，叶剑英到他住处，商讨解决“四人帮”的方式，两人商定“采取隔离审查措施”。但《叶剑英年谱》“9月21日”条目，未见有关此事的叙述，只有“9月25日”条目记载：“到北京城内华国锋住地，同华国锋长谈，分析‘四人帮’活动的动向和情况，研究解决‘四人帮’问题的办法。”叶年谱不仅时间与华所说不一，而且没有明确说商定了“隔离审查”的办法。

不过，华国锋谈到的另一个情况，却被两位当事人印证。华回忆，9月26日，在国务院小礼堂看完电影，他就以“隔离审查”的方式解决“四人帮”问题，向李先念、吴德征求意见；李先念马上表示支持，吴德也表示支持。吴德的说法大致一样，略有不同。吴德口述，9月26日或27日晚上，华国锋约李先念和他，交换解决“四人帮”问题的意见。吴德表示解决的办法无非两种，一是抓起来，二是召开政治局会议用投票的办法解除他们的职务，他偏重于用开会的办法解决问题。李先念以为不妥，他提到当年赫鲁晓夫整肃莫洛托夫、马林科夫的历史事件。华、李、吴分析和估计了当时中央委员会成员的状况，感到“四人帮”在中共十大把许多他们帮派的人和造反派塞进了中央委员会，如果召开中央委员会，在会上投票解决“四人帮”问题，会要冒风险。三人最后都认为，采取隔离审查的办法才是上策。（吴德口述《十年风雨纪事》）李先念还回忆，当时华国锋所说“正是我想说而未说的话”，“无论怎样先抓起来再说”。（李先念谈话记录，1988年7月29日。参见《李先念传》下）

依据上述史料判断，关于解决“四人帮”问题的方式，一开始，华、叶之间考虑“隔离审查”。出于慎重，华国锋随后向李先念、吴德征求意见；吴德曾建议用召开会议的办法解决，但最终华、李、吴还是就“隔离审查”的方式达成共识。

华叶商议的详情仍不清楚；华向李、吴征求意见后，是否再向叶剑英作过反馈，也不得而知。直接当事人都已不在，只能期待知情者披露史实。

具体行动方案的拟定与汪东兴的作用

如何拟定解决"四人帮"具体行动方案的?原来更加模糊不清。吴德口述和武健华的文章披露了不少细节;尤其是武健华新近发表的文章,提供了许多亲历亲闻的情况。这是近年来在弄清史实方面比较突出的一个进展。

汪东兴是制订具体行动方案的组织者,是整个事件的关键人物之一。1980年代以来,汪的作用被有意淡化,与事实不符。吴德口述一个值得注意的看法,就是比较肯定汪在行动中的作用。按吴的评价,汪在粉碎"四人帮"问题上出了大力,功不在李之下。他说,华国锋、叶剑英找汪东兴谈过几次,具体研究了解决"四人帮"的办法,整个行动班子分为准备文件的写作班子和实施抓捕的行动班子,前者由李鑫负责,后者负责对"四人帮"实施隔离审查,行动班子的人员是汪亲自挑选的。(吴德口述《十年风雨纪事》)吴德的评价有道理。汪时任中央政治局委员、中央军委常委,且长期担任中央办公厅主任、中央警卫局局长、八三四一部队政委兼党委书记,掌控了中南海和高层领导人的安全警卫大权。这个行动若无他的参与和支持,很可能费尽周折甚至流产;相反,汪的参与和支持大大增加了行动的成功系数,其作用远非一般政治局成员所能比拟。

关于汪东兴与华国锋商议具体行动方案的情况,数武健华的文章最为详细。武说,10月2日下午,叶剑英直接去中南海汪东兴的办公处,与汪第三次密谈。叶提出加速对"四人帮"采取果断措施,要求汪当晚去找华国锋商量具体问题,自己则先去华家谈。当晚汪去了华家。华表示,叶汪的意见和他想的原则上一致,现在的问题是如何具体化。华要汪提出一个具体的实施方案,然后再议定。武健华回忆,汪去华家之前召集张耀祠、李鑫、武健华三人开会,布置他们琢磨一个行动方案。10月3日上午,李鑫、武健华向汪东兴汇报了行动方案的初步意见,汪同他们再次作了研究。当晚,汪东兴第二次去华国锋家,汇报行动方案。华肯定方案可行,也提出两条意见:一是再缩短时间,争取提前解决;

二是再约叶帅谈谈。10月4日下午，叶剑英再次到汪的办公室，与汪第四次密谈，听取了关于行动方案的汇报。叶肯定“这个计划比较成熟，安排也相当周全”，还说“照这个实施方案执行，必会成功”。5日凌晨两点，汪再次到华的住处，汇报行动前的准备工作落实情况，同时请示八三四一部队与北京卫戍区部队的分工和协同问题。华把刚刚离开的吴德找回来一道商量。（武健华《粉碎“四人帮”的策划、实施过程》）这是华、汪、吴唯一的一次碰头会。

但按吴德口述，他是10月4日下午被华国锋找去，再一次讨论行动细节的；下午五点多钟才离开，刚到家，华再来电话找他去，汪也在华家，三人共同议定了中南海内外相互配合行动的措施。吴德强调，“这是粉碎‘四人帮’前的最后一次汇报”。这里的时间，与武健华回忆不同：一个说是10月4日的下午五点多钟，一个说是10月5日的凌晨两点，相差几个小时。

关于中南海外面行动方案的制订情况，吴德口述比较具体。吴是中共北京市委第一书记兼市革委会主任，作为直接当事人，其叙述比较具体也相对权威。按吴德所说，10月2日，华国锋去了吴德住处，就解决“四人帮”问题进一步商议。抓捕迟、谢、金是吴德的提议。华问吴，“四人帮”在北京还有什么爪牙。吴认为，迟群、谢静宜、金祖敏也该隔离。10月3日或4日，吴又去了华家，提醒华注意张春桥之弟张秋桥常去北京昌平的北京军区坦克六师活动。正是这次谈话，商定了动用北京卫戍区部队实施中南海外面的行动，包括保护市内安全，控制新华社、中央人民广播电台、人民日报社、飞机场、邮电局等。随后，吴德即找吴忠谈话，谈了解决“四人帮”问题的考虑和决心。吴忠明确表态，北京的卫戍部队有能力保卫首都的安全；同时告知部队调动有严格规定，希望吴德解决向上级请示调动部队的问题。吴德又向华国锋作了汇报。华要求吴与当时主持军委日常工作的陈锡联联系，取得调动北京卫戍区部队的权力。华还告诉吴，他曾四次与陈锡联谈过解决“四人帮”的问题。吴德随即找了陈锡联，陈即向吴忠交代：北京卫戍区部队一切听从吴德指挥。吴德与吴忠再次在家中商量了中南海外的具体行动方案。据吴德说，华还亲自找吴忠谈过一次话。

陈锡联回忆，毛泽东逝世后，华国锋曾几次和他谈过“四人帮”的事情。10月5日下午他在唐山慰问抢险救灾部队，接到华的电话，立刻飞回北京，直接去了东交民巷华的住所。华告诉了陈解决“四人帮”行动的具体时间，陈表示坚决支持，说部队没有问题。华告诉他，吴德、吴忠会找他。吴德、吴忠先后到了陈家，陈当面授权他们可视情况采取行动，不必逐级请示。当天晚上，华又到陈家，同陈详细商谈了对“四人帮”采取行动的具体部署。(《陈锡联回忆录》，解放军出版社2007年版）

武健华的文章也涉及中南海外面的行动方案拟定。那天（10月5日）华、汪、吴商量中南海内外行动协调问题，汪的意见：一是首都安全，由北京卫戍区负责，八三四一部队负责原有的防务；二是八三四一部队负责解决“四人帮”和毛远新，其他人由北京卫戍区负责解决；三是姚文元住在西城区按院胡同，其住地警卫是北京卫戍区担负，不属八三四一部队管辖，如果姚接电话后去中南海，问题就解决了，如果姚借故不去，八三四一部队要去他家行动，为免误会，建议卫戍区有一同志到中南海一同行动。吴德决定，就由吴忠去中南海。(武健华《叶剑英汪东兴密谈处置四人帮》）看来，抓捕姚文元准备了两套方案。

具体实施：中南海内外联动

抓捕“四人帮”的行动是如何准备的？过去流传不少绘声绘色的说法，大都未经证实甚至系任意编造。近些年，当事人的回忆和口述资料逐渐相对全面和清晰地复原了历史。这也是厘清史实一个比较突出的进展。

综合当事人的回忆和口述，中南海内抓捕王洪文、张春桥、江青、姚文元、毛远新（时任中共辽宁省委书记、辽宁省革命委员会副主任、沈阳军区政委；毛泽东逝世前一年为毛指定的联络员）的行动，主要由张耀祠、武健华率八三四一部队（即中央警卫团）执行；中南海外抓捕迟群、谢静宜、金祖敏的行动，由吴德负责指挥北京卫戍区部队执行；控制中央人民广播电台的行动，由耿飚、邱巍高指挥北京卫戍区部队执行。张耀祠、耿飚的回忆录，香港凤凰卫视对武健华、周启才、杨正泉

（时任中央人民广播电台副台长）、保育钧（时任《人民日报》编辑）等人的访谈，还有邬吉成的文章，尤其是武健华的文章，都具体叙述了10月6日晚间在中南海怀仁堂抓捕王洪文、张春桥、姚文元，在201号楼内抓捕江青，在丰泽园"监护"毛远新，控制中央人民广播电台和10月7日接管人民日报社的经过。

据武健华、邬吉成回忆，10月6日晚八点，华国锋、叶剑英坐镇中南海怀仁堂，以召开政治局常委会的名义，抓捕王洪文、张春桥、姚文元。（邬吉成《我参与抓捕"四人帮"的细节回顾》，《中华儿女》2001年第3期）王洪文晚七点五十五分到怀仁堂，当即被捕；张春桥晚七点五十八分到，亦随即被捕。随后，张耀祠、武健华带人在丰泽园菊香书屋，对毛远新实施"监护"；然后，张、武带人去201号楼，抓捕了江青。晚八点二十五分，应召去开会的姚文元也在怀仁堂被捕。八点三十分中南海内的行动全部结束。（武健华《叶剑英汪东兴密谈处置四人帮》;《张耀祠回忆录》，中共党史出版社2008年版）

行动的一些细节，当事人的回忆也有出入。关于行动组，张耀祠在回忆录里的说法，是从中央警卫局抽调了二十几名干部，组成四个小组；而吴德的说法是五十多人，武健华的说法有五个行动小组。关于抓捕江青和"监护"毛远新，按邬吉成的回忆，是张耀祠带人执行的；而张耀祠和武健华的回忆，都说是他们两人一起带人执行的。关于行动结束的时间，武健华确定是当晚八点三十分；但张耀祠在回忆录里说，他和武健华晚八点三十分才带人到江青所住的201号楼，以这个时间判断，结束行动不会是晚八点三十分。准确的情况，有待进一步弄清。

中南海外抓捕迟群、谢静宜、金祖敏的经过，人们过去完全不知情，吴德口述第一次作了披露。吴德说，抓捕行动是北京卫戍区部队执行的，迟群是参加以吴德名义通知到市委开会时被捕的，谢静宜是在北京医院被捕的，金祖敏则是晚些时间才被找到抓捕的。不过，吴德的叙述仍嫌笼统；更详细的情况，还有待亲历者和知情者进一步披露。

控制中央人民广播电台的经过，耿飚忆述比较详细。据耿飚回忆，10月2日，华国锋已经向他打招呼，说近日有事要找他。第二天，华就约耿到家中谈话，告诉他有一项任务交给他完成。华还告诉耿，是叶帅提名的。10月6日晚上八点来钟，华电话召见耿，明确告诉他已决定对王张江姚隔离审查，交代他和邱巍高带领北京卫戍区部队，迅速控制住电台和电视台。华还写了一纸手令给中央广播事业局局长邓岗，要求广播、电视接受耿、邱的领导。当晚近十点钟，耿、邱和卫戍区警备一师副师长王甫带少数战士到中央广播事业局，请邓岗召开核心小组会议，宣布了华的手令。(《耿飚回忆录》)

关于耿飚等人进驻中央广播电台的时间，说法不一。如前述，《耿飚回忆录》说的是当晚近十点；但时任中央人民广播电台副台长的杨正泉、时任中央广播事业局总编室副主任的杨兆麟，都说是当晚七点左右。(杨正泉《粉碎"四人帮"时的中央台》，见杨正泉著《我与广播》，沈阳出版社1996年版；杨兆麟《关于耿飚接管中央广播事业局史实》，《文史精华》2005年第7期)杨正泉注意到了这个差异，他援引了耿飚当年在新华社的报告，耿当时说的就是10月6日晚七点多钟不到八点钟到的广播电台，杨当时做了记录。此外，杨还引述了邓岗10月7日在会上的讲话："昨天晚上八点三十分左右，耿飚同志、邱巍高同志来局，带来了华国锋总理亲笔写给我的一封信。"(参见杨正泉《关于粉碎"四人帮"时耿飚进驻中央广播局几个疑点的考证》，《文史精华》2007年第9期)这大概也来自杨的记录。杨正泉、杨兆麟的文章和耿飚、邓岗当年的讲话所说耿飚等人进驻电台的时间，要比《耿飚回忆录》所说早了两个来小时。笔者判断，几位当事人和耿飚自己当年的讲话有误，因为中南海实施行动之前，不大可能开始进驻广播电台的行动。杨正泉后来发表文章，修正了自己原来的说法，但他仍有疑问：为什么会出现耿飚几次说法的不统一？为什么广播局目击者、见证者的记忆又如此一致？彼此都是认真的，为什么误差却如此之大，版本又如此之多？这个细节的确有些蹊跷：一个人的记忆尚可说孤证不立，缺少原始材料的情况下尤其难免误记，可此事有当年讲话的原始记录，几位当事人的记忆又都一致，到底是记忆有误还是另有真相呢？看来也还有待进一步考证。

10月6日晚上的行动，还有一点人们过去不大知道。据吴德口述，为防备学生、造反派从学校冲出来，造成混乱，当晚在清华大学、北京大学附近部署了相当的兵力，而北京也暗中实行了戒严。

控制人民日报社的情况，时任《人民日报》编辑的保育钧2011年在接受香港凤凰卫视《我的1976：寒露·惊雷》节目采访时作了点滴介绍。按他的回忆，人民日报社并不是10月6日晚上而是第二天晚上由工作组接管的。工作组的负责人是时任北京军区副政委的迟浩田，这一天他带着另外两人到人民日报社，向当时报社核心小组组长鲁瑛宣布，奉华国锋之命来主持报社工作。至于控制新华社、机场、邮电局的情况，尚无任何披露。

中央政治局紧急会议：事件的追认和善后

抓捕“四人帮”当晚，中央政治局召开紧急会议。这一非程序的强力行动需要得到程序性追认，毛泽东逝世后最高权力核心的真空需要尽快填补，事件过后的中国政局需要稳定，这些都必须由最高决策层作出部署和安排。作为完整的历史事件，应该说这是最后一个环节。

有关这次会议的经过，以往著述只有零星涉及。据《叶剑英传》，会议在北京西郊玉泉山九号楼举行，从10月6日晚十点开到第二天凌晨四点。华国锋和叶剑英作了报告，会议完全赞同处置“四人帮”的行动，通过华国锋为中共中央主席、中央军委主席。京外政治局成员没有参加会议，会后由汪东兴逐一作了通报。吴德口述谈到了会上的一个细节：纪登奎提出文件应否按照毛泽东“三七开”的评价，指出“文化大革命”的错误所在；叶剑英认为这个文件不可能解决对“文革”的评价问题。吴德还说，会后所有政治局成员都住在了玉泉山。华国锋对友人回忆，会上他首先提议请叶帅担任党中央主席和中央军委主席，因为叶对党和军队的建设作出了重大贡献，是一位德高望重的领导人；叶则说自己已经七十九岁，华比自己小二十岁（此说有误。叶剑英1897年生，华国锋1921年生，两人相差24岁——笔者注），有实际工作经验，正当年富力强，应该担起这个重任。叶提议华担任党中央主席和中央军委主席，获得一致通过。（《我所了解的华国锋》，载张根生著《家庭联产承包责任制》）这些著述各自提供了一点情况，但都很简单。

比较详尽的记述，是2005年10月香港凤凰卫视对周启才的访谈。

周后来又整理成文章发表。据周回忆，会议的准备工作是汪东兴指示他组织人做的，他和李鑫又列席了会议。所以，周对会议的经过包括会场的布置、到会的情形、华叶的讲话，都有细腻的叙述。据周说，出席会议的政治局成员是华国锋、叶剑英、李先念、汪东兴、吴德、陈锡联、纪登奎、陈永贵、苏振华、倪志福、吴桂贤等11人，李鑫和周启才列席会议。华国锋主持并讲话，叶剑英随后讲话，主要是通报抓捕“四人帮”的情况，推举中共中央主席和中央军委主席。周印证了华的记忆，会上华确实提议请叶剑英担任党中央主席，主持中央的工作；叶剑英坚辞，会议最后赞成叶的意见，推选了华。最近发表的武健华文章，也有不少篇幅介绍这次会议，特别是较多引述了华国锋、叶剑英的讲话。武本人没有旁听会议，但他说明：所述情况是根据李鑫和周启才的记录得知的。（武健华《叶剑英汪东兴密谈处置四人帮》）这个细节表明，当天政治局紧急会议是有记录的。

据周启才回忆，从10月8日开始，华国锋、叶剑英等政治局成员在玉泉山分期、分批召开打招呼会议，向各地方党政军负责人通报粉碎“四人帮”的情况和华国锋任中共中央主席、中央军委主席的决定。整个打招呼会直到14日才结束。

那次政治局会议的参加者，健在的人除周启才外，还有三位：汪东兴、倪志福、吴桂贤。倘若他们能有回忆或口述，想必会补充更多史实。如前所述，这次政治局会议是有记录的。笔者猜想，关于抓捕“四人帮”的经过会有不少涉及，如能解密，对于进一步厘清事实无疑将有更大助益。

（作者系文史学者、华东师范大学历史系教授）

原载于《同舟共进》2013年第5期

已经引起了租界当局的警觉。

陈公博在1924年也曾指出：

在大会召开之前，外国租界就已收到了许多报告，说东方的共产党人将在上海开会，其中包括中国人、日本人、印度人、朝鲜人、俄国人等。所有的租界都秘密警戒，特别是法租界。或许是因为有密探发出警报，侦探和警察就包围了召开会议的建筑物。

法租界当局还立即制定了一个条例，这很可能是已经提前侦知共产党要开一大会议的相关信息，加强警戒的一个步骤。这就是7月31日上海报纸报道的《取缔集会条例》。条例规定，自8月1日以后，凡集会须于48小时前取得法租界警察局局长许可，秘密集会，或不申明集会目的者，一旦探知，即加以处罚。

于是，法租界巡捕房派程子卿进入李公馆侦查见机行事。而薛畊莘引用程子卿的解释比较特别：

1921年7月1日前的一周，中央巡捕房的便衣巡捕在公共道路萨坡赛路上（今淡水路）例行巡逻时，拦下两个形迹可疑的人：他们操着一口北方话，紧接着在他们身上搜出两颗手雷。司法警察带回巡捕房政治组后，我们对这两人进行审问，最终了解到，这是北京政府许诺，如果能将这两颗手雷扔到共产党开会的地方，就给他们一万大洋。他们还透露，即将在7月1日开会的12位红色政权领导人中的一人，将开会的信息出卖给段祺瑞元帅，而这天被认为是共产党的成立之日。根据这些情况，我将此事报告刑事组长查扎尔（Chazal）先生，希望能够通知共产党领导人转移中共成立大会召开的地点。

薛畊莘在他的法文版回忆录里说，闯入会场的事情程子卿对他说过很多遍，因此记忆非常清晰。他甚至认为，是程子卿有意放跑了共产党人。

闯入会场的插曲载入史册，说的就是“一个穿青色长褂的法国巡捕密探”打断共产党事先准备的会议议程！事实上，很可能就是这个密探挽救了他们。法国巡捕们都很清楚，如果那个密探想制止那些开会的人，他们一个都逃不掉。而事后人们津津乐道那个穿长褂的密探，我是十分了解的：就是程子卿！程子卿终年身穿旧式的长褂，夏天单穿棉布长衫，冬天在里面衬上双层棉夹袄。

但对薛的回忆，目前尚无其他史料能加以证实。

由于程子卿的闯入，中共一大不得不中止，后移至嘉兴南湖召开了最后一天的会议。程子卿本是一个微不足道的小人物，但闯入中共一大的事情却使他在历史上出了名。

程子卿从会场侦查退出后，应该是直接向法租界警务处总监费沃利报告。张国焘回忆说搜查带队的是总巡，如果属实的话，就应是费沃利。费沃利带了一队巡捕密探搜查李公馆。这时程子卿是否重返李公馆会场，一大代表们并没有回忆，可惜的是，程自己也没有回忆。也许他没有再进入，也许他在暗中窥视。

上海滩的“黄老大”、“丁老二”、“程老三”

程子卿是江苏镇江人，生于1882年3月3日，初中毕业（并非只读过三年私塾），在当时文化程度算是比较高了。后因家贫在镇江的米店当学徒，天天拎米包，练就了过人的臂力。1900年前，程子卿从镇江到上海谋生，在十六铺码头做搬运工。根据叶永烈的叙述，薛畊莘曾出示过他当年穿警服时与上司程子卿的合影，可以看出程子卿身体相当壮实。他在那里结识了帮会首领兼“包打听”黄金荣和丁顺华，“他们三人因气味相投，结拜为青帮弟兄”，人称“黄老大”（黄金荣）、“丁老二”（丁顺华）、“程老三”（程子卿）。严格而言，当时的黄金荣还没有加入青帮，到1920年代他才拜“大字辈”首领张锦湖为老头子，加入了青帮。

薛畊莘曾回忆：黄金荣、程子卿、丁顺华为结拜兄弟。丁顺华本地人，我的父亲与他的父亲是老友。早年他们在郑家木桥一带做坏事。当时，洋泾浜里船只很多，浦东的商人划着船来此经商，黄金荣等便经常敲诈或抢劫。在法租界敲诈了就跑过洋泾浜，逃到英租界去。反之，又跑回法租界。后来，法国人为了“以毒攻毒”将黄金荣引入巡捕房。后来，果然租界的秩序正常了，黄金荣因为有功而升到三道头。但外国人是看不起黄金荣、程子卿之流的。他们毕竟是流氓出身。黄金荣、程子卿还算识一点字。

程子卿那时还不到20岁，又因为他的皮肤黝黑，绰号叫“黑皮子卿”，属青帮的“悟”字辈人物（薛畊莘这样写应有根据，但目前笔者还不清楚程子卿何时正式加入青帮）。到上海后，程子卿也曾进入过“法书斋堂”学习。

黄金荣于1892年进入巡捕房。有资料表明，1908年经黄金荣介绍，程子卿进入法国巡捕房当了巡捕——那年他才26岁。程子卿尽管不懂法语，但为人机警，办事能力强，后来升为刑事科的政治组探长，官运比把兄黄金荣要好。正如薛畊莘所言，在巡捕房，“黄金荣就是一个普通的小‘包打听’，比程子卿还小。”辛亥革命前后，黄金荣经人介绍曾与时居法租界的孙中山相识，并曾对孙中山的革命活动有所援助，因此程子卿也跟随黄金荣结识了孙中山。他不仅负责保护孙中山的安全，且与孙中山的关系更进一步，参加了国民党。所以他在简历中标明入国民党的地点为上海，入党为“孙总理代办”。政治组专门负责处理法租界的政治性事件，组长为法国警官萨而礼。程子卿背靠黄金荣，又是青帮中人，他“利用探长的身份，与居住在法租界内的国民党各派人物，都有联系，更有杨虎、陈群，同为青帮人物，引为好友，因此消息十分灵通，深得萨而礼的倚重”。随着法租界政治性事件不断增多，这个政治组1929年升格为政事治安处（俗称政治处），萨而礼担任处长。程子卿受到重用，成为萨氏的左膀右臂；1930年代相继担任政事治安处主任、督察长。薛畊莘回忆，与黄金荣关系密切的程子卿，也参与了“四一二”政变。

1927年“四一二”政变前，蒋介石在龙华召见黄金荣、杜月笙、张啸林等人，程子卿亦在座；且早于政变前两个月，就已预测中国政局将有重大变化，即国民党左右派之间的矛盾及国共两党行将濒临破裂，并为事实所证明，由此受到法国外交部的重视和赞赏。“四一二”政变中，程子卿出了力，事后经杨虎保举，国民政府颁发程子卿“青天白日三等”勋章。胡汉民、汪精卫各赠他亲书字轴一幅，程子卿把字轴挂在薛华立路（今建国中路）和平坊4号厢房会客室中，以为荣耀而自豪。

程子卿与黄金荣长期保持密切关系，此点也为黄金荣的管家程锡文所证实。由于程子卿这个小兄弟与黄金荣岁数相差较大，因此黄门内部多将程子卿归在黄门弟子之中。

1920年代末，程子卿与杨景德女士结为连理。程杨两人皈依了天主教，这也许是与法国人比较接近的缘故吧。他们共育有两女一子。

就在生下次女的那一年，程子卿搬迁到薛华立路和平里（今建国中路173弄），那一带是上海中产阶级的居住区，程子卿一直住到离开人世。在法租界，程子卿有时也为共产党、进步人士以及国民党左派做一些有益的工作。如他参与了宋庆龄领导的中国民权保障同盟的活动并予以保护；一些中共党员被捕，经宋庆龄等向他“疏通”而获释；参与侦破国民党特务暗杀杨杏佛案；国民党特务曾在法租界绑架农工民主党领导人邓演达，被巡捕房破获后，程子卿曾请宋庆龄转告邓演达：“切戒一人随便外出，最好通知捕房派人保护，以防不测。”程子卿曾表示“我现在也是教徒，愿追随真理做人和做事”，他的这些行为引起了国民党内右翼分子的不满。1931年至1936年间，程子卿曾先后收到7次匿名警告信，最后两次还附有子弹。程子卿曾在徐家汇路打浦桥附近遇刺，幸未受伤。此后程子卿上下班时，法租界巡捕房均派员护送，前后达半年之久，直到抗战爆发，才得以平安度过。

笔者手头有一张程子卿警察证的影印件，从中可以解读出一些历史的信息。程子卿的法文名字为Zeng Cse King，供职于法国领事警察局，即法租界巡捕房，警号为631号，等级为侦探督察长，编号为501号。发证时间为1943年。就在那一年，汪精卫伪国民政府“收回”了法租界。由此可见，程子卿并没有在1939年退休，程子卿自称“在法捕房35年”。法租界被收回后，8月6日程子卿担任了汪伪市政府的督察处处长。1944年4月2日起改为简任三等警监。8月17日起，他派任伪上海市政府督察处第二督察区主任督察长。是年12月1日，又转第六督察区担任主任督察员，直到1945年2月12日免职候用。抗战胜利后，据说程子卿在国民党淞沪警备司令部挂职，拿份干薪，但并没有什么职务和职责。薛畊莘则认为，程子卿并不是淞沪警备司令部的正式军官，没拿过什么薪水。

新中国成立后，程子卿留在了上海。因历史上的政治问题程子卿受到了政府的审查，他意识到可能被捕，便向宋庆龄求助。宋庆龄出面向有关部门作了说明，程子卿没有被捕。知情者薛畊莘指出，“由于他对人民做过一些好事，解放后被审查时，幸蒙宋庆龄先生力保，在年老患病期间，才未予关押”，“也没有被怀疑是帝国主义买通的间谍”。此后他赋闲在家，所以解放后登记的职业为“年老无业”。但生活颇不错，1950年代他家里仍雇有3名佣人，还有一位奶妈。程子卿虽没有职业，但儿女均学有所长，成为医生、技术人员，孙辈环绕膝下，安享天伦之乐。1961年9月27日，程子卿病逝于建国中路家中，终年79岁。他夫人杨景德于1980年因肺炎病故，终年83岁。（有些论著称程子卿死于1956年，如叶永烈《名人历史现场》，河南文艺出版社2008年版，实际上程死于1961年——作者注）

解放初，人们并不知道程子卿就是闯入共产党成立会场的“不速之客”，否则也许会留下更多的一手资料。不过对于程子卿来说，这或许是值得庆幸的，否则在当时的政治环境下，他的晚年也许就不得善终了。

（作者系文史学者、上海师范大学教授）

原载于《同舟共进》2011年第4期

陈公博留下的中共一大“秘密文献”

叶永烈

90年前的7月，中国共产党第一次全国代表大会在上海召开。出席大会的13位代表中，广东代表陈公博的行踪与众不同。

陈公博7月21日从广州经香港到达上海。除上海代表李达、李汉俊各自住在上海家中之外，毛泽东、何叔衡、董必武、陈潭秋、王尽美、刘仁静等代表以“北京大学暑假旅行团”的名义，住进上海法租界蒲柏路私立博文女校的楼上。唯有出身豪门的陈公博住在上海南京路第一流的大东旅社。尤为与众不同的是，陈公博偕新婚之妻李励庄一起来沪。

7月23日，当中共一大在上海法租界望志路李汉俊家举行开幕式时，陈公博拿出陈独秀交给他的亲笔信，陈独秀在信中谈了对建立中国共产党的四点意见，即“一、党员的发展与教育；二、党的民主集中制的运用；三、党的纪律；四、群众路线”。

7月30日晚上，中共一大在李汉俊家举行闭幕式时，突然闯进一个侦探（现已查明是上海法租界巡捕房的政治探长、中国科科长程子卿），说是走错了门，旋即离去。共产国际代表马林当即决定中断会议，代表们分头疏散，只有陈公博及屋主李汉俊留了下来。过了十几分钟，大批法国巡捕赶至李公馆。陈公博陪同李汉俊应对法国巡捕，直至夜深法国巡捕因搜不到可疑证据走了，陈公博才回到大东旅社。翌日陈公博没有去嘉兴南湖出席中共一大闭幕式，而是与李励庄前往杭州旅游。

陈公博对于中共一大的最大贡献，在于此人笔头甚勤，为在秘密状态下举行的中共一大留下了难得的历史文献……

解读陈公博文章中的“暗语”

就在中共一大结束之后10多天，陈公博刚刚回到广州，就写了一篇关于出席中共一大的散文《十日旅行中的春申浦》。可以说，这是最早的关于中共一大的文章。令人惊讶的是，这篇文章竟然公开发表在1921年8月出版的《新青年》九卷三号上。

由于中共一大是严格保密的，陈公博的《十日旅行中的春申浦》不得不设下“障眼法”，在开头写道：

暑假期前我感了点暑，心里很想转地疗养，去年我在上海结合了一个学社，也想趁这个时期结束我未完的手续，而且去年我正在戎马倥偬之时，没有度蜜月的机会，正想在暑假期中补度蜜月。因这三层原因，我于是在7月14日起程赴沪……

正因为陈公博打了“埋伏”，所以读者读了此文，并没有看出写的是中共一大。这一“密码”直到1961年才被中国革命博物馆党史陈列部的李俊臣破译。笔者拜访李俊臣先生，他说当时他在工作之余，正在通读《新青年》，在读到《十日旅行中的春申浦》时，想及1921年7月陈公博曾去上海出席中共一大，顿时眼前一亮：那“去年我在上海结合了一个学社”，“学社”会不会指上海共产主义小组？那句“结束我未完的手续”，会不会是指他赴沪参加中共一大？

这么一来，就能势如破竹，清楚解读此文的种种“暗语”。文中记述了“我和两个外国教授去访一个朋友”。那“两个外国教授”被侦探“误认为俄国共产党”——其实指的便是共产国际代表马林和尼克尔斯基。至于那位被访的朋友，文中说是“李先生”，是“很好研究学问的专家”，家中有“英文的马克斯（作者注：即马克思）经济各书”——这“李先生”不就是李汉俊吗？

李俊臣不由得拍案叫绝，此文正是最早的有关中国共产党一大的回忆文章！由于文章写于中共一大刚刚结束之际，可以排除种种时隔多年的记忆错误。

这篇文章表明，陈公博离开广州的日期是7月14日，抵沪是7月21

日。抵沪的翌日，与两位“外国教授”见面，即7月22日。如此这般，可以推知中共一大的召开日期在7月22日或稍后……

李俊臣在革命博物馆的讨论会上，谈了自己的发现和见解，引起很多同行的兴趣。

当然，也有人提出疑义，因为九卷三号的《新青年》标明“广州1921年7月1日发行”，所载文章怎么可能是记述7月1日之后召开的中共一大呢？不过，核查当时《新青年》的出版情况，误期是经常的，这期《新青年》实际是在8月才印行，也就排除了这一疑义。

陈公博在《十日旅行中的春申浦》中，详细记述了法国巡捕搜查中共一大会场的情形：

……不想马上便来了一个法国总巡，两个法国侦探，两个中国侦探，一个法兵，三个翻译，那个法兵更是全副武装，两个中国侦探，也是睁眉怒目，要马上拿人的样子。那个总巡先问我们，为什么开会？我们答他不是开会，只是寻常的叙谈。他更问我们那两个教授是哪一国人？我答他说是英人。那个总巡很是狐疑，即下命令，严密搜检，于是翻箱搜箧，骚扰了足足两个钟头。他们更把我和我朋友隔开，施行他侦查的职务。那个法侦探首先问我懂英语不懂？我说略懂。他问我从那里来？我说是由广州来。他问我懂北京话不懂？我说了懂。那个侦探更问我在什么时候来中国……他实在误认我是日本人，误认那两个教授是俄国的共产党，所以才来搜检。是时他们也搜查完了。但最是凑巧的，刚刚我的朋友李先生是很好研究学问的专家，家里藏书很是不少，也有外国的文学科学，也有中国的经史子集；但这几位外国先生仅认得英文的马克斯经济各书，而不认得中国孔孟的经典，他搜查之后，微笑着对着我们说：“看你们的藏书可以确认你们是社会主义者；但我以为社会主义或者将来对于中国很有利益，但今日教育尚未普及，鼓吹社会主义，就未免发生危险……”一直等他走了，然后我才和我的朋友告别。自此之后便有一两个人在我背后跟踪……

陈公博在文章中还写及：

这次旅行，最使我终身不忘的，就是大东旅社的谋杀案。我到上海住在大东旅社四十一号，那谋杀案就在隔壁四十二号发生。7月31日那天早上5点多钟，我睡梦中忽听有一声很尖厉的枪声，继续便闻有一女子锐厉悲惨的呼叫……

当时，大东、东亚、远东和一品香是上海设施最好的宾馆，人称“三东一品”。1918年9月5日，永安百货公司在上海南京路开业，之后该公司附设在永安百货大楼里的大东旅社开业。在大东旅社发生的这一凶杀案，翌日（1921年8月1日）见诸上海《新闻报》报道《大东旅社内发生谋毙案》；还有上海《申报》在第14版所载新闻《大东旅社内发现谋命案，被害者为一衣服华丽之少妇》。

陈公博文中提及的大东旅社“谋杀案”，重要的不在案情本身，而在于发生案件的时间——“7月31日那天早上5点多钟”。因为这一案件是陈公博从李公馆遭到法国巡捕搜查之后回到大东旅社发生的，由此可以准确推定中共一大遭到巡捕干扰的日期是7月30日，而中共一大在第二天转移到嘉兴南湖举行闭幕式，因此中共一大的闭幕日期是在7月31日。

美国发现有关中共一大的论文

陈公博对于中共一大的记述，不仅仅是写了《十日旅行中的春申浦》，而且还写了一篇重要的论文。这篇论文是在大洋彼岸——美国发现的。

一大代表们都记得，一大曾通过一个纲领和一个决议——中国共产党的第一个纲领和第一个决议。显然，这是极其珍贵的历史文献。遗憾的是，这两篇文献当时只有手抄稿，并未正式发表过。在那样动荡的岁月，这几份手稿能够保存下来吗？沧海横流，何处寻觅？

早在1937年——中共一大召开后的第16个年头，美国女作家尼姆·韦尔斯在访问陕甘宁边区时，便向中共一大代表董必武问起了一大文献的下落。在尼姆·韦尔斯所著的《中国共产党人》一书第一卷《红尘》中，记述了董必武的回忆：

关于这次会议的所有记载都丢失了。我们决定制定一个反对帝国主义、反对军阀的宣言。但是，党的这个最早的文件，我们一份也没有了……

一年又一年流逝，中共一大文件遍寻无着。完全出乎意料的是，最后在万里之遥的美国发现了。那是1960年，在纽约哥伦比亚大学，一位名叫韦慕庭（C. Martin Wilbur）的美国人，处于极度兴奋和忙碌之中。他是哥伦比亚大学的中国史教授，曾和华裔美国学者夏连荫（Julie Lien-ying How）编过《关于共产主义、民族主义及在华苏联顾问文件，1918—1927年》（哥伦比亚大学出版社1956年出版），对中国共产党的历史颇有研究。

霍华德·林顿先生告诉韦慕庭的消息，使他的心情久久不能平静：哥伦比亚图书馆最近在整理资料时，从尘封已久的故纸堆里发现一篇1924年1月该校的硕士论文。论文用英文打字机打印，作者署名"Chen-Kungpo"，而论文的题目令人注意——"The Communist Movement In China"（《共产主义运动在中国》）。

1924年1月，哥伦比亚大学的学生怎么会写出这么一篇硕士论文？

"Chen-Kungpo"这名字，跟"陈公博"同音。稍知一点中国历史的人，都知道此人乃仅次于汪精卫的第二号大汉奸，在汪伪政府中担任过"立法院长"、"上海市市长"等要职。在汪精卫死后，他起而代之，任伪国民政府主席兼行政院长。此人怎么可能写出《共产主义运动在中国》的论文？也许是与"陈公博"同音的"陈恭伯"或者"陈功柏"吧？

韦慕庭教授赶紧调阅学校的微型胶卷档案。从《注册登记簿》第三卷查到了"Chen-Kungpo"其人，有三次注册记录：

第一次，1923年2月28日注册，他填写的生日是"1891年8月28日"，"生于广州"。第二次，1923年9月27日注册，他填写生日为"1891年9月29日"。第三次，1924年9月注册，生日只写"1892年"。

真是个怪人，他的生日怎么在不断"变化"着，每一回都不一样。

赶紧去查日本1941年出版的《日本名人录，附满洲国及中国名人》，查到陈公博，生于1890年，广东南海人。这表明陈公博很可能就是那位"Chen-Kungpo"：他的生日不断"变化"，是因为他大约不会把中国阴历换算为公历。他的生日可能是阴历8月28日，头一回写的是阴历。第二回则换算成公历而又少算1日——应是9月30日。第三回也许是笔误，也许又一次算错，写成“1892年”。至于把出生地写成“广州”，是因为广东南海的名声太小，美国人不熟悉，干脆写成“广州”。

那么，陈公博怎么会写起《共产主义运动在中国》呢？韦慕庭仔仔细细读完文章，认为这篇论文倘若不掺杂虚假信息的话，将是一个重大发现：此文论述了中国共产党的建立，是极为难得的中国共产主义运动的早期历史文献——写于中共一大之后的第三年。

此文的重要性还不在论文本身，而在于它的附录。附录全文收入六篇文献：

附录一 中国共产党的第一个纲领（1921年）

附录二 中国共产党关于党的目标的第一个决议案（1921年）

附录三 中国共产党宣言（1922年7月第二次代表大会通过）

附录四 中国共产党第二次全国代表大会决议案（1922年）

附录五 中国共产党章程（1922年）

附录六 中国共产党第三次代表大会宣言（1923年）

在这六篇附录中，附录一、二、四、五是散失多年，连中共自己也未曾找到的重要历史文献。

陈公博留下的“秘密文献”终于走出“冷宫”

作为历史学家，韦慕庭搁下手头工作，全力以赴来考证这篇1924年的硕士论文。他把论文交给了多年的合作者夏连荫女士，请她对论文本身进行初步评价。他自己则集中力量，考证那个陈公博……

韦慕庭拜晤了纽约市立大学的唐德刚博士。几年前，唐博士曾一次次访问当时侨居美国的胡适，为胡适录音，撰写《胡适的自传》。唐德刚熟知中国的情况，何况胡适当年也是哥伦比亚大学的学生（哲学系，1915—1917年）。唐德刚迅速地向韦慕庭提供了许多关于陈公博的背景材料，并读了那篇论文，对文中一些疑难之处作出了解释。

从纳撒尼尔·B·塞耶先生那里，韦慕庭得到了日文的关于陈公博的材料。他从中得知，陈公博写过一本回忆录《寒风集》，内中谈及参加中共一大的经过。

韦慕庭千方百计寻觅《寒风集》。虽然哥伦比亚大学图书馆洛氏大楼顶层收藏有许多中文书籍，但没有《寒风集》。他求助于斯坦福大学胡佛图书馆，也找不到这本书。当他得知堪萨斯大学正与住在香港的中共一大代表张国焘联系出版回忆录时，韦慕庭给张国焘写了信，问他有没有《寒风集》。张国焘跟陈公博一样，最初参加过中共一大，是中共早期重要活动家之一，后来也成了中共的叛徒。(张不得不在1949年冬躲到香港栖身。)他给韦慕庭寄去了《寒风集》。

韦慕庭以急切的心情，赶紧打开1944年10月由上海申报社所印的《寒风集》。此书分为甲篇、乙篇两部分。甲篇是陈公博写的自传性回忆文章:《少年时代的回忆》(写于1935年);《我的生平一角》(写于1933年);《军中琐记》(关于1926年北伐的，写于1936年);《我与共产党》(写于1943年);《改组派史实》(写于1944年);《补记丁未一件事》(写于1944年)。乙篇则是陈公博的文学作品，收入《我的诗》、《偏见》、《了解》、《贫贱交与富贵交》、《不可为的官》、《上海的市长》、《海异》。

韦慕庭的目光停留在甲篇的《我与共产党》一文。这篇文章可以说用无可辩驳的证据，证明了“Chen-Kungpo”即陈公博。在此文前言中，陈公博写道:

这篇文章我本来决定要写的，但我同时希望藏之书橱，待身后才发表。我不是想自己守秘密，我曾参加过共产党，并且是中共第一次全国代表大会的代表，这是公开的事实，就是日本出版的《中国共产党》也有这样的记载……

文中陈公博详细记述了他参加中共一大的经过，写及“一连4日都在李汉俊的贝勒路家开会”。陈公博还谈及，中共一大曾就纲领和决议案进行激烈的争论。“应否发出，授权新任的书记决定。我回广东之后，向仲甫先生(作者注：仲甫即陈独秀，当时在广州，未出席中共一大，但被选为书记)痛陈利害，才决定不发”。这清楚表明，中共一大的纲领和决议案是由陈公博带到广州去的，他当然有可能抄了一份留在自己手头。另外，陈独秀“决定不发”，使中共一大文献没有发表，于是留存于世的唯有手稿——正因为这样，此后多年找不到中共一大的文献。

在《我与共产党》一文中，陈公博还写及“在民国十二年2月12日随美国总统号赴美”。他说：

抵纽约之后，我入了哥伦比亚大学的大学院（作者注：似应为文学院），那时我又由哲学而改研究经济……

我抵美之后，接植棠（作者注：即谭植棠，北京大学毕业生，1920年曾与陈公博一起在广州办《广东群报》。1921年初在广州参加共产主义小组，后曾任中共粤区委员）一封信，说上海的共产党决定我留党察看，因为我不听党的命令，党叫我到上海我不去，党叫我去苏俄我又不去。我不觉好笑起来，我既不留党，他们偏要我留党察看，反正我已和他们绝缘，不管怎样，且自由他。但我和共产党绝缘是一件事，而研究马克斯又是一件事，我既研究经济，应该彻头彻尾看马克斯的著述。我一口气在芝加哥定了（作者注：即预订）马克斯全部著述，他自己著的《资本论》和其他小册子，甚至他和恩格斯合著的书籍都买了……

陈公博在1923年2月12日从日本横滨赴美，而哥伦比亚大学档案表明他在2月28日注册，完全吻合。他在美国研读马克思著作，而且“倏忽三年，大学算是名义上研究完毕了，硕士学位已考过”，这也与那篇硕士论文的写作相吻合。

韦慕庭越来越意识到那篇在哥伦比亚大学“沉没”多年的硕士论文的重要性——当然，这也难怪，在1924年那样的年月，美国的教授们谁会注意一个20多岁的中国学生关于中国共产主义运动的论文呢？

韦慕庭着手详细考证论文。他的书桌上，堆满了关于中共党史的参考书：埃德加·斯诺的《西行漫记》，布兰特、许华茨、费正清合著的《中国共产主义文献史》（哈佛大学出版社1952年版）……通过何廉教授的介绍，韦慕庭访问了陈公博在美国的一位家庭成员，得知关于陈公博更加详尽的身世。

由于得到哥伦比亚大学社会科学研究会的赞助，1960年哥伦比亚大学出版了《共产主义运动在中国》一书，收入韦慕庭的绪言和陈公博36年前的论文。韦慕庭在绪言中指出：

直到现在，人们还不知道保存有（中国共产党）第一次大会所产生的文件；董必武认为所有的文件都已丧失……

中国共产党第一次代表大会的文献终于在大洋彼岸被发现。陈公博沉寂了36年的论文，走出了“冷宫”。

尽管陈公博后来成了汉奸、历史的罪人，但是大可不必“以后来论当初”。他为中共一大留下珍贵的文献资料，还是应当予以肯定的。

2011年5月3日于上海沉思斋

（作者系文史学者、作家）

原载于《同舟共进》2011年第7期

关于顾顺章和向忠发

——王明的回忆

郭德宏

顾顺章是中共六届中央政治局委员、中央特科负责人，1931年4月24日被捕，随即叛变。向忠发是中共六大选出的中央政治局主席、中央政治局常务委员会主席，是中共1928~1931年间的最高领导人，1931年6月22日被捕，随即叛变，旋被处决。关于他们的被捕和叛变经过、造成的严重危害，以及中共中央采取的紧急措施，很多论著都已经说过。除周恩来外，当时在中共中央执掌大权的王明，也是最了解情况的人之一。因笔者多年研究王明，前些年王明之子王丹之先生送给我一些王明及其夫人孟庆树留下的原始材料的复印件，其中有一份《关于顾顺章和向忠发的材料》。孟庆树对这份材料和其他几份材料曾作如下说明："以下几种材料，是我根据'王明同志回忆谈话'记录加以整理的一部分。"后来，孟庆树把这份材料收入她的回忆录《陈绍禹——传记与回忆》中。这份材料虽然是孟庆树整理的，但显然是王明的回忆。为了把顾顺章、向忠发被捕与叛变的有关情况研究清楚，现笔者将这份材料的有关内容提供给大家。

顾顺章叛变：秘密党员"老鲍"最先通知特科

关于顾顺章这个人，孟庆树是这么说的：

顾顺章（他的党内代号叫大流氓）在上海三次起义时，是工人纠察队大队长。从1927年革命失败后，中央迁来上海，他是中央特科负责人。所以中共六次大会时选他为政治局委员。他虽做了一些消灭特务叛徒和保卫党的秘密机关与干部的工作，但其为人流氓习气很重，政治文化水平很低。立三中央时对他和对其他工人干部一样，不重视政治理论教育，大批党的经费任他花费，不加检查，因而他的思想、生活早已腐化。

关于顾顺章被捕的地点，一般都说是在武汉，但孟庆树说是在南京。她说：1931年4月某日，正当中央政治局会议进行时，陈庚（即陈赓——笔者注）同志把周恩来同志叫出去谈话（因周管特科工作）。过了一会，周回来说："顾顺章被捕并供出12个机关的地址。"大家都很惊奇地问是怎么回事，周说："顾顺章用特科的一只小轮船护送张国焘、沈泽民、陈昌浩、张琴秋同志去鄂豫皖苏区工作，不知道回来时他为什么把船停在南京码头上，并且自己下去看看。不料原来在特科工作，后来叛变的'小阿连'正在码头上，就把顾捉住了！"（"小阿连"是代号，他的真姓名叫什么，什么时候被捕叛变的，可能周知道。"小阿连"叛变后不敢在上海活动，因为知道中央特科行动队会打死他，所以他只敢在南京一带做国民党的特务。）

很多论著都说顾顺章被捕后，是李克农、钱壮飞最早报告中共中央的，但孟庆树说不是他们，而是秘密党员"老鲍"首先通知特科的。当说老鲍（老包，又叫王八旦，都是他的党内代号，他的真姓名，可能周恩来同志知道）是上海英租界巡捕房的包探长、秘密党员。当他接到国民党特务总部陈立夫要他立即破获顾顺章供出的12个机关的命令时，这位多年来保卫着党的机关和干部的老鲍同志，立即把顾顺章被捕叛变等情况报告了中央特科。过了不久，李克农和钱壮飞两同志从南京逃来上海，他俩是隐藏在蒋介石、陈立夫和陈果夫特务总部内的共产党员，而顾顺章知道他们的关系，所以当他们听到有人打电话给陈立夫说："共产党特务头子顾顺章被捕，供出12个机关"时，立即逃走了。而他们所听到的，和老鲍得到的消息一样。

孟庆树还说，顾顺章被捕后，陆续把李克农、钱壮飞和老鲍三人的关系告诉了敌人。李、钱立即逃走，未遭毒手。老鲍被英国总领事找去盘问，老鲍说："这是共产党特务头子顾顺章假叛变，而且想陷害我。我自己到南京去见陈立夫说明情况。"老鲍到南京见到顾顺章，首先打了他两个耳光，说："你这个混蛋，你假叛变，还想诬赖我。你供出的12个机关，一个也不是真的！我都派人去看了，没有捉到一人，可见你是假叛变！"这样一来，敌人对顾顺章的叛变，不完全相信。老鲍仍回英租界当包探长。英国人和国民党总部虽然不像过去那样信任他，但并未马上撤他的职。向忠发被捕后，中央劝老鲍到苏区去，他说："现在已走不了，已被严密监视着，不能离开英租界。"后来英国人不要他了，但仍监视他。直到日本人占领上海英法租界后，老鲍同志在上海领导抗日运动，被日本人杀害。

关于顾顺章被捕叛变后中共中央的应急措施，孟庆树说得知这个消息后，正在召开的政治局会议未能再开下去，常委决定立即把顾顺章知道的一切机关和住处搬动，切断一切与顾有联系的线索。因为顾不仅知道这12个机关，而且知道党、团、工会等系统分布的地区。当然中央常委各人的住处，是顾顺章供出的最重要的机关，更要立即搬家。中央常委还决定立即改组中央特科组织，加强特科领导。原来特科的侦察、行动等工作都由顾顺章一人管理，因而他知道很多机关和联系，而顾的工作和生活无人监督和检查，现在决定特科成立三人团集体领导，分工负责，直接受中央常委领导和监督，由陈云任主任，赵容（即康生——笔者注）、潘汉年任副主任。这样，就形成了陈、赵、潘三人团的特科领导。除采取上述措施外，中央常委还决定政治局及其常委暂不开会，常委三人轮流在各人住处接头，中央日常工作由博古、陈云、洛甫（即张闻天——笔者注）、赵容（康生）等负责处理，遇到重要问题，请示常委三人接头解决。（顾顺章知道博古是共青团中央总书记，所以中央常委决定把博古调离团中央工作；洛甫刚从苏联回上海，才到中央机关工作，顾顺章完全不知道他。）

孟庆树还说，由于情况非常紧急和严重，很多机关要搬动。顾的岳父、岳母、妻子都不是党员，政治上落后，只听顾顺章的话，又由于顾原来常用他们去做机关联络工作，所以他们也知道很多中央机关和人员，尤其是特科的工作人员。如果他们和顾联系上，就立即增加了三个特务。所以中央常委批准了特科同志们的建议，就是立即消灭这三人，并搜查顾的住宅。顾和他的上述家属住的地方很阔气，在他们的住处，不仅搜出很多打（每打12罐）价值很贵的（每罐合四五元）鸡汁、肉汁等罐头和一大包鸦片烟土（顾等平时吸食鸦片），而且搜出顾用党的经费在上海郊区买地的地契，地契上写着他岳丈的姓名。但和顾关系很深的家庭女工小娘姨逃跑了，结果她就成了敌人逮捕向忠发的线索和助手。

关于顾顺章叛变后造成的危害，孟庆树说他虽然没有捉到中央负责人，但他把1930年4月立三路线开始盛行时被捕关在南京监狱里的恽代英同志出卖给了敌人。在此之前，因为恽代英善于应付，并把装在口袋里的机关地址吃掉，没有什么证据，敌人始终不知他是恽代英。敌人把他从上海押解到南京，关在监狱里。当时立三由于宗派主义作祟，没有及时营救。直到四中全会后，新的政治局常委决定营救他。一切都已办好，只差几天他就可以出狱了，不料顾顺章叛变，出卖了恽代英同志！

孟庆树还说，顾顺章向陈立夫保证，他能设法逮捕向忠发、周恩来和陈绍禹。同时，蒋介石更悬赏通缉向、周、陈三人，每人赏格为十万元（向忠发被捕后，增至每人赏格十五万元捉拿陈、周），所有交通要道都设有暗探守着。6月22日，向忠发被捕。

向忠发被捕：陈立夫在汽车行撒下天罗地网

关于向忠发被捕的经过，孟庆树说是1931年5月底6月初，大概是顾顺章被捕后三星期或一月后的某日，特科的同志得到消息说："顾顺章和小娘姨（家庭女工）接上了头，小娘姨已经到某成衣铺去打听过老头（向忠发在党内的代号）的住处。"于是特科同志立即通知"老头"搬家。

这天晚上，中央常委在恩来家开会，讨论常委是否暂时搬到哈尔滨或苏区去的问题，并决定：老头从今晚起，在常委搬家未决定前，不要再出去，就住在恩来家里。老头当时同意了。第二天上午12时左右，恩来、绍禹（陈绍禹，即王明——笔者注）、博古正在聂荣臻家里开会讨论中央军委工作时，忽然特科来报告说："老头在法租界汽车行被捕了！"当绍禹责问恩来为什么昨夜让老头出去时，恩来说："昨晚他当你面同意留在我处，你走后，小超（即邓颖超——笔者注）把床都给他铺好了，他说马上就睡。但当我和小超回到自己房里去时，忽听见大门开关的声音，我出去一看，老头开门走了！我追到街上，劝他回转来，老头坚决不肯。他说：我回去看看，明天就回来，就再不出去了。谁知道就出了事！"向忠发不遵守中央常委决定，当夜回去住，次日他到汽车行去租汽车，准备回到恩来处，在付钱时被等在汽车行的敌人特务捉住他的右手。因为顾顺章把向的相貌和特征都告诉了敌人，这时向的右手第二指短一节的特点被敌人特务发现了。捉住他的特务说："你这个人上次欠我的租车钱，为什么不还我？"向说："你弄错了人，我没有欠过你的钱。"特务们把向拉上囚车后，又对向说："我们没有认错人，你是向忠发。"后来才知道陈立夫和顾顺章从南京派来大批暗探、特务，藏在英租界和法租界所有的汽车行里，等着向忠发，因为顾顺章知道向每天出去是要租汽车的。

孟庆树说，中共中央得到向忠发被捕的消息后，正在进行中的讨论中央军委工作的会议立即停开，马上通知有关地方搬家并设法营救老头。特科负责同志和陈赓、老大（即欧阳新，又名胖子，陈赓的副手，后来到了莫斯科）已在东方饭店开了三间相连的房间，中间住恩来、绍禹和陈赓、老大。周、陈和特科负责同志商量如何营救老头，决定立即送五万元银行存折给杨度去找杜月笙设法营救。杜月笙是全上海最大的青帮头子，是法租界最大的资本家之一，在帝国主义和蒋介石面前是个有面子的人。但两小时后，杨度把五万元存折退回来了，他说："杜月笙没办法，因为捕向的人是南京直接派来的，向被捕后经过法租界巡捕房引渡不过是法律手续。"

关于向忠发叛变和被枪毙的情况，孟庆树是这样说的：向被捕后，先被带到法租界巡捕房去，因为他是在法租界被捕的，要经过这种手续才能引渡到中国界去。向在法租界巡捕房里见到包探长陆连奎时就跪下来说："请你帮忙。"陆说："你不是向忠发吧？"向说："我是向忠发。"陆说："我看你不像共产党的头子。你们那些共产党被捉来时，常把我们骂得狗血淋头，多么英雄气概，哪像你这样熊！”陆又问捕向的人：“你们捕错了人吧？”特务们说：“没有捕错，是他！”以后就把向引渡到龙华司令部军事法庭审问。据特科得到的消息说：向的供词主要内容是：(1)请国民党饶恕他；(2)说他自己是个挂名摆样子的总书记，实权在周恩来和陈绍禹手里等。不仅如此，向把恩来、绍禹和博古住的地方都告诉了敌人，并带敌人去捉人。幸而他们都搬了家，未遭逮捕。

特科的同志们以为顾顺章被捕后中央机关都新搬了家，以为向忠发除周（恩来）、陈（绍禹）、博（古）住处外，别处他没去过。不料他还记得中央材料科的地方。结果，他带敌人到材料科去，该科工作人员张月霞同志及其丈夫（可能还有个小孩）被捉去了。警备司令部把向忠发捕去后，曾去电向蒋介石请示如何处理，蒋在当天夜间回电说：“立即就地枪决！”当军法官把蒋的命令对向忠发宣读后，向大怒，喊了“打倒蒋介石，打倒国民党，打倒帝国主义，中国共产党万岁”的口号。

关于向忠发的小老婆的事情，孟庆树也谈到了。她说：向忠发被枪毙后的第二天，上海各大报上都登出向忠发被捕枪决的消息和他被捕后的供词，内容和特科得到的一样。但除供词外，还登出向有个小老婆是厦门路妓院的妓女的消息。据说敌人在向的住处（向自己新搬的某旅馆里）见到向的小老婆时，对她哈哈大笑说：“你在这里干什么？你知道不知道那老头（指向）是什么人？”妓女说：“他（向）是银行老板，他花钱把我从妓院赎出来作妾的。”敌探说：“什么银行老板，他是个共产党头子！”敌人就把这个妓女放回厦门路妓院去了。当时绍禹等看到这些材料后，感到莫名其妙。次日，恩来、绍禹、博古、陈云、洛甫、赵容在刘国璋同志家里开会讨论怎样应付紧急情况时，绍禹等向恩来提出为何报上说向忠发有个小老婆，到底是怎么回事，恩来才说：“那夜他不愿留在我处，就是因为向不放心他的小老婆，不回去怕小老婆担心，因而他一定要回去看看。他的这个小老婆是李立三和关向应同意他花钱买的，因向常到妓院去，怕他出问题。我当时不在上海，在莫斯科。回来后才知道这个已成的事实。”绍禹当即批评李立三对向忠发的态度不正确，任其腐化，又批评恩来不早说出这件事来。此时绍禹才明白，原来常委决定在三人住处轮流接头，结果只有周（恩来）、陈（绍禹）二人住处作常委接头地点，向从来不约周、陈到他的住处接头的原因，是怕绍禹知道他家有个小老婆。

孟庆树还说，向忠发原来的妻子是曾和他一块儿划船的老伴，还有一个8岁的儿子，当时都在上海。而向思想、生活腐化，公开抛弃妻子，经常去嫖妓。他的这种行为竟得到李立三等人的纵容……

王明说的上述情况，有的是别人从来没有谈到的，有的地方和别人说的不一样，可以作为研究这个问题的参考。

（作者系文史学者、中共中央党校教授、北京师范大学特聘教授）

原载于《同舟共进》2012年第8期

王明的这一生

郭德宏

王明作为1931年至1943年间的中共中央领导人，与中共中央的关系是很特殊的，其地位和作用的变化也很大。

米夫的"得意弟子"

王明与中共中央的关系，是从反对中共中央开始的。

王明原是武昌商科大学预科的一名青年学生，1925年11月到莫斯科中山大学学习。在那里，他成了校长米夫的得意弟子，成了一个教条主义者，并积极参加了学校里的派别斗争，形成了以他为首的一个小宗派。由于以瞿秋白、周恩来为首的中共代表团不同意他们的做法，王明于1928年带头开展了反对中共代表团的活动，"这就是后来延安整风时博古所说的王明宗派'反对中国党的第一战'"。(《杨尚昆回忆录》，中央文献出版社2001年版)

1929年3月，在莫斯科呆了5年多的王明回到上海。有的回忆说，当时中共中央提出让王明到革命根据地去工作，但他不愿意，也"不愿到基层工作，坚持要留在中央机关，一心一意想当领袖。他既害怕白色恐怖，又害怕做艰苦细致的群众工作"。(师哲《在历史巨人身边——师哲回忆录》，中央文献出版社1991年版)但据王明自己回忆，开始时他的工作很不顺利。直到"五一"节前，他才和中央机关接上头。李立三对他说："你虽然在莫斯科学习过，但没有实际工作经验，要到最下层、最艰苦、最困难的地方去。"于是派王明到中共沪西区委，做《红旗报》

的通讯员。但王明到达后，才知道那里已经有了通讯员，于是只能做候补通讯员，每天只是领来报纸，送发报纸。直到7月27日，才被调到沪东区委宣传部。10月中旬，又调任中共中央宣传部《红旗报》编辑。1930年1月12日王明被捕后，雇了一个印度巡捕到中央秘密机关送信，请求营救，致使党的许多机关不得不立即转移。所以2月18日王明刚被交保释放，党中央就批评了他，给了他党内警告处分，改派到全国总工会宣传部做《劳动》三日刊的编辑。6月初，又调任中宣部秘书。这期间，王明写了几十篇文章，极力宣传共产国际的左倾错误主张，在很多问题上的观点比李立三更"左"。

1930年6月11日，中共中央政治局通过了代表"立三路线"的《新的革命高潮与一省或几省的首先胜利》的决议。当王明听说共产国际远东局驻上海代表罗伯特反对这个决议，共产国际也一直未批准这个决议时，便揣摩其意图，在7月9日中央机关工作人员政治讨论会上，与博古一起对这个决议提出不同意见。当时，李立三、向忠发等很恼火，立即给他们扣上"右派"、"小组织者"等帽子，又给了王明留党察看的处分。第二天即7月10日，王明又给中央写信，重申他在会上讲的意见。8月，中央又给他留党察看六个月的处分，并调出中共中央宣传部，下放到江苏省委宣传部工作。王明提出的一些意见虽然是对的，但更多的是站在更"左"的立场上反对李立三的。

从一般干部到掌控中央大权

为纠正李立三的左倾冒险主义错误，中共中央根据共产国际7月23日关于中国问题决议案的精神，在瞿秋白、周恩来主持下于9月召开了六届三中全会。这次全会虽然没有指出李立三犯的是"路线错误"，但实际上纠正了李立三的左倾错误。对于六届三中全会，王明也曾表示拥护，并表示服从党的分配，到农村革命根据地去工作。

但共产国际看到中共中央报去的材料以后，改变了原来的看法，认为李立三犯了"路线错误"，并于1930年10月发出《共产国际执委关于立三路线问题给中共中央的信》，即"十月来信"，实际上否定了中共六届三中全会。王明在离开上海以前，从苏联回国的学生那里得到了共产国际的“十月来信”，立即改变态度，从拥护三中全会变为反对三中全会，并以未撤销对他的处分为借口，赖在上海不走。11月13日，他和博古联名给中共中央政治局写信，用激烈、尖锐的词句反对三中全会和三中全会后的中央。四天之后他们又向中央写了第二封信，提出撤销对他们的处分等三条要求。

中共中央于11月16日接到共产国际来信后，中央政治局接连召开会议进行研究，认为不宜扩大讨论，以免妨碍正在进行的工作转变并造成党的分裂，指出王明等人的活动是为了反对六届三中全会后的中央。但王明根本不听劝告，进一步展开宗派活动。他一方面加紧撰写、修改他的《两条路线》，即后来改名为《为中共更加布尔什维克化而斗争》的小册子，一方面进行串联，与罗章龙等人联名写信要求召开紧急会议，解决党内的政治、组织问题。于是，中共中央不得不于12月9日作出《关于召集中央紧急会议的决议》。

但正在这时，米夫以共产国际代表的身份来到上海。他认为召开紧急会议并没有把握把瞿秋白赶下台，把王明扶上台，于是提议召开扩大的六届四中全会。在米夫的一手把持下，中共中央撤销了对王明等人的处分，并任命他为江南省委（习惯上称江苏省委）书记。在1931年1月7日召开的六届四中全会上，王明被选为中央政治局委员。这样，王明作为一个刚回国不久的不到27周岁的青年学生，一个原来连中央委员也不是的一般党员干部，在米夫的一手扶植下，一跃登上了中央的领导岗位。从2月开始，他又成了中央政治局常委。（杨奎松《王明上台记》）

有个问题有些读者一直有疑问，即在中共六届四中全会上，王明只是被选为中央政治局委员。他成了中央政治局常委后，也只排名第四，前面还有向忠发、周恩来、张国焘。张国焘于这年4月到了鄂豫皖根据地以后，王明也只排名第三。那么，为什么从六届四中全会开始的错误叫做“王明路线”呢？我想这里主要有两个原因：一是王明虽不是中央主要领导人，但操有实权，并且最受共产国际的信任。毛泽东在批判王明的时候也说：王明在四中全会上实际上是“夺了权”，他“实际上做了总书记”。这就像李立三犯错误时不叫“向忠发路线”，而叫“李立三路线”一样；二是六届四中全会后的中央工作，实际上是以王明的《两条路线》的小册子为纲领的，当时的各项方针政策不过是这本小册子的内容的体现和具体化。以后王明虽然到了国外，但新成立的中央临时政治局贯彻执行的还是王明走前制定的那条路线，即“国际路线”。在延安整风时，中央曾把博古和王明并称，将这条路线称为“王明、博古的机会主义路线”。后来博古不幸牺牲，加上认错态度又较好，所以以后就只称王明的左倾路线了。当然，王明的这本小册子也是贯彻共产国际的决议的。

从坚持左倾错误到较早提出一些正确主张

1931年10月18日，王明秘密乘船离开上海，11月7日到达莫斯科，开始就任中共驻共产国际代表，并在共产国际领导机关负责处理中国党的事务。后来他担任了共产国际执委会主席团委员、政治书记处书记、书记处候补书记，是中共在共产国际里职务最高的人。

过去很多著作认为，王明到共产国际以后，仍在遥控中共中央，贯彻他的左倾主张。我认为，这只讲了一个方面，说他遥控中共中央，似乎有些夸大。因为莫斯科和上海及中央苏区相隔万里，电讯、交通都十分不便，王明即使要遥控，也鞭长莫及。况且，王明和博古后来也发生了分歧。

由于王明在共产国际工作，能够比较早地了解共产国际及苏联政策的变化，因此，随着苏联对外政策及共产国际主张的转变，他的思想也开始发生变化。他与博古主持的临时中央政治局和新的中央政治局发生了分歧。

例如1933年11月30日，王明在《中国苏维埃区域底经济政策》一文中，提出了一些修改对富农、土地、工商业、劳动政策等方面的左倾错误的意见，指出当时不能从苏区经济中铲除资本主义，而应利用它振兴苏区的经济；不能消灭富农和频繁地重新分配土地，应当保护、发展工商业和允许自由贸易等。这与博古主持的临时中央政治局的认识是不一致的。

又如1934年8月3日，王明和康生在给中共中央写的一封长信中，对博古主持召开的六届五中全会通过的《政治决议案》中关于粉碎六次“围剿”（这里说的第六次“围剿”，即通常说的蒋介石对中央苏区的第五次“围剿”——作者注）的斗争“是阻止中国走殖民地道路的斗争”，“是争取苏维埃中国完全胜利的斗争”，要扩大百万红军，争取一省数省的首先胜利等提法提出了批评，认为中国革命是一种长期性的坚（艰）苦斗争，六次“围剿”不仅不是最后决定中国命运的斗争，并且也不是决定胜负的斗争；把扩大百万红军的口号作为目前实际行动的口号，会不可避免地发生许多难以解决的困难（像武装、干部、供给等），同时还会发生把地方武装都集中到红军来的现象，因之不能不减弱在敌人后方两翼的广大的游击战争。目前必须首先提出“反日反蒋”的口号。在这口号之下，团结一切有可能参加这个运动的力量，来反对目前革命的最主要最凶恶的敌人。

尽管王明并没有从根本上认识到自己所犯的左倾错误，他的思想转变并不彻底，但对于他的思想转变和他对博古等人的批评，是应该肯定的。

从宣传抗日统一战线到犯下“严重错误”

1937年11月，王明与康生等启程回国，11月29日回到延安。在12月9日至14日召开的政治局会议上，王明被补选为中央书记处书记，并决定由他与周恩来等组成中共中央代表团，负责与国民党谈判。12月18日，他与周恩来、博古等到了武汉。在12月23日召开的中共中央代表团与长江中央局联席会议上，他被确定为中共中央长江局书记。

在长江局工作期间，王明在一些大的问题上与中央是一致的。第一，他也是坚持抗战、反对投降的；第二，他也是坚持抗日民族统一战线、国共合作，反对分裂的；第三，他也是主张保持中国共产党组织上的独立性，反对取消中国共产党的。他在长江局期间也做了很多有益的工作，长江局的成绩，有王明的一份功劳。

但是，王明在长江局工作期间也宣传和贯彻了他的右倾主张，在不少工作上犯了严重错误。1941年10月8日，毛泽东在中央书记处工作会议上对王明这个时期的错误作了以下概括："（一）对形势估计问题——主要表现乐观；（二）国共关系问题——忽视在统战下的独立性与斗争性；（三）军事策略问题——王明助长了反对洛川会议的独立自主的山地游击战的方针；（四）组织问题——长江局与中央的关系是极不正常的，常用个人名义通电给中央与前总，有些是带指示性的电报。不得中央同意，用中央名义发表了许多文件。这些都是极不对的。"

1938年9月至11月，中共中央在延安召开六届六中全会。毛泽东在会上肯定了刘少奇对"一切经过统一战线"口号的批评，强调统一战线中的独立自主，并因武汉失守撤销长江局，结束了王明对南部中国党的领导，基本上克服了王明右倾错误的影响。

长期以来，一直把王明在抗战初期的错误称为"右倾投降主义"。直到2002年出版的由中共中央党史研究室编写的《中国共产党历史》第一卷下册，才改变了这种提法，只说王明在抗战初期犯了"右倾错误"，没有再提"右倾投降主义"。

近年来，不少学者又提出了新的看法，认为不能再把王明抗战初期的错误看作右倾错误。看清这个问题的关键，我认为是站在什么角度来分析。如果站在中共党史的角度，王明的一些做法当然可以认为是右的；但如果站在中国现代史的角度，就不能认为王明在抗战初期是右倾的。王明回国的时候，第二次国共合作已经建立。既然是合作，就应该互谅互让，不能一味地强调斗争。特别是他回国不久，就到武汉与国民党进行谈判，并主持中共中央长江局的工作，直接在那里同国民党打交道。在这种情况下，他更多地强调联合、团结与合作，强调有些事情要经过国民党同意，并没有什么错误。

即使从中共党史的角度，也很难说原来批判王明的那些问题都是右倾错误。例如毛泽东批判的那几条：第一条是"对形势估计问题——主要表现乐观"，以及"以速胜论反对持久战"，这只能说是认识问题，如果一定要说倾向的话，那不仅不是"右"，而且是"左"；能够说"右"的问题只有第二条，即"国共关系问题——忽视在统战下的独立性与斗争性"。在这个问题上，我认为王明也不是一概错误，要作具体分析。

第一，王明并不是不要中国共产党和军队的独立性。他在提出“一切经过抗日民族统一战线，一切服从抗日”口号的同时，对这个问题是强调的。第二，王明并不是没有开展对国民党错误思想及行动的斗争。第三，王明讲的很多话，毛泽东也讲过。当然，王明在很多问题上与毛泽东的看法还是不同的。其中最大的不同，是毛泽东与国民党殊死斗争了10年，对于如何反对国民党的限制和打击，发展壮大自己的力量，考虑得更多一些。而王明是带着斯大林和共产国际关于加强国共合作的使命回国的，因而对于怎么和国民党合作抗日考虑得更多一些。所以后来毛泽东批评王明是“对自己的事（指中国革命问题）考虑得太少了！对别人的事却操心得太多了！”（1945年6月毛泽东同师哲的谈话，见师哲《在历史巨人身边——师哲回忆录》）

很多著作认为王明这次回国是来夺毛泽东的权的。但从现有的材料看，没什么材料可以说明斯大林曾想过以王明取代毛泽东。相反，王明回国前，季米特洛夫曾一再告诫他回国后不要争权：“你回中国去要与中国同志关系弄好，你与国内同志不熟悉，就是他们要推你当总书记，你也不要担任。”（徐则浩《王稼祥传》，当代中国出版社2006年版）

从讨好毛泽东到对抗整风运动

自从在六届六中全会上受到批评以后，王明为了扭转被动局面，开始极力吹捧毛泽东。

1940年5月3日，王明在延安“泽东青年干部学校”开学典礼上作了《学习毛泽东》的讲演，说要学习毛泽东“始终一贯地忠于革命的精神”、“勤于学习的精神”、“勇于创造的精神”、“长于工作的精神”、“善于团结的精神”，说党的一大以后毛泽东“便是我们党的主要的领导人，便是中国革命一个优秀的领导者”，大革命失败后毛“如鹤立鸡群一样英勇坚决地继续革命工作”，不仅是“伟大的政治家和战略家，而且是伟大的理论家”，“在农民工作中，他是一个有名的农民工作大王；在军事工作中，他是伟大的战略家；在民权工作中他是天才的政治家；在党的工作中，他是公认的领袖。不管什么工作，只要放在他手里，他都能做好，只要你向他请教，他都能告诉你经验和方法”。所以，“泽东青年干部学校学生以及全国的优秀青年，应该以毛泽东为模范，应该学习毛泽东”。对于毛泽东的《论持久战》、《新民主主义论》，王明说是马列主义的“新发展”。在这篇讲演中，一切好听的名词几乎都用上了，和林彪、康生之流在“文化大革命”前后的吹捧相比，毫不逊色。对毛泽东做出这么高的评价，王明是第一个。

可是在王明的心里，在另外的场合，对毛泽东就不那么“尊重”和“赞成”了。例如1941年5月毛泽东作《改造我们的学习》报告后，王明在女大传达报告时便说，理论联系实际要反对这也联系那也联系，变成“乱联系”，并说“不要怕说教条，教条就教条”，学它几百条，学会了，记住了，碰见实际自然会运用。

在整风运动中，王明更是拒不承认自己的错误，并且利用一切机会对毛泽东等人的批评进行反扑。他抓住1941年10月4日季米特洛夫的一份电报，说应与大资产阶级蒋介石搞好关系，中央的方针太“左”了。在10月8日的中央书记处工作会议上，他说“我们与国民党的关系弄得更好些是有必要的，而且是可能的”，《新民主主义论》中未说要联合大资产阶级，“这是缺点”。王明发言后与会同志对他进行了批评，他几乎逐条进行了反驳和解释。可是当会议结束时毛泽东提出准备在政治局会议上讨论王明提出的这些政治问题，希望王明对武汉时期的错误及对目前政治问题的意见在会议上说明时，王明突然于10月12日宣布有病，不能参加政治局会议，并说他同意毛泽东关于他在武汉时期所犯错误的结论。从此，他就以生病作为拒不检查错误的挡箭牌。

从1941年10月12日至1945年，王明就一直在医院或家里养病、治病。在治病过程中，他又抓住对他用药不当的“技术事故”大做文章，说是毛泽东通过李富春指使医生“谋害”他，并说给他治病的金茂岳医生有政治问题甚至特务嫌疑。

1943年3月中央机构调整以后，王明不再是中央书记处成员。从此，他退出了中共中央的权力核心。

1943年6月共产国际解散以后，为进一步清算王明的教条主义错误创造了有利条件。9月上旬至10月上旬中共中央召开政治局会议，批评了王明在抗战初期的错误。11月29日，李富春与王明谈话，说很快就要召开七大，希望他认真作出检讨。在这种情况下，王明感到靠山已去，不得不于12月1日让妻子孟庆树代笔，给中央政治局写了一封信，再一次声明“我完全放弃我自己的那些意见”；对于1941年10月间毛泽东等同志的批评，他“很感谢”，说这些批评“使我有可能和我的这些错误和缺点作斗争”。信的最后，他说：“我愿意尽我力之所能，对自己过去思想言行加以深刻的检讨，在毛主席和中央各位同志的领导与教育之下，我愿意做一个毛主席的小学生，重新学起，改造自己的思想意识，纠正自己的教条宗派主义错误，克服自己的弱点。”但是，这只不过是一个“表示”而已，在以后一年多的时间里，他并没有对自己的错误进行检查。

从“愿意做个驴子”到拒绝继续认错

在1945年党的七大前夕，毛泽东把六届七中全会准备讨论通过的《关于若干历史问题的决议》送给王明看，并派人同他谈话，建议他写一个承认错误的声明书。王明迫不得已，于4月20日六届七中全会通过《关于若干历史问题的决议》的同一天，给六届七中全会写了一封长信，表示赞同这一决议，并高度赞扬了毛泽东及毛泽东思想的正确与功绩，检查了自己在土地革命战争时期的错误。在此信的最后王明说，中央对他作出任何政治上和组织上的结论，“我都服从接受”，并认为应撤销他党内外的一切职务，让他作最接近广大群众的下层群众工作。

在这封长信中，虽然有些问题检查得还不够全面、不够深刻，但这是王明一生中对土地革命战争时期所犯左倾冒险主义错误的一次最系统的检查，态度似乎也是沉痛的、诚恳的。但是，在后来的《中共半世纪与叛徒毛泽东》（莫斯科进步出版社1979年版）一书中，王明却说这次检查是被迫的，并不是真心真意的，并攻击《关于若干历史问题的决议》“是毛泽东伪造中共党史的第一个文件”。

因为王明检查了自己的一些错误，毛泽东在七大上做了工作，七大仍然选举王明为中央委员。在1949年3月召开的中共七届二中全会上，王明在发言中从各个方面吹捧毛泽东和《新民主主义论》，但毫不检查自己的错误。对于他的发言大家提出了批评，他不得已在3月10日的第二次发言中作了一些检查。他对有的问题进行了检讨，对有的问题进行了反驳或解释，说他从未反对过新民主主义，从未反过毛，只是“不知道他如此伟大”，“心里也没有想过当总书记”，等等。在大家的批评帮助下，他表示“愿意做个驴子，慢慢走，跟毛走”。毛泽东在会议的结论中，指出要帮助王明改正错误，并要求王明写一份检查错误的声明书。但是，王明一直没有写这个声明书。

1950年6月召开的中共七届三中全会，王明因病请假。由于他迟迟不写检查错误的声明书，会议作出了《关于王明同志的决定》，要求王明将“声明书写好后，应即提交中央政治局审阅，并在必要时，由政治局提交以后的中央全会讨论”。可是到9月上旬，王明便提出“请求到苏联医治”，10月25日动身到苏联去了。他虽于1953年12月回国，但1956年1月30日，又再次到苏联去了。

晚年以反毛为业

自1956年去苏联，王明再也没有回国。他去苏联固然是为了治病，但毫无疑问也是为了躲避检查。1960年以前，他一方面养病，一方面写了很多诗歌，有些是赞扬国内社会主义建设成就和社会主义国家、第三世界人民的胜利的，有些是怀念家乡、亲人及战友的。在抒发个人情感的另外一些诗歌里，则明显地表达了他对毛泽东的不满。对于国内的政治运动，他做了很多指责。其中一些指责，不能说没有道理，因为这些运动确实搞错了，如他批评的“反右运动”和“三面红旗”等。但他在这些诗中竭尽嘲讽和挖苦之能事，而且把责任归咎于毛泽东一人。从1960年以后，王明写的一些诗则明显地是对毛泽东的攻击了。

“文化大革命”开始以后，王明写了一系列诗歌和文章，从各个方面反对“文化大革命”和毛泽东。这个时期王明的“代表作”共三部。一部题为《论中国事件》，1969年3月19日首先刊登在加拿大共产党党报《加拿大论坛报》上，随后由苏联政治书籍出版社印成小册子。第二部“代表作”是他于1970年4月借纪念列宁诞辰100周年写的《列宁、列宁主义和中国革命》一书，继续攻击毛泽东。第三部“代表作”是1971年以来所写的一些文章拼凑成的《中共半世纪与叛徒毛泽东》一书（现代史料编刊社和东方出版社在国内出版时，名字改为《中共五十年》），这可说是他反对毛泽东的“登峰造极”之作。这本书刚编完，王明就于1974年3月27日在莫斯科去世。

还在1968年12月8日，王明便在一首题为《生死斗争》的七律中写道：“坐行都苦睡眠苦，何不飞升到太玄？争取生存为党业，力求述作反毛篇。”由此可见，王明晚年的全部精力都用在了反对毛泽东身上。

纵观王明的一生，可谓大起大落。他不到27周岁就成为中共中央政治局常委，并掌握实际大权，但不到一年就离开斗争第一线。33岁时作为共产国际派来的“钦差”回国风光一时，也是不到一年就在中共六届六中全会后失去实权，并在37岁时受到批判，实际上离开中共中央的领导岗位，很快成为左、右倾错误的代表人物受到全党的批判。

王明的一生贯穿了一条线，那就是教条主义。他精通马克思主义理论和著作，但由于坚持教条主义，接连犯了“左”的和右的两次错误，并在错误的道路上越走越远。这是他的悲剧。

原载于《同舟共进》2011年第1期

西湖毁墓风波与胡乔木的一首词

贺越明

被誉为“中共一支笔”的胡乔木，生前先后在毛泽东、邓小平两代领导核心的身边，担当智囊和文胆之责，中共中央和最高立法、行政机构的许多重要文件、文告和文章均出自其手，所发挥的重大作用无以替代，这一点已经广为人知。而容易被忽视的是，他作为诗人和词家，既乐咏新诗，又擅填旧词，留下了不少值得回味的佳作。因此，近乎同时面世的两部胡乔木传记均单列一章，或详或略地介绍了传主在诗词领域的成就。但令人遗憾的是，这两部传记对一些重点诗词未能予以解读，尤其对其中关涉杭州西湖毁墓拆碑风波的《沁园春·杭州感事》的背景及影响，缺乏必要而充分的疏释。

毛泽东的修改和批语

叶永烈的著作《胡乔木——中共中央一支笔》(广西人民出版社2007年版，人民出版社2011年版)，是在作者1994年2月出版的《胡乔木》一书基础上增补、修订而成。该书第10章“病中吟”，专门记述了时任中共中央书记处候补书记的胡乔木自1961年8月起到杭州养病期间，以较多时间和精力吟诗作词并偶或介入新闻、出版、文化界事务的经历。其中，提到胡乔木于1965年1月在《人民日报》《红旗》杂志同时发表了16首词，还引用了个别词作叙述他的创作及修改经过，也说明这些作品获得毛泽东字斟句酌的修改，但其中没有引证《沁园春·杭州感事》的任何词句。然而，在叶著所引1964年12月2日胡乔木给毛泽东的一封信中，却涉及这首词的重要内容：

《沁园春》一首，在此曾给林乎加同志和陈冰同志看过，后来又把其中提出的意见同霍士廉、曾祥仁两同志说了，得到了他们的完全同意。省委决定对西湖风景区进行改造。《浙江日报》已登了十几篇读者来信，要求风景区也要破旧立新，彻底整顿，把苏小小墓等毒害群众的东西加以清理。这是你多年以前就提出的主张，在现在的社会主义革命新高潮中总算有希望实现了（毛泽东此处批语：这只是一个开始而已）。所以在此顺便报告，并剪附今天的《浙江日报》一纸。此事待有具体结果后再行报告，以便能在北京和其他地方有所响应。

对于解读《沁园春·杭州感事》，信上这些话所透露的信息非常重要。一、林乎加时任中共浙江省委副书记、书记处书记，陈冰时任浙江省委宣传部部长，霍士廉时任省委副书记、书记处书记，曾祥仁时任省委书记处书记，而拥有中央书记处候补书记身份的胡乔木向前二位出示了该词，对后二位讲了该词的意涵，等于作了非正式的指示。二、以《浙江日报》刊登的读者来信为据，说明该词所表达的愿望与人民群众“破旧立新”的要求正相吻合。三、向毛泽东表示（亦是提醒）该词实际上反映的是毛“多年以前就提出的主张”，亦即迁走西湖边上的古人坟墓，而现在终于有望实现。四、以杭州西湖风景区为先导，期望首都及其他地区也能采取类似的毁墓拆碑行动。由此可见，《沁园春·杭州感事》因与现实政治密切相关，可以说是一首政治词，并获作者本人高度重视，正是把握胡乔木那个时期思想脉络的一个关键线索。叶著引用了传主同一时期的《六州歌头·国庆》《贺新郎·〈看千万不要忘记〉》，而没有提及《沁园春·杭州感事》的片言只语，与这首重要的词作擦身而过，使传主致毛泽东的那封信成了无本之木。

在这方面，丁晓平所著的《中共中央第一支笔——胡乔木在毛泽东邓小平身边的日子》（中国青年出版社2011年版）恰好构成了一个有趣的对比。该书第16章“诗化人生”的后半部分，涉及胡乔木在杭州养病期间作诗填词的独特经历。书中概述道，1964年10月1日，是新中国成立15周年，胡乔木写下了他的第一首古体词作《六州歌头·国庆》，接着又一口气写了《水调歌头·国庆夜记事》《贺新郎·〈看千万不要忘记〉》《沁园春·杭州感事》和《菩萨蛮·一九六四年十月十六日原子弹爆炸》；11月又创作了《水龙吟》四首。为了让读者了解传主的诗词造诣，作者引录了其中两首，一首便是《沁园春·杭州感事》：

穆穆秋山，娓娓秋湖，荡荡秋江。正一年好景，莲舟采月，四方佳气，桂国飘香。雪裹棉铃，金翻稻浪，秋意偏于陇亩长。最堪喜，有射潮人健，不怕澜狂。

天堂，一向喧扬。笑古今、云泥怎比量。算繁华千载，长埋碧血，工农此际，初试锋芒。土偶欺山，妖骸祸水，西子羞污半面妆。谁共我，舞倚天长剑，扫此荒唐！

此处引载与当时发表于报刊及以后收入《胡乔木诗词集》的文字完全相同，但该词有两处字句实系毛泽东斟酌改定，即由原稿中的“西子犹污”改为“西子羞污”；“谁与我，吼风奇剑，灭此生光”改为“谁共我，舞倚天长剑，扫此荒唐”。而且，毛还在该词原稿上写下一段很尖锐的批语：“杭州及别处，行近郊原，处处与鬼为邻，几百年犹难扫尽。今日仅仅挖了几堆朽骨，便以为问题解决，太轻敌了，且与事实不合，故不宜加上那个说明。至于庙，连一个也未动。”应当承认，毛泽东的修改和批语，确实更明确地突出了该词题旨，也赋予了更多的现实政治意义。丁著在引录该词时，没有同时引用毛泽东的这个批语，也没有提及前述胡乔木就该词及其他事项致毛泽东的那封信，更没有介绍词作的背景及影响，恍如虚晃一枪，自然也就不会触及词作与杭州西湖迁墓拆碑事件的关系。因此，也使这部传记留下了一个不大不小的遗憾。

身后响起责难声

尽管《沁园春·杭州感事》的创作仅仅是胡乔木一生中并不怎么起眼的一节经历，是自他笔下流淌出来的大量文字中的沧海一粟，但却有着极为重要的内涵和影响。相比而言，在胡乔木同一时期的所有词作中，《沁园春·杭州感事》与现实政治的关系最为密切，套用当时的政治术语，可以说是发挥了有力的战斗作用，而且也是他本人最为看重的作品。

如前所述，他不仅在给毛泽东的那封信上就该词对敦促当地领导决定下令迁墓等的作用及时禀告，而且在1964年12月5日将这些词作寄送《人民日报》编辑部发表时有一附函，称词作“多关时事……内杭州一首借指文化革命”，“国内至今庙坟如此之多，毒害群众，亦觉须加挞伐……杭州一呼，全国响应的日子，想亦不远”。可见，他有心把借助这首词作推动的西湖迁墓作为样板，推向全国各地。

胡乔木包括《沁园春·杭州感事》在内的16首词，均产生于“文革”前两年。以今时今日的目光审视，这些词作不能不带有早已逝去的那个时代的烙印，也显露出作者的政治思想认识以及艺术美学观念的局限性。这是毫不足怪的。但是，如何看待其中《沁园春·杭州感事》在当时所产生的影响，却是有关胡乔木的一个回避不了的话题。

可以说，胡乔木的《沁园春·杭州感事》客观上导致了1964年底杭州西湖风景区的大规模毁墓拆碑事件。

作为当事人，胡乔木生前对这样的责难似有预见。1989年秋天，他出行上海时曾约谈著名藏书家、《文汇报》退休记者黄裳，话题甚广。黄裳在1998年12月27日撰写《胡乔木与西湖》一文回忆道，胡后来修书一封，除了表示把晤“快偿夙愿”之外，还对黄赠书六册“感慰无已”，并颇具深意地道出读后感：“赠书稍稍偷暇浏览一二，内中一九六四年西湖迁墓一事，鄙人实躬亲此役，有词为证，不悉详情，但与外传颇有出入。何以善其后，下月来沪，倘得再见，甚愿聆教。当然决定权属于浙江，提出一些较为可行的建议还是有好处的。”（《春回札记》，福建人民出版社2001年版）

心有委屈拟辩白

胡乔木这番言辞何所感而发呢？原来，黄裳1979年6月6日写过一篇《苏曼殊及其他》，谈到杭州西湖风景区迁墓之事，表示“我早已知道曼殊和陶成章、秋瑾、徐锡麟等人的墓，早在1964年顷就已迁往龙井附近的吉庆山（即鸡笼山）麓了。时间已经过去了15年，中间还经过了‘文化大革命’，这些迁到新址的旧墓情况怎样了呢？”又提到“10多年前在这里进行了一次大扫荡，那理由据说也就是这个，不过使用了极‘左’的思想方法，‘理论’也更为彻底。朋友告诉我，当时大声疾呼的是，西湖已经为古人、名人、死人、洋人、帝王将相、才子佳人所占领了，这可真已达到了极端严重、不可容忍的地步。为了彻底改变这种情况，就非来一次彻底的大扫除不可。今天我们所见的西湖，就是做过了大手术以后的样子”。他认为“秋瑾、徐锡麟、陶成章，还有曼殊，他们得以葬身湖边，因为他们都是辛亥革命前后死去的革命者或同路人。还有更古的岳飞、于谦、张苍水以及林和靖，他们也各以其特殊的理由葬于西湖旁边，不幸其中有些正是所谓‘帝王将相’和‘才子佳人’。不论怎样说吧，他们都曾经是历史上的客观存在，采取不承认主义是不行的，那是只有阿Q才使得出来的妙计。像‘四人帮’那样的放手荡涤，企图达到‘眼不见为净’的目的，实践证明是不行了”。(《山川·历史·人物》，三联书店香港分店1981年版）不用说，黄裳的批评是严厉的，而且将1964年的那次迁墓与后来“文革”中更大规模也更彻底的平墓砸碑毁庙行动相提并论。显然，胡乔木从黄裳赠书中读到此文，所以坦承“鄙人实躬亲此役，有词为证”，又“不悉详情，但与外传颇有出入”，还提出了如何善后的问题，表示下次到沪见面“甚愿聆教”。这就是说，胡乔木在写信之前即知对该词引发西湖迁墓拆碑事件已有传言，但在其本人看来是与实情“有出入”的。

自1989年秋那次初晤后，胡乔木与黄裳还叙谈过一次。据黄裳《来燕榭书札》(大象出版社2004年版）中“致杨苡”1989年10月30日信中说：“最近有一事，胡乔木来沪，约我见了一面，长谈。谈西湖，谈周作人，谈文汇报，没有什么大事。”这是第一次。1989年12月13日信中又说：“胡公回来后又见一次，送了我一本诗集。”这便是第二次。至于“与外传颇有出入”之处何在，以及“何以善其后”的话题，胡乔木在这次面晤时有没有谈过，黄裳此信未曾说及，也不见其他文字记载，因而留下了一个让人费心琢磨的悬案。

很明显，“与外传颇有出入”之句，表明胡乔木自认在这个事件上是有委屈且不能不有所申辩的。

那么，究竟“出入”何在呢？这就要追溯杭州西湖风景区迁墓拆碑事件的缘起。从时间上查考，早在1964年底胡乔木写出《沁园春·杭州感事》之前，即已有过迁墓的动因和行为。据时任中共浙江省委宣传部代理部长的陈修良女士晚年回忆，1955年，毛泽东已有拆除西湖边古人墓的念头。查《陈修良文集》（上海社会科学出版社1999年版）的有关忆述可知，“从这年11月至第二年1月间，毛泽东大部分时间住在杭州的刘庄，也就是今天的西湖国宾馆。有一次同浙江省委第一书记江华一道凭栏远眺，看到孤山一带有许多名人坟冢，感慨道：‘西湖边的坟墓太多了，这些坟墓可以拆迁一下埋到郊区去，让死人也过集体生活不好吗？’然后江华闻言连连赞同，表示立即照办”。照办的结果，是1956年2月21日，西湖风景区开始拆迁古墓。

同一时期任中共浙江省委文教部副部长兼省政府文化局局长的黄源先生有相同的回忆：“江华把本来在西湖边上、在杭州饭店前面草坪上的革命烈士秋瑾、徐锡麟的墓，一夜工夫搬掉了。”“江华怎么会干这件事呢？原来，毛主席来杭州，住在刘庄宾馆里，有一天讲起：‘我是和坟墓为邻的。’江华一听这句话，就下命令把西湖边上的坟墓都起了。”可是，“秋瑾、徐锡麟是烈士，孙中山都肯定的，民主党派一看把历史上的烈士搞掉了，怎么会没有意见？！”“民主党派马上打电报向周总理提出意见。宋云彬也是其中一个。后来周总理责成沙文汉当即恢复。其实，是江华直接通过杭州市委动手搬掉的，沙文汉根本不知道……周总理不知道底细，他只是从国务院的系统责成省长沙文汉当即恢复”。“后来沙文汉承担了这个责任，向国务院作了检讨，把搬走的坟墓作了恢复”。（《黄源回忆录》，浙江人民出版社2001年版）因为拆迁古墓的行动被民主党派一状告到国务院，经周恩来发话阻止，到3月1日中止，整个过程不过10天，后来又修复了其中12座名人墓。然而，这场风波只不过是暂时平息。

并非最早动议人

在1956年春天开始的“百家争鸣”热潮中，社会学家费孝通平生首次游览西湖风景区后，于7月26日在《人民日报》发表《为西湖鸣不平》一文，说他一路上“古迹可真看到不少：不妨屈指数一数，差不多有一打的坟。我回到旅馆，坐定了，似乎有所发明地向指引人发表了我的结论，西湖原来是个公墓，而且这个公墓还有一个规格，一律是土馒头，洋灰水泥或是三合土”，“这样一个内容丰富的西湖，为什么采取了这个公墓形式来表现呢？”“我们很难想象出一个没有林和靖、苏小小，甚至武松、岳王的西湖。这些是它的血肉。但是，恕我还是不能不用这两字转一下文气，除了埋葬了尸体之外，就没有其他形象来表示我们这些美人美事了么？难道我们人民的智慧里创造不出了其他和美人美事更联系得密切的生动形象来表达我们对他们的感情了么？这是我的不平处”。

据费孝通的一位学生多年后撰文称，《为西湖不平》刊出后招致不少人反对，但毛主席看了拍案叫绝，有一次接见费孝通时说，他在北戴河看了费的文章后，马上就想用飞机接费来一叙。实际上，虽然都不喜欢西湖边的那些古人坟墓，毛是从扫除封建残余的政治文化层面考虑的，而费的视角似乎在于环境美学，彼此的着眼点并不一致。但从毛泽东在这个问题上把费孝通引为同道，可以窥知他对此耿耿于怀，是待有朝一日彻底予以解决的。8年后，胡乔木的词和信重提旧事，使毛泽东在批语中表明迁墓并不彻底并要拆庙的意见，正可为之佐证。

客观地说，西湖的毁墓拆碑，浙江省委是奉令执行，胡乔木无论如何算不上始作俑者。谈论这一事件把1964年作为横截面而不涉及1956年那一次，对胡乔木确实不太公允。当然，他的词作直接引发了第二次毁墓拆碑事件，则无可置疑也是难辞其咎的。对于这一历史事实，在他的传记中不仅无需回避也不必掩饰，还应当以尊重历史并对之负责的态度梳理清楚，给予公正而中肯的评断。

且不论水准高下，单就现实作用而言，《沁园春·杭州感事》是胡乔木的其他词作远远不能比拟的。正是这首词及其所提示的毛泽东对西湖边古墓太多极为不满的旧事，促使浙江省委的领导在1964年12月2日晚上，下令调集大批人力先在西湖孤山、西泠桥、白堤附近平毁古墓30座。次年1月中旬，又发动杭州市中心城区和近郊再度大规模清理坟墓、牌坊、佛像、华表、匾额等，到3月6日为期一个半月里，共计破拆牌坊55处、石刻7处，掘毁坟墓654座，包括28座迁葬。由此可见，《沁园春·杭州感事》的影响力确实不容小觑。

那么，胡乔木出于何种心态，要将《沁园春·杭州感事》告知或见示于浙江省委的几位领导，又专门向毛泽东报告相关情况呢？围绕着一首新填的旧体词，他的这些动作，无论怎样看待都不可谓小，显然有其政治上的考量。

“半个政治家”

胡乔木因患较严重的神经衰弱症，从1961年8月下旬开始向中央告假病休，到1964年底填词作诗时已有3年多。这期间，毛泽东在中共八届十中全会上发出了“千万不要忘记阶级斗争”的号召，发起批判了“单干风”、“翻案风”；全国范围逐渐开展社会主义教育运动，包括城乡“反对贪污盗窃、反对投机倒把、反对铺张浪费、反对分散主义、反对官僚主义”和农村“清账目、清仓库、清工分、清财物”及后来的“清经济、清政治、清思想、清组织”；《人民日报》《红旗》杂志发表俗称“九评”的重要理论文章，同苏共中央展开大论战，争夺马克思列宁主义的正统传承地位；军队兴起大学毛泽东著作的热潮，归纳总结出一系列学习方法；文艺舞台上提倡大写“十三年”的现代戏，“京剧革命”初露锋芒……所有这些，正在迅速地构成一种新的政治生态。胡乔木曾多年担任毛泽东的政治秘书，对高层的思想分歧、路线斗争非常了解，对政治气候的变化自然也十分敏感。这时以新意填旧词并向工于诗词的毛泽东求教，不仅使他恢复了与毛泽东的联系，而且明确地表现出紧跟其战略步伐的意向。通过这首词作及其相关行动，包括给毛泽东的信函和此前对浙江省委领导的明示，胡乔木充分展示了继续追随最高领导人的政治立场，也成功地显现他开始以实际行动参与文化战线的这场革命，等于曲折地表明他在思想上已经做好了从病榻回到工作岗位亦即政治舞台的准备。

不过，毛泽东却在此时重用了另一位政治秘书陈伯达，拔擢了层级较低的张春桥、姚文元、王力和关锋等人，而没有启用胡乔木这位曾经得心应手的秘书——这显然是有原因的。胡乔木在1956年9月底的中共八届一中全会上，当选为中央书记处候补书记后，其他中央领导人也向他交办一些工作，有的毛泽东不知道，过了一段时间才听胡讲起，很感惊讶且不悦；有的是交办的领导人因时过境迁，觉得没有必要告知毛泽东，而胡过后却报告了，自然引来不满。前者，如陈云副主席在八届六中全会结束时建议不要把“跃进指标”的具体数字写进公报，三个多月后毛泽东严厉地批评胡乔木：“为什么不跟我说！你不过是个秘书，副主席的话你有什么权力不报告？”而后者，如刘少奇副主席1961年5月得知胡乔木对毛泽东讲了庐山会议期间刘曾要胡起草反左文件一事，很不高兴地在会上批评了一通。这类事情于夹在中间的胡乔木，本来是左右为难，受批评又感委屈；而在毛那里，则会减少对他的信任，甚至担心胡的政治倾向和立场。

胡乔木的女儿胡木英回忆父亲，认为他就是对领袖、对党一片忠诚。“在一些政治问题上，父亲说了但解决不了实际问题的时候，他也不好太反对，毕竟父亲只是个秘书……所以主席对父亲的评价很对，说他虽然正直、正派，但是不太懂政治。主席说‘你跟了我这么多年，还只能算是半个政治家’”。（见刘畅《“主席著作绝不是父亲代笔”》，载2011年9月8日《环球人物》杂志第158期）“不太懂政治”的胡乔木，此时只能被边缘化了。

同时，江青参与了“文化大革命”的酝酿、策划和启动，将从幕后走到台前，扮演着非常重要的角色，而她与胡乔木的关系并不融洽。建国初期，胡乔木任中宣部常务副部长时，江青是文艺处副处长，但胡乔木又是毛泽东的秘书，而江青却是毛泽东的夫人。处于这种微妙的关系之间，胡乔木却对江青坚持原则，公事公办，有可能得罪了她而不知觉。1966年7月，在中央文革小组召开的一次会议上，江青厉声对胡乔木说：“你的诗词主席费心太多，简直是主席的再创作。以后不许再送诗词给主席，干扰他工作。”“文革”开始后，胡乔木就遭受批斗、抄家，甚至一度成为被批判的对象。这在胡乔木来说，真有点“我本将心向明月，奈何明月照沟渠”的况味。不过，也正因此，却使得他后来的人生结局远比那几个政治文人好得多。

经历“文革”之后，晚年的胡乔木也有自省和反思。他在1989年致黄裳的信中谈到对迁墓拆碑“何以善其后”的问题，并说“提出一些较为可行的建议还是有好处的”，正透露出他就昔年过失感到些许歉疚并希望有所弥补的心态。

（作者系文史学者）

原载于《同舟共进》2013年第4期

1980年代的周扬与胡乔木

丁晓平

1983年3月18日，是马克思逝世100周年。中共中央决定召开一个纪念大会，由总书记胡耀邦作讲演。此外中共中央宣传部决定，由中国社会科学院和中央党校等单位联合举办学术讨论会，纪念马克思逝世100周年。就是在这个会议上，周扬所作的《关于马克思主义几个理论问题的探讨》引起轩然大波，并逐渐升级，掀起了一场“清除精神污染”运动，由此也酿成了周扬和胡乔木个人的历史恩怨和情义悲剧。

当年，作为中国文联主席的周扬是受中宣部提名作为主要报告人，在这个学术讨论会上讲一讲文艺问题的。为了作好这个报告，时任中宣部副部长的贺敬之专门挑选了几个文艺方面的意识形态专家帮助周扬起草演讲报告稿，徐非光、梁光第、顾骧、陈涌、陆梅林、程代熙、王元化等人都参加了起草报告的碰头会，提出建议讲一讲“建立中国自己的马克思主义的文艺理论和批评”（亦说“中国特色的马克思主义文艺理论”）问题的初步意见。周扬对中宣部委托他作报告表示同意，但不满意中宣部出的这个报告题目，认为范围太窄了，对给他挑选的起草助手也不满意。当时因病在北京医院住院的周扬“决意要从更广阔的视野来阐述马克思主义的理论，并亲自物色了三个人来协助他”。这三个人是：时任上海市委宣传部长的文艺评论家王元化、中宣部文艺局的干部顾骧和《人民日报》副总编王若水。病愈出院后，周扬就带着这三个人去了天津，住进了景色宜人、有“天津钓鱼台”之称的迎宾馆。为了客观再现这段历史的原貌，下文以诸位当事人的回忆作为叙述，从这篇文章的起草说起。尽管他们的记忆略有出入，但历史总是慢慢地让人知道，慢慢地达到真实的。

周扬报告“出炉”的经过

王元化是在1983年春节前四天收到周扬来信的。他回忆说：“春节后，我赶到天津，向周提出请王若水、顾骧一起来参加讨论。人到齐了，开始讨论写文章的事。我说：‘现在许多文艺问题说不清楚。由于文艺思想都是哲学、美学的背景，如果不在哲学上弄清，许多文艺理论问题就谈不深，谈不透，所以最好从哲学方面弄弄清楚。’周扬同意我的意见。”

王若水说：“我建议周扬讲讲人道主义，但是周扬似乎对异化更有兴趣。他对异化问题是有研究的，曾在中央党校作过有关这个问题的报告。为了考虑这个问题，有一夜他没有睡好觉。第二天他说，他决心讲异化问题。我对他说：‘你决心讲异化，我很高兴。’我原来想，以周扬的身份，可能会觉得谈异化这样的敏感和有争论的问题是不合适的。他下这个决心需要勇气。”

根据和王若水、王元化、顾骧三个人的讨论结果，周扬最后决定挑选四个问题来讲：一是马克思主义是发展的学说；二是要重视认识论问题；三是马克思主义与文化批判；四是马克思主义与人道主义的关系。这样，文章正式进入起草阶段。

王若水回忆：“第一个问题由顾骧起草，第二个和第三个问题由王元化来写。第四个问题本来是准备分配给我写的，我因为还有一大堆事情，推卸给顾骧，提前回北京了。”

王若水为何早早地离开天津？顾骧回忆：“讨论完毕，发生了一件意外的事情：若水与前妻离婚一案，法院将开庭审理，通知若水出庭。不得已，第三天若水便回京了。执笔起草便落到元化与我两人身上。‘报告’四部分，我写第一、四部分，元化写二、三部分。若水实际上未参加执笔。”（见《忆周扬》，王蒙、袁鹰主编，内蒙古人民出版社1998年版）

王若水说：“但稿子写成后，周扬又要我修改人道主义这一部分。

我在北京对这一部分做了大的修改，不少地方是重写。因为时间匆忙，我只能把我过去的文章中的一些现成的话照抄上去。其他两位大概也是这样做的。我们向周扬说明了我们的不得已，但周扬似乎不以为意。”“周扬报告中关于人道主义和异化的绝大部分观点也就是我的观点，但有些地方是按照他的意思写的。周扬并不完全同意我的观点，觉得我走得太远了。这次周扬不像过去那样，认真修改助手起草的初稿，亲自加写一些内容，而是有些大而化之。我明显感到周扬是老了。”（《忆周扬》）

王元化回忆：“在讨论中，对于周扬有些见地，我非常同意。他说中国革命在民主革命阶段就理论准备不足。俄国民主革命有别林斯基、车尔尼雪夫斯基、杜勃罗留波夫，有普列汉诺夫这些理论家，而中国革命缺乏这样的理论家。我们往往只重实践而忽视理论，强调‘边干边学’、‘急用先学’、‘做什么学什么’等等……这种轻视理论的传统一直延续至今，为中国革命带来很多问题。据传这篇文章后来成为问题，主要在于这一点，当时一位‘理论权威’向中央进言，说周扬没有摆好自己的位置，他不过是一个中央委员，竟将自己站在党之外，甚至党之上，说中国从民主主义革命到社会主义建设，甚至在十一届三中全会召开之后，都缺乏理论准备，难道十一届三中全会文件不是最好的马克思主义理论？于是这一点就成了这篇文章的主要问题。”但这样的“传说”其实不切实际，因为后来胡乔木、邓力群主要批判的是王若水写的“异化”问题。

王元化承认：“讨论中，周扬还曾对我们说过，王若水对于人道主义、异化的说法有些偏颇的地方。他说马克思主义不可没有人道主义，但是人道主义不能代替马克思主义。他认为在我们社会里是可以通过自我完善解决异化问题的。我在定稿时，按照周扬意见，将王若水所写部分删去了约四五百字。这篇文章在周扬去党校做报告的前一天3月6日的晚上，由周扬本人审定，进行了……润色，直到三月七日凌晨才匆匆印出。”（《忆周扬》）对此，王若水却说：“周扬对我们很放手，让我们替他最后定稿。”

就这样，经过近一个月的时间，周扬一边疗养，一边终于“安静地

'炮制'那篇日后在政坛上掀起轩然大波、在新时期思想发展史上将要留下一笔的所谓'异化'文章"。顾骧说:"回京前几天,中宣部理论局卢之超来电话,询问周扬同志'报告'的内容与题目,学术讨论会要安排日程。我与周扬同志商量,他也想不出什么好题目,说就叫'关于马克思主义几个理论问题的探讨'。我给卢之超回了电话。"(《忆周扬》)卢"因到中宣部不久,不知会议原委,但对周很尊重,认为他当然可以决定这种改变"。(见《回忆胡乔木》,卢之超著,原载《我所知道的胡乔木》,当代中国出版社1997年版)

王震、邓力群、胡乔木及《人民日报》的反应

3月7日,会议如期在中央党校礼堂召开了。中央党校校长王震、中央书记处书记兼中宣部部长邓力群出席了会议。胡乔木没有参加会议。当时正在医院检查身体的邓力群,特意从医院赶到了会场,听着听着他觉得有问题:"特别是关于异化问题。按周扬的说法,社会主义在发展过程中,会走向自己的反面,政治、经济、思想等方面都会异化,都会走向自己的反面。我觉得,他的这种说法与过去党的一贯说法不一样。我们历来讲,我们的党、我们的革命队伍,由于受到资产阶级思想和非无产阶级思想的影响,党员干部中会发生腐化变质的现象。异化问题我过去没有接触过。现在周扬讲,社会主义本身要发生异化,社会主义国家在发展过程中必然走向自己的反面,政治、经济、思想上都走向自己的反面。这与过去长期的说法不一样。当时,我没有立即断定周扬的说法是错误的,只认为是新说法,有疑问:这种说法对不对?能不能站得住?另一个是人道主义问题。我听周扬讲人道主义时,感觉他的语言和赫鲁晓夫的语言、提法差不多,这种讲法也有问题。周扬讲过以后,一些学者、专家当时就表示对他的讲话有意见。贺敬之听了也有意见,但不敢出来讲话,因为周扬是他的老领导。"

讲话结束时,邓力群还和王震一起上台和周扬握手,表示祝贺。对此,没有参加会议的王若水和王元化都有回忆,电视台也播放了新闻。

王若水说:"我没有参加这个会,因为头一天晚上和王元化一起对

讲稿进行最后的润色，工作到凌晨，弄得很疲劳。讲稿在《人民日报》印刷厂排印，王元化和我就在排字房修改，边改边排，第二天早晨才匆匆忙忙送到会场（周扬对我们很放手，让我们替他最后定稿）。因此，事先送审是来不及了。邓力群似乎很放心地说：'先讲吧！'"，"周扬本是出色的演说家，他的报告常常是很吸引人的，但现在他已年迈，只简单地作了一个开场白，就由一个广播员代念讲稿。据参加报告会的记者回来告诉我，这个广播员很有本事，事先没有看讲稿，拿起来就念，居然念得抑扬顿挫，声调铿锵。当时，台下鸦雀无声，大家聚精会神地倾听。报告结束时，全场一片热烈的掌声。这是这次会上最受欢迎的报告。王震走到周扬面前说：'讲得好！我还有一个问题想向你请教：你说的"YIHUA"，这两个字是怎么写的？'"对此，王元化的说法是："报告结束，王震说讲得很好，还问周扬'异化'是哪两个字，是什么意思。"

当时，坐在台下听报告的卢之超，听着听着"越来越觉得不大对头。因为周的地位较高，在涉及党的指导思想——马克思主义的重大问题上，事先没有报告中宣部，更没有请示党中央的情况下就这样讲是不大合适的。乔木没有参加这个会，但这天下午他参加了在历史博物馆举办的纪念马克思的展览会的预展。我问他的秘书，乔木事先知不知道周讲话的内容？秘书说肯定不知道，因为上午才收到周讲话的清样。"

胡乔木收到周扬报告的清样确实没来得及看。周扬在给胡送稿子时还写了一个便条："乔木同志：送上马克思逝世一百年纪念学术会上的讲稿，请你详加阅改退下。我病初愈，过些时当来看您。敬礼。周扬，三月七日。"

作为中宣部理论局局长的卢之超，赶紧请胡乔木的秘书黎虹"快向乔木报告。果然，乔木看了稿子后觉得问题十分严重和复杂"。同日下午，邓力群也打电话告诉胡乔木，说"上午去党校听了周扬的报告，觉得有些观点和提法需要斟酌，希望乔木同志看看周扬的讲话稿。同时把对周扬讲话有不同意见的情况及准备让有不同意见的人（如黄楠森等三四个人）也在会上讲一讲的意见反映上去"。

但令胡乔木和邓力群、卢之超没有想到的是，第二天，《人民日报》没有采用新华社发的新闻稿，而是独家发表了周扬讲话的详细报道，并预告“全文本报另行发表”。对此，王若水说：“《文汇报》驻京记者马上要求周扬把这个讲话给他们发表。我说,《人民日报》有优先的权利。周扬当然希望能在中央党报上刊载。当天晚上发会议新闻，着重报道了周扬讲话的要点。我特地在新闻后面加上了一句预告，说：‘全文本报另行发表’。这是为了防止别的报纸来争夺。”（《忆周扬》）

3月8日下午，生病住院的邓力群接到《人民日报》总编秦川的电话，说：周扬的讲话很好，而且已预告读者全文将在《人民日报》另发，周扬也已定稿。请示邓力群是否同意全文发表。邓力群说：“我听了周扬的报告以后，感到有些问题，但没有把握。周扬的讲话是否全文发，怎么发，你们请示乔木，他同意发则发，否则不能发。”紧接着，邓力群打电话给胡乔木。胡乔木告诉他：“周扬的稿子已经看了，感到问题不少，不是删几句就可以改好的，不宜在《人民日报》发表。”电话中，他们商量后决定：延长会期，休会两天后继续开。胡乔木还说：“既然有人不同意周扬的意见，可以请他们中的一些人也在大会上发言，把这个会开成学术讨论会。这样有各种意见、各种声音。否则国内外会把周扬的讲话误解为代表党中央的意见。事实上，他的讲话内容，会前大家不知道。他的观点，没有报告中央并得到同意。”

邓力群马上从医院赶到中宣部，布置会议，要求理论局迅速组织几位不同意周扬观点的哲学、文艺学方面的专家作大会发言，并与周扬的讲话一样发消息和摘要。卢之超说：“这样做，一是因为不少人确有不同意见，更重要的是要造成一种不同学术观点讨论的气氛，而不致使外界认为……党对指导思想有新的解释……”（《回忆胡乔木》）

这样原定于3月9日结束的会议，决定在10日、11日休会两天后继续开。

10日，正生病住院的胡乔木带病率中宣部两位副部长郁文、贺敬之和文联副主席夏衍以及王若水，一起来到周扬家，谈对周扬报告的意见。郁文作了记录。

胡乔木说：“人道主义问题，周扬同志的文章，讲得比较周到，但有些问题还没有鲜明地讲出来，或者还讲得不够圆满，倘若就这个样子拿出去，可能产生一些误会。文章中有些话是不可取的。”“我是赞成人道主义的。但是我看到周扬同志的文章，抽象化的议论比较多，离开了社会主义运动的实践。”其实关于人道主义，平反后的周扬担任中宣部顾问后，在一次会议上曾承认自己1960年代对人道主义的批判是不妥当的。而胡乔木也曾对《人民日报》1980年8月15日发表的《人道主义就是修正主义吗?》给予了表扬，而该文不仅对马克思主义和人道主义的一致性给予了肯定，还肯定了“马克思主义人道主义”这个概念。

谈话中，胡乔木指出:“人道主义中有各种糊涂观念。我们现在提人道主义，究竟指什么?很难给人以明确概念。如果不在人道主义前面加上一个限制词‘社会主义’，就容易引起误解，好像社会主义和人道主义是两件事。”

胡乔木还分析和批评了与此相联系的文学方面的一些现象以及现代派的种种表现，并批评了王若水的观点。在王若水看来，胡乔木的“语调并不十分严厉，而对周扬，他自始至终是很客气的”。而且胡乔木这次谈话确实没有讲“异化”问题。最后，胡乔木十分客气地说:“周扬同志您年高德勋，年老体弱，是否可以‘宜将剩勇追穷寇’，将文章未涉及的地方或未说清楚的地方，索性说清楚一些，然后再出单行本。”“周扬同志在文艺界是很有影响的。周扬同志的文章发表出来也会影响很大的，因而希望周扬同志能够将论点搞得更完整一点，修改好了，正式发表。”

临别时，胡乔木还郑重地对周扬说:“今天的意见不是我个人的，我是同耀邦同志商量了的，他特别提出要我用他的名义希望你把文章修改好了再发表。”而且，胡乔木不赞成这个时候在报纸上大张旗鼓地宣传所谓的人道主义。他建议周扬文章修改后，作为学术文章在《哲学研究》上发表，展开讨论。

在大门口告别的时候，胡乔木向周扬深深地行了九十度的鞠躬礼。

其实，周扬的报告是同时送给胡乔木和胡耀邦审阅的。但胡耀邦的稿子很快就退了回来，上面有胡耀邦划的记号，但是没有注明任何意见。后来胡耀邦解释说：他还没有看完，秘书误以为看完了，就把稿子退了回来。因为这次谈话中胡乔木没有谈“异化”问题，这使王若水“松了一口气”，甚至觉得胡乔木的话比他预料的要温和。回到人民日报社后，他就向总编秦川汇报说："乔木的观点和周扬的观点没有大的分歧。他强调批评抽象的人道主义或资本主义的人道主义，这个观点周扬和我也能接受。我最担心胡乔木批评异化概念，但是他只字未提。"

而胡乔木从周扬家回到医院后，立即专门查阅了马克思关于"异化"问题的前期和后期的提法，并先后打电话给郁文和周扬，指出——

关于异化的问题我忘记谈了。我想马克思早期说的异化和晚期说的不一定一样。不管一样不一样，社会主义社会将它应用过来，不加区别，不对。用这个名词要加以区别。如果因为（社会主义）社会中有非人道现象，同资本主义社会中的非人道现象混在一起，就把问题谈乱了。一个是非基本的现象，甚至是非法的；一个是基本的现象。我这个意见将另外写信告诉他们。如果有关同志谈到这个问题时，可把这个意见补充上。

对此，卢之超回忆："人道主义和异化等本来是一个抽象的哲学问题，已争论多年，还可争论下去；但周的讲话中把它与社会主义现实结合在一起，使它带上现实政治性。而周又是从三十年代起就与乔木一起共事，'文革'中受到迫害的老同志。我想，乔木迅速坚决采取的这些措施，是从大局出发；力求妥善处理而不伤感情的挽救措施。"（《回忆胡乔木》）

但胡乔木的"挽救措施"并没有挽救他想挽救的一切。

文章发表后激起的风波

胡乔木的意见在执行中遇到了很大抵制。

3月16日，《人民日报》全文发表了周扬的报告。这是令胡乔木和邓力群无论如何也没有想到的。因为就在前一天，邓力群还专门召开中宣部部务会议，讨论周扬报告如何处理的问题。会上，因为通知周扬参加会议却没有来，邓力群就在会议中间亲自给他打电话，说："周扬同志，您的那篇讲话，乔木同志提了意见，希望您自己进行修改，然后在《哲学研究》上发表。不知您改好了没有？"周扬说："讲都讲了，我就不准备改了。”就这样，倔强的周扬真的把文稿交给秦川发表了。

在中共中央政治局委员胡乔木和中央书记处书记、中宣部部长邓力群或登门拜访、或打电话指示通知、或开会专门研究，三番五次地提出需要作出修改再在《哲学研究》发表，不要在《人民日报》发表的要求下，周扬、秦川和王若水却决然地发表了这篇文章——完全可以想象胡乔木和邓力群对此的反应。

邓力群看到《人民日报》发表了周扬的报告后，非常气愤，一上班就打电话给秦川：“你和我说要全文发表周扬的讲话，要我表态，我说让你请示胡乔木，你请示了没有？”

秦川说：“没有。”

邓力群说：“为什么要发表周扬的文章？乔木同志早在3月8日就打电话给中宣部，已经明白表示周扬讲话不能在《人民日报》上发表，你们为何不听？这是一个严重的错误！现在就不是一般的不同意见的问题，而是严重违反组织纪律的问题，你要立即写出检查！”

胡乔木16日看到当天的报纸后，马上打电话给邓力群，说：对《人民日报》刊登周扬讲话全文的事不能马虎，建议中宣部向中央报告情况。于是，在邓力群的主持下，由贺敬之、李彦、卢之超三人起草了上报中央书记处的报告——《中宣部关于〈人民日报〉不听招呼全文发表周扬同志长篇讲话的情况和处理意见》。但在书记处会议讨论时，胡耀邦提出“报告涉及具体事，要与本人核对。今天我们不做结论，先把报告送给本人看，该改的、该更正的搞好”。

3月26日，按胡耀邦的意见，中宣部召开部务会议，内容是核对事实。参加会议的有胡乔木、邓力群、郁文、贺敬之、周扬、秦川、王若水等人。这次会议上，胡乔木、邓力群和周扬、王若水发生了激烈争论，甚至拍了桌子。4月20日，经过面对面的核对后，中宣部把经过修改的报告等再次呈送中央书记处。但此后却没有了任何消息，主要原因就是胡耀邦一直坚持认为这是学术问题，不要搞得那么紧张。于是这件事情就搁置起来了。

中央书记处出现了不同意见，加之飞短流长，这就形成了上上下下复杂分歧的局面，胡乔木的处境一下子变得十分困难。

周扬用“答记者问”的形式作检讨

1983年8月，邓小平找胡乔木谈话。邓说：他最近看了一些材料，觉得文艺界的问题复杂，思想界的问题严重，人们的思想很乱，所以准备在即将召开的十二届二中全会上讲讲这些问题，并出了一个题目叫《人类灵魂工程师的责任》。胡乔木说：这个题目太窄了，是不是放宽一点，讲党在思想工作中的任务。邓小平同意这个意见，并让胡乔木帮助搜集资料，准备稿子。胡乔木领命后，立即找龚育之、郑惠和卢之超等人搜集材料，作起草稿子的准备工作。

8月初，胡乔木找秦川和王若水谈话，在谈《人民日报》的工作和整党问题时，再次批评了他们。9月7日上午，因为胡乔木去了杭州，邓小平就找邓力群谈二中全会讲话稿起草的事情。邓力群和龚育之、郑惠、卢之超一起去了。邓小平问：让乔木准备一个关于思想工作的讲话稿，准备得怎么样了？因为邓力群6日刚刚从外地回来，不知道情况，就由龚育之等人向邓小平汇报了胡乔木设想的几个题目和稿子的结构、字数。

邓小平听了之后，说：这样讲问题太多，不需要也不可能讲这么多问题。但他赞成由书记处起草一个加强思想工作的决议来讲这些内容，他这个讲话的范围要小一些。内容太多了，对当前主要问题的针对性就不够，就很平淡了。这些内容可以涉及，但是不要分这么细。

邓小平说：“原来就是想讲不要搞污染。所有的灵魂工程师，包括理论工作者在内，演员也是，不要搞污染。”他还说：“在文代会上讲了污染问题。灵魂工程师不要对社会风气、对青年思想搞污染。现在好多是搞污染。”“我准备了，也想了，就讲两个问题：一是整党不能走过场；一是思想战线不能搞精神污染。”

随后，邓力群等人将邓小平的谈话整理了一个记录稿，送给邓小平审阅。邓小平在清样上只改了两个字——将“我们是把实行开放政策当作促进社会主义经济建设发展的步骤，目的是为了发展社会主义经济”这句话中的“步骤”，改为“补充”。随后，邓力群将邓小平谈话记录稿送给胡耀邦。

9月12日，中央书记处会议上传达了邓小平9月7日关于整党和不搞精神污染的谈话。随后，邓力群组织写作班子开始了邓小平讲话的起草工作。整理的过程中，邓力群还将整理稿传给在杭州的胡乔木。胡乔木根据邓小平的谈话对稿子进行了修改。9月30日，邓小平看了经胡乔木修改的整理稿后，当天把邓力群找过去，提了两点意见："第一，整理稿子看了，太长，砍掉三分之一；第二，自由民主这个问题话太多，有一两句就行了。"但在这次谈话中，邓小平非常意外地与邓力群讲起了"异化"问题——

早已收到周扬同志为他文章辩护的信和附上的马克思讲异化的十八条论述。周扬同志送来的马克思讲异化的材料，他引的所有的话，都是讲的资本主义社会，讲劳动创造的成果反过来变成压迫自己的力量。所有的话，都在这个范围之内，都没有超出这个范围。

关于异化，马克思是如何说的，要搞个材料，印发给大家。这是个生疏的名词，绝大多数同志不了解异化是什么。也是个学习嘛。让大家接触一下这个问题，有必要。

周扬同志讲毛主席1964年赞成他讲异化的文章……那时候满脑子苏联变质，联系说到我们自己也变质，提出走资派，资产阶级就在党内，打倒走资本主义道路的当权派。不只在中央打，各级领导都打。是不是异化思想导致的呵？

得组织点文章。

也怪，怎么搬出这些东西来了……社会主义异化到哪里去？异化到资本主义？异化到封建主义？总不是说社会主义异化到共产主义嘛！当然，也说了社会主义自身有克服异化的力量。

需要写有分量的文章驳这个东西。

可见，邓小平对周扬的讲话是不满意的。

10月12日，邓小平在二中全会上讲话，着重讲了整党不能走过场和思想战线不能搞精神污染的问题。邓小平说："搞精神污染的人只是少数，问题是对这少数人的错误言行缺乏有力的批评和必要的制止措施。”邓小平批评那些热衷于谈论人的价值、人道主义和所谓“异化”的人，“他们的兴趣不在批评资本主义，而在批评社会主义”，“有些同志至今对党提出坚持四项基本原则仍然抱怀疑态度，文艺界的一些人热心于写阴暗的、灰色的，以至胡编乱造、歪曲革命的历史和现实的东西。‘一切向钱看’的歪风在文艺界也传播开来了。因此，必须大力加强党对思想战线的领导，对于造成思想混乱和精神污染的各种严重问题，必须采取坚决严肃认真的态度，一抓到底。”

10月底，胡乔木在邓力群的陪同下来到人民日报社，宣布中央的决定：同意胡绩伟辞职，免去王若水副总编职务。秦川改任社长，李庄出任总编辑。

在二中全会上，邓力群还在西南组作了一个长篇发言，批评了王若水的一系列观点，并对周扬报告中的错误观点提出了意见。周扬也在分组会上作了自我批评。邓小平在二中全会的简报上看到周扬的自我批评后，很快就把胡乔木和邓力群找去，说：“周扬写了一两万字的文章登在报纸上，就这么几句话能交代过去吗……”

邓力群回忆说：“周扬在听了邓小平的意见后很紧张，他知道不作检查是不行的，但采取的办法是拖。胡乔木对周扬一向尊重和关心，考虑到年岁已高，身体又不好，希望他再作一点检查，早点过关，几次打电话去问。后来，还是乔木出的主意，建议周扬用答记者问的形式作变通式的自我批评，发表在报纸上。新华社写出稿件后，周扬又在稿子的末尾加上了几句话，还要坚持自己的观点。这个稿子拿到中央书记处去讨论时，胡耀邦看后说：又作自我批评，又坚持自己的观点，这怎么叫检查？他主张把周扬的保留意见删掉。”

最后，周扬接受了胡乔木的建议，检讨是以“周扬与新华社记者谈话”的形式在1983年11月6日发表的。但“周扬与新华社记者谈话”发表以后，周扬很后悔，其家人也非常生气，责怨胡乔木出的这个主意。秦川回忆说：“我常去周扬同志家。有一次，我到周扬家里去，只听他夫人苏灵扬说：‘小胡（即胡乔木）为什么这样？起应（即周扬）在上海替他恢复了党籍，那时不像这样啊！晚上老来电话，催他在报纸上公开承认错误，简直睡不安宁’。”后来各种说法就更多了，有的说周扬作检讨是“上了胡乔木的当，上了圈套，没有料到对新华社记者的谈话，会公开发表”。而陆定一在给周扬女儿的信中，甚至说周扬是“被人气死的”。秦川和顾骧对此观点也持认可和同情态度。(《知情者眼中的周扬》)

高处不胜寒。到底是周扬误解了胡乔木，还是胡乔木误读了现实?或许很难有标准答案。批评胡乔木的人们始终认为，要周扬作检讨是胡乔木的意见，而胡乔木多次打电话劝周扬作检讨，并出了“答新华社记者问”的主意，最终导致周扬抑郁而死。然而，不在中共高层工作和生活的他们，哪里读得懂胡乔木的内心世界呢?而周扬对时局的认识、对自己所谈问题的认识是否准确呢?这是值得深思的。

胡乔木写给周扬的小诗

1984年1月3日，72岁的胡乔木在中共中央党校发表了《关于人道主义和异化问题》的讲演。他的目的是明确的：对周扬报告中的观点代表中共中央作澄清。

胡乔木在这篇文章中主要讲了四个问题：一是究竟什么是人类社会进步的动力?二是依靠什么思想指导我们的社会主义社会继续前进?三是为什么要宣传和实行社会主义的人道主义?四是能否用“异化”论的说法来解释社会主义社会中的消极现象?最后，胡乔木指出:“宣传人道主义世界观、历史观和社会主义异化论的思潮，不是一般的学术理论问题，而是关系到是否坚持马克思主义的基本原理和能否正确认识社会主义实践的有重大现实意义的学术理论问题。在这个问题上的带有根本性质的错误观点，不仅会引起思想理论的混乱，而且会产生消极的政治后果。”(见《胡乔木文集》第二卷，人民出版社1993年版)

1月7日，胡乔木将这篇费时两个多月，四易其稿，长达三万字的讲话稿呈送邓小平审阅，请示要不要公开发表。

1月11日，邓小平批示:“乔木同志：这篇文章写得好，可在《人民日报》发表或转载。由教育部规定大专学生必读。文艺、理论界可组织自由参加性质的座谈，允许辩论，不打棍子。”随后1月27日的《人民日报》和1984年第2期《红旗》杂志发表了这篇文章。胡乔木在文章中表示，希望理论界就这个重大问题展开讨论："不赞成我的话的基本观点的同志，我也恳切地欢迎他们参加讨论。"

1月26日，也就是《人民日报》发表胡乔木《关于人道主义和异化问题》的前一天，细心的胡乔木非常友好地给周扬写了一封短信："周扬同志：近日写了一首小诗，谨以奉呈。祝春节安好。灵扬同志并此问候。"胡乔木的诗是这样写的——

谁让你逃出剑匣，谁让你
割伤我的好友的手指？
血从他手上流出，也从
我心头流出，就在同时。

请原谅！可锋利不是过失。
伤口会愈合，友情会保持。
雨后的阳光将照见大地
更美了：拥抱着一对战士。
胡乔木的诗，意味深长。

龚育之回忆说："当时我曾建议乔木同志同周扬同志谈一谈。乔木说，他也想找一个机会同周扬从容地仔细地谈一谈，但很难找到。他说，只要能心平气和地谈，相信能同周扬谈得很好。"交谈中，胡乔木给龚育之看了他写给周扬的信和上面这首小诗，并解释说："前一节是作者问剑，第二节是剑的回答。"龚育之还在《几番风雨忆周扬》中写道："1988年，上海理论界的一本在内部很小范围送阅的刊物，发表了一篇文章，论人道主义和异化问题，赞成乔木文章的许多意见，但是认为乔木同志的批评把问题过分政治化了。这个刊物的编辑很想知道乔木同志的意见，我向乔木转达了。乔木告诉我，他已经看过这篇文章，他同意作者的观点，的确是过分政治化了。证据是，后来就没有不同意见的文章在报刊上发表和讨论了。"（《忆周扬》）后来在周扬病重期间，胡乔木曾亲自致信问候，其义也真，其情也切。

1989年7月，周扬病逝。

历史人物因其无法超越所处时代的局限，而永远无法剥离自身的历史背景。在20世纪80年代中国改革开放这个新生儿刚刚迈步时，无论周扬也好，胡乔木也罢，他们都不可能超越阶级，也无法超越政治。他们对马克思主义的理解和意识形态的追求，都深深烙下了各自的政治烙印，而在这个背景下结下的怨怼，终于酿成了他们个人情义的悲剧。这也是胡乔木不愿意看到的结果。

1990年，已过古稀的胡乔木回首往事，反复吟诵宋朝无名氏的《水调歌头》：

平生太湖上，短棹几经过。
如今重到，何事愁与水云多。
拟把匣中长剑，换取扁舟一叶，归去老渔蓑。
银艾非吾事，丘壑已蹉跎。
脍新鲈，斟美酒，起悲歌。
太平生长，岂谓今日识兵戈？
欲泻三江雪浪，净洗胡尘千里，不用挽天河！
回首望霄汉，双泪堕清波。

古人慷慨悲歌、一唱三叹的情怀深深打动了胡乔木，“拟把匣中长剑，换取扁舟一叶”，更令其唏嘘不已。而他写给周扬的小诗中，那把令他心头流血的“剑”，是否也能“换取扁舟一叶”呢？

胡乔木将此古词手书条幅，送友人。观者曰：其笔力端正遒劲，宛如其人，而又全然不像70多岁的老人。

（作者系文史学者）

原载于《同舟共进》2013年第9期

从晚年三首新诗看胡乔木的两重性

散　木

左还是右：荡在秋千上的人

1982年1月，胡乔木仿鲁迅《我的失恋》，作《歌者》一首，诗曰：

羡慕我的，赠给我鲜花，厌恶我的，扔给我青蛙。酸甜苦辣，为美的追求，这缭乱的云烟怎得淹留！在路旁劳动和休息的乡亲，凭咱们共死同生的命运，我要上高山，看人寰的万象，要畅饮清风，畅浴阳光，要尽情地歌唱，唱生活的情歌，直到呕出心，像临末的天鹅。

对于"中共一枝笔"胡乔木，由于历史和现实的关系，特别是改革开放后几场关乎中国前途的事件之后，对其"羡慕"者有之，对其"厌恶"者也有之，由此似乎形成了耐人寻味的"胡乔木现象"。大概胡乔木也察觉到了这一点，于是才会有上述那样一首颇为自信和热烈表白的诗。

想来知识界对胡乔木评价的分歧，主要发生在1979年《苦恋》事件之后。其时，正是改革开放开启之时，人们多年积蓄的对"文革"及"两个凡是"等的强烈不满，在文坛上引发了一场以揭露和控诉为主旨的文学创作高潮（是谓"伤痕文学"等）。而电影作为最能表达大众情感的艺术方式，彼时几乎每一部新作品都引起了巨大反响。如谢晋导演的《天云山传奇》，影片还在送审时就已议论纷纷，有人认为它"美化右派，丑化党的领导"，后来总算得以公映。到了《苦恋》（电影名为《太阳和人》）时，议论更是沸沸扬扬，以至当时中共中央总书记胡耀邦考虑再三，也不便先观看影片发表自己的意见，他谢绝了作者和导演的请求，说："这部影片，在没有审查通过之前，我不看。昨天晚上在中南海放了这部片子，我没有去。听说有人反对，有人支持。我们家看过电影的就是两派。我的儿子是赞同你们的，我的秘书就不赞同。”他又说：“希望你们的电影能够通过，然后也能在电视上放，我会坐在这张藤椅上看。”

那是一个特殊的历史时期，而经验似乎告诉人们：在意识形态领域，小到一部小说或电影，都不是“小事”，它往往会牵扯人们的神经，进而造成影响面极大的事件。这样的例子，在过去还少么？胡耀邦在那时已经很不容易了，最终他遏制或抵制了一些带有“左”的倾向的批评，并一再重申他的一贯主张，即再也不能以一部作品和某些言论加罪于知识分子了，更不能任意发动一次政治运动。

不过，有人却不这么看，有人还将《太阳和人》产生的过程写成报告送给中央纪律检查委员会，要求“中纪委”介入。1981年8月，在由中宣部召集的在京文艺界党员领导骨干会议上，胡乔木讲话长达3个多小时，多次提到《苦恋》，并对文艺界提出了严厉批评。他说：对于《苦恋》这样显然存在着严重政治错误的作品，我们的文艺批评界竟然长时间内没有给以应有的批评，直至让它拍成电影；在《解放军报》发表批评以后，一些同志除了指责这些评论文章的缺点以外，仍然不表示什么鲜明的态度，这不但是软弱，而且是失职；在社会科学和其他思想工作领域内，也有一些类似的情况……我们再不能容忍这种状态继续存在下去了……

对于当年批《苦恋》（应该说就是此后“清污”运动的先兆），曾彦修先生以为：“1982年，1983年，1984年，1985年，胡乔木和×××做的一些事，知识分子都非常反感，动不动就触网，颇有寸步难行之感。”（《我认识的胡乔木》）。不过，又如曾彦修所说：“胡的外表与内心似乎大有矛盾之处。胡的一生表现出来的似乎全是政治（‘文字改革’可能例外），似乎全是苏联的政治与毛的政治。但他内心的许多想法，似乎又不一定是如此的。胡的诗‘如此江山如此人，千年不遇我逢辰’的晚年心理状态似乎不甚好懂了。胡的心里究竟是怎么想的，在我同他的某些接触中，感到他的内心世界有时似乎与他公开表露出来的东西并不那么一样。”这就涉及了胡乔木的两重性。

所谓知父莫若子（女），胡木英在《中共党史研究》2009年第6期有一篇口述文章，她说:“我父亲去世以后，有的同志回忆说：不了解中国政治的人，便很难了解胡乔木这样一个一生为政治服务、追求政治思维的人的理论品格。实际上，我父亲的思想是非常开放的。不少同志反映说，乔木在私下谈话、在研讨中、在《关于建国以来党的若干历史问题的决议》写作班子中间，说出的话，很多观点、很多道理，是很超前的。如朱镕基总理1994年在《胡乔木回忆毛泽东》、《胡乔木文集》第三卷出版座谈会上的讲话中就说:‘我在上海工作的那段时期，当我和他谈到改革开放中出现的一些新事物的时候，我发现乔木同志都很清楚。他在不断地思考这些问题，他很能够接受新事物，甚至比我们的思想还开放。’父亲逝世前几年，曾认真思考中国共产党历史上为什么会长期犯左倾错误？文化大革命究竟是一个什么样的东西？它是如何发生并演变成那样一场撼天动地的全民族运动？可以说在很大程度上，父亲的思考，超越了他本人的心理负担极限，带动了中国理论界对于这场灾难的思考。”无疑，这也是胡乔木身上两重性的一种表现。

对于“一生为政治服务”的胡乔木来说，他的一些反思和表达，无疑有着极为重要的意义。比如，几乎在“《苦恋》事件”的同时，是他率先在中宣部召集的思想战线问题座谈会上发表了著名的讲话，即他第一次公开、正式地指出了毛泽东《在延安文艺座谈会上的讲话》存在的问题:“长期的实践证明，《讲话》中关于文艺从属于政治的提法……是不确切的，并且对于建国以来的文艺的发展产生了不利的影响。这种不利的影响，集中表现在他对于文艺工作者经常发动一种急风暴雨式的群众性批判上，以及一九六三、一九六四年关于文艺工作的两个批示上（这两个批示中央已经正式宣布加以否定）。这两个事实，也是后来他发动‘文化大革命’的远因和近因之一。应该承认，毛泽东同志对当代的作家、艺术家以及一般知识分子缺少充分的理解和应有的信任，以至在长时间内对他们采取了不正确的态度和政策，错误地把他们看成是资产阶级的一部分，后来甚至看成是‘黑线人物’或‘牛鬼蛇神’，使林彪、江青反革命集团得以利用这种观点对他们进行了残酷的迫害。这个沉痛的教训我们必须永远牢记。”

对于人们的不同反应，可能胡乔木也有估计，遂有《歌者》一诗。

不过，或许让他意外的是，他又开始“两头不靠岸”，成为荡在秋千上的人——有人说他是“左爷”，有人则说他是“右爷”。

周扬认输，胡乔木却赢得尴尬

让人印象最为深刻的，是胡乔木和周扬的决裂。

那是1983年3月，有关方面为了纪念马克思逝世100周年，举行了几个纪念活动，主要是开两个会，一个是纪念会，由中共中央发起召开，并由胡耀邦作报告；另一个是学术讨论会，由中宣部、中央党校、中国社科院和教育部联合召开，由周扬作报告。后者，当事人之一王若水在《周扬对马克思主义的最后探索》中回忆说：当时是中宣部提名让周扬来作报告的，题目则是有关马克思主义和文化问题的，为此贺敬之曾挑选了几个文艺方面的意识形态专家来帮助周扬起草报告稿，但周扬认为这个题目的范围太狭窄了，而且他也看不中选派来的那些助手，他决意要从更广阔的视野来阐述马克思主义的理论，并亲自物色了三个人来协助他起草报告稿，这就是来自上海的王元化、中宣部的顾骧以及《人民日报》的王若水。

周扬的报告会（《关于马克思主义的几个理论问题的探讨》，内容涉及人道主义和异化问题）如期在中央党校礼堂举行。报告结束时，全场爆发出一片热烈的掌声，当时王震校长还走到周扬面前大声说：“讲得很好！我还有一个问题想向你请教，你说的‘Yi Hua’，这两个字是怎么写的？”然而不久事情却急转直下，围绕报告的内容以及报告的公开发表（3月16日的《人民日报》），胡乔木和周扬之间发生了激烈的冲突。对此胡乔木曾表明：“我是赞成人道主义的，我自认为是非常热烈的人道主义者”，但是他不赞同周扬报告中的表述，他还联系到理论界一些相同的文章，说：“我看了一些文章，抽象化的比较多，（它们）离开了社会主义运动的实践”，即“一方面社会需要人道主义，另一方面要说明这不是一个简单的问题，需要一个长期的斗争过程”，并且强调要批评资产阶级的人道主义，以及“今天全国广泛开展的学雷锋活动就是人类历史上、世界历史上空前未有的人道主义高潮”等。

人道主义和异化等名词和概念，是随着“文革”的结束和对专制主义的批判带来的，当然，也有萨特“存在主义”等西潮的影响。周扬团队在报告中提出这些问题，是以为社会主义社会中也存在异化现象，所以要把改革作为克服异化的一种重要手段。胡乔木则以为把异化的概念用于社会主义社会是不妥的，他还习惯性地提到了“阶级斗争”。在后来的批判中，周扬的报告被认为是“有一些人利用这些观点加以引申，发表了许多完全违背马克思主义的怪论，实际上成为当前资产阶级自由化思潮的核心之一”，等等。

曾经在文艺领域忠实执行极左方针的周扬（所谓“文艺沙皇”），因为极端的“文革”苦难而幡然觉醒，在晚年有了一定程度的认识和忏悔。事后，周扬在中顾委会议上曾试图为自己辩护。但后来，周扬被迫承认错误，那就是1983年11月6日在各家报纸发表的新华社报道的周扬谈话，在这个谈话中，周承认自己“轻率地、不慎重地发表了那样一篇有缺点、错误的文章”，并说“这是一个深刻的教训”。

1983年12月22日，《人民日报》登载了周扬为《邓拓文集》写的序言，这其实是他曲折地诉说心声的一篇文章。他分析当年邓拓内心的矛盾和痛苦，以为：“一个作家发现自己在思想认识上同党的观点有某些距离，这是一件痛苦的事……在这种情况下，一个党员作家首先应当相信群众、相信党，以严肃认真、积极负责的态度向党陈述自己的意见，绝不可隐瞒和掩盖自己的观点，更不可把自己摆在党之上，以为自己比党还高明。另一方面，作家也应当在党的正确方针和政策的引导下改变自己不正确的认识……从而在思想上政治上达到同党中央的认识一致。”

周扬认输了，胡乔木成了赢家。不过，赢家却是尴尬的。

1984年初，还是中央党校礼堂，胡乔木有一个报告，主题仍然是所谓人道主义和异化问题。稿子他不亲自念，却由两个广播员代念。有人以为这是一种暗示：所谓人道主义和异化问题，周扬那次讲的不能作数，现在讲的才是正统的马克思主义观点。还有一些曾接近过胡和周的人以为：当初周扬接受作报告的提议就是犯了一个错误，他本应该表示谦虚一下，说这个讲演应该由比他更合适的人来作，比如由乔木同志。当年与周扬同是“四条汉子”的夏衍就曾对周扬说“你那个讲话什么错误都没有，除了一点，那就是它是你作的”，而周扬夫人苏灵扬更是负气地称：胡乔木不过是“白衣秀士王伦”而已。还有许多人以为胡乔木这个人并非始终有着自己的主见，他的观点是变来变去的（此前他不是还参加过“批邓”么），但他却不允许别人持有和他不同的观点，更不能拥有首发的话语权。于是此次两人的彻底决裂，有人就以为是“日丹诺夫情结”的作祟。（即争夺主流意识形态的话语权和解释权，也即领导权，见周正章《话说“日丹诺夫情结”——周扬与胡乔木的1983年裂变》）。

这应该是一个见仁见智的问题。这里完全可以套用当年邓小平针对中国与周边国家领土争议的问题对外宾的讲话：搁置争议，共同开发，至于其他不易解决的问题，则须假以时日，期待后人以更大智慧去和平解决。

那么，胡乔木自己如何看待这一问题呢？

就在发表了“关于人道主义和异化问题”的讲话之后，胡乔木给周扬写了一封信，信中还有一首《无题》的诗，诗云：

谁让你逃出剑匣，谁让你割伤我的好友的手指？血从他手上流出，也从我的心头流出，就在同时。请原谅！可锋利不是过失。伤口会愈合，友情会保持。雨后的阳光将照见大地。更美了：拥抱着一对战士。

信尾，胡称：“近日写了一首小诗，谨以奉呈。祝春节好。灵扬同志并此问候。”

后来这首诗被收入《胡乔木诗词集》时，加有一个注释，云：诗人作此诗，是“表达他期望周扬给予理解并保持战友情谊的恳切心情”。

诗是新体的，又是迹近口语的，应该说并不难懂，可又让人看不明白。或许，这就是诗人两重性的又一说明？坚持原则去战斗，又要对方“理解”，并冀望“保持战友情谊”？而周扬在无端受了一番大批判的羞辱之后身患重病竟至成了“植物人”，他甚至无法回应“战友”的这种“恳切心情”了。有人说，胡的诗，不似安慰，不似道歉，也不似解释，整个一个莫名其妙，而其中表达出来的“矛盾”，“实在是到了令人十分惊异的程度”。（曾彦修《我认识的胡乔木》）

同年3月14日，《人民日报》刊登了一篇《胡乔木同志谈宽容》的文章，“宽容”实在是一个诱人的名词。胡乔木说：政治家是掌握一定权力的人，很难承认自己不正确。那么，领导者应有这种准备：即使认为某种意见不正确，也要承认它有存在的权利。

这非常自然使人联想到此前不久发生的那场争论。是胡乔木对周扬果然有了某种歉意了么？不知道。问题是他没有明白无误地表述自己的看法，而诗又是晦涩和暧昧的。最终，给人以直观印象的，竟是这样的“腹诽”了：就在自己的讲话发表10天后，胡乔木动身赴美国访问，有人“恍然大悟”，以为他原来是在“改善自己的对外形象”，“是说给美国人听的，不是准备实行的”。

果真如此？抑或仍是两重性的一种反映呢？

“是骏马，也是被驯服的老牛”

1985年年初，胡乔木又创作了一首十四行体的新诗，名曰《窗》。诗云：

打开窗户，不用奔走操劳，就能见浪拍海岸，云起长天，楼房拔地，道路延伸到广远，自然和人类一切神奇的创造。分担不分担人世的喜怒欢乐，随你的自由；安坐在自己的席位，饱看舞台上进出的一群傀儡，有兴致，就评评剧本和演出的成败。窗开着像关着，人存在也像不存在。扰扰的红尘除观照于你何有？群众都拜倒于你的澄明的睿智。忽然你瞥见一个跌倒的小孩，车在飞驰，你跳出闭锁的小楼。你活了，你为这孩子活下来，敢出死！

说实话，这样的诗句，如果没有一点解铨，读之如入云雾之中。且不说它的“现代性”，人在“窗户”里和“窗户”外，毕竟是不同的。如果只在“窗户”里接受着人们的顶礼膜拜，让“群众都拜倒于你的澄明的睿智”，那么，果真是“人存在也像不存在”了。

胡乔木的晚年，是力争走出“窗户”的。就在他创作这首诗之前，1984年11月中旬，他在王梦奎等人陪同下赴外地调研，所去之处，是改革开放的前沿——广东。

王梦奎后来回忆说：当时胡乔木以为，“哲学研究有两个方面，一是要研究实际问题，二是要把自然科学的新成果充实到马克思主义哲学里去，不然马克思主义就会成为僵死的东西，成为教条”。这正是点中了过去种种失误的“死穴”。那么，什么是“实际问题”呢？胡乔木于是列举了诸如农村联产承包制、生产资料公有制等，他认为对生产资料公有制的问题要按照实践加以正确的而不是离开实际的空洞的解释，不要说得太绝对。此外还谈及学习自然科学知识，又列举了“三论”的信息论、控制论和系统论，以为社会主义社会的许多发展规律就是一个系统。这些都给王梦奎深刻的印象，即胡乔木“是勤于思考的人，对许多问题的观察都有深刻独到之处。他不仅对‘文化大革命’的理论和实践持否定态度，并且做过理论上的说明，对毛泽东的一些重要观点，对马克思和列宁的一些重要观点，甚至对流行的、被认为天经地义的口号，也大胆地提出过批评”。在从广州到深圳的列车上，在谈话中，“他批评马克思关于未来社会分工的观点，说马克思的想法是受空想社会主义的影响，他多次表示怀疑，还批评列宁在《国家与革命》中把社会主义国家说成是一架很大的管理机器的思想”。在广州，与文艺界的丁峤、张瑞芳等人的谈话中，他又对电影演员赵丹临终前写的一篇引起很大争议的文章表示赞同，认为“赵丹说党管得太具体文艺没有希望，这个说法是对的”，等等。显然，这又凸显了胡乔木两重性的另一面，即他放眼“窗户”之外的一面。

大概是在胡乔木身边工作的缘故，王梦奎更加感受到了这一点。他说：“胡乔木的晚年，正值中国社会发生大的变革。胡乔木曾经为这种社会变革作过理论论证和热情鼓吹。中国的社会经济变革，是在复杂的国际政治格局变化和经济全球化背景下发生的，变革的广度、深度和速度超过包括胡乔木在内的绝大多数人的预料。社会变革所伴生的消极现象使胡乔木深为忧虑。他对实际经济问题缺乏深入研究，对于社会经济变化以及由此而引起的思想上和政治上的变化缺乏充分的准备；他从理论上或者逻辑上或许意识到了，但面对纷繁的社会经济变局仍然难免不知所措……历史上常常有站在社会变革前列的理论家随着变革深入而不能适应甚至落伍的现象，像俄国的普列汉诺夫和中国的康有为，虽然胡乔木的作用和影响远不能同普列汉诺夫和康有为相比。或许不能忽视社会政治变局中复杂的人事关系。”这是十分恰当的评论，从经历、学养、视野、性格，以及转型时代的特点、“大变局”的复杂和吊诡等方面，解释了“胡乔木现象”。

也是在那一次的广州之行中，王梦奎敏锐地觉察出了胡乔木的两重性。他回忆说：“我感觉到胡乔木有一种明显的失落感。党的十一届三中全会以后，老一辈领导人的大批复出是一种过渡现象，最高领导层不能不从年龄结构上进行调整。新的领导人有自己的笔杆子，胡乔木失去了依托。既然连器重和提携胡乔木的毛泽东，连不计较胡乔木在‘文革’末期‘批邓’中的表现、排除异议而重新起用胡乔木的邓小平，都说胡乔木‘固执’，新的领导人谁还能够很顺手地用胡乔木这枝笔呢？或者说，胡乔木对谁还会像对毛泽东和邓小平那样恭谨呢？胡乔木并不善于处理复杂的人事关系，何况在某些问题上他们并不是没有意见分歧。胡乔木并不摆谱，他是秘书出身，平易近人，就我的接触和观察，觉得他对年轻的领导人是尊重的，甚至对年龄和地位悬殊的青年人也往往是热情和客气的。即使如此，仍不免陷于进退失据的窘况。胡乔木逝世前不久在重病中写的一首诗里，发出‘晚年遭遇颇离奇’的感叹，并且说‘自古功成身合退’。如果功成身退，及时离开政治的前台，他的晚年或许会过得更洒脱轻松些，留下的遗憾也会更少。”（《回忆胡乔木》）这更是非常传神的摹写了。

或许，在一个新旧交替的历史过程中，这是避免不了的现象。在历史上，类似的例子也可谓数不胜数了。

2010年《文汇读书周报》上有几篇商榷的好文章，也堪为珍贵的史料。先是吴江先生发表了一篇《留下一份重要的史料》，其中用具体的史料说明，“由于胡耀邦的阻止，胡乔木欲发动又一次反右派运动的打算才未能得逞”。不久，宋木文先生也写了一篇《为吴江同志“重要的史料”做一点补正》的文章，就其中胡乔木以波兰事件为殷鉴致胡耀邦信的史料提出质疑。吴江又回应以《对我所提供的两条史料的补充说明》的文章。吴江还在《又读宋木文的补正文》一文中回忆说：“1995年我在纪念胡耀邦的一本书中，也多处提到胡乔木。我在写到共产党的时候特别指出：‘中国共产党是当代拥有大量才俊之士的政党，英雄豪杰云集，人才济济，为其他各党所难能，古来所未有。’其中也提到陈伯达和胡乔木两位。关于胡乔木，我写道：‘胡乔木毫无疑问是中国共产党内一位难得的文才。他撰写政论，其才思之敏捷，文笔之泼辣，胜过陈伯达。胡乔木可说是毛泽东的贴心的政论秘书。’胡乔木因为有参加‘批邓’这笔账，所以他重出的时间较晚，在‘十一大’以后，首任是中国社会科学院院长。在此以前，我曾有一件事专程前去拜望他，这是我们第一次接触，那次谈话他给我的印象是平心静气，有思想深度，我在书中写他‘确是一位思想家，名不虚传’。接下去我在书中又有这样一段论述：‘从以往的表现看，胡乔木是一个多方面的人，一个复杂的人。有时他居高临下，让人觉得如同晴天霹雳（这可以拿他在社会科学院一次大会上当众、也当着我的面宣布‘若有人认为中央对两个凡是有分歧，那就是分裂党中央’这话来作证）；有时又能与人平等谈心，谈话中背大段大段普希金和托尔斯泰的话，记忆力惊人。有时‘左’得出奇，出手伤人，有时又表现出一点人情味，能赐人以某种温暖，例如他力主将吴祖光清除出党，而又自己亲身登门将退党书送到吴祖光的手里，以示尊重，如此等等……胡乔木在思想界特别在新闻界是老领导，因此他的复出无疑对思想界有很大的影响。’以后的事实也证明了这一点。”

吴江和宋木文你来我往的商榷文章，其实就是从各自的视角来看待和评判胡乔木的复杂性格。另外还有郑异凡先生的文章提及胡乔木（《同舟共进》2010年第11期，《1970：普列汉诺夫序言风波》），即1970年初胡乔木上书揭发和批评中央编译局翻译出版恩格斯的《费尔巴哈和德国古典哲学的终结》时，收入普列汉诺夫的序言和注释，只因为普列汉诺夫是共产主义运动的“叛徒”，就厉声斥责中央编译局是“中共中央的编译局还是苏共中央的编译局”。显然，这在举国“反修”的意识形态大革命浪潮中是非常严厉的，也是致命的一击。郑异凡先生还揣测当时“处于靠边站”的胡乔木的动机，“也许是出于对马克思主义纯洁性的关怀，也许是想在‘文化革命’中‘立新功’，也许是想踩着普列汉诺夫以求复出”，可谓肯綮和传神。郑异凡先生提到的普列汉诺夫序言的“风波”，表现在胡乔木身上，应该不是一个孤例。

不久前，刘再复先生也撰写了一篇《往事如烟更如火——缅怀胡乔木》的文章，刘再复以为“乔木是共产党高级干部中最有才华的”。

也许是文人相惜，刘先生追述道："尽管和胡乔木没有私交，但是我一直感到和他有一种忘年的神交，并感到在一九八四年我发表一系列关于'性格组合'文章之后他的目光一直注视着我。一九八五年，他的儿子胡石英在民族文化宫的饭店里特请我和汪曾祺、刘心武吃饭。一见面石英就开门见山地说：'我父亲希望我和你们交朋友。'说得很诚恳。那一瞬间，我感受到胡乔木的热切的眼光。（刘再复还回忆："早在八七年反自由化运动中，他就多次保护过我。那时《红旗》正在拿我祭旗，批判我的主体论。社会科学院党组正为《文学评论》的'倾向'撤销我主编职务。胡乔木知道这些后，站出来为我说话。"）不过真正感受到他的关怀还是漂流到海外之后。一九九年还在芝加哥大学的时候，几位国内的朋友告诉我，说胡乔木多次地保护我和李泽厚，说他对前北京市长陈希同在'平乱报告'中的胡乱点名很不满意，特别是点了我和李泽厚的名。他对一些朋友说：李泽厚和刘再复是搞学术的，这次被卷入了政治，也不能随便点他们的名。胡乔木的这一鲜明态度，王蒙在回忆乔木的文章中曾经记载。除了和王蒙表示过，他还多次在社会科学院里说过。听了这消息后我是很感谢的。我也知道在这个时候发出另一种声音不容易。"（又据《范泉编辑手记》中的1991年3月17日日记："王元化从美国回来不久，曾在美国遇到搞研究工作的刘再复，临别时刘流下了眼泪。他外语不能会话，生活虽无问题，但思想苦闷。"显然，这一状态下的刘再复听到胡乔木以上的谈话，会是怎样的心情了。）

也许，有过这样经历的刘再复对胡乔木的两重性就多了一层认识，他又回忆说："到海外之后，才知道胡乔木仍然背着'极左'的名声，不少文字仍然抨击他。读了这些文章，总觉得他们把胡乔木有时理解得过于简单，有时又理解得过于复杂。其实，胡乔木不是一个那么简单的所谓'极左派'，也不是一个复杂得布满心机的政治家。他是个很有才华的思想者，又是一个没有自由的笔杆子。前者占上锋（风）时他像一匹骏马，后者占上风时他却像一头驯服驯良的老牛。但不管怎样，在他的性格深处，一直还保留着一点书卷气。在中国数十年的政治狂风巨浪中，能保留一点未被风浪卷走的书卷气，就很不容易。这也足见其性格中真诚的一面还是坚韧的。但因为有书卷气，也就难免在政治风浪中把握不住自己，摇摆于两端。我在文化大革命后期，参加筹办与《红旗》抗争的刊物《思想战线》时，就看到他作为这一刊物的设计者而不断左右摆动。到了‘反击右倾翻案风’开始的时候，本是邓小平热烈支持者的他，却惊慌失措地揭发了许多邓小平的言论，印发出来，竟有数十页的一本，使人读后又困惑又惋惜。可是，邓小平并没有因此而抛弃他，反而把他推向中国思想文化界的领导地位……在中国，一旦当上‘笔杆子’就要被异化成机器，很难有属于自己的心灵和属于自己的声音，而胡乔木能有自我之音就很难得。”

胡乔木曾反对周扬拿“异化”说事，但局外人对他的认识则是“一旦当上‘笔杆子’就要被异化成机器”，不知地下的胡乔木对此会作何感受了。

“窗开着像关着，人存在也像不存在。扰扰的红尘除观照于你何有？”

人世繁难，月旦和评骘人物，自然也大不易矣。譬如胡乔木，套用一句如今经常见的话，的确是“说不尽的历史人物”。作为中共“党内第一笔”，及其自云的“如此江山如此人，千年不遇我逢辰”，他的自信和抱负是显见的，那么，无论是在位或赋闲，他都不是尸位素餐或坐看风云之人。似乎已刊落声华的刘再复先生在说到胡乔木时，会从更高的视角作冲淡之谈，他说：“在人间，最好还是不要苛求人的完美，一苛求，就会有所排斥。禅者早已悟到，人的性情如双掌合一，一掌为正为阳，一掌为负为阴，两掌合一才是正常的。人因为有负面而不完善，不完善才正常。以为人可完善，乃是一种幻想。去掉虚幻之求，才有宽容。”

忽然想到一句已经滥俗了的话：“因为懂得，所以慈悲。”胡乔木从前种种，宁作此观乎？

（作者系文史学者）

原载于《同舟共进》2011年第8期

再看胡乔木的两重性

曾彦修

《同舟共进》2011年10月号散木的《从晚年三首新诗看胡乔木的两重性》一文，引用了胡乔木1984年致周扬的一首诗，其中引用了我的话。但从版面上的标点看，看不清哪些是我的话。我想就此说明几句，并就该文中提出的某些重大问题，补充一点我知道的材料。

若干年来，似以胡的这首赠周扬诗令人莫名其妙的说法为多。按引文，我也似乎这么说过。我现在要明确表示一下，该诗虽多数语句叫人莫名其妙，但基本观点却是十分明确的。恕我不得不引用该诗的全文（诗名《无题》）：

谁让你逃出剑匣，谁让你割伤我的好友的手指？血从他的手上流出，也从我的心头流出，就在同时。请原谅！可锋利不是过失。伤口会愈合，友情会保持。雨后的阳光将照大地。更美了：拥抱着一对战士。

其实，从全诗看，似朦胧，实则清楚。最重要的是这句："请原谅！可锋利不是过失。"这是全诗的核心与本旨。这里有什么自我批评或向周扬致慰致歉的成分呢？这是再一次声明：我的批评是正确的、科学的，"锋利不是我的过失"呀！这是什么呢？外国把这叫"在伤口上撒盐"，中国叫"火上加油"，意思一样。人们恐怕至今还闹不清楚：胡有什么必要写这首追击性的诗。

散木文又引证了吴江先生文章述及的一件要事，说："先是吴江先生发表了一篇《留下一份重要的史料》，其中用具体的史料说明，'由于胡耀邦的阻止，胡乔木欲发动的又一次反右派运动的打算才未能得逞'"。那么，吴江此说是不是有来头呢？我举一件亲历的事情为例。

1982—1983年，我在外地看见新华社大宣传反“精神污染”运动，并看见由新华社发出的丁玲、欧阳山两位大人物，一北一南积极支持此事的谈话。我当即感到，这不是小事，这是一次从上而下又要在全国大搞的“思想批判”或“文化整风”。我立即感到今后工作难做了，所谓“双百”（百花齐放，百家争鸣）方针又要名存实亡了。我感到在这个气氛下根本无法工作。于是，我在外地立刻写信回京辞职，立即得到批准（其时我任人民出版社社长，张惠卿任总编辑，但我的工作重点还是在编辑工作）。之后（不知是1983年冬还是1984年春）中宣部忽然召集会议，要人民社编辑部组长（也包括编审在内）、行政部门副处长以上干部数十人，浩浩荡荡，前往部里听传达。唯一的事情是听中宣部出版局长许力以传达胡乔木对人民出版社的批评，时间在两小时以上。内容只有一事：人民出版社出了一些所谓外国政治学术思想选译，是一大错误。谈没谈“路线”错误二字，我不知，那是小事了。此时我不在北京。过了两三个月后，我久已不上班了，上级忽通知人民社，令张惠卿、陈茂仪（前社长，时任顾问）、曾彦修三人，必须于1984年4月×日×时到中宣部听胡乔木同志讲述意见。通知还十分明确地指明说“曾××必到”。我们三人准时前往，由胡一个人讲话，约两个多小时，专对人民出版社批评。中宣部出版局长许力以说了一句，西方政治学说翻译丛书，耀邦同志已批准过了。胡简单一句说：“耀邦同志不大了解这些事情。”陈茂仪好像始终未发一言。张惠卿讲了几句，内容现在记不得了。我则始终未说一字，批评者也未叫我讲一字。我已经看得很清楚：这只是一件严重事件的开头，一切还待后文，我没有必要在此时做任何表态。会上，胡有些话确令我感到非常吃惊。例如说，“你们好大的胆子，竟敢想出陈独秀选集！”“你们知道不知道，托派是要法办的！”我觉得事已至此，还有什么好说的呢，这不是还在说1936—1938年斯大林的大“肃反”全对吗？

胡在谈话快结束时说，至于彦修同志的事，可以留待将来“整党”运动解决。这一下说出了一个秘密：原来不久以后，又要来一个“整党”运动啊！这是一个什么“运动”呢？此时，上海的某剧本已被大批，对电影《苦恋》已开展了一个普及全国的批判。然后是中央级新闻出版界出了大问题，人民日报的胡绩伟、王若水均已被撤，然后是出版界的曾某……这些，是不是就是吴江文中所说的新的、由胡耀邦阻止下来的"反右派运动"的开台戏呢？名字如何，当时恐尚未定下来，但实际行动已执行二三年了，就待正式全面铺开了。这次看来是限于文教界，恐不会再叫"反右派运动"。

胡单独对我的这次批判，我一字也未接受。当场我沉默到底，事后我用了两三周写成了一篇长达数万字的反批评，只谈事实，不讲一句理论，但只敢叫"申诉书"。我在申诉书中几次十分明确地要求胡应对人民社及我本人道歉（因为材料太硬了，胡特别尖锐批判人民社出的一本小册子是"宣传托派观点"，而此书正是胡在社科院、中央党校、中央办公厅用大字本特印来叫大家学习的——原来你也弄不清楚什么叫"托派观点"呀！）我知道交此"申诉书"是鸡蛋碰石头，但这回不能不碰了，因为退让、检讨的最后结果是什么，我很清楚。此次，我抱定的宗旨是：宁为玉碎，不作瓦全。我这申诉书是先送若干份与部分中央政治局委员、书记，并特先送三份与中央纪律检查委员会，因为胡已说曾某人要由今后的"整党"运动来解决了，我不得不先递上我的犯罪情况与申辩词。

胡此后对此事的处理，又有点像吴江先生所夸赞的胡对吴祖光的情形一样，甚至更甚。我这是大道消息：胡去世后一个时期，为写"胡传"，有关部门有一次在西郊找人座谈胡的事迹（除我参加外，还有谁记不得了）。当时，可能是已退下的中央党史资料研究室副主任郑惠告诉我，胡接件后，先是说要到家中对我表示歉意，被人劝阻；后又欲复信致歉，又被劝阻。

与此事有关的一事是，上世纪80年代初，湖南出版家、诗人、书法家弘征（杨弘征），约林文山（牧惠）和我合编台湾名作家柏杨的名作《丑陋的中国人》在大陆重印，并嘱我们写一篇序言。我们无所谓编，即只留作者正文，其余占全书三分之二的其他有关篇幅一律去掉即可。先由牧惠写成了一序：《看懂了再批，好不好？》。我觉得问题提的似乎技术性了一点，我改写了，题为《爱国与护短》，文长已过数倍了。意思是：不要把一国不好的东西当宝贝，也不要怕暴露自己的丑恶，那不是爱国，那是护短，即把坏东西当好东西来歌颂。柏杨先生大胆打破这种不肖，有何不对之处呢？这正是我们所十分需要的。此序用牧惠、严秀二名，后又用牧惠、弘征、严秀三名发表。后来此书出了大事，把湖南出版界弄得天翻地覆。不久（1983？1984？），北京某官厅举办了一个大型的内部坏书或非法书展览会，完全秘密的，我始终未得入场券，什么也不知道。当时，据说《丑陋的中国人》在大陆已有多种翻印本，但是列入展览的只是牧惠和我编的这一本，是列在“反动书籍”内。戴文葆得了入场券，他后来告诉我，请胡乔木来看了预展，胡说，《丑陋》不是反动书，才换了地方。从这些，又可看出，胡的眼光是高明的。在人间的上帝已不存在的条件下，你真正在具体的问题据实予以反驳或抗议，胡也就不再深究下去了。打倒“四人帮”以后，我做了三年工作即坚决辞职，那是我看懂了当时的大势所趋：我已经失去工作的条件，而且下一步可能比1957年更艰难，就立即申请转为“养老金领取者”。

因此，吴江老同志说的那个“又一次反右派运动”恐怕不是没有来由的。当然，名字肯定是新的了。像已经行了两年的什么“清除精神污染”运动，一出来内部上层就有很多意见，觉得这名字太不雅了。所以，“反右派”这词当然也不会再用。但是，接着就要来的什么“整党”运动，却是已经说出口了。因此，我觉得稳重的吴老绝不是在胡传。

一切决定于事实。而事实只有在多方面的情况陈说清楚以后，方能慢慢判断。一切“正确”都不是靠“必须维护”之类得来的，而只能由真实体现出来。

（作者系中共中央华南分局宣传部原副部长，人民出版社原社长、总编辑）

原载于《同舟共进》2012年第5期

“可怜一觉金陵梦”
——吴晗谈片

施京吾

少年时，正逢改革开放，父亲带回一本《朱元璋传》，作者吴晗，正是本文传主。这大约是我与“学术著作”的第一次接触。

我从未削减过对中国史之兴趣，但中国在近代世界的筚路蓝缕，最终令我投身于欧洲史——对于一个“落后就要挨打”的民族，需要在另外一个可参照的世界里寻找现代文明的缘由。这是一条惯常路数，从晚清的第一批留学生开始，直到21世纪的今天，我们依然在寻觅。作为历史学家的吴晗也是寻觅者之一，当他坚定信念、献身事业时，他的信仰不仅粉碎了他的信念，也剥夺了他的生命。1980年，其好友、大名鼎鼎的“三家村”作者之一廖沫沙，在吴晗一张摄于1964年的照片上题写了一首诗:“鬼蜮为灾祸已萌，天真犹自笑盈盈；可怜一觉金陵梦，留得身前身后名。”音容犹在，吴晗却早已化骨成泥。

师法胡适，成一代明史大家

吴晗于1909年8月11日出生于浙江义乌，原名吴春晗，字辰伯。家庭经济时常颠簸于温饱与小康之间。其父吴滨珏，秀才出身，家道颇严。吴晗少年聪慧，自小就对历史尤其明史产生了浓厚兴趣。吴晗不仅早慧，而且早熟，12岁时到金华读中学，广读博览，一边吸收梁启超变革维新的思想，一边还学会了打麻将、抽烟，逃学旷课，无所不有，总之，他不是一个“乖孩子”。

1925年吴晗中学毕业，因家道衰落，遂在本村小学教书，赚取一点工资贴补家用。但吴晗志不在此，1928年他独自离家出走，辗转来到杭州考入之江大学预科；一年后该校停办，又前往上海，考入中国公学。从此，他与胡适结下不解之缘——胡适此时正是该校校长。

进入中国公学，吴晗即成为胡适门生，不久写下《西汉的经济状况》一文，深得胡适赞赏。1930年3月19日，吴径直写信向胡适讨教自己在整理《佛国记》时遇到的问题：“明知先生很忙，不过除了先生之外，我实在想不出一个比先生更能用科学的方法来解决和指导路径的人。”不久，胡适离开中国公学，吴晗则追随北上，经人介绍，由顾颉刚安排在燕京大学图书馆当馆员。此间，他写下《胡应麟年谱》，并以此成为他正式研究明史的开端。吴晗再度为此写信讨教胡适，胡适在收信的第二天即给吴晗回信，对其作品大加赞赏，并约吴晗“星期有暇请来谈”。从此，吴晗成为胡适的“弟子”。

吴晗未入北大的原因是他偏科严重，入学考试需考文史、英文和数学三科，他的文史、英语均得满分，而数学竟然考了零分，按北大规定，有一门零分不得录取。随后他改投清华，得到同样成绩，但清华网开一面，以文史成绩特别优异为由，破格录取了他。吴晗遂成为“清华人”，与北大失之交臂。

吴晗进入清华时，家道基本败落。胡适对这位弟子真是青睐有加，他在吴晗录取后没几天，即给清华代理校长翁文灏和教务长张子高写信：“此人家境甚贫，本想半工半读，但他在清华无熟人，恐难急切得一个工读机会。他若没有工作的机会，就不能入学了。我劝他决定入学，并许他代求两兄帮忙。此事倘蒙两兄大力相助，我真感激不尽。”此外，还大力介绍了吴晗的学术水准。

吴晗作为清华学子，全面师法的却是胡适这位北大先生的治学方法。胡适在给吴晗的信件中，对这位弟子进行了多方面指导：“治明史不是要你做一部新明史，只是要你训练自己作一个能整理明代资料的学者。”吴晗表示：“光耀所及，四面八方都是坦途。”可见胡适对他影响之深。

20世纪30年代，中国有着动荡中的平安。1931年爆发“九一八”事变，东三省沦陷，群情激奋。吴晗显然是一位爱国者，他积极支持同学们的请愿活动，自己却未厕身其间，但他毕竟是血气方刚的热血青年，在1932年1月30日给胡适的信中指责当局：“翻开任何国任何朝代的历史来看，找不出这样一个卑鄙无耻丧心病狂的政府。”并在信中希望“先生也同样地予以解决的方法并指示一条应走的路”。

胡适没有回答。他于1932年6月27日发表《赠与今年的大学毕业生》一文，继续倡导“科学救国”的理念，但胡适在“药方”中同时要求学生们“总得有一点信心”。

因着胡适的关照，吴晗在清华兼职工读，待遇颇为优厚，足够满足求学之需。吴晗毕业时，在自己的毕业照上题写着胡适的名言：“大胆的假设，小心的求证。少说些空话，多读些好书——录胡适先生语。”

吴晗真是做史学的料，聪慧勤奋，再加恩师教诲，他在清华求学期间便写下了《胡惟庸党案考》、《明代靖难之役与国都北迁》、《明代之农民》等一批相当有见地、在史学界有较大影响的文章。1934年吴晗毕业留校任教，开设明史和明代社会等课目，影响直追陈寅恪、张荫麟这些史学大家。

吴晗年轻时的一个重要史学成绩是关于“建州史”的研究。建州乃女真族先祖之地，努尔哈赤入关并建清王朝后，竭力否认建州曾在明朝管辖之内，并在清修《明史》中对过往历史进行篡改、伪造和歪曲。正如鲁迅指出的那样：“现在不说别的，但看雍正，乾隆两朝对于中国人著作的手段，就足够令人震惊。全毁，抽毁，删去之类也且不说，最阴险的是篡改了古书的内容。乾隆朝的纂修《四库全书》是许多人颂为一代盛事的，但他们不但捣乱了古书的格式，还篡改了古人的文章，不但藏之于内廷，还颁之于文风颇盛之处，使天下士子阅读，永不会觉得我们中国的作者里面，也曾经有过很多很有些骨气的人。”中国的历史就是这样被一页一页撕毁的。

最终考据结果表明，早在明朝就设有“建州卫”，女真族长期隶属明政府，是中华民族中一员。通过这段研究，吴晗的史学观念发生了变化，正如他在主编《益世报》史学专刊时表达的那样，一、但论是非，不论异同；二、求真；三、重视“一向不被人们所重视的正史以外的若干记载”；四、“史学是属于社会的民众的”。这表明吴晗对官修历史产生了严重质疑，他在《史学》一周年的致辞中写道：“我们认为帝王英雄的传记时代已经过去了，理想中的新史乃社会的、民众的。”

这里，笔者要特别指出的是，20世纪30年代正是法国年鉴学派兴起的时期，其治史方式也正是放弃政治史，重点转向研究社会生活史对社会演变所起的作用。年鉴学派大量吸收马克思主义的观念，成为当代史学最重要的流派之一，涌现出一批史学大家，如马克·布洛赫、布罗代尔等。吴晗的治史方式与之有相当程度的契合，尽管表达不甚明确，也没有形成团队规模。可见，中国学术界在上世纪30年代就达到了相当高度，虽不能并肩欧美学界，但追赶已非遥遥无期。

吴晗的婚姻与革命

正逢其时，年轻有为的吴晗开始了自己的婚恋，他结识了清华女学长袁震。如果说胡适对吴晗的影响主要是学术上的，那么袁震不仅有学术上，更有思想上的，她的影响比胡适更为深远和有力。胡适的经年教诲被一场轰轰烈烈的爱情打得落花流水。

袁震在湖北女子师范时乃董必武学生、中共早期党员，因战乱与组织失去联系。考入清华历史系后，却因罹患肺结核长期卧床。袁震的老师吴之椿、同学梁方仲先后照料于她，后因职业变换，他们又委托已是清华教师的吴晗照料她，一来二去，两人生出几多情愫，变成了情侣。

袁震在病榻上与吴晗多有思想交流，她接受了马克思主义的观念，对吴晗所具有的“胡适史观”很不以为然，取笑道：“怎么老是在胡适面前矮三尺呢？”吴晗则答：“我在袁震面前就矮一丈了。”足见对袁震的倾心。后来吴晗也承认：“袁震对我倾向党、倾向革命、皈依马列主义起了很大作用。”袁震重病在床，又比吴晗年长3岁，如此恋情是要遭到吴晗家庭反对的。不过，吴晗顶住了各方压力，袁震也病体渐愈，两人终于1939年10月在云南结为夫妇。

抗战全面爆发两个月后，吴晗应云南大学校长熊庆来邀请，南下云南成为历史学教授，年仅28岁。此时，由北大、清华、南开等组成的西南联大亦南下建立。1940年，在云南大学呆了近3年的吴晗重回母校，思想开始全面左转。国难当头之时，国民政府官员的腐败传闻沸沸扬扬，诸如孔祥熙用飞机抢运私产、带狗上飞机之类的消息铺天盖地，而中共组织则利用“云南王”龙云与蒋介石的矛盾在西南联大四处活动，鼓动师生反蒋，并与吴晗多有接触。国难、贫困、艰辛、腐败传闻交织在一起，加上吴晗好友张荫麟教授因肾病不治去世，这些账一股脑儿都算到国民政府头上。1943年7月，吴晗加入民盟，并开始全面抛弃胡适的“读书救国”论。至此，吴晗从一名历史学家变身为社会活动家，在中共组织的支持下，积极投身各种反蒋活动，态度越来越尖锐，对国民政府的批判越来越激烈。查吴晗的著作年表，自此以后，他再也没写出一部像样的史学著作。

吴晗选择了左翼道路，并抨击“读书救国”论：“长一辈的上一时代某些青年呢？却脑满肠肥，装作笑脸劝导着‘稍安勿躁！国事我们自有办法，青年还是读书第一，不必受人利用。’”吴晗怀有一颗强烈的爱国之心，这是毫无疑问的，但他是否还同时拥有敏锐的政治头脑呢？正如他写《朱元璋传》前后观念的变化一样，在1943年该书叫《由僧钵到皇权》时，走的几乎是“影射史学”的路子，用以影射蒋介石；而到了60年代的《朱元璋传》又成了“命题史学”，把朱元璋对胡惟庸、蓝玉的杀伐归结为“统治阶级内部矛盾”。如此述史，叫人如何信服？

吴晗、胡适分道扬镳

吴晗在西南联大期间与闻一多、李公朴多次组织了反蒋活动，特别在经历1945年的“一二·一”事件后，他的政治信念更加明确和坚定，成为著名的爱国民主教授，甚至还获得一个“吴晗诺夫”的外号。

抗战结束，1946年5月西南联大解散，吴晗前往上海。在上海期间，李公朴、闻一多先后被暗杀的噩耗传来，吴晗深陷挚友之死的巨大悲痛中，怒不可遏，写下一系列文章痛斥独裁、专制、暗杀的罪恶行径。在《论暗杀政治》一文中，吴晗写道，独裁与专制“保证你有失踪，挨打，被造谣中伤，以致挨枪刺、手榴弹、机关枪，还有无声手枪之自由”。他指出，这种暗杀政治是“自绝于人民，自绝于国际，自绝于人类”的反民主的反动政治。

同年的7月17日和18日晚，吴两次在张君励住处见到了周恩来，这对他来说更是巨大鼓舞，遂与中共的关系更加密切。

回到清华后，吴晗担任民盟北平市支部主委，更多的是宣传中共的政治主张。许多知名教授都受其影响，思想渐渐左转，其中受影响最大的是朱自清——一位不问政事的教授，也参加了各种反蒋反美的通电、签名等活动。

吴晗此时已成为中共信赖的朋友，他承担起部分中共地下工作，地下党也在经费上予以一定的支持。他偷偷收听解放区的新闻广播，记录以后传抄、油印、散发，扩大中共的影响。由于他活动频繁，引起了国民党当局的注意，上了抓捕名单。经中共地下党安排，他于1948年11月来到河北西柏坡中共中央所在地，先后受到周恩来、毛泽东的接待。初到解放区的吴晗并不习惯“专政”、“万岁”这些铺天盖地的标语口号，但渐渐被周边气氛感染，不久就心悦诚服地接受了。

1946年吴晗在上海时，恰好胡适也在，吴曾致信求见，胡适未予理睬。回北平后，吴晗再度拜访胡适。胡适依然旧时胡适，但吴晗却早已不是求学时的吴晗了，两人话不投机，不欢而散。吴晗后来提及此事时说：“联大从昆明搬回北平后，我做胡适工作，可是他顽固不化，我的脚就不再踏上他家的客厅了。”当胡适得知吴晗去向后，不由长叹：“吴晗可惜，走错路了。”是耶？非耶？

吴副市长：人生的顶峰

1949年1月31日，北平和平交接，吴晗随后受中共委托，以军管会代表身份先后接管了北大、清华，并担任清华历史系主任、文学院院长、校务委员会副主任等职。1949年11月，吴晗赴苏联参加十月革命32周年纪念活动。途中，他在完全不知情的情况下“当选”为北京市副市长。吴晗毕竟是学者，立即打电报给周恩来表示不愿接受，希望能继续明史研究。归国后，在周恩来的劝慰下，他成为主管文教的北京市副市长。

担任北京市副市长期间，吴晗念念不忘其本，主持出版了《国榷》，主持了《资治通鉴》的标点和《历代舆地图》的改绘等工作，这都是史学界的重大工程。尤其是在定陵的发掘问题上——不能不说这与他个人兴趣有很大关联，他甚至有全面发掘十三陵的想法，但遭到了郑振铎、夏鼐的坚决反对。他们在发掘完定陵后向周恩来直接建议，短期内不要再开挖帝王陵墓。周恩来同意了这个建议，吴晗只好作罢。而在北京古代建筑的拆毁上，吴晗也是积极支持者，不能不说，吴晗在相当程度上丢失了一个史学家的本分。

早在1948年吴晗与毛泽东初会时，他便提出了入党要求，1949年1月，毛泽东回信表示同意，但“实行时机尚值得研究”，并请周恩来与之面谈。这一“研究”，就研究了8年之久。1954年吴晗给彭真写信，再度提出这个问题，他谦卑地表示：“过去几年，我没有偷懒，相反是忙乱。每天都很疲倦……参加了许多工作，也用了心，也用了力。但是从来不知道哪些是做对了，哪些是做错了。也没人告诉我，做对的总结下去，再深入搞。做错了，为什么错，如何改正。”吴晗在信中表态，将“努力工作，只要不死，总有一天会达到”。

也难怪毛泽东对吴晗不放心，1954年10月，由批判俞平伯《红楼梦研究》而引发的对胡适思想的批判，思想文化界的名流大多表了态，罗隆基、许德珩、茅盾、郭沫若、顾颉刚、冯友兰、金岳霖、钱端升、游国恩、王家楫等人纷纷投入到对胡适的批判中，而深受胡适影响的吴晗则一言不发，没有写下一个字。后来，这成为他的罪状之一。

在吴晗的多次要求下，直到1957年3月他才正式加入中共组织。刚入党的吴晗满面春风、意气风发，对毛泽东的态度也由崇拜转为迷信。他入党可谓“恰逢其时”，数月之后，“引蛇出洞”的反右运动便拉开大幕。此时吴晗哪甘人后？他积极投身运动，在全国一届人大四次会议上作了《我愤恨！我控诉！》的长篇报告，声色俱厉地批判了民盟的老上级、老朋友：“章伯钧、罗隆基的反党、反社会主义活动是一贯的，有组织、有部署、有计划、有策略、有最终目的，并且还和各方面的反动分子有配合，异曲同工，互相呼应。”报告最后说：“他们一伙是人民凶恶的敌人！”报告不仅严厉，还言过其实地点了一大批人的名字。

此时的吴晗充满激情，在批判章罗同盟的大会上，取出1948年罗隆基让他转交在港民盟领导人的密信，这封信的内容要求香港民盟坚持民盟自主，不接受中共的领导。黄裳认为：“这一揭发给罗以最沉重的打击，也是人们认为吴晗整人手段狠辣的一例。”吴晗还揭发章伯钧，“在1951年五一节，在天安门城楼上和我说，只要我们两人合作，事情就好办。我置之不理”。如此揭露，令人心惊胆战。

反右结束，吴晗成为民盟中央副主席。

“文革”：家庭破碎，夫妻双亡

但“左”的吴晗并没有领会“左”的真谛，从《朱元璋传》的修改经历即可看出，他并不知道毛泽东到底要什么，到底要达到何种目的，非但一无所知，而且永远无法领会。

《朱元璋传》有多个版本，最初的底本就是吴晗民国时期所著的《由僧钵到皇权》，基础材料相当扎实，但影射色彩也很明显。到1954年的油印版《朱元璋传》时，毛泽东曾倾身相阅，指出：朱元璋是农民起义领袖，是该肯定的，应该写得好点，不要写得那么坏。并且在给吴晗信中指出：“在方法问题上，先生似尚未完全接受历史唯物主义作为观察历史的方法论。”其实，这是个委婉而严重的结论。但到底如何才能“写得好点”，吴晗百思不得其解，经过大量材料实证，虽在性质上肯定了朱元璋晚年的杀戮行为，进行了正面评价，但材料上却把朱越写越坏，因为资料越多，朱元璋的残暴就被揭示得越多——他根本不知道，秦始皇、朱元璋才是毛心仪的帝王。

最后一版《朱元璋传》出版于1965年4月，刚一出版，即遭江青指责，说吴晗是为了稿费、为了要名，并要对该书进行批判——吴晗根本不知道的是，江青此时已根据毛泽东的指示，在上海组织人马批判吴晗的剧本《海瑞罢官》——1965年11月10日《文汇报》发表的姚文元的文章《评新编历史剧〈海瑞罢官〉》。吴晗此时出版该书，简直就是往枪口上撞。

姚文元一文出笼后，虽引起一些人的不满，但并未引起重视，一方面是因为姚本人此时影响不大；另外，刊登此文的《文汇报》归上海地方管辖，对大多数人来说，此文属“来历不明”，对这种毫无由来的攻击，北京当然不会转载。这时，谁知道文章背后真正的操纵者是什么人呢?

由于没有引起反响，江青等便采用各种手段逼北京表态，并给吴晗定性为“反党反社会主义”。无奈之下，《北京日报》于11月29日、《人民日报》于30日予以转载。由此，对《海瑞罢官》的批判渐成全国性事件，并且扩大、尖锐起来。这期间，毛泽东多次“号召地方造反，向中央进攻”，而吴晗，已从最初的“辰伯先生”到后来的“吴晗同志”，再变成了“反共老手”。随后，报纸开始连篇累牍地发表文章批判吴晗，调门不断升级。

事件蒸发、蔓延的结果是“五一六通知”的出台，宣告“无产阶级文化大革命”在全国全面展开。此时吴晗才明白，自己不过是一剂药引子，真正打击的对象是“睡在我们身边的赫鲁晓夫”。他表示:“我再也不写什么自我批评了。”写，或者不写，都已经失去意义。

“通知”的发出引起了巨大的混乱，大规模的批判开始了，吴晗随即被揪斗。造反派把吴晗“跪绑在烈日下的枯树干上，往他脖子里灌晒得滚烫的沙子。他们抡起皮带抽他，揪他的头发，拧他的耳朵，用各种想得出来的法子侮辱他”。这是吴晗儿子吴彰后来的回忆。吴晗不断被揪斗，直到1968年3月被捕入狱。

这是一个彻查历史、祸及九族的时代，对吴晗的批判当然要波及家属。吴晗入狱后不久，1968年4月，袁震也被送入劳改队实行群众专政。袁震原本身体极弱，哪经得起如此折磨，一年不到就瘫痪了。1969年3月17日，她被允许回家看病，第二天便死在了医院。

而经过长期批斗的吴晗，身体也垮了。1969年10月11日，突然有人来接吴晗的孩子小彦和吴彰去看望他，可他们连吴晗的遗体都没看到，只取回了父亲血迹斑斑的裤子。吴晗的尸骨至今下落不明。据说他在弥留之际，一口鲜血喷出，愤怒责问:“为什么在民主的社会主义社会，你们不让人说真话？你们无法无天，为所欲为！”

吴晗死后，女儿小彦一度精神失常。1975年8月，为了给父亲讨个说法，吴小彦给中央专案组写信，提出三点要求：1.给吴晗作结论；2.要吴晗骨灰；3.发还抄家抄去的书籍。几天后吴小彦被逮捕，专案组给她戴上脚镣，为防她哭就注射冬眠灵，门牙被打掉，额头被打开了口子。小彦精神病复发，被关进精神病院后，监禁她的人竟然到医院对她进行审讯。1976年9月23日，吴小彦含冤去世，年仅22岁——此时距粉碎“四人帮”仅差半个月。

据中共中央党史研究室等单位合编的《建国以来历次政治运动事实》一书显示，1984年5月，中央经过两年零七个月的全面调查、核实，重新统计的“文革”有关数字是：420万余人被关押审查；172万8千余人非正常死亡；13万5千余人被以“现行反革命罪”判处死刑；武斗中死亡23万7千余人，703万余人伤残；7万多个家庭被毁——吴晗及其家庭便是其中之一。

（作者系文史学者）

原载于《同舟共进》2011年第8期

“文革”风潮中的洋人李敦白

张　永

中国民主政治发展已有一百多年历史，未来二十年或许是中国现代民主建设最关键的时期。为了更好地面向未来，我们应从历史中汲取宝贵的经验和教训，避免重蹈覆辙。

一百多年中，全国规模的“民主尝试”有两次，一次是辛亥革命后民初议会政党政治，另一次是“文革”初期的群众造反运动。这两次尝试有很大的不同，但都失败得很惨。民初议会政党政治实际上只是少数精英知识分子、上层政客、军人的游戏，并没有广泛的群众参与，只带来了军阀混战；“文革”初期的群众造反运动确实有广泛的群众参与，其失败除了高层的因素外，群众本身在民主理念、行为习惯和综合素质上的不足或许是更重要的原因。

我常常惊异于为何在像北大、清华这样的中国最高学府，“文革”中兴起的各群众组织也不能通过民主选举的文明方式建立秩序，而是选择以惨烈的武斗解决分歧，而且即使在毛泽东和“中央文革小组”的劝阻下，武斗也始终难以平息，最后靠高层派军宣队、工宣队强行进驻缴械才解决问题。

李敦白是一个美国人，从小就建立起基本的自由民主理念，同时他又非常深入地参加了“文革”，甚至成为单位造反派的领袖，在“文革”初期北京造反派中很有影响。所以，他对“文革”中群众民主尝试的观察相当深刻犀利，对于关心民主建设的中国人来说，这是相当珍贵的历史记录。

李敦白出身富裕家庭，是一个单纯、富于同情心的美国左翼青年，参加过美国共产党。他在二战期间参军，因学过中文被派到中国战区，对中国革命发生了兴趣。退伍后，李在宋庆龄、周恩来的帮助下到了延安，决心投身中国革命，并且由李先念、王震做介绍人，经中央五大书记批准，加入了中国共产党，主要担任中共对外宣传广播的英文翻译工作。但是，在革命接近胜利的1949年，受斯大林炮制的斯特朗间谍案牵连，李敦白遭到6年多的单独监禁，直到斯大林去世两年后才平反释放。这样惨痛的冤屈并没有摧毁李敦白对中国革命的信心，他没有选择回美国，而是决定留下来参加新中国建设。李敦白也因此获得了中共的信任，受到很高礼遇，担任广播事业局高级外国专家，负责对外英文广播稿的把关，月工资高达600元，是普通中国职工的10—15倍，超过了国家主席毛泽东。这使他过上了优裕的生活，有大笔的余钱购买许多昂贵的明式红木家具。毛泽东曾两次当面向他道歉，即使在三年困难时期，他的生活也未受影响，还被吸收进《毛泽东选集》英文翻译工作组。

接下来，他见证了“文革”初期的群众民主，并热情深入地参与其中，以其独特的视角，为我们留下了富于启发性的观察和思考。（下文引用的材料均出自李敦白、阿曼达·贝内特著，丁薇译《红幕后的洋人——李敦白回忆录》，上海人民出版社2006年版）

对优裕生活的自责，对官僚等级制度的失望

李敦白是一个单纯的理想主义者，相对于普通的中国人，非常优越的生活并没有让他感觉自在，他拥有的级别反而让他觉得违背了共产主义理想。有一天在报纸上读到焦裕禄的故事，他受到极大的心理冲击。

他写道：“这位名叫焦裕禄的书记，简直就是我理想中的完美榜样，也符合党一贯的要求。他不只坐在办公室里，而是每天走在泥泞的乡村小路，听取农民的倾诉，询问他们的状况……读完报道时，我发觉自己已经泪流满面。这才是一个共产党员应有的表现，这才是为人民服务。”“我不禁悲从中来。突然间，自己过去几年的生活露出自私和腐败的面目。我低头看看自己的便便大腹，这就是过去几年养尊处优的结果。”

“我们这群人有特别的住房，特别的伙食，还有专车……我痛恨自私自利的官僚，但是自己其实也成了脑满肠肥的一员，我感到深深的后悔和自责。”

“难道就这样下去吗？从大学时代到现在，26年过去了，我一直自认是马克思主义信徒，一个愿为人民服务的人。难道我愿意晚节不保，让自己蜕变为资产阶级特权分子？我没能信守自己为革命奋斗的理想。我一向鄙视伪君子和骗子，可如今只怕自己也要落到那步境地。”“第二天，我就搬出了独立的办公室。”

但是，官僚等级体制已经形成，李敦白想凭借个人理想摆脱制度的行为遇到了重重阻力。他写道：“我的部分转变也令某些人不高兴。例如当我向上级要求工资降低一半时，就遭到坚决反对，最后我只得说，我会在银行开个账户，把一半工资存到这个用假名开立的账户中。我也避免坐专车，改骑自行车往返友谊饭店。于是一个安全部的领导特地来劝说我不要这样做。”“当我决定恢复定期体力劳动，去单位对面的地铁工地挖土时，党组织也发话了。‘让我们的外国专家到工地劳动，对我们而言是个安全问题。’……”

“我的下一步行动更厉害。我把家里漂亮的古董家具捐了出去……对我而言，将这些古董留在自己身边欣赏，跟那些花钱雕刻它们并留在家里欣赏的富贵人家一样腐败。”

“文革”初期：自由、解放的狂喜

1966年初夏，李敦白和一些外国友人重访延安。在延安的小旅馆里，他们收听到了北京台的广播，广播带着一种久违的狂热激情：“一个国家的腐败是从内部开始的，党内有修正主义分子，在镇压、控制人民，领我们走上错误的道路，甚至还攻击毛主席本人。不能让这种事在中国发生！……想想伟大领袖毛主席的话！不要听信任何相冲突的命令！造反有理！这些话语仿佛电流击穿身心。”

“我激动地将这篇报道逐句翻译给其他外国人。刹那间，我觉得我又找回了自己。党曾经束缚了我，现在却解放了我。我可以挣脱以往困扰我的束缚，用自己的判断，为自己认为正确的事业奋斗。”

李敦白回到北京后，立刻狂热地投身于他期盼已久的“文革”。此时，广播事业局局长梅益已经被打倒。虽然李敦白相信梅益是好人，两人的私交也很好，但他“准备好了站在党和群众的立场评判梅益”，不受“个人交情的影响”。

李敦白不仅在批斗会上发言对梅益进行了揭发，还贴大字报发动对自己的批判。当时大家都很兴奋，有个翻译高兴地说，“和以前的运动完全不一样。大家可以对任何一个人写下批评，他们也可以争辩政治体系和理论。人人都参与，个个受教育。”当时有通知，不得批判外国专家。李敦白想：“如果没有人批评我，我就该自我批评。我……邀了几个人帮忙，一起将新闻纸粘起来，然后我用‘鸡飞狗爬’的书法写下自我批评。‘李敦白必须革除资产阶级优越感’，我写下标题，然后列出我的缺点……”李敦白贴自己大字报的行动赢得了广泛的赞誉，一时间成了单位的风云人物。

在机密档案室里，李敦白读到了1966年5月18日中央政治局与“文革小组”联席会议的记录，其中林彪的演讲像电流击中了他。林彪说：“这场革命，是针对上次革命的再革命。1949年，我们获得了军事上的成功，但并没有发动千百万的群众起来解放自己。我们从旧政权中接收了大部分的政府官员，让他们继续在原岗位工作。我们还没有机会彻底解决旧观念和旧文化。”“现在我们必须要破四旧——旧思想、旧文化、旧风俗、旧习惯——同时立四新。”“这场斗争……是一场资本主义道路和社会主义道路之间的斗争。”

或许李敦白又想起了他在美国从事政治活动的情形，感受到久违的言论自由。他写道：“我有被解放的感觉。我喜欢听这样的辩论，我喜欢听人们自由的言论。我同意陈伯达说的每一句话。党应该是人民的公仆，而不是主人。现在人民是主人。”

厌恶暴力：“难道这就是真正的革命行动？”

但是，自由解放的美好感觉没有持续多久，李敦白就看到了“文革”丑恶的一面——无处不在的暴力。他发现，即使毛泽东公开号召“要文斗，不要武斗”，但对蜂拥而起的造反派而言，自由只是自己一派的自由，并不是所有人的自由，被认定为敌人的、必须打倒的，不仅没有任何自由，甚至连个人生命、财产也可以被任意剥夺，这完全违背了他的自由民主的理念。李敦白写道：“林彪的号召不仅带来了革命小将，更是放出一群小老虎。在造反革命的掩盖下，正进行着一场难以防备的丑恶暴力。”

“难道这就是真正的革命行动？那群年轻人中，我认得一个录音工程师，我知道她对梅益心有芥蒂，此刻她正拿着从梅益脚上扯下来的一只布鞋，用力敲打他的头，梅益的眼镜被打落在地下，苍白惊恐，从头到脚打颤。”

“毛泽东说过，在文化大革命中每个人都要作出选择：与革命同志一边还是与压迫者一边。我虽早已作了自己的选择，但却不赞成这些年轻人粗暴的造反方式。”

“在我看来，真正的问题不是这群年轻人的行为，而是民主。共产党以前的管理体制都被推翻了，那接下来谁来管呢？”

不久，李敦白见识了在北京工人体育馆举行的规模盛大的批斗会，参加者多达15000人，受批判的也是大人物：中宣部部长陆定一、《人民日报》兼新华社社长吴冷西、中宣部掌管文艺的一把手周扬等。“群众的呐喊声响彻了整个体育馆。观众席上的人看起来很快乐，笑容满面。看到这批被批斗的人不久前还在权力巅峰呼风唤雨，如今却落得颜面扫地，凄凉惨淡，大家觉得十分痛快。挨斗的人不能说话。时不时的，其中的某个人，比如周扬——会因为受不了红卫兵的拳打脚踢而痛苦地尖叫。”“我坐在贵宾席上，跟其他人一样高举拳头呐喊。群众已经被激醒，要起来对抗代表旧专制的一切事物。他们被教导要去仇恨旧体制，仇恨任何与它有关的事物。”

“话说回来，整个批斗的残忍暴戾还是让我生厌。我转问穆欣（曾任《光明日报》总编辑、当时系“中央文革小组”成员——编者注），‘这样做是不是违背了毛主席政策？他不是说要文斗，不要武斗吗？’”“他狡猾地一笑。‘这只是群众处理冲突时的传统作风而已。’他回答：‘这还算不上真正的暴力。’这样说起来，只有人民的敌人这样做才算暴力，群众做就不算？我觉得这是一种自私的想法，但我没开口，只是沉默着。而下次我在体育场再见穆欣时，他自己却成了批斗的对象，跪在那里‘坐飞机’。横幅上写道：‘反革命修正主义分子穆欣下台’。”

造反派：压迫者与被压迫者的身份转换

虽然李敦白厌恶“文革”中的暴力，但他仍然认为“文革”本身是好的，是为了建设一个新的社会，而暴力只是群众获得自由初期不成熟的表现，以后会逐步改善。

李敦白和造反派越来越接近，很快加入了造反派。他写道：“这些年轻人要建立一个新社会，这是我在入党之初就一直期盼的社会。他们要建立类似市政厅的民主，让每个人在选举领导时都有发言权。他们要有完整的言论、集会和结社的自由，要求完整的人权，不再有个人档案，不再有个人背景审查。‘你的历史只能说明你的过去，’他们写道，‘你的行动表明了你的现在。’这些人就是我的同道中人。”但是，造反派掌权之后，期待中自由平等的理想社会并没有到来。“人人都在享受新的自由和独立自主，样样事情变得一团糟。每次开会都变成帮派斗争。人人有主意，个个有道理。如果我们试图加快进度，便被指责为骄傲自大，不听群众。对于长期梦想着权力和影响力的人来说，这无疑是痛苦的打击”。

旧造反派不能令人满意，于是新造反派出现了，他们要反抗旧造反派的压迫，他们要重新开始夺权。李敦白从自己的自由民主理念出发，“认为新造反派自有其道理。虽然我们的本意和出发点都是好的，但自从接管以来，的确没有把自己管好。也许我们可以做得更好。我们小组要我去跟新造反派协调，赢回我们的地位。以我对他们的观察，我认为新造反派健康热心，态度鲜明，真诚信奉我们曾为之奋斗的理想。他们希望参与领导，而不是听命于新的领导”。

李敦白代表旧造反派与新造反派协商后，提出两派共同掌权。他认为，“如果双方能友好相处，那么我们通往民主领导的道路一定会更平坦。”但是，“事情并非如我想象。我立刻发现自己人和我意见相左。我的组员给我的不是赞赏，而是愤怒”。“在整个讨论过程中，我的感觉是，对我那些同事而言，民主远不如维系自身的权力来得重要。当批评我们的派系开始形成时，我方领导人拟出一系列对付他们的战术。首先，不准新造反派使用大会议厅，这样他们就不能赢取广泛支持。同时，他们制定了一套监督体系，派人跟踪新造反派，调查与他们来往的人和谈话内容，并在新造反派中安插间谍”。

1967年1月，江青和陈伯达突然出现在广播事业局。江青听完旧造反派的汇报后，询问李敦白的看法。“‘自从接管了这里，造反派已经染上官僚作风，居高临下了。’我毫不客气地说。‘他们取得了批评的权力，现在却拒绝给他人批评的权利。’江青的眉毛立刻往上一挑。刹那间，我已经从她的盟友变成了反对者。”“她说，‘你要记住，革命者取得权力后，接下来的工作便是巩固权力。如果不能巩固权力，他们就保不住江山。’这番话明显是在指责我，我一时呆住了。”

和江青发生冲突后，李敦白浮想联翩：“我早该看出我方造反派领导人既举棋不定又缺乏经验，面对周围起起伏伏的政治波涛，只能随波逐流，任由摆布。他们想追求民主，但是却不得要领。我早就应该明白，在中国根本没有几个人能真正了解民主的含义，即并不只是多数人执政，还在于保护少数人权利。”“我也早就该明白，只要上级的指示有利于巩固他们的权力，我们的造反派就会遵循，但任何人只要想威胁其权力，他们就会设法暗中迫害……我尤其应该明白，如果我的建议与江青的计划合拍，她会听取我的意见，把我捧上天；而一旦我反对她的意见，她便会冷眼相待。”

“广播事业局的情况便是整个中国的缩影。各地派系林立，有些地方的情况比广播事业局更为激烈，敌对双方用瓶子、石块和棍棒互相攻击，甚至动用真刀真枪，而江青、王力等人则手忙脚乱地四处扑灭他们自己放的火。《人民日报》天天呼吁造反派团结，警告不能出现无政府状态，要求在资产阶级纪律被彻底粉碎后，加强无产阶级纪律。然而两种纪律的差别对造反派头子而言，已经失去了意义，他们学到的只是‘造反有理’。他们已经尝到造反的滋味，就算是最高指示也阻挡不了他们。”

广播事业局新、旧造反派的斗争很快白热化了。一天，旧造反派聚众在音乐厅开大会斗争几个新造反派。正在进行中，“中央文革小组”王力的秘书来到会场，宣读指示，要求两派团结，实际就是要旧造反派停止斗争新造反派。“读完，他便准备离开舞台。这时我惊恐地发现，旧造反派全部站起来，堵住了走道，推推搡搡地形成一道人墙，他们非常愤怒。他们已经夺得权力，不会让权力受到削弱，就算是文革小组的命令也不行。如果有必要，他们不惜撕破脸。”在紧急关头，李敦白跳上舞台，抢过了麦克风。“‘同志们！’我在一片喧嚣中高呼。‘各位同志！我们为什么要从走资派手中夺权？’大厅里开始安静下来，于是我继续说。‘我们这么做，是因为我们认为走资派没有遵照毛主席的革命路线经营电台。现在，我们接管后，如果我们也不遵循毛主席的革命路线，如果我们对待意见不合的人比走资派还要狠，那我们当初又有什么正当理由去夺权呢？’……”

“‘人是从哪里学到这种行为的呢？’我动情地说。‘让别人坐飞机，打人，杀人，’这些都是剥削者用的手段，是压迫他人的人的策略，是旧中国统治者的作风！难道也是我们压迫他们的原因吗？难道这就是我们破四旧、立四新的原因吗？用暴君对付无辜人民的手段来对付和我们一样的百姓？我觉得可耻，非常可耻！”

李敦白和旧造反派决裂了！回到家，他对妻子说：“现在我在广播事业局完了，短短十分钟，我已经从多数团体最受欢迎的人，变成只有自己的少数。”

但形势发展出乎意料，“中央文革小组”连夜发出传单，肯定李敦白的立场。王力亲自打电话给广播事业局保卫处，要求确保李的人身安全。旧造反派失去信任下台，新造反派上台，李敦白进入三人领导小组。北京各单位造反派也纷纷请李敦白作报告，李成了红极一时的人物。

有人认为江青和“文革小组”是造反派武斗的挑动者，但从李敦白获得“文革小组”支持可以看出，虽然毛泽东和“文革小组”鼓励造反派起来斗争当权派，江青由于个人性格、修养原因，时常表现得非常好斗，但是他们大体上始终反对造反派之间的武斗，甚至亲自试图劝阻过北大、清华的派系武斗，主张各造反派都代表人民群众，应该团结，应该联合。

“文革”时期普遍的、大规模的武斗，应从千千万万造反派群众自身的政治素质上找原因：他们不仅仅是“文革小组”操纵下的木偶，他们同样是积极活跃的历史创造者；他们对自由民主的无知、他们野蛮粗暴的政治理念和行为方式是“文革”血腥武斗的重要原因。

新三人小组开始领导后，李敦白“全力主张继续旧造反派一直避免的调停工作”，希望“将两派团结起来，找出权力共享的方式，实现我们一直追求的民主式领导。旧造反派已经背弃了自己的承诺，现在该由新造反派来完成。然而不到一天，新造反派也背弃了自己的承诺。”新造反派说：“我们目前真正的工作是消灭旧造反派的组织。”

“我简直不敢相信自己的耳朵。被压迫者又在他们取得权力的瞬间摇身一变成了压迫者。”

入狱九年后最终选择叶落归根

反复的夺权，被压迫者夺权后变成压迫者，暴力循环，而自由民主却没有任何进步。李敦白对“文革”的信念动摇了，“喜剧的意味已经消失，反倒荒诞悲哀。我仍然认为我们可以在混乱中重生，创造和管理民主。但是我的期盼现在全罩上了阴云，我们没有征服混乱，反而被它蚕食着。”

李敦白和新造反派理念不合，显得碍手碍脚，渐渐被排挤到一边。王力的倒台，使曾得到王力支持的李敦白受到牵连。1968年2月，李敦白再次以美国间谍的罪名被关进了单人牢房，这一关就是9年多。

直到1976年的一天晚上，李敦白回忆道：“自从我入狱后，几乎从来没有听到过监狱外的田野里传来任何声音。农民都在默默地喂猪种粮食。但是那天晚上，我第一次听到锣鼓喧天的音乐透过邻近公社的大喇叭传过来，农民们载歌载舞，敲锣打鼓，铙钹齐响，四出游行。笑声和中国民乐器高亢的声音响彻八方。连着几天的下午和晚上，爆竹噼啪啪啪，响遍了沉寂多年的大地。”“又过了几个星期，有一天我听见有个女人在叫，声音似乎是从院子那边，正对我的牢房里传来。这个声音很熟悉，又高又尖，半哭地叫道：‘噢，毛主席！噢，毛主席！我会永远对你忠心不二！’……这个声音我有九年没听到了，但是我很肯定就是她，千真万确。是江青。”曾经把千万人投入监狱的江青，终于自己也进来了。

1977年11月，李敦白走出了秦城监狱，但是他看到的是一个十年浩劫后满目疮痍的世界。“我很快就发现，在坐牢的这段时间，世事发生了多么大的改变。我回到的北京已不再是我离开时的那个北京，而这不仅是因为十年浩劫……”后来，李敦白偕妻子及四个子女移居美国，仍然从事中美友好交流活动。很明显，李敦白和中国有割不断的情感联系，但经过“文革”的狂喜和幻灭之后，他最终选择叶落归根，回到故土。

现代文明启蒙：中国知识界的重要使命

民主制虽然表面是以分权、竞争性选举为特色的一套政治制度，但在更深的层次上却根植于一套以自由、平等、公正为核心的价值观和以此为归依的行为方式。拥有这一套现代文明价值观的人，懂得尊重别人，在保卫自己权利的同时，懂得尊重别人的权利，不会总想让自己的权利凌驾于别人之上。

为了保障每个人的正当权利不受侵犯，就需要制定一套规则——法律。法律就像是一套公平竞赛的规则，是大家共同制定、自觉遵守的，破坏法律就像在比赛中作弊，侵害了别人的权利，违背了基本的行为准则，是正大光明的现代公民所不屑的。

但中国离这一切似乎有相当距离。从“文革”群众造反组织夺权中可以看出，它们习惯野蛮专制的行为方式，推翻压迫者并非为了建立自由平等的秩序，而是希望自己成为新的压迫者，所以短暂的自由只带来野蛮的释放、暴力的循环，不但不能带来民主，反而离民主越来越远，连最基本的人身权利都遭到践踏。

如果没有一套文明的价值观和行为方式作为底蕴，自由开放的权力竞争就会变成疯狂的恶斗，各方都不择手段，没有规则，没有底线，最后走向极端野蛮的斗争方式——暴力。

民主就是人民做主，民主能否成功的根本在于人民，所以民主建设中最根本的是开启民智，使多数人逐渐放弃野蛮专制的习惯，接受文明法制、公平竞争的价值观和行为方式。

在现代文明的启蒙过程中，知识界无疑应该承担重要的使命。不过，就中国知识界的现状看，掌握学术权力的人常表现出缺乏自制的野蛮作风，把学术公权力变成私人关系的筹码，从院士选举、职称晋升、课题评审等学术竞争中暴露的乱象看，知识界本身还处于某种程度的混乱状态。中国知识界必须首先自己清理门户，建设文明的堡垒，然后才能真正承担起传播现代文明的历史责任。

（作者系文史学者、北京大学副教授）

原载于《同舟共进》2013年第6期

“朱可夫事件”的涟漪

散　木

粟裕、彭德怀、张闻天的“里通外国”风波

事情要从苏联说起。

1953年3月5日斯大林逝世，此后赫鲁晓夫接班。4年之后的1957年6月，在苏共中央主席团的一次会议上，第一书记赫鲁晓夫受到了莫洛托夫等主席团多数委员的反对，会议以7∶4的表决结果要求赫鲁晓夫辞职，赫鲁晓夫则要求召开中央全会予以解决。也就在中央主席团休会期间，国防部长朱可夫命令国防部门用军用飞机火速把在各地的中央委员接到莫斯科，赫鲁晓夫终于在中央全会上击败了莫洛托夫等人。

事情过后，“一水涟漪”，军人的作用无形中引起了苏共高层对朱可夫的高度警惕。后来赫鲁晓夫在回忆录中称：正是在这个时候，朱可夫“攫取了很大的权力，开始使领导成员感到担心。主席团的其他委员一个个来找我，表示他们的关注。他们问我，我是否像他们那样能够看出朱可夫正在努力夺权——我们正面临一次军事政变。我得到情报，朱可夫在同军区司令员的谈话中，确实流露出波拿巴式的意图来。我们不能让朱可夫在我们国家里演出南美洲式的军事接管……我告诉其他同志说，‘我知道朱可夫在搞什么。我同意你们的意见，我知道我们应当做什么。他的不正当活动使我们别无选择，只有解除他的职务。’这是我们唯一有责任做的事”。这年10月，苏联元帅马利诺夫斯基取代朱可夫，成为新的国防部长。11月3日，苏共中央公布决议，谴责朱可夫试图削弱党组织在武装部队中的工作，企图取消党对军队的领导和监督，

从而“破坏了党的列宁主义原则”，并认为他丧失了“列宁教导我们的党的谦虚精神”，从而辜负了党的信任。这便是所谓“朱可夫事件”。

“朱可夫事件”对中国有没有影响？或者说有没有间接影响？有着漫长历史并且深受丰富的相关历史故事情节影响的中国人，特别是高层领导人，对此绝不会掉以轻心。据刘伯承元帅的一次谈话：1949年刚解放进城，6个军区的司令员去看毛泽东，当时刘想：“毛主席可能要讲几句鼓励的话”，“可没有想到，毛主席开头就说：‘你们这些人要守规矩，听指挥啊，不然我就从你们几个人开刀。’”刘回忆说：“我听了以后，心里直打颤，他是多么严格啊！”（林蕴晖《朱可夫事件与彭德怀庐山罢官》，《百年潮》2004年第2期）也就在1953年5月19日，毛泽东针对中央有人“破坏纪律”，“擅自以中央名义发出文件”，接连批示说：“嗣后，凡用中央名义发出的文件、电报，均须经我看过方能发出，否则无效。请注意。”（《毛泽东选集》第五卷，人民出版社1977年版）果然，到了1958年，军队高层中突然有了一次“反教条主义”的运动，它揭开了直到“文革”才结束的一系列军方“路线斗争”的序幕，此后1959年的反彭（德怀）黄（克诚）的斗争、1960年的反谭政的斗争，乃至“文革”中的“揪军内一小撮”，直至“九一三”事件等，可谓一浪高过一浪。

其实，事关朱可夫。1958年1月21日，毛泽东在南宁会议上说：“在整风中，建议军队拿几天时间讨论一次朱可夫所犯严重错误的问题，此事由中央军委发出指示和有关朱可夫错误的材料，吸取苏联的教训。”对此，黄克诚后来回忆说：“这次会议，实际是中央领导军委整风，为彭德怀始料不及。我们未能领会中央精神，所以主持会议显得很被动。这可能是：毛主席在匈牙利事件之后，开始担心我军领导出问题。也许这就是庐山会议的先兆。”

1958年的整风涉及军队，肇始于军队高层就如何学习苏联经验进行军队建设的一次争论。其实，1956年苏共“二十大”后，对“老大哥”、对“学习苏联经验”等，已经开始有所转向。1958年军委召开扩大会议，以整风的方式检查和总结建国以来的军事工作，为此毛泽东特别指示“军队拿几天时间讨论一次朱可夫所犯严重错误的问题”，强调军队必须放在党的领导和监督之下。5月26日，在中共中央军委预备会议上，军委责成粟裕就所谓“总参与国防部关系”等问题进行检讨，翌日军委扩大会议开幕，大会强加给粟裕“一贯反领导”、“向国防部要权”等罪名，迫使粟裕在会上做检讨。8月31日，中央政治局会议决定“解除粟裕总参谋长职务”，并决定将他的“错误”口头传达到军队团一级、地方地委一级。此后，会议又转向对“教条主义”的批判，刘伯承、萧克等皆成为批判的重点。这是在“文革”爆发前七八年，反对“教条主义”已经采取了“大鸣、大放、大字报、大辩论”等方式，并先后批判了军队高层萧克、李达、陈伯钧、宋时轮、粟裕、叶剑英、刘伯承等。仅仅一年后，在庐山会议上，彭德怀、黄克诚等人也遭到批判，黯然下台。

两次共和国将领的滔天风波，无一例外，皆与苏联或朱可夫的影子相关。

其一：1957年11月，粟裕曾随中国军事代表团访苏，其间他对苏军总参谋长作了礼节性的拜访，并向对方要了一份苏军国防部与总参谋部工作职责划分的材料。这次拜访仅用了半个小时，除去翻译所占用的时间，双方谈话的内容是非常有限的。然而，后来在批判粟裕的大会上，却被无限上纲到所谓“告洋状”，有人甚至在中央面前说粟裕“里通外国”。

其二：庐山会议上，有人认定彭德怀的“猖狂进攻”所以有底气，是因为他“从国际取了一点经”。“取经”是指1959年6月彭德怀出国访问回来后，了解到山东、甘肃等省出现了粮荒的严重情况，他不由感叹：匈牙利人均每年吃40公斤肉，还出了“匈牙利事件”，要不是中国工人和农民好，党中央、毛主席威信高，也会发生“匈牙利事件”。曾在刘少奇身边工作的邓力群也回忆说：庐山会议批判彭德怀是由多种因素促成的，“当时有人揭发，说他在从北京出发到庐山的火车上，讲了这样的话，说：中国的问题严重，困难会继续下去，也许只有靠苏联红军帮助我们才能解决了。这种讲法，虽然是气话，但是让毛主席听了这个话不能不反感。他的信，他的发言，在很多小组会上有同感……同意彭德怀意见的越来越多。而在小组会上，彭德怀又说了些气话，翻老账，延安的华北会议开了他40天的批判会，他耿耿于怀。恰在这个时候，驻苏使馆发来一个情报，说苏联的报刊、领导人讲话，指责我们的错误，这些说法同彭德怀的说法又大同小异。因此引起一种怀疑：里外呼应”。

据林蕴晖《国史札记》(东方出版中心2008年版)：彭德怀在庐山上的信，使毛泽东在思想上发生了剧变，在他看来，党外“右派言论”和党内部分县团级干部的反映，本不屑一顾。但中央政治局内的彭德怀竟同这些人相呼应来“夹攻”，那就非同等闲，必须针锋相对予以回击了。所以如此，还有一个原因，即所谓“取经”，如彭德怀在写信之前曾在7月7日的小组会上发言说：“人民公社我认为办早了一些，高级社的优越性刚发挥，还没有充分发挥就公社化，而且还没有经过试验，如果试验上一年半年再搞那就好了。”就在11天之后，7月18日，赫鲁晓夫在波兰波兹南出席一个生产合作社的群众大会，他在演说中也提及：“曾有人下了大致是这样的论断：既然我们为共产主义奋斗，那就让我们来建立公社。看来，当时许多人还不太明白，什么是共产主义和如何建设共产主义。公社建立了，虽然当时既不具备物质条件，也不具备政治条件——我是指农民群众的觉悟。结果是大家都想生活得好，而在公共事业上又想少花劳动。正所谓‘尽可能干，按需要拿’。许多这样的公社都没有什么成绩。”这一讲话，刊载于7月21日的《真理报》上，美国《纽约时报》则于22日刊载了其驻华沙记者的报道，内称：“苏联发现，通过公社来走上社会主义化的道路，这种办法是错误的。赫鲁晓夫这番话，可以认为是暗指中国共产党人去年秋天的一些说法而言的。中国共产党人曾说，建立公社是真正的通向共产主义的道路。”又不久，台湾中央社也于22日对此作了报道，上述这些材料又被及时送到庐山，并由胡乔木于7月28日送呈毛泽东批阅。

29日，毛泽东批示：“请同志们研究一下，看苏联垮台的公社和我们的人民公社是不是一个东西；看我们的人民公社究竟会不会垮台；如果要垮的话，有哪些足以使它垮掉的因素；如果不垮的话，又是因为什么。不合历史要求的东西，一定垮掉，人为地维持不垮是不可能的。合乎历史要求的东西，一定垮不了，人为地解散也是办不到的。这是历史唯物主义的大道理。请同志们看一看马克思《政治经济学批判〈序言〉》。近来攻击人民公社的人就是抬出马克思这一个科学原则当做法宝，祭起来打我们。你们难道不害怕这个法宝吗？”

上述背景无疑增加了庐山风云的复杂性，而赫鲁晓夫、美国、蒋介石乃至彭德怀竟被牵扯到一起，在这种情况下，成为“窦娥冤”几乎是必然的。而此事又牵扯上一个张闻天。

张闻天在庐山会议的小组会上，曾有3小时的发言，记录稿是8000多字。有人统计，讲成绩只有270多字，在39个“但”字后是专讲缺点的，还有13次是说“比例失调”的，有12次是说“生产紧张”的，更有108次是说“很大损失”的。于是毛泽东斥责这个发言是“漆黑一团的材料”。张闻天于1951年至1955年任中国驻苏联大使，在庐山会议之前，他曾与彭德怀同乘一机，赴波兰华沙参加外长会议，于是也有“里通外国”之嫌。

庐山会议风向转变之后，8月1日，毛泽东在中央常委会上批判彭德怀，说他“从打击斯大林后，佩服赫鲁晓夫”。刘少奇也说：彭德怀“认为中国也有个人崇拜，中国很需要反个人崇拜”，他“反对唱《东方红》歌曲”，等等。对此，彭德怀当即反驳说：“你们这样推测，就难讲话了。”

有“朱可夫”的例子在前，又有“里通外国”的嫌疑在后，于是庐山会议上，毛泽东在中央常委会上对彭德怀说：你“这次从国际取了点经”，但又加上一句：“不能断定”。随后的8月11日大会上，他又对彭德怀说：赫鲁晓夫特别强调“集体领导”，“你大概在莫斯科取了点经吧！”听话听音，这不是有“朱可夫”的影子么？

庐山会议之后，军委在北京召开扩大会议，深入批判彭德怀、黄克诚。（外事系统相应召开会议批判张闻天，并追逼他交代“里通外国”一事。）彭德怀争辩，被认为是“花言巧语”，于是，又开始了秘密取证。

军委扩大会和全国外事系统会议的两会领导小组，又联合成立了一个特别小组，专门收集揭发彭德怀、张闻天与外国人联系的材料，包括向驻外使馆发电报查询，另外还编印了专题简报，在限定的小范围内分发。由于证据不足，军委扩大会议和外事会议皆未作出所谓“里通外国”的结论。不过，毛泽东于9月11日曾对两会与会者提及“绝对不可以背着祖国，里通外国”这样一句话。此后的12月，毛泽东在杭州主持会议，在会上还提到："1953年莫斯科支持高、饶、彭、黄搞一次颠覆活动，今年又支持高、饶余孽再搞一次颠覆活动。"1962年"七千人大会"，刘少奇还说："别人的错案可以平反，只有彭德怀的案子不能平反，因为他有一个'里通外国'的问题，有国际背景。"彭德怀闻讯后非常气愤，立即打电话给时任中办主任的杨尚昆，说："请转报主席和刘少奇，郑重声明，没有此事！"

此后，彭德怀忍不住又给毛泽东和中共中央写了关于"里通外国"、"小集团"、"历史问题"的一封申诉信，这就是所谓"八万言书"。彭德怀还在《评刘少奇同志在扩大的中央工作会议上的书面报告和讲话》中指出：刘少奇所谓"里通外国"的说法，"完全是无中生有！真理只有一个，事实已经作了结论。少奇同志对客观事物作了歪曲的分析，即凭空推测动机的错误结论，这个结论是主观主义的，事实将要再次证明是错误的。我没有任何反党小集团，也没有同任何外国人在中国搞颠覆活动，这对我是诬蔑！"彭德怀后来又郑重说明："我写那封信的目的，是想把我所犯错误的性质弄清楚"，"我恳诚地再次向党申明，我在党内没有'小集团'和企图'篡党'，也没有同任何外国人在中国搞'颠覆'活动。"

"朱可夫事件"后，中国高级将领的这两次风波，真可谓"步步惊心"。不过，如果说以上之事或许是毛泽东对苏联教训的过度反应，那么接下来发生的两件事，就更令人深思了。

这是发生在另外两个中国军队元帅身上的事情，而且又都与苏联有关。

尤金的"玩笑"与陈毅的震惊

据《王光美访谈录》(中央文献出版社2006年版)："庐山会议，彭总的有些话确实说得不够妥当……苏联大使尤金还在北京对留守中央的陈毅同志说：现在你可以搞政变了。庐山会议前苏联政府又正式通知中国，停止供应我们制造原子弹的设备。联想到彭总在会前率军事代表团出访东欧几个国家，受到隆重欢迎等等情况，就认为他有国际背景，

‘为民请命’。”

陈毅元帅竟然听到苏联大使尤金那样一句话。这是一句玩笑话呢，抑或是别有用心？

又据杨尚昆回忆：1959年庐山会议时，陈毅留守北京，苏联大使尤金开玩笑，说你可以乘机大权独揽，发动政变。陈毅随即报告毛泽东，毛认为苏联有一个颠覆我们政权的计划，正在寻找党内的赫鲁晓夫（与之相联系的，有所谓秘密录音等问题），毛泽东因此提出要预防百年后有一个中国的秘密报告云云。（苏维民《杨尚昆谈新中国若干历史问题》，四川人民出版社2010年版）这里，杨尚昆是说尤金在“开玩笑”，但是陈毅当时却是惊出一身冷汗，此后也难以忘怀。就在“九一三”事件之后的1971年10月24日“老同志座谈会”上，他在发言中又提及此事，谈及有人（在座谈会上，陈毅认为是“林彪之流”）借此事恶毒攻击他，说他与尤金勾结搞政变，又说他反毛主席，搞宫廷政变，而且搞得很凶，“好像不去出席庐山会议，就是为的留在北京搞政变”，陈毅思之不寒而栗。

庐山会议结束不久，1959年9月30日，苏共中央第一书记赫鲁晓夫在结束了对美国的访问之后匆匆赶到北京，前来参加中华人民共和国建国10周年的庆典。当晚，他就在国庆宴会的讲话中教训了中国领导人不要“用武力去试资本主义制度的稳固性”，在此后双方的会谈中，又指责1958年炮击金门、马祖是“冒险”、“好战”，是“对亚洲和平不负责任”。在场的陈毅当即起而反驳，而赫鲁晓夫说：“好，我知道你是元帅，我是中将，军事上我得服从你，但现在在党内，我是第一书记，你只是政治局委员，你应当听我的。”陈毅回敬说：“你讲得不对，我们就不听你的，这是两个党在谈问题嘛！”在谈及此前苏方提出要和中国共建一个长波电台和海军联合舰队的建议时，赫鲁晓夫受到中方的责问，陈毅又与之当面对证，让赫鲁晓夫下不了台。此后中苏关系行将破裂，陈毅在会见外国友人时多次愤慨地表示：“我们不希望拥有卫星国，但也决不做任何人的卫星国！”

随着赫鲁晓夫的黯然下台和中国原子弹试验成功，陈毅终于在情感上有了一次淋漓畅快的宣泄。那是1965年9月29日北京人民大会堂中外记者招待会，陈毅外长在回答记者提问时，高兴地提到中国成功爆炸了原子弹，又不由提及此前赫鲁晓夫“讽刺我们，说中国人连裤子都穿不上，还要花钱搞原子弹”，而“我们宁可不穿裤子，也要搞原子弹”。接着，陈毅大声说：“如果美帝国主义决心要把侵略战争强加于我们，那就欢迎他们早点来，欢迎他们明天就来。让印度反动派、英帝国主义者、日本军国主义者也跟他们一起来吧，让现代修正主义者也在北面配合他们吧，最后我们还是会胜利的……中国有一句话说：善有善报，恶有恶报；不是不报，时候未到；时候一到，一切都报！我们等候美帝国主义打进来，已经等了16年。我的头发都等白了。”

这就是陈毅1965年的著名怒吼，当时他的这席话引起了外界很大的震动。对此陈毅曾对外交部的一些干部说：“古人云‘文王一怒而安天下’，我陈毅没有什么大本事。但是巴黎和会上克里蒙梭逼着顾维钧签字的时代一去不复返了！”

马利诺夫斯基的“醉言”与周恩来贺龙的愤怒

就在陈毅释放“咆哮体”的一年前，1964年10月，苏联驻华大使契尔沃年科向中共中央通报了苏共领导高层发生的人事变化。当时中国领导人出于改善中苏关系的愿望，也向苏共新领导人勃列日涅夫、柯西金等发出了贺电。此后为纪念十月革命47周年，中国派出了以周恩来为团长、贺龙为副团长的党政代表团赴苏参加庆祝活动，并进行了友好访问。

此次代表团出访莫斯科，又发生了一件极不愉快的事情。那是11月7日的晚上，克里姆林宫举行招待会，一些苏联元帅看到贺龙元帅，纷纷上前表示友好。就在勃列日涅夫、柯西金、苏斯洛夫、米高扬等苏联领导人敬酒之后，周恩来与贺龙也走到苏联元帅们的席前向他们祝酒。周恩来还提议为中苏两国人民的友谊、为两国军队的友谊干杯，苏联元帅们都高兴地举杯。不料，此时苏联国防部长马利诺夫斯基走来对周恩来说：“我们不希望有任何鬼来搞乱我们两国关系，我们要友好。”周恩来以为他喝醉了，只是礼貌地回应说：“加强友谊需要双方共同努力。”马利诺夫斯基却依然饶舌地说：“我们人民要幸福，你们人民也要幸福，不要任何毛泽东、任何赫鲁晓夫来妨碍我们。”（当时苏联驻华使馆的首席翻译顾达寿后来在《直译中苏高层会晤》一书中所记载的马利诺夫斯基的原话是：“我们已经把我们的一个笨蛋赶下了台，现在轮到你们……”顾达寿当时曾试图打断马利诺夫斯基的话，但没能起作用。）周恩来听后当即斥责说：“你胡说什么！”这时，在场的那些苏联元帅们见此情景，也有点儿不知所措，他们走到一旁商量了一下，便由崔可夫走到周恩来身旁说：“总理同志，马利诺夫斯基的话，不代表我们。”周恩来也以缓和的语气说：“我了解你们的意思。”接着，苏联元帅们走过来，与周恩来、贺龙一一握手，以示友好，随后周恩来回到了主宾席。

马利诺夫斯基对周恩来胡说八道时，贺龙正在与崔可夫谈话，不曾想，马利诺夫斯基又走到贺龙面前，搭讪着说：“贺龙同志的元帅服很漂亮，这已经不像当年的布棉袄了。”贺龙则不冷不热地说：“还是当年的棉衣好，我舍不得它！”马利诺夫斯基又借题发挥地说：“我也认为棉衣好，元帅服是浮华虚饰。我们的元帅服被斯大林玷污了，你们的元帅服也被毛泽东玷污了。”接着，他竟对贺龙说：“我们现在已经把赫鲁晓夫搞掉了，你们也应该仿效我们，将毛泽东也搞下台去，这样我们就能和好。”贺龙马上警觉出对方的恶意，厉声说：“我们党和你们的情况是完全不一样的，你的话是错误的。”正在他身边的崔可夫也连忙表示：“我们并不这样看。”

马利诺夫斯基如此大闹招待会，实在令人费解。

却说贺龙听了他的胡话，急忙向周恩来反映，周恩来又当即向勃列日涅夫（一说米高扬）表示：马利诺夫斯基的讲话是对中国的严重挑衅！勃列日涅夫在了解了情况后对周恩来解释说：“马利诺夫斯基今天喝醉了，他是酒后失言，不必介意。”周恩来则说：“这不是什么酒后失言，而是酒后吐真言。”随后，在中苏两党代表团正式会谈时，周恩来就此又向苏方提出了强烈抗议。勃列日涅夫不得不表示说：“马利诺夫斯基不是苏共中央主席团委员，作为中央委员他也没有权力发表（这种）个人意见。他的话同苏共中央和新领导的看法毫无共同之处，决不代表主席团的看法。马利诺夫斯基愿意向中方正式道歉。我也以中央委员会的名义向你们道歉。这是我们领导集体的看法，是苏共中央主席团的正式声明。”他还再三希望不要因为此事而影响了双方已预定要开展的工作。当时另一位苏方领导人波德戈尔内也表示“我们和马利诺夫斯基划清界限”云云。（一说中国代表团离开后，勃列日涅夫和柯西金曾亲赴代表团住地回访，当时周恩来质问他们：“苏共中央欢迎我们来，是不是为了当众向我们挑衅？是不是期待着中国共产党也撤换毛泽东主席的领导？”周恩来还特别指出：“西方国家的媒体从莫斯科发出消息说苏共已和中共达成协议，要毛泽东下台，由周恩来当主席，难道这也是偶然的巧合吗？如果不是苏联领导人有这种思想，马利诺夫斯基敢这样胡说八道吗？”）

无疑，对于已经破裂的中苏关系，这次事件不啻雪上加霜。（而此前的1958年4月，自恃曾率领苏联红军解放中国东北有功的马利诺夫斯基，就曾在苏联的一次军事会议上提出建议，要在中国建立一个用于军事指挥的长波电台。）如此严重的话，应该是酒精作用下的产物，但正如周恩来指出的，是所谓“酒后吐真言”，代表着苏共中央一些人的想法。据说当时周恩来听罢马利诺夫斯基的“醉言”，神情骤变，全身颤抖，随即他环视四周，立即对马利诺夫斯基怒目而视，斥之为胡说八道。在周恩来提出强烈要求苏方给予正式道歉之后，由于苏共领导人没有立即回应，周恩来当机立断，率领代表团全体成员退出宴会厅，以表示抗议。代表团回到使馆后，马上向国内拍发电报，向毛泽东详细汇报了整个事件的经过。

11月14日，周恩来率团提前结束访问，返回北京，毛泽东也破例率中共中央政治局全部常委亲赴机场迎接。翌年3月，中共中央表示拒绝参加由苏共召开的各国共产党和工人党协商会议。1966年2月，苏共中央邀请中共派代表团出席苏共“二十三大”，中共复信表示不参加。至此，中苏两党关系宣告中断。

“朱可夫事件”以及“里通外国”，或许是最高判断者在政治焦虑下的“妄想”，而它的复杂性还在于其真真假假的边缘，以及由此带来的许多无法预料的变数。诚如清人金圣叹的“剃头歌”：“闻道头堪剃，人人尽剃头。有头皆可剃，不剃不成头。剃自由他剃，头还是我头。且看剃头者，人亦剃其头。”（夏衍在“文革”狱中又作《整人诗》一首：“闻道人须整，而今尽整人。是人皆可整，不整不成人。整自由他整，人还是我人。请看整人者，人亦整其人。”）就在刘少奇言之凿凿地说“别人的错案可以平反，只有彭德怀的案子不能平反，因为他有一个‘里通外国’的问题，有国际背景”之后数年，1964年6月，毛泽东提出“中央出了修正主义怎么办”；及至1973年12月，毛又在中央政治局会议批评“政治局不议政，军委不议军”，忽然提出“准备打仗，内战外战都来！我还可以打几仗”，“一打下来就可以分清，谁是真正愿意打的，谁是勾结外国人，希望自己做皇帝的”。

“谁是勾结外国人，希望自己做皇帝的”呢？

（作者系文史学者）

原载于《同舟共进》2012年第3期

“罗瑞卿事件”的林豆豆说法之辨疑

韩　钢

“大警卫员”为何突遭整肃？

1965年的罗瑞卿事件，是“文革”之前的重要人事变动之一。罗对毛泽东的忠诚在中共党内有口皆碑，1965年被整肃，令党内高层愕然和震惊。

究竟是什么原因使得毛对他的“大警卫员”（党内对罗的一种褒称）下此狠心？长期以来官方的说法即主流的说法，是源于中央军委副主席林彪猜忌总参谋长罗瑞卿要“夺取军权”，向毛泽东进谗言，毛听信林的诬陷，错误处理了罗瑞卿。（参见中共中央党史研究室编著《中国共产党历史》第二卷下册，中共党史出版社2011年版）一些研究者则认为，事情的起因主要是林罗交恶，毛出于发动“文革”需要林及军方支持的考虑，丢卒保车，倒罗挺林。这种解释与官方说法有所不同，但大体一致。近些年来，一些当事人和研究者提出另一种看法：不是毛听信林，而是毛本人逐渐反感罗，利用林彪、叶剑英、聂荣臻等将帅对罗的不满，逐罗出局。毛为何反感罗？原因在于1960年代毛对主持中央工作的刘少奇、邓小平等人的政策主张愈来愈不满意，而罗同刘、邓等人关系密切，又反对林“突出政治”的治军方针，对宣传“毛泽东思想”的高调亦有微词。酝酿打倒刘、邓的“文革”之前，需要先清除党内高层的“路障”，罗（还有彭真、陆定一、杨尚昆等）便成了“文革”的第一批“阶下囚”。

上述解释各有理由，不过坦率地说，从已经公开的著述看，前者虽遭质疑但尚有一些史料依据，而后者判断居多、史料嫌少。孰实孰虚，如无档案史料和知情人的进一步披露，仍是悬疑。

2012年出版的《林豆豆口述》收录了林豆豆1980年写的一份申诉材料:《我知道的有关罗瑞卿同志被诬陷和迫害的情况》，详述了她所知、所闻的罗瑞卿事件经过。林豆豆的观点属于上述第二种看法。申诉材料提供了值得关注的情况，也留下一些疑点和错讹。

从林豆豆的申述材料看，林彪对罗瑞卿确有看法，也曾“大发脾气”。一件具体的事情是1965年的军委扩大会议。身为军委秘书长的罗瑞卿在会上作了一个总结发言，林肯定内容尚好，但罗“在程序上和方法上对许多老帅和军委领导同志尊重不够”，“没注意谦虚谨慎”，方法上与技术上简单、草率、欠妥。林要求罗“多尊重和请示其他所有老帅和军委领导同志”。但林豆豆称，林、罗之间历来“直言相叙”，“不存在虚伪的关系”。至于林发脾气，林豆豆的解释是既有宗派主义、山头主义的挑拨，同时其父也“实在是出于好心，而并非任何私念”；罗也“痛悔”自己没有想到这些，对林的提醒“极为感动”。林豆豆还讲了一件事，全军五级干部的定级名单未经“林办”即直接报送中央批准。此事林彪没有“责怪”罗瑞卿，但名单引起部分军队高级干部很大意见。（舒云整理《林豆豆口述》）

尽管林豆豆承认林对罗的看法，但申诉材料更多还是强调林、罗间的良好关系。比如，林严格规定叶群不准在他和其他人面前说罗的不好，多次严厉告诫叶。罗也关心林的病情，多次嘱咐叶群及子女照顾好林。罗去林家，对未能常去看望林表示歉疚；林很大度，理解罗工作太忙，安慰罗说“见到你，就高兴”。这种良好关系还延伸到两家间的关系，叶群甚至专门请罗瑞卿夫妇到家里做客。申述材料主要就是记述1965年一个夏夜，罗瑞卿去林宅同叶群谈话的经过。关于这次罗、叶夜谈，一些著述已有记述。按这些记述，不仅是叶主动约罗去谈，而且两人话不投机，罗多次“沉默”。林豆豆记忆则不同。罗瑞卿去林家是主动打电话求见，因林已休息，罗同身为“林办”主任的叶群长谈。叶还让林豆豆和林立果参加谈话。罗虽未见到林彪，但同叶群谈话气氛融洽，而且对林的孩子（林豆豆、林立果）亦态度亲和，关心备至。叶群也对罗说了许多表示尊重和团结的话。第二天，叶向林彪报告了前夜与罗的谈话，林责怪叶“插手”，叶还要林豆豆、林立果“作证”，她是非常尊重和团结罗的。

林豆豆在申诉材料里要表达的核心观点，就是罗瑞卿事件并非林、罗交恶，而另有背景。材料隐约透露出军方高层的矛盾。林豆豆说，叶群曾经告诉她，毛泽东在杭州同叶谈话时，具体询问了军委扩大会议总结发言和军队五级干部定级名单的事情。毛说：“罗长子不是军委主席嘛，也不是军委副主席嘛，党内也不是政治局委员，怎么由他作总结发言？听说有的老帅组织了一个班子准备了一两个月的总结发言稿，怎么不让这位老帅总结呢？听说罗长子的总结发言事先没有经过军委其他领导看过？大将也不是他一个嘛，现在许多老帅和大将怎么没工作干？怎么都养起病来了？党政军的工作难道就靠罗长子一个人干？”毛还问：“报到中央的军队五级干部定级的名单怎么连国防部长的签批也没有？”（《林豆豆口述》）看起来是询问，实际上是质问，话里话外透出对罗的不满和指责。叶群说没有想到毛对军队情况那么清楚。倘若属实，那么这个细节说明另有军方高层人士向毛报告了罗瑞卿的问题，毛对情况已了然于心。2011年出版的《邱会作回忆录》似乎可作佐证，邱在书中就提到毛泽东曾经多次同叶剑英、聂荣臻、谢富治、萧华、杨成武等人谈话，谈罗瑞卿的问题。

《林豆豆口述》再一次表明，罗瑞卿事件的原因非常复杂，恐怕并非林顾虑罗“抢班夺权”那么简单（许多当事人回忆，林彪并不想揽权——笔者注）。除了治军方针的分歧、军内盘根错节的人际关系和恩怨纠葛外，罗本人当时身兼数职、权倾一时而怠慢将帅、越级上报和决断，引起将帅众怒，也许是一个重要因素。这方面的情况，《邱会作回忆录》《李作鹏回忆录》有远比林豆豆申诉材料更为详尽的忆述。更需要弄清楚的是，事件背后到底是否有毛的授意。邱会作就断定，倒罗是毛的意图而非起于林彪，林不过是得知毛的意图后按照毛的意图行事罢了。在档案没有进一步披露的情况下，姑且将此作为一说，以待将来更多档案史料的揭示。

严格地说，申诉材料是记忆性质的文字。记忆的可靠性毕竟有限。

申诉材料虽然是林豆豆的亲历、亲闻，但是否属实，还需要通过与其他史料比对与互证才能判别。事实上，笔者参照一些文献资料，已经发现其中一些细节明显有误或令人生疑。

林彪“事先毫无所知”？

（1）林豆豆称，“12月2日，在毛泽东同志极其错误地作出反对所谓‘折中主义’的批示和讲话（据我所知，林彪、叶群是在上海会议结束后几天，从会议发来的文件中才知道的）之后，在上海召开了中央紧急工作会议。”（《林豆豆口述》）

这里所述肯定错了。毛泽东的批示是1965年12月2日作出的，批示不长，要害的文字是下面这句话：“那些不相信突出政治，对于突出政治表示阳奉阴违，而自己另外散布一套折中主义（即机会主义）的人们，大家应当有所警惕。”［毛泽东在兰州军区党委一个报告上的批语（1965年12月2日），《建国以来毛泽东文稿》第十一册，中央文献出版社1996年版］搞“折中主义”的人们是谁，毛没有明说，不久人们就知道是指罗瑞卿。这可以说是毛整肃罗瑞卿的第一个信号。这个批示正是毛在看了林彪报送的兰州军区党委的报告后作出的，批示也是写给林彪的。第二天，即12月3日，林彪即回复毛：

> 十二月二日主席有关五十五师突出政治一文的批示已经收到，主席的批示对于即将召开的政工会议与明年和今后的政治工作将是一个强大的推动。军队如不加强政治工作，不但打仗经不起考验，而且投敌事件还会更多的发生。其他如破坏军民关系等坏事还会增加。我完全同意主席的批示，决遵照主席指示送北京少奇、恩来、彭真同志阅和军委常委阅，然后发师以上党委。（《建国以来毛泽东文稿》第十一册）

五天后，毛还再次致信林，要求将林的上述回信“一同印发”。几则史料都已公开，不难查阅，它们确凿地证明：林彪不仅早已知道毛指责“折中主义”的批示，而且是最早知道的，绝不是上海会议之后才知道。

（2）林豆豆说："关于这次会议的召开和总长在这次会议上突然被整，林彪事先毫无所知。他也从未对毛泽东同志与其他任何领导同志说过总长的任何不好。毛泽东同志与其他任何领导同志也没有对林彪说过总长有任何问题。"（《林豆豆口述》）

林豆豆又错了。这里说的会议，即1965年12月8日至13日在上海召开的中共中央政治局常委扩大会议（不是林豆豆说的"中央紧急工作会议"）；议题只有一个，即批判和揭发总参谋长罗瑞卿。上海会议之前，毛泽东曾在杭州同叶群作过一次长谈。这是众所周知的史实。据已经公开的史料，叶群向毛汇报正是林彪派去的，这有林彪给毛的信为证：

主席：

有重要情况需要向你报告，好几个重要的负责同志早就提议我向你报告，我因为怕有碍主席健康而未报告。现在联系才知道的杨尚昆的情况（叶剑英讲的），觉得必须向你报告。为了使主席有时间先看材料起见，现先派叶群送呈材料并向主席作初步的口头汇报。如主席找我面谈，我可随时到来。

此致

敬礼

林　彪

十一月三十日

［参见中共中央文献研究室编《毛泽东传（一九四九——一九七六）》下，中央文献出版社2003年版，第1399页；《邱会作回忆录》，第382页；卜伟华《"砸烂旧世界"——文化大革命的动乱与浩劫》，香港中文大学出版社2008年版］

林彪的信透露出几个信息：第一，向毛报告不只是林彪一人的想法，而是"好几个重要的负责同志"早有的提议；第二，促成林向毛报告的一个直接原因，是此前不久发生的杨尚昆事件（即11月10日中央办公厅主任杨尚昆突然被解职）；第三，林派叶群去杭州主要是给毛送材料，同时也作初步汇报；第四，林彪准备随时同毛面谈，也就是说，林可能同毛进一步谈罗瑞卿的问题。

哪几个重要负责同志、谈什么重要情况、派叶群送什么材料，林信没有说；至于叶群到底向毛报告了什么，就更不得而知了。但是一周后，毛在上海召开会议，林信和叶群上送的材料均作为会议文件印发。（卜伟华《“砸烂旧世界”》）叶群送的材料有：雷英夫所写对罗总长的意见，张秀川所写罗总长对突出政治的错误看法，刘亚楼病中给罗总长的信，张秀川所写罗总长对主席思想的错误观点，雷英夫所写罗总长对待主席指示的几个问题，李作鹏、王宏坤、张秀川联名反映罗瑞卿问题的信，等等。除了“好几个重要的负责同志”仍然不知所指，林信所说“重要情况”、叶群所送材料都是反映罗瑞卿的问题，这是不争的事实。说林彪在会前对会议召开、罗瑞卿被整“毫无所知”，与史实不符。

反映罗瑞卿的那些材料，也是叶群事先搜集甚至授意准备的。据吴法宪回忆，上海会议前，叶群已经向他透露口风：罗瑞卿出了问题。吴说：“（一九六五年）十一月末的一天上午，叶群从苏州用保密电话找我，要我马上派一架飞机到苏州去。她还特别告诉我，她要去杭州毛泽东那里……回到苏州后，叶群用保密电话告诉我，她下午见到了毛泽东，她把林彪对罗瑞卿的一些意见，全部向毛泽东作了汇报。汇报完，她还把一些单位反映罗瑞卿反对‘突出政治’的材料，呈送给了毛泽东。”（《吴法宪回忆录》，北星出版社2006年版）李作鹏回忆，他和王宏坤（时任海军副司令员）、张秀川（时任海军政治部主任）三人写信，是叶群授意的。李称，1965年初秋，叶群给他打电话：“首长（指林彪）要我给你打个招呼，罗长子有野心，想当国防部长，要林彪让贤休息。”“老帅们对罗的意见也很大，罗的情况主席和首长都知道了。”还说：“他（指罗瑞卿——笔者注）正在组织新班子，又是提级，又是提职。”“对当前局面要提高警惕。”“你从海军角度看到有什么问题，可以写点材料送来。”（《李作鹏回忆录》，北星出版社2011年版）吴、李作为知情人之一，其回忆可以从旁证明，林彪、叶群不是事先毫不知情，而是早已知道，并且授意他人准备了相关文字材料。

同理，说林彪“从未对毛泽东同志说过总长的任何不好”也不成立。至于林豆豆称毛泽东从未对林彪说过罗瑞卿的任何问题，则自相矛盾。如前所述，林豆豆说叶群曾告诉她，叶去杭州面见毛泽东时，毛对叶群发了一连串的关于罗瑞卿的质问；叶群还对林豆豆说：“我就没想到主席对军队这些事的情况那么清楚，那么仔细，也不清楚主席问我这些是什么意思。”（《林豆豆口述》）叶群是林彪的夫人和“林办”主任，毛泽东同叶谈罗瑞卿问题，叶不可能不转告林彪。所以，也可以说，上海会议前毛已经由叶群同林谈了罗的问题。

当然，需要再次申明，林彪派叶群向毛报告、呈送罗瑞卿问题的材料，是主动出击还是奉命出击，姑且存疑。

罗出事后，林“忧伤、哀叹、流泪”？

（3）有关上海会议，林豆豆说林彪事先对叶群的发言毫无所知，甚至听说林彪连会议也没有出席，也没有任何形式的发言。（《林豆豆口述》）

据相关著述，叶群在上海会议分三次作了发言，时长合计约十个小时。（中共中央文献研究室编《毛泽东传》下册，第1400页）虽然目前没有确切材料证明是林彪让叶在会上发言，但依常理判断，叶群的发言很可能就是向毛汇报的那些内容。不少当事人和研究者也持此说。既然叶群向毛汇报是林彪派去的，其报告的内容林彪当然知道。故说叶群在上海会议上的发言林彪“毫无所知”，令人生疑。

除了个别当事人曾回忆林彪主持了这次会议（李雪峰《我所知道的“文革”发动内情》，《百年潮》1998年第4期），确无材料显示林彪曾在会议上讲话。但说林彪未参加上海会议，也未必确切。据笔者看到的材料，上海会议的与会者共63人。出席的中央常委有毛泽东、刘少奇、周恩来、朱德、林彪、邓小平；列席的政治局成员有董必武、陈毅、李富春、贺龙、李先念、李井泉、谭震林、乌兰夫、陆定一、陈伯达、康生、薄一波；其他列席的人主要来自军方，中委和非中委均有。会议分成三个组，每组20人，第一组召集人是邓小平、陈毅，第二组召集人是谢富治、李井泉，第三组召集人是周恩来、贺龙。毛泽东、刘少奇、林彪没有编组，但发了会议文件。上海会议不仅事发突然，而且开法特别。据几位参加者回忆，与会者先阅读文件，除了开幕和结束开过全体会，主要是开分组会，对罗瑞卿进行“背靠背”揭发和批判。毛泽东、林彪没有分组，甚至没有在会议上露面。(《吴法宪回忆录》) 也有著述提及毛泽东在会上讲过话。(卜伟华《“砸烂旧世界”》)

退一步说，即便没有在会上讲话、没有直接在会上露面，也很难简单断定没有参加。中共高层有时开会很奇特。比如，毛泽东召集的会议，本人常常并不亲自参加，不仅不参加分组会，甚至全体会也不参加，很多时候是他对会议作指示，“遥控”指挥。这种情况不能简单说毛泽东没有参加会议。上海会议也是如此，公开著述都说毛泽东召开了这次会议，而且主持了会议，但又没有披露毛在会议上的任何讲话。林彪的情形大概也是如此，人在上海，且能看到会议的相关文件，但并不亲自参加。因此，不好简单地说林彪没有参加会议。何况，有研究者披露，毛泽东不参加上海会议的扩大会议，但出席常委会。(卜伟华《“砸烂旧世界”》) 既然开常委会，时在上海的林彪不大可能不参加。

(4) 林豆豆还说，罗瑞卿出事之后，林彪“成天低着头，坐着发呆，饭也不吃，老是忧伤哀叹，直流眼泪，几次要冲出去找毛主席”；还说林在家中大声哀叹“罗长子到底有什么错?!”“主席到底为什么要整罗长子? 到底为什么? 到底为什么啊?”(《林豆豆口述》)

这些叙述不大可信。罗有什么“错误”，林彪在派叶群向毛汇报时已经讲得很清楚，那些反映罗“反对‘突出政治’”、“想夺林彪大权”的材料也是他派叶群送给毛的，不可能不明白“罗长子到底有什么错”。叶群在上海会议的发言（很可能还在同毛的谈话）里也说得很清楚，仅引一段：

罗掌握了军队大权，又掌握了公安大权，一旦出事，损失太大。罗个人主义已到野心家，除非把国防部长让他，他当了国防部长又会要求更高的地位，这是无底洞……1964年后即逼林退位。国庆节后，罗见林，大声说“病号不能干扰，应让贤”。出门后又大声喊“不要挡路”。

林气得昏迷过去。(卜伟华《“砸烂旧世界”》)

上海会议甫一结束，叶群揭发言犹在耳，林彪就质问“罗长子到底有什么错”，难以置信。从林彪的个性看，也不可能做出如此冲动之举。笔者以为，中共高层领导人里，对毛的个性最了解的当属林彪。不管林内心对毛有何看法，他处理同毛的关系的基点是“理解的要执行，不理解的也要执行”。坊间披露的林彪十八则笔记多少能看出这一点。1960年代初，林同叶谈话说过“三不”原则：“①不干扰人之决心（免己负责）；②不批评（免争领导权之嫌）；③不报坏消息（去影射之嫌）。”（龙哲甫《林彪、叶群未公开的十八则笔记》,《国际新闻界》1994年第4期）毛既已决心倒罗，林还要表示异议，甚至要“冲出去”论理，这同林彪处理同毛关系的一贯原则完全不合。

江青、康生“精心策划、突然袭击”？

（5）关于倒罗的由来，林豆豆提出了一个以往不大见的“新鲜”说法：“江青、康生他们利用宗派主义、山头主义以令人难以想象的手段挑拨离间国防部长和总参谋长之间的关系。”“江青他们从正面挑拨不了这种关系，1965年9月后，他们就搞歪门邪道，背着人大委员长，背着国家主席和所有副主席，背着党中央所有副主席进行精心策划后，以极不光明正大的突然袭击手段把人大正式任命的全国武装部队总参谋长整掉。”(《林豆豆口述》)

江青、康生拥护倒罗，笔者虽未见史料，但大概没有什么疑问。而说江、康精心策划、突然袭击，整掉罗瑞卿，却完全不可信。首先，林豆豆未能提供江青、康生“精心策划、突然袭击”的任何具体史实和史料；其次，以江青、康生当时的地位，也不大可能“背着”高层领导人倒罗。与“文革”时期不同，“文革”前康生任中央政治局候补委员、中央书记处书记，江青连中央委员都不是，两人一个分管意识形态事务，一个是毛泽东的秘书，与军队毫无关系。而罗瑞卿是中央书记处书记、中央军委常委兼秘书长、国务院副总理。他们如何能“背着”党中央所有副主席，去策划一个扳倒中央书记处书记、军委秘书长的阴谋呢？补充一句，江青也没有参加上海会议。

林豆豆还犯了一个明显的法律常识错误：根据一届全国人大一次会议通过的宪法，全国人民代表大会对全国武装力量领导人员的决定权限，是根据中华人民共和国主席的提名，决定国防委员会副主席和委员的人选或罢免国防委员会副主席和委员（国防委员会主席由国家主席兼任）。（《中华人民共和国宪法》1954年9月20日，中共中央文献研究室编《建国以来重要文献选编》第四册，中央文献出版社1993年版）国防委员会是一个谘议性质的机构，并无掌管全国武装力量的实权。总参谋部隶属中共中央军委系统，总参谋长也就不可能由全国人大任命或罢免，而只能由中共中央军委决定。事实上，罗瑞卿的总参谋长一职也不是全国人大撤销的。

发生这些错讹，在林豆豆方面，原因也许是多重的，不可苛责。笔者以为，至少有一个原因，是林豆豆这份申诉材料写于1980年7月。1980年代初期，官方档案开放度极低，历史文献鲜少公布，而中共党史的研究又刚刚恢复，可参考的资料和研究成果十分有限，笔者在本文引述的那些文献资料和研究著述都未披露和出版。倘若林豆豆今天写回忆录，可参考利用的史料要比当年丰富得多，有些错误想必是可以避免的。

（作者系文史学者、华东师范大学教授）

原载于《同舟共进》2013年第8期

“九一三”事件考疑
——以《林豆豆口述》为中心

韩　钢

关于“九一三”事件，官方著述基本沿袭了事发之后不久下发的一系列中共中央文件的说法，这些文件包括：1971年9月18日中发【1971】57号，关于林彪出逃的《中共中央通知》；1971年10月6日中发【1971】65号，《中共中央通知》；1971年11月14日中发【1971】74号，《中共中央通知》（印发《“571工程”纪要》和影印件至相关级别）；1971年12月21日，中发【1971】77号，《中共中央通知》【《粉碎林陈反党集团反革命政变的斗争》（材料之一）】，等等。

海内外研究者则众说纷纭，莫衷一是。迄今，各种说法的依据大多是直接或间接当事人的回忆，鲜少原始文字资料的支撑。笔者推测，除了亲历者个人存留的某些零星文字资料（如笔记、日记、字条、电话记录之类），“九一三”事件很可能没有多少人们通常熟悉的那种系列原始文献档案；非要说有，恐怕主要是事发之后官方专案机构的大量原始审讯记录、交代材料、证人证言等。目前也不大可能寄望披露这些材料。一个相当的时期内，亲历者的回忆和口述仍会是还原这一事件最重要的史料。

在诸多回忆和口述里，来自健在的林彪家人的回忆无疑是最值得重视的材料之一。健在的林彪家人，有林彪的女儿林豆豆和她的丈夫张清林（事发时尚是未婚夫），还有就是林立果的未婚妻张宁。就与事件的关系而言，林豆豆又是最重要的亲历者。众所周知，林豆豆的说法自事发始即与官方结论相异，因鲜见于正式文本，多属坊间传言。2004年台北出版李晨著《世纪风铃》，披露了《林立衡“九一三”后写给中央的材料》，很快在网上流传。材料并非典型的回忆，而是林豆豆1980年3月写的申诉材料，材料寄至郑州市委负责人转河南省委负责人，转呈中共中央纪律检查委员会。据研究者核实，林豆豆承认材料为她本人所写，但她并不认识李晨，也未将材料提供给李晨。去年香港出版的《林豆豆口述》(舒云整理)，再次收录了这份申诉材料，题为《我所知道的“九一三”事件》。遗憾的是，该书并非林豆豆所编，甚至“未经林豆豆本人审阅”，且“有删节”。据研究者考证，《世纪风铃》和《林豆豆口述》的编著者都对这份材料作了改写。两个修改稿和原稿的差异，已有研究者做了仔细对比和甄别，此处不赘。无论如何，这都不能不减损其史料价值。

话说回来，这份材料（以下简称“林豆豆材料”或“材料”）毕竟是公开发表的林豆豆关于此事的唯一文本，人们格外关注。严格说来，申诉材料还是属于记忆性质的史料，虽然也算第一手资料，但不宜简单采信，而需要与其他史料比对和参照，或证实，或证伪，或存疑。“林豆豆材料”披露了“九一三”事件的若干细节，不少是他人未能也不能提供的情节，但也与其他亲历者的记忆有一些龃龉，留下不少疑点。本文将以此为主要对象，结合其他一些亲历者的回忆或口述，对若干史实叙述的疑点作一讨论。

林立果同林豆豆谈了些什么

“材料”是从1971年9月7日讲起的。现有回忆和口述都证明，林豆豆、张清林还有张宁正是这一天到北戴河的。(参见《林彪卫士长李文普不得不说》,《中华儿女》1999年第2期；刘吉纯口述、丁丑整理《难忘的“九一三”前夜——一个警卫人员的回忆》,《历史学家茶座》第一辑，山东人民出版社2005年版)

林彪卫士长李文普、警卫参谋刘吉纯（据李文普说，刘吉纯是从总政治部保卫部调到八三四一部队挂名为警卫科副科长的，担负林彪的警卫工作。参见《林彪卫士长李文普不得不说》）都回忆，林豆豆这天一到北戴河，就被林立果找去密谈。李文普说，林豆豆、张清林、张宁和空军政治部保卫部的杨森9月7日上午十一点多钟从北京到达北戴河；到了不久，林立果就把林豆豆接到57号楼林立果住处密谈。刘吉纯说，9月7日上午，林立果、林立衡等从北京飞到北戴河，午后张清林和杨森找到他，说不知林豆豆被老虎弄到哪里去了，要刘赶快把主任（即叶群——引者注）、老虎（即林立果——引者注）抓起来。（《难忘的"九一三"前夜》）刘吉纯所说有的恐怕不实，据李文普文章，林立果此前已在北戴河（《林彪卫士长李文普不得不说》），不可能与林豆豆等人同行；但刘听说的"林豆豆被老虎弄到哪里去了"，算是对李文普所说的林立果、林豆豆"密谈"的一个佐证。

密谈的内容，李文普、刘吉纯当然不会知道。但林豆豆随后向李、刘等人打招呼，告诉他们林立果要"挟持"首长，多少透露出一点"密谈"的信息。刘吉纯说，9月7日晚上林豆豆要他去她那里，"她说，主任、老虎在外面做了坏事，被上边知道了。他们怕挨整，在北京待不住了，想挟持首长（林彪）到外地去。"刘还说，9月12日晚上十点半左右，林豆豆又一次告诉他和李文普："主任、老虎要挟持首长到广州去，在广州呆不住就去香港"。（《难忘的"九一三"前夜》）林彪的秘书宋德金可以佐证刘吉纯的说法："大约9月10日，八三四一部队警卫科副科长刘吉纯把我拉到僻静处，悄悄对我说：'豆豆（林立衡）说，主任（叶群）与林立果要挟持首长（林彪）外逃，怎么办？'我听了之后，大吃一惊，继之又平静下来……"（宋德金《真实的林彪——林彪秘书最后的回忆》）李文普也回忆，9月12日"这天下午，我在平台上乘凉，林豆豆突然对我说：'林立果尽干坏事，要害毛主席，他们还要去广州。万一不行就让首长去香港，你不能让首长上飞机走。'"（《林彪卫士长李文普不得不说》）林豆豆对刘、李两人所说，很可能就是林立果同她"密谈"的内容。

这是一个十分关键的历史情节，甚至可以说是"九一三"事件的第一个信号。林立果正是第二天就回到北京，与"小舰队"的人具体密商杀害毛泽东、"南逃"广州和香港的计划的。令人不解的是，"材料"对这次“密谈”却没有只言片语，人们只能从“材料”的其他叙述中判断。林豆豆在“材料”里说，从9月7日开始，她就逐个分别找刘吉纯、李文普及林彪身边的卫生员陈占照、张恒昌（据李文普的文章，张恒昌、陈占照的身份是内勤公务员。参见《林彪卫士长李文普不得不说》）“反复谈话”。谈些什么，“材料”没有直接说，只能从这段叙述了解：“开始，李文普并不相信我说的林立果要带首长（林彪）去广州，万一不行就让首长去香港以及林立果还要害毛主席的事，后来他也感到事情有些不对头，向我说了叶群和林立果瞒着林彪所干的一些事情。”（《林豆豆口述》）

如果可以判断林豆豆、刘吉纯、李文普所说就是“密谈”内容的话，那么，“密谈”内容不会只是这么简单。林立果、叶群为什么要杀害毛泽东，要“南逃”广州和香港，这些都会在“密谈”中涉及。遗憾的是，“林豆豆材料”不仅未能详述，甚至几无交待，留下的只是悬疑。

十多年前，张宁出版的书称，“九一三”事件过去多年以后，林立衡亲口向她讲述了那天林立果找她谈话的情况：（9月7日）下午三点前，林立果接林立衡到57号楼单独谈话。林立果对林立衡说：“自从庐山会议以后，一组（毛泽东代号）揪住主任不放，几次检讨通不过，现在又趁首长到北戴河休养，跑到南方巡视，到处公开接见讲话，放风，最终目的是要打倒首长。首长身体差，一旦有什么事，怎么吃得消？刘少奇、彭德怀的例子摆着。首长又不肯服个软、认个错。一组已经摆开阵势，绝不会放过首长。与其等死，不如孤注一掷，做一次拼搏。”“她问：‘你准备怎么拼搏？主席威信高，稍有不慎，首长更被动。’立果说：‘反正形势对首长非常不利，坐着等死不如主动出击，说不定有一线希望！我想再看看形势发展，实在不行就跟一组硬干！或者到广州另立中央，再不行就上山打游击。’”“林立衡急于摸清叶群和林立果的真实底细，问林立果：‘形势真的那么糟？首长的态度怎么样？他知道吗？’林立果说：‘首长还不知道，事情没考虑成熟前，不能跟他说。’”（张宁《自己写自己》，作家出版社1998年版）这段叙述第一次详细披露了林立果与林豆豆密谈的情况。张宁还提到，9月8日晚上7点多钟，林立果去56号楼又与林豆豆单独谈话20多分钟。她说这也是林立衡多年后告诉她的，这次谈话是林立衡要求的，是最后一次争取阻止林立果回北京，但林立果始终不开口，神情上却流露一点犹豫。(《自己写自己》)然而，张宁不是直接当事人，这段转述有待林豆豆确认。

前些年，原空军政委高厚良口述说，(9月)7、8号两天，林立果把谋杀毛泽东不成就去广州另立中央，再不成就去苏联吃洋面包、当“寓公”的计划，告诉了林豆豆，谈了两个多小时，林豆豆自己说“当时怕林立果对自己下毒手，都曾向林立果表示‘跟你们走’”。高厚良还说，林立果向林豆豆说过“首长也同意”。(高厚良口述、高德明整理《“9·13”之后的林立衡——暨说给林豆豆的知心话》,《中华儿女》2000年第9期)高厚良披露的情况相当重要，这说明林豆豆不仅知道林立果要去广州，而且知道他们还可能去苏联。高厚良口述在“去广州另立中央”这一点上，与张宁的转述吻合；不同的是，张宁转述中提到的“孤注一掷”、“做一次拼搏”，在高的口述中具体化为“谋杀毛泽东”；而高所说林立果要去苏联吃洋面包、当“寓公”的计划、林豆豆出于担心表示跟林立果走、林彪也同意等情节，张宁的转述完全没有涉及。高厚良同样不是直接当事人，高又没有说明材料的出处，其口述目前很难作为参考的依据。

林彪对毛泽东南巡谈话有何反应

林立果、叶群要去广州甚至香港，还要谋害毛泽东，直接原因是得知了毛泽东的南巡谈话。1971年八九月间，毛泽东出京南下，先后到了武汉、长沙、南昌、杭州、上海，沿途同地方党政和大军区主要负责人谈话，严词点名指责林彪，多次使用“突然袭击”、“分裂党”、“急于夺权”等政治斗争惯用的词语，发出“庐山这件事，还没有完，还没有解决”的告诫，实质上预警了新一轮“路线斗争”。官方著述断定，林彪、叶群得悉毛泽东南巡谈话后终于作出杀害毛泽东、武装政变的“疯狂的决定”。(参见中共中央文献研究室编《毛泽东传(一九四九——一九七六)》下，中央文献出版社2003年版；中共中央党史研究室编著《中国共产党历史》第二卷，中共党史出版社2011年版)

据李文普回忆："9月6日，周宇驰带着毛泽东巡视南方接见湖南、广东、广西等地党政军领导干部批评林彪的讲话材料来到北戴河见了林彪、叶群、林立果，谈话内容，我不清楚。"（《林彪卫士长李文普不得不说》）这个叙述值得追问。李文普是卫士长，按规矩不可能看到这个讲话材料，周宇驰、林立果、叶群也不大可能给他看，那么，李文普怎么知道周宇驰带来的是毛泽东的南巡谈话材料？反过来问，如果李文普得知，那么，当林豆豆告诉他林立果、叶群要杀害毛泽东、"南逃"广州和香港时，一开始他为什么不相信？这些细节，李文普的文章都未交代清楚。

退一步说，假如林彪得知毛的南巡谈话，熟稔毛泽东性格的林彪不会不了解事情的严重性。问题是，林彪有什么反应？他准备如何应对？这是解读林彪在"九一三"事件中的心理和行为的又一个关键性问题。然而，迄今为止，几乎没有亲历者披露任何相关史实，包括林豆豆。没有披露，可能的原因是：第一，完全不知情；第二，虽然知情，但碍于种种原因不愿意披露；第三，林彪没有态度或有态度但深藏不露；第四，根本不知道毛的南巡谈话。无论是何原因，只要史料不充分，很难确认林彪主谋或参与了杀害毛和"南逃"的策划。

高德明的一篇文章称：9月7日上午，周宇驰驾驶直升机将顾同舟15页纸的情报送到北戴河。林立果领着他去见了林彪、叶群。拟定了三套方案：一是动员江腾蛟去上海、杭州组织王维国、陈励耘杀害毛泽东，让于新野先去上海、杭州侦察毛泽东的动向并观察王、陈二人态度；二是如谋害不成，就带黄、吴、李、邱到广州另立中央，实行地区割据；三是作最坏打算，为北去苏联作准备。事后，周宇驰曾向舰队成员说："林副主席很动感情，抱着我的双肩说'宇驰同志，我把一切都交给你们了！'"高文还说，林立衡当时曾问林立果："首长知道暗杀主席的事吗？"林立果肯定地说："他也同意。"（高德明《林立果在"9·13"前的六个昼夜》，《中华儿女》2000年第12期）以高文的说法，林彪不仅知道毛的南巡谈话，而且参与了策划，至少知晓杀毛、南逃、北叛三个方案。问题是，高文没有出处，无法为据。

一直随卫林彪、最为林彪信任的李文普，倒是提供了从9月7日到

12日的6天里林彪一些令人费解的零星动态：

（9月7日）林彪看到张宁、张清林，很高兴。叶群问他满意不满意时，他表示："满意，很满意，一个老红军的女儿，一个劳动人民的儿子，很好！"

（9月8日）这一天，林彪一切如常，96号楼很平静，林彪也没有问我林立果到哪里去了。到了晚上，林立果从北京打来电话，说已安全到达北京，要我报告首长，我马上报告林彪、叶群，林彪点头说："好！"

（9月）9日，北戴河96楼比较平静。海里有人游泳，山上警卫森严，"林办"的人却像平常一样各忙各的。

（9月10日）当天下午，林立衡带了张清林、张宁、杨森去山海关游玩，买了一些送给林彪、叶群的小礼品，林彪见了礼物很高兴，叶群叫我给他们照了相。

（9月12日）上午，林彪叫我收拾一下东西，准备去大连……晚饭前，林彪也没有说要走，而是和叶群一起为林立衡、张清林举办婚礼，要我准备照相。叶群领着林立衡、张清林到林彪面前，说"张清林求婚，豆豆同意了，今天晚上就举办一个'订婚仪式'。"林彪说："很好嘛！祝贺你们订婚啦！"叶群把我叫进客厅，给林彪、叶群、林立衡、张清林照了合照；又强拉着林立衡、张清林接吻，拍了照，又让女儿女婿出去同工作人员一起合影留念。（《林彪卫士长李文普不得不说》）

见准女婿、准儿媳，拍照合影，高兴收到小礼品……用李文普的话说，林彪这几天"平静"、"如常"。难道这就是林彪知悉毛泽东的南巡谈话后的反应？到底是知晓南巡谈话，但表面"一切如常"而暗中密谋；还是虽然知晓南巡谈话，但打算以不变应万变；抑或干脆蒙在鼓里，不知道南巡谈话？这些都还是未知数，林豆豆的"材料"也没有任何说明。

林彪到底要去哪里

林彪对毛的南巡谈话有何反应，不得而知；但那几天他打算去大连，却是几位亲历者都肯定的。

林豆豆的“材料”说：“9月7日，首长对我们说的是去大连，叶群为了不让首长去大连，就叫李文普和刘吉纯对首长撒谎，说大连的水，首长不能喝。”（《林豆豆口述》）李文普证实了林豆豆的说法：“（9月12日）上午，林彪叫我收拾一下东西，准备去大连。大连是林彪常去的地方……我以为林彪真是去大连，按惯例给大连市交际处打电话，要他们检查一下房间，调控好林彪住房的温度，并对其他注意事项提出了要求。我又收拾了林彪随身带的东西。”（《林彪卫士长李文普不得不说》）刘吉纯也说：“9月10日，我和林立衡碰了一次头，两人都未发现新情况，只听说准备去大连。”（《难忘的“九一三”前夜》）

众所周知，同在北戴河的叶群、林立果另有打算，准备去广州、香港。这个情况大概是林豆豆最早知道的。从“林豆豆材料”看，她最先跟刘吉纯、李文普打了招呼，一开始李文普不大相信林豆豆所说。（《林豆豆口述》）李文普自己也说，对林立衡这番话，他感到突然，不相信。不相信的原因，是林彪让他准备去大连，并没说去广州；另外，林立衡和叶群感情不好，林立衡和林立果也有矛盾，感情平淡。他说长期在“林办”，对林家真真假假的事见多了，听多了，也遇多了。（《林彪卫士长李文普不得不说》）

叶群、林立果要去广州、香港，必须说服林彪改变主意。怎么说服林彪的？“林豆豆材料”谈到9月12日晚上的一个情况：李文普告诉她，“主任叫我明早六点安排去广州，并叫我先不要通知八三四一部队。我问过首长，首长说广州太热，不利于他治病，不去广州了，还是说一定要去大连。主任就问我广州的房子有没有冷气设备，我说广州的住楼有冷气，不热。所以首长又对我说，去广州也行。”（《林豆豆口述》）李文普的说法是，9月11日“这一天，叶群试探性地向我讲了一下想去广州。我当时回答说，‘现在天气这样热，去广州干什么？’”（《林彪卫士长李文普不得不说》）李文普所说，证实了林豆豆说的叶群亲口告诉了李文普去广州的打算，但没有提到叶群询问冷气设备、让李文普去做林彪的工作、林彪同意去广州等情节。

宋德金曾回忆：“大约是9月上旬，在林办人员中就有传言说，近日要换住地。然而，究竟去哪里？何时动身？在北戴河的人员是否全都随行？大家始终没有得到正式的说法。这里的规矩是‘不该问的不问，不该听的不听，不该说的不说’。我来此（指北戴河——笔者注）时间不长，更是严守‘三不’原则。又有内勤战士跟我说，听说去广州，又听说去大连。我说不知道。”（《真实的林彪》）宋德金所忆，是否表明原来打算去大连的林彪，经过劝说，改了主意，所以传出大连、广州两个去向的说法，也有待考证。

不过，几位亲历者都说过同一个情况。“林豆豆材料”说：

（9月12日）晚九点多，应我的请求帮助我掌握情况的林彪卫生员张恒昌告诉我，他听见了主任跟首长说：“去广州不行，去香港也行呀？！”小张说他始终没听见首长的任何声音。（《林豆豆口述》）

这一情节，李文普有大致相同的记忆：

（9月12日）二十一点左右，林立果回到96号楼，马上和叶群钻进林彪卧室三人一起密谈。林立衡逼着内勤公务员张恒昌、陈占照去门外偷听。张恒昌来告她：“刚才，在卫生间里，隔着门隐约听到里边两句谈话，一句是叶群说的：‘就是到香港也行嘛！’一句是林立果说的：‘到这时候，你还不把黄、吴、李、邱都交给我。’”（《林彪卫士长李文普不得不说》）

这个情节透露出两个信息：第一，间接表明林彪又改了主意，还是不愿意去广州，不然，叶群不会说“去广州不行”这句话；第二，林彪这时得知了叶群要去香港的想法。至于林立果说的把黄、吴、李、邱都交给他，是否指把黄永胜、吴法宪、李作鹏、邱会作交给“小舰队”挟持到广州去，不得而知。不过，这个情节，林豆豆和李文普都是间接当事人，而直接当事人张恒昌、陈占照没有关于这一情节的任何回忆。所以，此事有待直接当事人证实。

如果叶群跟林彪说要去香港、林立果说要挟持黄、吴、李、邱去广州，那么叶群、林立果一定向林彪透露了相当严重的消息。因为，很显然，1970年代中共中央副主席出境到香港，只能是亡命之举，而绝非正常的政府行为。这一点，林彪不会不知。问题是，叶群用什么理由来劝说呢？是否就是毛的南巡谈话？也不得而知。一个更重要的问题是，林彪得知叶群想去香港的打算，有什么反应？据“林豆豆材料”披露的张恒昌的说法，是“没听见首长的任何声音”。“没听见”有两种可能，一是林彪有回应，但张恒昌听不到；一是林彪根本没有回应。倘若是没有回应，那么，林彪是默许还是犹豫，抑或根本不考虑？没有史料，很难判断。

蹊跷的是，陈占照回忆，当晚“十一点五十分左右，林彪又打铃，对我说马上夜航去大连，不休息了，有些东西可以不带，够用就行了。到大连一个星期就回来，回北京过国庆节。”（《林彪内勤公务员陈占照关于“九一三”事件的揭发材料》，引自舒云《林彪事件完整调查》下册）陈占照的材料来自舒云的书，未见公开发表，可靠性还待确认，至少时间有疑。但公开发表的刘吉纯的口述说：9月12日那天晚上，“叶群给秘书办公室打来电话，是李秘书接的，她派我去大连看房子。我问，怎么去？叶群说，坐火车去。我说，夜里没有开往大连的火车。叶群改口说，机场不是有架小飞机吗？我想了一下，说我不想去。她说不去就算了。”（《难忘的“九一三”前夜》）李文普也说，那天晚上“叶群在十点多钟向张恒昌说‘明天早上六点去大连’”。宋德金回忆：9月12日晚上“大约十一点——十一点半，林彪的警卫李文普匆匆回到办公室，一边忙着办别的事情，一边让我立即给大连打电话，通知那边做好准备。”（《真实的林彪》）四位当事人的说法细节各异，时间、情节、对象都不一样，但有一个共同的情节：去大连。这说明，临到动身，目的地又改回了大连，至少几位工作人员听到的是如此。叶群说去大连，很可能是为掩人耳目；但林彪要去大连，是同样掩人耳目还是仍旧坚持原意呢？又是一个悬念。

林彪是如何从96号楼出走的

林彪离开北戴河96号楼时，林豆豆已经第二次去八三四一部队大队部求助，张清林则留在56号楼（林豆豆、张清林住地）观察，两人都不在现场，不是直接目击者。关于这一点，"林豆豆材料"里的叙述并不多，仅有一段：

（9月12日晚），在56号楼的张清林接到林彪的卫生员小张按我的要求打来的电话，小张说："他们（叶群、林立果）正在床上拽首长，情况十分紧急！首长马上就要被拽走了！汽车再过十分钟就要开动了！你们快，快，快呀……"（《林豆豆口述》）

林豆豆特别说，其时是晚上十一点半钟左右。不久，她和张清林在八三四一部队大队部"眼睁睁"看着一辆红旗车从门口开过去，接着便听到了一声枪响，再听到几声枪响。（《林豆豆口述》）

这段叙述的重点，在于林彪是被从床上"拽起来"的。坊间因此流传林彪服用了安眠药，是被人从床上生拉硬拽拖起来的，根本不像有"逃跑"打算的说法。见诸文字的，是张宁的书："小陈和校长在叶群母子走后，一起进去服侍林彪吃安眠药，替他脱衣服，扶他上床谁觉，时间约十一点半左右。""周恩来亲自下令封锁机场，林立果得报后丢下电话报叶群，叶群带上林立果直奔林彪卧室，小陈和小张见状跟进，见叶群扑向床头一把拉起进入睡眠状态的林彪，大声喊道：'快起来吧！有人来抓你来啦！快穿衣服走吧！'"（《自己写自己》）张宁的描述除了林彪被从床上"拽起来"这一点与"林豆豆材料"近似，其余的都是"林豆豆材料"未曾提到的，而且绘声绘色，生动细腻，如现场目击一般。可是，无论林豆豆还是张宁都不是直接当事人，她们的说法有赖直接当事人证实。

但直接当事人是另一种说法。张恒昌回忆：

（9月12日）约二十二点三十分，我和陈占照商量，准备让林彪休息。这时叶群来到林彪客厅，同林彪说话。陈占照先去吃夜餐，准备吃完夜餐再让林彪休息。等陈占照回来后我去吃夜餐，还没吃完，陈占照打电话让我马上回去，这时大约二十三点三十分。林彪叫我通知叶群，空军疗养院的两个护士（在96楼照顾林彪）不带了，让人把她们送回去……然后我回到内勤值班室，陈占照说，首长马上要走，叫赶快收拾东西。陈占照要我报告林豆豆，我找了一会儿，没找到。大约二十三点四十分到五十分左右，叶群、林立果，还有刘沛丰，一起到林彪客厅。刘沛丰手里提着三、四个皮包。(《林彪内勤公务员张恒昌关于"九一三"事件的揭发材料》，引自《林彪事件完整调查》下册）

陈占照的记忆是：

（9月12日）二十三点左右，林彪打铃，我到了客厅，林彪要找小张，我去叫张恒昌。不一会儿，小张从林彪客厅出来，告诉我，林彪马上要走，要我去告诉叶群，走的时候不要带空军疗养院的两个护士。二十三点五十分左右，林立果、叶群、刘沛丰一起到林彪客厅。过了一会儿，叶群和林立果走出来。林彪又打铃，对我说马上夜航去大连，不休息了，有些东西可以不带，够用就行了。到大连住一个星期就回来，回北京过国庆节。这时，刘沛丰站在客厅门口，一言不发，我还看到沙发上放着三、四个黑色手提包。(《林彪内勤公务员陈占照关于"九一三"事件的揭发材料》，引自《林彪事件完整调查》下册）

李文普的文章说：

（9月12日）大约十一点多钟，叶群拉我到林彪卧室门外叫我等着，她先进去和林彪说了几句话然后叫我进去。这时，林彪早已从床上起来穿好衣服。林彪对我说："今晚反正睡不着了，你准备一下，现在就走。"我说："等要了飞机再走。"(《林彪卫士长李文普不得不说》)

张、陈的记忆时间不一，张说晚上十一点半，陈说晚上十一点左右；但情节相同，都是说林彪主动叫他们，没有提到林彪被从床上"拽起来"的情节。李文普虽是叶群叫去的，但其时林彪"早已"从床上起来穿好衣服，也没有说到"拽起来"这个细节。作为间接当事人，"林豆豆材料”的说法是个孤证，也有待证实；而张宁的说法，更让人生疑。

林彪想外逃苏联吗

不管林彪是改了主意去广州，还是坚持原意去大连，最终的结果是坠毁在了异邦。官方将事件定性为“叛党叛国”。构成林彪“叛国”罪名的主要依据，是李文普提供的证词。人们无法看到证词原件，但李文普的文章提供了他的说法：

当时已是深夜，天很黑，车开动了。叶群对林彪说：“李文普和老杨对首长的阶级感情很深。”我和杨振刚都没有说话。车到56楼时，我突然听林彪问林立果：“到伊尔库茨克多远，要飞多长时间？”林立果说：“不远，很快就到。”汽车开到58楼时，姜作寿大队长站在路边扬手示意停车。

叶群说：“八三四一部队对首长不忠，冲！”

杨振刚加快车速，过了58楼。

听林彪说要去伊尔库茨克，我才知道不是去大连，是要到苏联去，当时一听去苏联的地方，脑子里第一个反映就是叛逃，所以，在这一瞬间，我思想上产生了激烈的斗争。跟着跑，这不是当叛徒了吗？自己的老婆、孩子不成了叛徒的家属了吗？便决心下车。

我本能地大喊了一声“停车！”

杨振刚把车停下来，我立即开门下车。

叶群气冲冲地说：“李文普！你想干什么？”

我说：“你们究竟要到哪里去？当叛徒我不去！”

我转身朝58楼喊了一声：“来人哪！”与此同时，我听到了车门响声和枪栓声，林立果就向我开枪。

林彪询问“到伊尔库茨克多远，要飞多长时间”，这是整个“九一三”事件里最关键的细节。如果林彪说过这句话，那就表明林不是要去大连，而是准备去苏联。也就是说，“出国”是林彪在登上飞机之前就已确定至少是确知的打算，“叛国”罪名自然铁板钉钉。然而，正是对这个最关键的细节，不少人表示质疑；最极端者甚至认为李文普是高层安排在林彪身边的“内线”、“卧底”，事后按照高层意图提供了假口供，作了“伪证”。持“挟持”说的林豆豆就一直否认李文普的说法。不过，林豆豆的这份材料无一字涉及李文普提供的这个细节。当然，李文普本人坚决否认“内线”说和“伪证”说。(《林彪卫士长李文普不得不说》)

张宁在自己的书里描述过一个情况：9月12日晚上十一点左右，叶群和林立果不断往林彪办公室跑，有时围着林彪嘀嘀咕咕，有时站在林彪身旁一句话不说，林彪始终不开口。林立衡推搡内勤小陈进去听听，小陈出来后说:“我刚进去的时候，听到首长哭（呜咽）着说‘我至死是民族主义者’，听到这句话，就被立果发现我了，立果推我的时候，首长回头望了一眼，我看见首长正淌着眼泪。”(《自己写自己》)一些人以此推测，叶群、林立果很可能跟林彪和盘托出了逃往苏联的打算，而林彪不愿意去苏联，所以才说自己“至死是民族主义者”，也因此林彪不可能问“到伊尔库茨克多远，要飞多长时间”。然而，这只是假想，是模拟出来的一种语境。更关键的问题是，“林豆豆材料”没有提到这件事，张宁又不是现场目击者，张宁的描述依据何在？何况，作为直接当事人，前引陈占照、张恒昌的材料都未提到这个情节，张宁的说法无法被证实。

到底林彪问没问过这句话，因为当晚在车内的六位直接当事人只有李文普健在，李的口供成了孤证，确认也好，否定也罢，考证起来已极为困难。但笔者对李文普的说法仍有疑问。几天前李文普听林豆豆说叶群、林立果要“挟持”林彪去香港，还不大相信，疑惑林豆豆为什么自己不去向林彪报告；这时他自己亲耳听到了林彪问话，而且确认林彪等人要“叛逃”，反倒在跳车之后不去立即报告。是这位有二十余年军龄、长期做警卫工作的卫士长不了解事情的严重性，还是来不及报告？从林彪等人离开北戴河96号楼，到256号专机12点32分起飞，有40分钟左右的时间；(据256号专机第二副驾驶员康庭梓说，256号座机是9月13日零点三十二分起飞的。见康庭梓《林彪座机强行起飞之后》，《中华儿女》2000年第2期）即使起飞后，仍有向上级报告的时间。但直到这时，唯一知道林彪等人要“叛逃”苏联的李文普却没有报告。究竟是怎么回事呢?

对“林豆豆材料”以及其他当事人的回忆或口述提出的这些疑问，笔者并没有确定的结论。事实上，这份材料还有该书的其他文章留下的疑问远不止这些。解开这些疑问，仍待时日。

（作者系文史学者、华东师范大学教授）

原载于《同舟共进》2013年第10期

“我含热泪抑悲愁”
——读陶铸的三首七律

冯锡刚

记得“文革”前的中学语文教科书中，收有陶铸所写《松树的风格》、《革命的坚定性》诸篇，一看作者简介，乃中共中央中南局第一书记兼广东省委第一书记。如此文采，当属地方领导人中之翘楚。此外，新华书店还陈列着《理想，情操，精神生活》和《思想·感情·文采》两本著作。这不但在“封疆大员”中出人头地，甚至在中枢，除毛泽东、刘少奇（似乎也仅止于《论共产党员的修养》）外，亦绝少有以个人名义出版非时政类著作的荣耀。

由陶铸提议创办并题写报头的《羊城晚报》（这是当年可与《北京晚报》和上海《新民晚报》鼎足而立的有全国影响的三家晚报之一），是“文革”前吸引笔者的报刊，不时能在上面读到陶铸的诗文乃至题词手迹。这位通文墨、会诗词，“能独当一面”的干才，因其资质的特异而显得出类拔萃。“文革”中，又因其遭际的跌宕和悲惨，长久以来令人为之兴叹。

近日得在旧书摊淘购1979年人民文学版的《陶铸诗词选》，翻读之余，感触良深，遂拈出三首七律，作为“以诗证史”之凭藉，一吐胸臆。

毛泽东读报诗的唱和之作

修正狂潮袭五洲，中华浩气砥中流。

不惊飞鸟能言恶，但惜群蛙竞鼓羞。
大任应归仁者负，真诚难与虎皮谋。
十年薪胆埋头干，一扫乾坤黑雾收！

此诗题目标为《读报有感》，注明1959年所作。然细读全诗，当为1960年所作，题目似以取《读〈读报有感〉》为宜，实际是对毛泽东《读报有感》诸篇的唱和之作。

1959年10月，赫鲁晓夫率苏联党政代表团参加我建国10周年庆典。在随后举行的中苏两党会谈中，双方发生严重争执，以致不欢而散。毛泽东遂有《读报有感》的发轫之作。陶诗颔联“不惊飞鸟能言恶，但惜群蛙竞鼓羞”，显然系出自读报诗“其二”首联“反苏忆昔闹群蛙，今日欣看大反华”，以及“其四”颔联“青云飘落能言鸟，黑海翻腾愤怒鱼”。

毛泽东读报诗“其二”作于1959年12月，毛在主持召开的政治局常委扩大会议上，在亲自起草的关于国际形势的讲话提纲中，有这样一段文字：“同年，高饶余孽又在朋友支持下进行了一次颠覆活动。”所谓“高饶余孽”，当指彭德怀。这年的庐山会议，毛泽东执意整肃出一个“以彭德怀为首的反党集团”。

“其四”作于1960年6月中旬，成诗次日即印发参加政治局扩大会议的成员，董必武即赋《奉和毛主席一九六〇年六月十三日读报有感韵》。7月5日至8月10日，毛泽东在北戴河主持召开中央工作会议，讨论国际形势（主要是中苏关系）和国内工作（主要是国民经济计划调整问题）。陶铸的这首七律应是写于这一时期。会议开幕次日，即由彭真报告6月下旬率团参加布加勒斯特会议的情况，集中谴责赫鲁晓夫组织“围攻”中共的分裂行径，这自然激起与会者的愤慨。据吴冷西回忆，与会者一致认为：“我们更有这样的志气，这样的国格，不怕封锁，不怕分裂，自力更生，奋发图强。”8月10日，毛泽东在闭幕会上讲话，告诫与会者：

要硬着头皮顶它10年，如果太长了，缩短5年也可以。如果5年不行，还要顶，就再顶5年。当然，我们希望时间越短越好，但是要做越来越长的准备，有长期打算，硬着头皮顶着。

毛泽东讲这番话时，已收到苏共中央7月16日致中共中央的信，提出要在7月28日至9月1日期间全部撤走在中国的苏联专家。这个非同小可的举措，标志着双方已从意识形态的分歧走向国家关系的破裂。

闭幕会上，邓小平宣布：为加重地方的责任，让中央腾出更多的时间考虑全局性问题、世界性问题，中央决定成立中央局，把全国划分为六大区，成立六个中央局，来代行中央职权。嗣后，陶铸被任命为中共中央中南局第一书记。“大任应归仁者负”，当此“共赴国难”（邓小平语）之际，向来勇于担当的陶铸，以“十年薪胆埋头干”的诗句表达了“奉命于危难之间”的心声。

1960年代的前期，陶铸“埋头干”的最为人称道的是这样两件事：一是在全国各省区中率先宣布为知识分子“脱帽”，二是积极实施农村经济政策的调整。

1961年秋，陶铸连续主持召开高级知识分子座谈会，以“敢为天下先”的胆略和勇气建议：今后一般不要用“资产阶级知识分子”这个名词，凡属思想认识问题，一律不准再搞思想批判斗争会，不准用“白专道路”的帽子。陶铸还提出要改善知识分子的工作条件，要解决生活问题。陶铸排除干扰，破格渥遇陈寅恪的种种举措，至今成为美谈。至于积极实施农村经济政策的调整，陶铸的主要贡献有二：一是于1961年春受命主持农村人民公社工作条例（即“六十条”）的起草工作，二是1962年夏主持写出提倡联系产量的农业生产责任制的《龙胜座谈纪要》。陶铸敢于说出“我们不搞贫穷的社会主义，要搞富裕的社会主义”，“增产就是马列主义”这样掷地有声的话来。

在相对宽松的1960年代的开头两三年里，凭藉大气候的转换，陶铸敢于纠左，“要搞富裕的社会主义”。遗憾的是，随着“反修”的深入，由“社教”而“文革”，陶铸难以违拗，亦步亦趋。

邓小平在1989年会见戈尔巴乔夫时回顾中苏交恶的历史，有较为中肯的评论：“经过20多年的实践，回过头来看，双方都讲了许多空话”，意识形态争论的那些问题，“现在我们也不认为自己当时说的都是对的。真正的实质问题是不平等。中国人感到受屈辱”。公允地看，就意识形态之争而言，当时所捍卫的马列主义的“纯洁性”，其实更多的是左倾教条主义。然而，面对诸如撤走专家、撕毁合同这样的大国沙文主义行径，事涉民族尊严，不能不激起中共高层同仇敌忾的义愤。1960年曹禺等人创作《胆剑篇》，卧薪尝胆的典故成为热门题材；陶铸发出“十年薪胆埋头干，一扫乾坤黑雾收”的誓言，正是当年高层的共识。

但正因为“反修”就其主导面而言，得使“左倾”愈益冠冕堂皇，终于合乎逻辑地导致“文革”。未及“十年薪胆埋头干”，陶铸乃于1969年11月蒙冤饮恨以殁。

陶铸是一位干才，只是为时势所限，未能有更多建设性的贡献。这是陶铸个人的不幸，更是时代的悲剧。

“平生风义兼师友”的挽歌

羊城话别竟悠悠，风义相期失畏俦！
世有良材天不永，国多哀思树为秋；
心存马列魂犹烈，功在东南愿已酬。
处处春申凄咽雨，我含热泪抑悲愁。

这首题为《哭柯庆施同志》的吊挽之作，并非出自这本诗词选。个中原委，似与柯庆施同江青、张春桥关系紧密，在1979年出版时难获正面评价有关。可资佐证的是，1977年10月人民文学版的《董必武诗选》收有《哭柯庆施同志（五律）》，1986年改版，删去诸多“不合时宜”的篇章，此篇不出意外亦在其列。事实上，“政治正确”永远是第一位的，更何况出版这些老革命家的诗词选，多半重在纪念意义。

《陶铸诗词选》中吊挽之作颇多，看来陶铸是一位颇重情义的革命家，在这薄薄的诗词选中可以开列出诸多革命家的名单：左权、林伯渠、罗荣桓、刘亚楼，《悼人》三首则姓名不详。笔者有意从当年的剪报中翻检出这首吊挽之作，并非“猎奇”或作翻案文字（事实上笔者在大约10年前写过一篇《“好学生”的最后十年》，认为这位当年的“华东王”劣迹颇多，竭力鼓吹个人崇拜，为左倾路线推波助澜，加意迎合江青，对上海帮的形成应负相当责任），主要是困惑于陶铸视柯庆施为“畏俦”，显示了人性的复杂。这是一篇有着独特意义的作品，既重在以诗证史，实不应有意疏漏。

在陶铸的心目中，这位年长自己6岁，1920年即投身革命且见过列宁的老资格革命家，当得起“风义相期”的“畏俦”。追溯起来，两人的情感纽带连结于1940年代的延安“抢救运动”。1943年，柯庆施被诬陷，一度遭关押，致妻子自杀。陶铸时任中央军委秘书长，很为柯的蒙冤不平。陶后来曾对妻子曾志说：在对待柯老的问题上，我觉得刘少奇比较偏，评论不太公正。在“抢救运动”中，刘少奇是仅次于毛泽东的第二把手，又在1930年代任北方局书记时与柯共事，显然在对柯的处置上有很大的发言权。在柯濒临绝境之际，因有“最后决定权”的毛泽东施以援手，柯遂得解脱。陶稍后于柯，亦因1930年代被国民党逮捕入狱而遭“抢救”，同样有赖于毛的“最后决定权”。共同的政治坎坷使得彼此有共同的政治信念——其基础就是对毛泽东的感戴与崇拜。

1958年3月，在毛泽东主持召开的成都会议上，柯庆施在发言中提出“相信毛主席要到迷信的程度，服从毛主席要到盲从的地步”。陶铸亦有类似的语言。与会者李锐回忆，自这年1月在南宁召开中央工作会议以来，毛泽东一再表扬柯庆施，柯自此成为标兵，当年5月进入政治局之后，更是为“大跃进”推波助澜。李锐认为柯要为盲目制定1070万吨钢的所谓“以钢为纲”负很大的责任。以陶铸不甘人后的性情，自然“见贤思齐”，公开表示向柯“努力追赶”。

在1959年的庐山会议上，毛泽东执意整肃彭德怀，发动了对彭黄“反党集团”的揭发批判。陶铸在8月5日给“反党集团”第二号人物，当年同为林彪麾下的第四野战军的战友黄克诚写信劝诫：

德怀同志的错误已明若观火，你为何不断然站出来与之划清界线，帮助德怀同志挖掘思想，切实认识错误，改正错误！我以为这种帮助即使你与德怀同志友谊决裂，也并不表示你对德怀同志“落井下石”，而是“君子爱人以德”，真正站在党的立场上给他以同志式的帮助。你我都读过一点所谓古圣贤之书，一个人立身于世，不讲求操守是很可悲的。尤其我们作为一个党员，对党的忠诚等于旧社会一个女人嫁了人一样，一定要“从一而终”，决不可“移情别恋”，否则便不能称为“贞节”之妇。

今人读之当会有拟于不伦的感觉，但李锐亲临其境，强烈感受到“这种要有封建道德所要求于妇女贞节般的政治操守”，“确是（当年与会者）绝大多数人的共同心态”。

并非偶然的是，正是陶铸所崇拜的毛泽东，在8月初分别致信周小舟和张闻天，游刃有余地引用古典诗文，训诫他们“迷途知返”，“痛改”前非。崇拜领袖，起而仿效，陶铸亦引“古圣贤之书”以为利器，敦促黄克诚“划清界线”。在8月8日批判张闻天的发言中，陶铸又引“有伊尹之志，则可，无伊尹之志，则篡也”的“古圣贤之书”，针对其批评性言论，作诛心之论：“故作危言耸听”，“其实醉翁之意不在酒”。

如果说陶铸的这些言词发表在毛决意整肃彭德怀之后，从而显示出追随领袖的心理，那末柯庆施则在局势尚未明朗之前，即以彭“树队伍，拉旗帜”进谗，真正是危言耸听。在揣摩领袖的意旨上，柯确实高人一筹。

一样崇拜领袖，陶铸与柯庆施还是各有特点。后来的一些不同做派，借用两位老革命家的话来说，陶是“不老成”，柯则是“阴角儿”。对待江青的不同态度，恐怕是最有意味的。

1960年代前期，江青开始“京剧改革”，初始就近以北京的剧团为依托。彭真公事公办，指示市委文教书记邓拓接陪。这位被毛泽东讽刺为“死人办报”的前《人民日报》负责人，在两次陪同观看演出之后，难以忍受江青的颐指气使，惹不起，躲得起，托故让市委宣传部官员陪同，从此不再露面。江青自然能感受到彭真一干人的不卑不亢（这多少埋下了日后被定为“独立王国”的祸根），遂转道求助于上海。柯庆施则以近乎接待毛泽东的规格迎合江青，可谓有求必应，使这个当年上海滩的三流电影明星大有宾至如归的感觉。江青如鱼得水，自此视上海为“战略重地”。柯庆施去世后，江青在与上海文艺界人士的谈话中仍一再称道其人。“文革”之初，如日中天的江青可以不把周恩来放在眼里，但对柯庆施则感念旧恩，在各种重要场合，屡屡追怀其促成“文革”的功绩。心胸狭隘、自视甚高的江青是很少一再称道他人的，如此不吝其辞地褒扬柯庆施，可算例外。

陶铸作为中南局第一书记，对南下羊城公干或度假的中枢要员自然谦恭热诚，对每年为避寒而驾临的江青自然也礼数周到，但并不加意迎合。即便到了“文革”揭开序幕，江青已在政坛初露峥嵘之后，陶铸依然如故。据金敬迈回忆，1966年2月，陈毅和陶铸在从化温泉接见他，高度评价长篇小说《欧阳海之歌》。金在汇报中说到江青对这部作品的批评意见，并命令作者“非改不可”。陶铸听后颇不以为然，认为江青所非难的篇章“描写很好，很精彩”，问“为什么要改呀”。陶铸要陈毅发表意见，一向直言无忌的陈毅却说了这样一句出人意外的话：“她的事，沾不得。”在场衮衮诸公，谁都能听出此话的弦外之音，然而这番提醒却未能使陶铸有片刻踌躇，居然毫无顾忌地说了这样一番话：“不要改，不要一听到什么意见就改。文艺作品，哪有十全十美的？今后，关于这本书的修改，你要先通知我。你是我的兵，我说了算！”这番话的是非曲直，固然一言难以道明，然对领袖夫人的无视乃至藐视之神态确乎跃然纸上，真可谓闻其声而见其人。

说到文艺，陶铸与柯庆施做派亦有不同。陶能赋诗填词，了解创作规律，虽有以政治家身份而看重文以载道的一面，但毕竟多少能体会文艺家创作的甘苦；柯于此虽不宜说胸无点墨，却实在是将文艺“为无产阶级政治服务”的特点发挥到了极致。

1962年3月，全国话剧、歌剧、儿童剧创作座谈会在广州召开。世人熟知并津津乐道的是陈毅到会发表呼吁发扬艺术民主、尊重创作规律的长篇讲话。鲜为人知的是，作为东道主，陶铸亦应邀到会讲话。会议主持者、全国剧协主席田汉喜而赋七律一首：

一时春满越王台，水暖山温聚俊才。
书记翩翩攻药石，将军侃侃发惊雷。
马多喑哑缘风厉，花不齐开待鼓催。
指日乾坤红紫遍，情深莫忘岭头梅。

颈联指陶铸讲话引龚自珍“万马齐喑究可哀”句，指出当今戏剧创作不旺盛，责任在领导层和批评界。此说深获文艺创作家之心。

柯庆施则有恃无恐，直斥陈毅讲话为“右派言论”，严禁上海与会者传达讲话精神，并以第一书记的严威警告与周恩来、陈毅过从甚密的文艺家：不要以为自己“通天”，是党员就必须听市委的！正是以这种异乎寻常的政治嗅觉，这年七八月间，柯召见了《解放日报》负责人，严厉训斥该报在不久前刊登历史小说《魏征与李世民》，是“反对毛主席”。在9月间召开的八届十中全会期间又进言，谓《海瑞罢官》借古讽今。次年元月，在上海文艺界的元旦团拜会上，柯别出心裁地提出“大写十三年”。柯以华东局第一书记之尊，亲自抓故事员之类的“文艺革命”，并向中央报告“新气象”，从而为毛泽东作出关于文艺的第一个批示提供契机。从此，文艺界进入多事之秋。

难能可贵的是，在1965年8月举行的中南地区现代戏剧观摩演出闭幕式上，陶铸还能说出一番持论较为中肯的话来。其中最为人称道的是他对湖南花鼓戏《补锅》的辩护：

《补锅》中两个生活在社会主义时代、受党的阳光雨露培养、高中毕业后下乡补锅和种田、全心全意建设社会主义农村的青年，怎么可以叫什么“才子佳人”呢？还有的人讲，那个小姑娘的表演动作“不够庄重，有点色情味道”，我看这个批评不恰当。相反，我认为，她把角色演得天真活泼，有青春的活力，非常可爱。这个戏在湖南演了两千多场，很受群众欢迎，这次百分之九十以上的人都叫好，难道这些人都有资本主义腐化堕落的思想吗？如果《补锅》就是新才子佳人戏，那革命现代戏里就只好表现老头子、老太太了，所有的人物都得道貌岸然，脸孔绷得紧紧的了。这难道是合理的吗？

陶铸说这番话时，文艺界已动辄得咎，人人自危，确乎到了“所有的人物都得道貌岸然，脸孔绷得紧紧的”之时分了。

无庸讳言，陶铸与柯庆施在一些方面虽有差别，但在根本上还是所见略同，在对领袖的个人崇拜上，更是声气投合。1965年第8期的《红旗》杂志上，刊登了陶铸为纪念毛泽东《关于农业合作化问题》发表10周年所作的万言长文《五亿农民沿着社会主义道路前进的指南针》，恰可与年前发表在同一刊物上的柯庆施鼓吹“大写十三年”的文章遥相呼应。

“处处春申凄咽雨，我含热泪抑悲愁。”这并非纯粹的艺术夸张，陶铸为柯庆施的意外去世，确乎黯然神伤，潸然泪下。

1965年1月，在三届人大一次会议上，柯庆施与陶铸以地方大员的身份出任国务院副总理。资料显示，陶铸是在最后一刻，替换东北局第一书记宋任穷受任此职的。柯庆施则在16名副总理中位居第六，且引人注目地与周恩来总理及主持军委日常工作的贺龙副主席一起，陪同毛泽东观看大型音乐舞蹈史诗《东方红》。人大会议结束后，陶铸邀请柯庆施南下羊城疗养。柯因患肺癌于上一年做切除手术，正在恢复期中。疗养期间，陶铸数度赴从化温泉探望这位二十余年前结识的“畏友”。这两位甫任副总理而为毛泽东赏识的地方大员，为毛在三届人大发出的“中国的大跃进”所鼓舞和憧憬，正待紧跟领袖一展长才。这年3月，柯庆施应西南局第一书记李井泉之邀，转赴成都疗养。孰料一个月后天人永隔，“羊城话别竟悠悠，风义相期失畏俦。”陶铸怀着真挚的情意，追怀这位“平生风义兼师友”的故交。在笔者看来，作者所有的吊挽之作中，这是写得较为动人的一篇。

柯庆施在“文革”前夜去世，中共中央为其举行隆重的追悼会，刘少奇主祭，邓小平致悼词，可谓备极哀荣。陶铸在“文革”中去世，背负最大的“保皇派”和“叛徒”的恶名，竟至遗骨不知沦落何处。柯意外去世，似死非其时，却得免“文革”之累，终究有别于康生之类；陶大起大落，虽以有违上意而蒙难，然得显直节终获昭雪。从某种意义上说，两人均属“死得其所”。

现代版的《名臣录》

卍字廊前花木森，风送芬芳入杳冥。
静坐偶欣唯蝶舞，夜眠深苦是蚊鸣。
汉家狱辱周何怨，宋室廷刑岳慨承。
人世烦冤终不免，求仁奚用为身名！

陶铸蒙难的三年间，在中南海囚禁地写过不少诗词，占了这本收有近60篇作品的诗词选的很大一部分。其中最能显示沉郁悲愤心境的，当属这首题为《卍字廊》的七律。

1967年1月4日，江青和陈伯达接见造反派，宣布陶铸是最大的“保皇派”。从此，陶铸和夫人曾志便失却自由，囚禁于中南海的卍字廊寓所。昨日尚为泱泱中国的第四号人物，今日忽成阶下囚徒，宦海沉浮之剧烈，莫过于此。

1966年5月下旬，在撤销彭真等四人的职务之后，高层人事相应变动，陶铸奉调中央，不但出任中央宣传部部长以接替陆定一，而且受任中央书记处常务书记，取代彭真在书记处的位置。6月1日，陶铸赴京上任的这一天，恰值《人民日报》发表《横扫一切牛鬼蛇神》一文，谁也没有料到，陶铸从此离别主政15年的南国，踏上了“文革”的不归路。

在8月召开的中共八届十一中全会上，陶铸连升三级，由中央委员一跃而成为政治局常委，更出人意料的是，竟在由11人组成的常委会中名列毛、林、周之后，成为跃居于总书记邓小平之上的第四号人物。不夸张地说，林彪（替换刘少奇，成为毛的接班人）和陶铸是1966年夏，中国政坛跃然而起的两颗政治明星，只是林的光芒太过耀眼，因而几乎完全遮蔽了陶。

陶铸进入中央固然出于邓小平的推荐，但能成为第四号人物则端赖毛泽东的赏识。独当一面的干练加上出于至诚的崇拜，是毛青眼有加的两个不可或缺的要素。1966年2月，在陶铸的主持下，中共中央中南局通过《关于加强学习毛主席著作的决定》。其中“顶峰”、“最高最活”、“最高指示”等一系列用语，全盘照搬林彪鼓吹个人崇拜的语言。中南局的这个决定，为其他各中央局引领潮流。稍后，华北局、华东局等皆作出类似决定。《羊城晚报》根据中南局决定的精神，接连推出鼓吹“顶峰论”的几篇社论，虽未被新华社转发，却也与《解放军报》同一时段推出的鼓吹“突出政治”的几篇社论南北呼应。“文革”前夜，个人崇拜的浓雾弥漫于莽莽九州。

毛泽东接见红卫兵，《人民日报》刊登了一幅毛泽东、林彪、陶铸在天安门城楼的合影，让人印象深刻。孰料不到五个月，陶铸又出人意外地名列刘少奇、邓小平之后，成为最大的“走资派”，遂有“刘邓陶”这一当年妇孺皆知的专用词语——这真是“天上浮云如白衣，斯须改变如苍狗”。

陶铸蒙难，直接的原因是结怨江青。1966年2月在从化温泉，他可以无视乃至藐视江青；时隔半年，在北京钓鱼台，他居然还是不把江青视为特殊人物，就不能不为此付出致命的代价了。关于陶铸公然抵制乃至斥责江青的细节，曾志在《如烟往事难忘却》一文中有具体描述，此处不赘。该文提供的一个细节，颇有意味——陶铸与周恩来商量：江青在党政机关没有正式职务，不如建议让她担任文化部副部长，以便有个名义联系工作。江青听了气得要命，说陶铸碰到鬼了，她怎么能做这种事情。未知是疏忽还是思维定势，陶铸对毛泽东径直作出“重新设立文化革命小组，隶属于政治局常委之下”的决定似未深加体味。八届十一中全会后，陶铸亦为中央文革顾问（另一顾问为康生），仍未深加体味而随之转移重心。这便是陶铸“不识时务”的致命伤。

“中央文革”组长陈伯达主持第一次接见红卫兵大会，未及半月，第二次接见则由江青主持。随后，中央发出通知，称陈伯达外出或患病期间，由江青代理组长之职。其时陈伯达既未外出，亦未患病，此中用意不言而喻。9月中旬，毛泽东在给陶铸的批示中明确要求“大事”要“送中央文革小组讨论”。陶仅就事论事地“遵示”，未能从中领悟玄机，举一反三。这位心无杂念的老共产党人，想的是以副总理的身分辅助周恩来，以政治局常委之职主持中央书记处工作。他做梦也未想到，毛要的就是“中央文革”取代书记处乃至政治局。

从曾志的回忆文字看，陶铸一直认为自己蒙难是遭了江青之流的谗讥。他在逆境中赖以自励的就是忠于领袖的气节——“陶铸在逆境中拚命读书”，“最心爱的还是那部《名臣录》，他每每以那些古代的直节忠臣而自比”。女儿陶斯亮的回忆更为具体：

由于监管的人监视很严，我们不能谈任何现实情况，您就给我讲历史上的直节忠臣的故事。您是那样满怀激情地给我讲汉朝的范滂如何刚直不阿，挺身就险，跟擅权祸国的宦官阉党作斗争；您又是那样情真意切地给我讲为官清正廉洁、关心人民疾苦的宋代贤臣范仲淹，如何不畏权贵，抨击时弊，在被贬外逐时，还念念不忘“先天下之忧而忧，后天下之乐而乐”。

“汉家狱辱周何怨，宋室廷刑岳慨承。”既然每每以周勃、岳飞这些直节忠臣自比，陶铸也就无从痛切反思，很难逃出个人崇拜的泥淖。历史的真相早已表明，陶之蒙难并非仅止于结怨江青。

1966年11月28日，江青在首都“文艺界无产阶级文化大革命大会”上发表讲话。毛泽东此前两次修改审定讲话稿，认可其中这样一句：“毛主席和他的亲密战友林彪同志、恩来同志、伯达同志、康生同志，以及其他许多同志。”名列第四的陶铸摒于事外，这在当年每有重大集会必开列长长名单的时候（敏感的人们谓之“名单学”），不能不引起世人的困惑。这仿佛也昭示了陶铸一个多月后的命运。

关于陶铸的下台，曾志在回忆文字中提及毛泽东的一句话。当事者的回忆远为详尽。1967年1月8日晚，毛泽东召集陈伯达、江青、王力等开会，谈及陶铸，说了大意如下的一番话：

陶铸问题很严重，陶铸是邓小平介绍到中央的。这个人很不老实，当时问陶铸怎么样，邓小平说还可以。陶铸在十一中全会以前坚决执行了刘邓路线，十一中全会以后也执行了刘邓路线。接见红卫兵，在报纸上和电视里都有刘邓的照片和镜头，这是陶铸安排的。陶铸领导下的几个部都垮了，那些部可以不要，搞革命，不一定要这个部，那个部。教育部管不了，文化部也管不了，你们管不了，我们也管不了，可红卫兵一来，就管住了。希望你们开会能把陶铸揪出来才好呢！

也正是在这次会议上，毛泽东对刚刚发生的上海《文汇报》和《解放日报》的夺权事件作了高度评价。稍后几天，在讨论通过致上海造反派的贺电的落款时，毛泽东亲自决定加上“中央文革”。从此，这个实际由江青把持的“小组”得与中共中央、国务院、中央军委并列，跻身最高权力机构。虽有人向毛提出疑问，“中央文革”既“隶属于政治局常委之下”，则与中共中央并列似有不妥，但毛的回答很干脆：就是要这样好。

这一切，正是对陶铸的当头棒喝。

这年的9月8日，全国各报均从头版起，以几个版的版面刊登姚文元的《评陶铸的两本书》。毛泽东审定时一再称赞此文“很好”、“极好”，并将原来冗长的标题改成直接点名而更加醒豁的这个标题。

陶铸读到这篇“檄文”而哀叹：“姚文元这是要置我于死地啊！”《卍字廊》作于何时已难考定，可以肯定的是，这年的10月1日，陶铸针对姚文写了一段文字，最后四句是：“‘性质’纵已定，还将心肝掏。苌弘血化碧，哀痛总能消。”在陶铸的意念中，自己落得如此下场，端在江青的掩袖工谗，偏能惑主。对于领袖，依然忠贞不二。1969年10月，在与曾志诀别之际，陶铸让她转告远在青海荒漠的女儿陶斯亮：“希望她无论在什么情况下都要跟着党，跟着毛主席干革命。”

在遭诬蒙难的逆境中，陶铸写出广为传诵的“如烟往事俱忘却，心底无私天地宽”这样充溢浩然之气的诗句，不能不让人为其人格力量而悄然动容。然而陶铸的悲剧结局又不能不令人深长思之而难以忘却。

（作者系文史学者）

原载于《同舟共进》2011年第11期

60年前的“中国道路”

杨奎松

刘少奇提出“中国道路”引发非议

1949年11月16日，新中国刚刚宣告诞生一个半月，就举办了一个国际会议，即世界工联亚洲澳洲工会会议。刘少奇以会议主席团主席的身份，代表中共中央致开幕词。他在致词中首次提出了“中国道路”的概念，并概括了这条道路的基本公式：

（一）统一战线;（二）共产党领导;（三）武装斗争。

刘少奇明白宣称：这就是中国人民取得胜利的基本道路，就是毛泽东的道路。刘断言：这一道路，不仅在中国适用，对世界落后国家和民族同样适用。因为，“在殖民地半殖民地，人民如果没有这样的武装来保护自己，就没有人民的一切”。故中国革命的道路，也“是许多殖民地半殖民地国家的人民争取民族独立和人民民主所应该走的道路”。为此，刘少奇告诫与会亚洲各国代表：重要的问题是要建立革命的军队，“在已经存在人民解放军的国家要为巩固这些部队而奋斗，而在没有建立这些军队的国家应当为建立这样的军队而奋斗”。

中共代表们显然没有注意到一个事实，那就是除苏联代表团外，与会代表多半都是以合法的身份，经过合法的渠道，从各个资本主义或殖民地半殖民地国家来的。换言之，多数与会者所代表的工人组织，在本国都有着合法的身份，都在法律范围内进行活动。他们固然抱着同情和支持中国革命成就的态度来到新中国开会，却完全没有到中国取经的想法。公开号召各国代表回国后开展武装斗争，推翻帝国主义和本国统治

1924年8月，彭述之回国，在上海大学任教，并担任中共上海市委委员，同时在党的机关刊物《向导》与《新青年》杂志兼任编辑。彭回国后直接接受陈独秀的领导，成了陈独秀的坚定支持者。1924年10月，直系将领冯玉祥乘第二次直奉战争之际突然率部占领北京，囚禁贿选总统曹锟，并发出停战主和通电，电请孙中山北上，共商国是。11月13日，孙中山在国共双方的支持下，抱病离粤北上。途经上海时，孙中山遭到租界当局的刁难。彭述之当即在《向导》上发表《孙中山先生来沪与帝国主义》一文，指出上海法租界巡捕阻止中国国民欢迎自己的革命领袖孙中山，并想尽快赶走孙中山，再次证明帝国主义是中国的乱源，它们与封建军阀相因而成。

1925年1月11日至22日，中共四大在上海召开，彭述之担任大会秘书长，并当选中央执行委员会委员。中央局决定：陈独秀任中央总书记兼中央组织部主任，彭述之任中央宣传部部长，张国焘任中央工农部主任，蔡和森、瞿秋白任中央宣传部委员。当时，党的主要工作是进行思想发动和马列主义宣传，所以在中央局五名成员中，以彭述之为首的三位领导人是做宣传工作的，由此可见其地位和责任之重。（中央宣传部就集中了三名中央领导，这在中共党史上绝无仅有。）彭述之由此一跃成为中央领导人，名副其实的“二把手”。直到晚年于海外流浪时，彭还为这段经历而自豪。

中共四大后担任中央宣传部秘书的郑超麟，在其回忆录中分析了彭述之异军突起的原因：“彭述之，这是一个新人物，未回国前，国内党员不认识他，党外的人更不用说。他从未参加过群众运动。他在领导机关代表什么力量呢？原来他是国际派来的同志，代表当时的国际路线。他未经大会选举就参加中央会议，担任宣传部长。”

拒绝刊发《湖南农民运动考察报告》

1925年10月，中共中央机关报《向导》周报主编蔡和森赴莫斯科开会，并担任中共驻共产国际代表，彭述之接任《向导》周报主编。受陈独秀的影响，在彭述之担任主编时期，《向导》周报一度改变了编辑方向，对当时正在兴起的农民运动和北伐战争不支持、不拥护，导致党内思想不统一。作为党内负责宣传的最高领导人，彭述之拒绝发表毛泽东的《湖南农民运动考察报告》。

1927年5月27日和6月12日，共产国际执委会机关刊物《共产国际》先后用俄文和英文翻译发表了《湖南农民运动考察报告》。然而陈独秀等人认为，湖南农民运动“过火”，“动摇北伐军心”，“妨碍统一战线”。1927年3月5日，《湖南农民运动考察报告》部分章节首次在中共湖南区委机关报《战士》周刊上发表。同时，毛泽东将《考察报告》送交中央，希望能在《向导》周报上发表。陈独秀将之搁置，不予理睬。瞿秋白看了毛泽东的《考察报告》后，给予高度评价。在瞿秋白的争取下，3月12日，《向导》周报191期发表了《考察报告》的部分内容。可是，陈独秀、彭述之不但不接受毛泽东向中央提出的建议，还不许《考察报告》在《向导》上继续刊登。最后，在瞿秋白的大力帮助下，《考察报告》才以单行本的形式在长江书店出版。

1926年7月底至1927年3月，北伐军相继占领九江、武昌、南昌、南京等地，中国革命形势迅速向前发展。工农运动的蓬勃发展，不但使英日等帝国主义者惊恐不安，同时也使国民党右派痛恨不已。而对错综复杂的时局，彭述之相继在《向导》杂志上发表了《孙传芳解散“上海保卫团”与上海资产阶级》、《目前革命中的联合战线问题》等23篇文章。这些文章的主要内容一是揭露军阀之间勾结的阴谋及其行将崩溃前的凶残、反动；二是阐述如何对待帝国主义对中国革命的困扰；三是主要论及革命联合战线内部的右倾问题及其危险。这一时期，彭述之还参与领导了上海工人三次武装起义中后两次起义的有关组织准备工作。

对中共早期革命，彭述之还是做了许多贡献的。

共产国际：反对彭述之，敲打陈独秀

孙中山1925年3月病逝后，国民党右派开始反共活动。1926年3月20日，“中山舰事件”发生。为反击蒋介石，陈独秀召集中央会议，决定在广州成立中共中央特委，由彭述之、张国焘、谭平山、陈延年、周恩来、张太雷六人组成，以彭述之为书记。陈独秀还主张中共退出国民党，由党内合作改为党外联盟。

1926年8月，中共中央执委在上海开会讨论北伐。陈独秀提议反对北伐，彭述之随即赞同，但张国焘和瞿秋白表示反对，气得陈独秀破口大骂。张国焘不敢还击，但坚持不改变主意。1926年7月31日，根据共产国际的支持和中共党内大多数同志的意见，中共中央发出第一号通告，公开表示赞同北伐。这对陈独秀、彭述之而言无疑是沉重的打击。共产国际和苏俄在华的代表鲍罗廷等已经准备抛弃陈独秀，开始寻找新的领导人了。

1926年12月底，苏联政府又派了三位代表抵华，指导中国革命。他们在武汉与鲍罗廷会合后经过商议，一致认为中共主要工作应该放在支持北伐上。他们联络中央局委员瞿秋白，要他撰写文章，反对陈独秀的路线。这三位苏联代表1927年3月递交给苏共中央的报告中说，由于陈独秀在中共党内的威信太大，目前更换领袖不太可能，只有以反对彭述之旁敲侧击陈独秀。

1927年4月27日至5月9日，中共五大在武汉召开。会上，陈独秀对以他为首的中共中央所犯的右倾错误并没有进行认真检讨，对"四一二"反革命政变后中国革命出现的严重危机缺乏清醒的认识，引起大多数代表的不满。翌日，瞿秋白在代表中散发了自己撰写的《中国革命中之争论问题》，把矛头对准陈独秀、彭述之的右倾错误，并列举了1923年以来党内领导右倾错误17例，直接点名批判彭述之。瞿秋白说："总之彭述之虽然口头上高叫革命领导权天然是工人阶级的，实际上却是双手拱送领导权于资产阶级……我们党已经是群众的了。我们党一定能克服并消灭彭述之主义。"

受到攻击的彭述之虽然当选中央委员，但是没有进入中央政治局。

陈、彭与中央的"绝交书"

中共六大之后，向忠发当选中共中央政治局常委会主席。向忠发是工人出身，文化程度不高，领导能力欠缺，因而实际主持中共中央工作的是中央宣传部部长蔡和森。但不到一个月，蔡和森就被撤职。中共中央秘书长李立三开始主持中共中央工作。在这种混乱的形势下，彭述之等人自认为资格老，看不起新的中央领导人。而且他们很多人在中共六大前后受到处分，心怀不满，于是纷纷从各地聚集到上海，开展宗派主义活动。在陈独秀周围，逐渐形成了以陈独秀为首、彭述之等人为骨干的党内小集团。

1929年，托洛茨基关于中国革命的理论和策略传到中国，陈独秀从托洛茨基理论中得到了莫大的宽慰和鼓舞，尤其是被中国托派奉为经典的《中国革命的总结与前瞻》和《共产国际第六次大会后的中国问题》。1929年7月，"中东路事件"爆发。以此为契机，陈独秀在七八月间给中央写了三封信，公开批评中央"武装保卫苏联"等政策方针，要求党中央接受托派路线，抛弃中共六大路线。党中央理所当然地予以拒绝，并多次警告他们停止宗派活动。10月10日和10月26日，陈独秀与彭述之两次致信中央，公开向党中央示威说："你们说我们是反对派，不错，我们是反对派；我们的党此时正需要反对派。"

在陈独秀、彭述之与中共中央论战的同时，彭述之、郑超麟、尹宽等人在党内积极争取同情者。10月25日，中共江苏省委与上海各区党团书记召开联席会议，决定开除彭述之等人的党籍。中共中央首先将彭述之等几员大将开除出党，而没有将陈独秀先开除出党，是期望能以此警醒陈独秀尽快悬崖勒马。得知江苏省委决议后，陈独秀与彭述之于10月26日联名致信中央，对中央的警告进行反击，指责这是"滥用中央威权，钳制党员对于政治问题公开讨论"。他们还表示："真正的布尔什维克是不怕开除党籍的。"这封信可以说是陈、彭与中央的"绝交书"。

1929年11月25日，中共中央政治局作出《中共中央关于开除陈独秀党籍并批准江苏省委开除彭述之、汪泽楷、马玉夫、蔡振德四人党籍的决议案》，指出："这充分证明陈独秀彭述之等已经决心离开革命，离开无产阶级，客观上就是已经开始转变他们的历史行程走向反革命方面去了……"

1929年12月15日，陈独秀、彭述之等人宣布成立"中国共产党左派反对派"。在托洛茨基直接干预下，1931年5月1日，上海召开了中国托派组织的“统一大会”，成立了统一的托派组织“中国共产党左派反对派纲领”。

在中国托派代表大会的代表中，原先并没有安排彭述之，后根据各托派社团人数与代表名额相平衡，由“无产者社派”增加了一个名额，给了彭述之。在5月1日召开大会时，彭述之不知道自己已当选为代表，对代表安排大为不满，给陈独秀写了一封信，破口大骂，将这次大会称为“分赃大会”。不料陈独秀在大会上将这封信读了出来，并问彭述之：你现在还坚持信内的意见吗？结果全场哄堂大笑。

中国托派统一后，积极地反对国民党独裁，要求召开国民会议。但因叛徒的屡次叛变，1932年10月15日，陈独秀与彭述之等被捕，“中国共产党左派反对派”就这样解散了。

彭述之与陈独秀：从合作到分手

1937年7月全面抗战爆发，陈独秀、彭述之等政治犯被释放。

彭述之回到上海，加入托派临时中委会，继续从事托派组织活动。陈独秀出狱后，国民党极力拉拢他，遭到陈的断然拒绝。陈独秀回答说：“蒋介石杀了我许多同志，杀了我两个儿子，我与他不共戴天，现今大敌当前，国共合作抗日，我不反对他就是了。”

9月9日，陈独秀离开南京去武汉。有人劝他去上海重整托派组织，他拒绝了。据郑超麟说，陈独秀出狱后不能回上海，一方面是因租界已不能住，会被捕。另一方面，托派“中央”临委为彭述之所把持，陈独秀与彭述之在狱中就时常争吵，陈不愿再争论下去了。（1937年8月23日出狱后，陈独秀公开宣布“我不代表任何人，我已不隶属于任何党派”，以此撇清与托派的关系。）

抗战爆发后，陈独秀的思想发生了很大的变化，他摆脱了党派利益的束缚，站到国共合作形成的抗日民族统一战线的旗帜下。同时，陈独秀与谭平山组织的“第三党”、救国会及一些民主人士接触，以图组成联合战线的团体，“不拥国，不阿共”，以争取民主、自由为目的。陈独秀严厉批判了托派的“教派精神”和关门主义，要求“全中国人民都应该拿出力量来援助抗日战争，除非甘心做汉奸”。1937年12月南京沦陷后，一时盛传中日言和停战。陈独秀公开发表谈话，要人民“相信政府确有抗战到底的决心，是不会中途妥协的”。陈独秀这些抗战言论，立即受到彭述之等托派临时中央领导人的批评，称陈独秀“完全表示了他放弃了自己多年来为之奋斗的革命旗帜，这等于叛变了组织，叛变了自己”。1938年夏，彭述之等给第四国际书记处写信，说陈独秀已离开托派。1942年5月27日，为国民党、共产党、托派三方都不容的陈独秀，寂寞地在四川江津病逝。

彭述之、刘家良、郑超麟、王文元等人虽然重新组成了托派的领导力量，但由于分歧严重，内部很快发生分裂。从此，中国托派分裂成两派，彭述之一派自称“多数派”，郑超麟、王凡西等另一派被称为“少数派”。托派分裂后，彭述之遭到“少数派”的种种批评。王凡西批评彭述之说:“在我的认识中，觉得他有一个最大毛病，那就是接受了被斯大林伪造过的‘列宁主义’，特别是……那个组织观念。”郑超麟对彭述之的批评更是毫不留情，说彭是冒牌农民、自封书记、国民党的辩护士、“王明以前的王明”，甚至说他是“第一个反托分子”、“一尊有害的偶像”。

陈碧兰：一位女性的出现

彭述之一度与向警予恋爱，但党中央不支持。向警予奉命去莫斯科后，彭心情非常糟糕，开始酗酒。这时，一位叫陈碧兰的女性的出现，抚慰了彭述之的心。

陈碧兰和罗亦农原是恋人，因陈先从苏联回国，罗亦农托付彭述之照顾陈碧兰——没想到引来又一段感情纠葛。为了解决陈、罗、彭三人之间的关系，中央政治局又一次召开会议。会上，陈碧兰只是哭，不说话。罗亦农姿态很高，表示自己不计较这些，以后还会与彭述之很好地合作。事后，罗亦农也的确表现得很好，一心扑在工作上。

1925年，彭述之与《中国妇女》杂志编辑陈碧兰结婚。1946年5月1日，彭述之和陈碧兰创办了两个托洛茨基主义的公开刊物，一是彭述之主编的理论和政治性的月刊《求真》，另一个是陈碧兰主编的《青年与妇女》，不久改名为《新声》，一直出版到他们1948年末离开上海为止。

托派成员周履锵在晚年撰写的《听彭述之讲课》一文中，回忆了彭述之1947年在上海办哲学班的情况：

1947年春，我到了上海，受周仁生的影响，初步接受了托洛茨基思想。经常阅读《青年与妇女》、《求真》、《新旗》等托派刊物。《求真》每期都有陈人白写的文章。大约这一年的三四月份的一天，周仁生对我说："上海有一个哲学班，每星期日上午，陈人白教授主讲。"我当然乐意参加，他带我到卡德路（现在叫石门二路）山海关路育才中学的阶梯教室……

听课的人背后甚至当面称陈先生为欧伯。后来才知道，欧伯就是彭述之，是大革命时期中国共产党内仅次于陈独秀的第二号领袖。

……其实彭述之讲课时根本不用教材，都是直接口述的。一次课或一个课题结束后，将笔记稍一整理，就是完整的一篇文章或一本书，可惜当年的笔记本都没有保存下来……我敬佩彭述之的渊博知识和革命经历，二年所受到的教育是终身难忘的……

1948年春，当中国共产党取得重大胜利之际，彭述之和刘家良在托派"中常会"开会讨论形势时还断言："中共要想夺取政权绝对不可能。"当解放军取得渡江战役的胜利后，彭述之等将"中国共产主义者同盟"改名为"中国革命共产党"，对新政权跃跃欲试。而当时中国托派总人数不超过500，彭述之等人的计划无异于痴人说梦。

上海解放前夕，彭述之将托派"中央机构"撤到香港，并在大陆上建立潜伏组织，通过香港总部接受"第四国际"的指示。1952年12月22日，党和政府为了巩固新生的人民政权，宣布取缔大陆的中国托派组织。由于港英当局的逼迫，彭述之到香港不久便流亡越南西贡和第四国际驻地巴黎。1973年后，彭述之定居美国。

彭述之陈碧兰感情很好，虽经历了被开除出党、漂泊海外的颠沛生活，但相伴终生。陈碧兰在晚年撰写的《回顾我和彭述之的岁月》一文中写道："自一九二七年革命失败后，直到今日的整整三十八年的悠长岁月中，彭述之的生活经常陷于贫穷、惊险、恐怖与逃亡的状态……从国民党的追逐、逮捕、监禁，斯大林党的造谣、污蔑乃至企图迫害；以及日本帝国主义统治下的恐怖、追逐和迫害，曾有数次都是在千钧一发的死亡线逃脱出来的。他活像一个扮演惊险影片的主角。假如单从这一点来说，他是一个‘幸运儿’！”

1983年11月28日，彭述之因患心脏病在美国去世，终年89岁。彭眷恋故乡，弥留之际嘱咐女儿陈映湘一定要回湖南隆回老家看一看。

对于彭述之的一生，王凡西在《双山回忆录》中作了评价：“彭述之死了，一个老革命家逝世了……这样一位始终不变，为一个政治主张而斗争终生的革命者，不管他的所信正确或者错误，也不管他的事业成功或者失败，他之值得人们悼念、值得后来者的研究，那是完全应该的。”

（作者系文史学者）

原载于《同舟共进》2011年第6期

“生死总为君，可怜君不解”
——彭湃《绝命词》另有寓意

彭劲秀

彭湃是20世纪20年代中国农民运动的先驱，是中共党史中具有重要影响的领袖人物。他壮志未酬身先死，33岁便因叛徒告密而被捕，6天后即被当局处决。面对敌人的枪口，彭湃慷慨就义，唯留下一首《绝命词》，虽只寥寥20字，却让人误解至今。

从大地主家四少爷到彻底的无产者

彭湃，1896年10月出生于广东省海丰县一个大地主之家。他在《海丰农民运动》一书中这样描述自己的家庭：“每年收入约千余石租，共计被统辖的农民男女老幼不下千五百人。我的家庭男女老幼不上三十口，平均一人就有五十个农民做奴隶。”彭湃家里虽然富有，但他目睹国家贫穷落后，农民终年劳苦却饥寒交迫，为寻找救国救民之路，于1917年东渡日本，翌年考入早稻田大学政治经济系学习。

1921年5月，彭湃从日本回国。1922年6月开始从事农民运动，创建农会。开始时，他穿着学生装跟农民接触，农民以为他是来收捐逼债的官吏，都远远躲开。于是，彭湃穿起粗布衣，戴上尖顶笠，赤着双脚，踏着泥路到村间与农民谈家常、交朋友，一边劳动一边宣传革命道理。1922年7月，他在海丰建立了第一个农会——六人农会。

彭湃的举动在社会上引起很大轰动，也引起彭家的强烈反对，有的家人痛呼“祖上无德”，骂他为“逆子”、“败家子”。彭湃说：当时彭家“除了三兄五弟不加可否外，其余男女老幼都是恨我入骨，我的大哥差不多要杀我而甘心”。为了避免家业被他败掉，彭家兄弟开始分产自立。对于分家析产，彭湃求之不得，他将自己分得的田契亲自送到佃户的家中，却无人敢收。1922年11月，彭湃将佃户们召集到自己家中，将田契当众全部烧毁，并宣布：“日后自耕自食，不必再交租谷。”这位大地主家的四少爷从此成为彻底的无产者。受他的感染，他的三哥、七弟、妻子、侄儿先后参加革命。很快，海丰农会会员激增至两万余户，农会亦很快遍及广东。

1924年春，彭湃成为中共党员，党组织安排他出任国民党中央农民部秘书。同年6月30日，国民党中央执委会根据彭湃的提议，决定开办广州农民运动讲习所，彭湃任第一届农讲所主任，并在第二、三、四届农讲所兼任教员。1925年9月14日，彭湃担任第五届农讲所主任。1926年5月，毛泽东在广州主办第六届农民运动讲习所，将彭湃撰写的《海丰农民运动报告》一书列入《农民问题丛刊》中，并在序言中指出：彭湃这篇著作及其他关于广东农民运动的材料，“乃本书最精粹部分”，规定为农讲所学员必读教材。

1926年，海丰县农会会员达25万之众，占全县总人口65%。一年后彭湃作为中央前敌委员会成员之一，与周恩来等一起领导了南昌起义。在党的八七会议上，他被选为中央临时政治局委员，随后随军南下潮汕，任东江工农自卫军总指挥，亲临前线。1927年11月21日，中国第一个红色苏维埃政权在海丰建立。彭湃被毛泽东称为“农民运动大王”。

先贤有言：“金无足赤，人无完人”，彭湃当然也不例外。徐向前元帅对彭湃很钦佩，曾说：“他个头不高，身着普通农民的衣服，脚穿草鞋，不论走到哪里，都能和群众谈心、交朋友……饭碗上沾着鸡屎，他毫不在乎，端起碗就吃。这一点确是难能可贵的，我很佩服他。”同时又说：“彭湃也有弱点，主观、急躁，有时‘左’一些。这同革命初期经验不足有很大关系。”彭湃在发动和领导农民运动中确实曾实行一些过“左”的做法，这是无须讳言的历史事实。

为了革命，彭湃一家作出了很大牺牲。彭湃的第一任妻子蔡素屏不幸被捕，敌人用铁丝穿透她的双乳，但她宁死不屈，终被敌人枪决。彭湃的二哥彭达伍、三哥彭汉垣、侄儿彭陆、七弟彭述、夫人和战友许冰等7位家人为革命献出生命。

在“文革”中，彭湃烈士被诬为“叛徒”，亲属及海丰革命群众惨遭迫害。彭湃的母亲一度被监禁，彭湃之子彭洪、侄子彭科、堂弟彭劲、堂侄彭株等都被迫害致死。“反彭”分子在海丰制造了血腥镇压和长达半月的“围剿”，100多名干部群众被杀害，800多人被打成残废或重伤，3000多人被打伤。直到粉碎“四人帮”之后习仲勋主政广东时，彭湃一家的冤案才得到平反昭雪。1990年12月17日，胡绳写《海丰》诗二首，追怀彭湃：“农运风开第一声，红旗漫卷海丰城。蚍蜉撼树谈何易，彭湃千秋不朽名。”

上述是历史的悲剧，另当别论。还是看看本文所要讨论的《绝命词》产生的背景吧。1929年8月24日，彭湃、杨殷、颜昌颐、邢士贞、张际春等人，在上海新闸路中央军委秘书白鑫的住处开军委会议。不料白鑫叛变告密，下午4时许，彭湃等5人被拘捕。当局害怕夜长梦多，30日便将彭、杨、颜、邢4人屠杀于上海龙华。临刑前，彭湃赋《绝命词》一首：“急雨渡江东，狂风入大海；生死总为君，可怜君不解。”

彭湃临刑前有民众围观么？

对彭湃的这首《绝命词》，人们一直有误解。

邵燕祥先生在《比死亡更悲哀》一文中提到这件事时说：“最近读到海陆丰农民运动领袖彭湃烈士的《绝命词》，是过去没有见过的：‘急雨渡江东，狂风入大海；生死总为君，可怜君不解。’据解释，1929年，彭湃就义前，被押解游街示众，一路上观者如堵。‘当时不少群众受反动宣传蒙蔽，不知他是一位革命者，更不知他为谁而死。看热闹的人群中不时爆发出讪笑声。彭湃遂作《绝命词》’云云。烈士心情，正该是‘秋风秋雨愁煞人’吧。”“鲁迅当年的《药》，就是写了这样的悲哀，可悲的不仅是芸芸众生的麻木、自私和苟活，可悲的还有为芸芸众生赴死者的不被理解的孤独。”文章末尾，作者感叹：“在有革命者、思想者受难的场合，能否不以围观为快，能否不讪笑诅咒，能否不跟着起哄，更不用说，能否不暗中期望分得一个半个蘸着人血的馒头？我这样自省，也自勉。”

当然，邵燕祥先生也是援引他人的见解。照此说来，彭湃的这首《绝命词》是因为他在“游街示众”时听到一些讪笑声而抒发的感慨之词。不少人都与邵先生一样，为那些围观、讪笑烈士就义的芸芸众生们的麻木、苟活以及烈士的不被理解而深感悲哀。

对这种见解，笔者不敢苟同。为了弄清烈士就义时的详情和彭湃《绝命词》的寓意，笔者对这个问题作了一些初步的研究后，发现上述解释与历史事实不符，而且是对烈士绝命词的误读。彭湃的这首《绝命词》蕴涵深邃。

当下，有关彭湃《绝命词》的史料很少。所幸的是，周恩来在彭湃就义后写了《彭杨颜邢四同志被敌人捕杀经过》一文，于1930年8月30日彭湃等牺牲一周年时发表在中共中央机关报《红旗日报》上。1980年6月，中共中央文献编辑委员会又把此文编入《周恩来选集》。这篇文章对彭湃就义的经过乃至细节作了详细、真切的记述，为探知彭湃《绝命词》产生的背景、蕴含的深意以及对当时党内开展对陈独秀“反对派”斗争的反应提供了真实、权威的历史依据。

彭湃等人从8月24日被捕至8月30日就义，满打满算不过7天。根据周恩来文章的记述，彭湃等人在这7天中的经过可逐日排列如下：

8月24日：下午4时许，反动当局根据白鑫的告密，派出爪牙“驾着几辆红皮钢甲车，如临大敌地到沪西叛徒白鑫夫妇的住处”将彭湃等5人拘捕。“被捕五同志当即为警探拥上汽车，直驶向新闸捕房。此事发生后，各报均禁止登载，因此广大的群众直不知其领袖有此被捕的事件”。

25日：“二十五为星期日，临时法院不办公。”彭湃等人被关在捕房。

26日：法院开审，“故意做作一番，然后判交公安局引渡带去”。“引渡时，公安局亦以铁甲汽车武装解入城内公安局”。

27日：下午复审，“审问历四五(个)小时”。“回至看守所，五同志齐唱国际歌，以赋同仇，直影响了全所”。

28至30日：28日清晨转解至警备司令部。“适当晚发生了蒋介石被刺事，一切嫌疑卫兵统押至司令部。上至熊式辉（时任国民党军第五师师长兼淞沪警备司令——作者注）下至司法科，统忙得屁滚尿流”。当局只顾追查刺蒋嫌犯，“于是五同志在押的三天中（二十八——三十日）未经一审，只是手铐脚镣，铁链叮当，被严重地看管在司令部看守所中”。彭湃等正好利用这一机会，在狱中开展革命宣传，“当他们说至激昂处，便齐唱国际歌与少年先锋队歌，士兵和狱中群众亦高呼口号和之，于是愁苦惨淡的狱中，一变而为激昂慷慨的沙场”。

由于彭湃时任中共中央政治局委员，是名声很大的革命领袖，所以反动当局“如临大敌”，“深惧有意外”。在这7日之中，从第一天拘捕彭湃等人到其后的“引渡”、转移都是用封闭式的钢甲车或铁甲车。“此事发生后，各报均禁止登载”。法院开审时也严加封锁，“不许人旁听”。28至30日连续3天都“被严重地看管在司令部看守所中”。“行刑是秘密的，枪毙地点并未出司令部，开熊式辉任内之先例，其严重与畏惧之情可想而知”。即使在烈士牺牲后，反动当局仍怕得要死，“司令部又秘密派人掩埋，以图灭迹”。加之当时又发生蒋介石被刺事件，敌人更加紧张。

在这篇不长的文章中，周恩来不仅详述了彭湃诸人在敌人严密封锁下从被捕到就义的经过，而且两次指出彭湃诸人是在敌人的“阴谋计算”下遭到的“暗杀”。既然是“暗杀”，谈何“游街示众”？既然没有“游街示众”，谈何“看热闹的人群”及“不时爆发出的讪笑声”？退一步说，即使“游街示众”了，彭湃作为一位刚强果敢、乐观豁达、富有远见的革命领袖，在即将告别人世走向刑场的最后时刻，他将会考虑如何利用最后几分钟时间号召民众，怎会为几人轻薄的“讪笑声”而发出悲观消沉的怨尤和伤感之词呢？这也与他在狱中的不屈表现不吻合。

另外，猜测彭湃以《绝命词》的形式为自己平生不得意事抒发感叹的可能亦应排除。因为，彭湃投身革命后，不像王明等人那样，以共产国际为靠山，唯斯大林之命是从，夸夸其谈，不联系中国实际，以钦差大臣自居对中国革命发号施令。相反，彭湃不务虚名，在革命第一线摸爬滚打，正因为他是一位脚踏实地的革命家，所以陈独秀在位时对他颇为器重，刚过30岁的彭湃在党的五大当选为中央委员。陈独秀下台后，党的新任领导对他也很器重。在八七会议上被提为中共中央临时政治局委员。六大被选为中央委员、政治局候补委员、政治局委员。被捕后，党千方百计组织营救。牺牲后，周恩来当晚便代表党中央起草了公告，通知各地党组织哀悼英魂。应该说，彭湃在党内的路还是平坦顺畅的，不像陈独秀那样大起大落，也没有毛泽东在八七会议上被提升为中央政治局候补委员，仅三个月便被撤销此职的坎坷经历。彭湃与党之间不存在什么误会、冲突和“不解”，可以说是无冤无怨。

那么，彭湃《绝命词》的寓意究竟是什么呢？笔者认为，《绝命词》蕴涵的寓意是为当时党内愈演愈烈的左倾路线深感忧虑，对舍生忘死为党的创建和发展立下殊勋的陈独秀遭遇的不公深感不平，并寄予深切的同情；委婉地建议党中央反思并调整对陈独秀等“反对派”无情打击的方针，期望全党团结一致，共同对敌。笔者提出此说的依据是：

一、彭湃对当时的“左”倾路线深感忧虑。

1927年7月，陈独秀在共产国际的压力下被迫离开党中央的领导岗位后，新的领导并没有在云谲波诡的恶劣环境中高瞻远瞩，冷静把握中国革命的航船，而是从一个极端跳到另一个极端，在批判右倾错误的同时却滋长了左倾错误。不管陈独秀怎么呐喊“中国革命应该由中国人自己来领导”，这些诤言不但没有人听，反而成了加于他头上的新罪状。左倾路线愈演愈烈，给革命造成的损失大大超过陈独秀右倾错误造成的损失。正如1945年通过的《关于若干历史问题的决议》指出的那样：“八七会议在反对右倾错误的时候，却为‘左’倾错误开辟了道路……它在组织上开始了宗派主义的过火的党内斗争。”目睹左倾错误路线给革命事业造成的严重损失，痛感“宗派主义的过火的党内斗争”使大批忠诚于党的优秀领导干部被诬以莫须有的罪名，受到极其严厉的整肃，面对创建了党并连任一至五届总书记的陈独秀不仅黯然下台，而且更加险恶的命运正在向他逼近……始终对党忠心耿耿的彭湃在生命的最后关头，怎能不为党的前途和命运而深感忧虑呢？在即将离开人世的时刻，怎能不剖开肝胆向党作最后一次的进言呢？

二、遗嘱信内容是理解《绝命词》的关键。

彭湃作为党的第五届中央委员和第六届中央政治局委员，对中国革命的全局与形势、共产国际指导中国革命的正确与错误、党内斗争的历史与现状以及党中央新老领导者的功过是非，是了然于心的。此时，他多么渴望能与党中央领导人作一次剖露肝胆的促膝长谈，把自己的意见、建议、忧虑等所有心里话一吐为快。然而，敌人不可能给他这个机会了。他在狱中已预感此次被捕必死无疑。所以，他在就义前夕秘密传出的书信实乃遗嘱。“他们嘱咐党中重要负责同志不要因他们被捕而伤痛，要继续努力谋得革命的发展。他们嘱咐党中重要负责同志要为党惜身。他们望党内对于反对派的斗争要多从教育上做功夫，以教育全党”。(《周恩来选集》)

彭湃有许多话要说，但由于情势所迫，不可能长篇大论，只能极为简要地传出几句话。然而，就在这寥寥数言中，彭湃专门提到“望党内对于反对派的斗争要多从教育上做功夫，以教育全党”，足见彭湃在生命的最后时刻对这个问题何等重视。

当时中共党内开展对反对派的斗争，完全是执行共产国际的指令，遵照联共（布）“肃托”的套路。其中的前因后果和是非曲直，彭湃是一清二楚的。鉴于当时的客观情势，彭湃当然不能说得十分详细和过于直白，只能笼统地通称为“反对派”，连陈独秀的名字都不便明说。但是，人们一看就知道这主要是为陈独秀说话的。彭湃对当时的中央领导也不便直截了当地提出批评，只能以建议、希望的口吻提示，可谓用心良苦。

值得一提的是，这几句忠言并不是彭湃一个人的意见，也是彭、杨、颜、邢等人的共识。在这牺牲的四人中，彭、杨是党中央政治局委员，杨殷于1928年11月被增补为中央政治局常委，颜昌颐是中共中央军委委员，邢士贞是中共江苏省委军委士兵运动负责人。这封遗嘱信是党的几位重要干部临刑前最后一次商谈党内大事后，从监狱秘密传出的共同心声，是他们贡献给党的最后一席忠言。

彭湃虽然是大地主家庭出身的知识分子革命家，但他毕生在革命第一线奋斗，干得多，写得少，除《海丰农民运动》外，存世的著作不多。至于文学作品就更少了。他虽然有《诗六首》存世，但这些都是为了革命斗争的需要，运用当地方言写的通俗易懂的宣传之作，诸如《起义歌》、《田仔骂田公》之类。像《绝命词》这样匠心独运、寓意深刻、耐人寻味的五言绝句，仅此一首。

《绝命词》开篇气魄宏大，“急雨过江东，狂风入大海”，寥寥两笔便展现出当时风起云涌、惊心动魄的政治形势。接着笔锋一转，突然以委婉、含蓄的“生死总为君，可怜君不解”作结，意境和风格与前两句形成鲜明的反差，的确给人以无尽的遐想。

这首《绝命词》与从狱中传出的遗嘱信是密不可分的姊妹篇。彭湃从被捕到就义仅7天，敌人留给他的时间极为紧迫，他所要说的话全部浓缩在简短的遗嘱信和《绝命词》中。他将“党内对于反对派的斗争要多从教育上做功夫，以教育全党”明确地写入遗嘱信中，似乎仍不放心，于是又在《绝命词》中采用“生死总为君，可怜君不解”的文学语言，对最牵挂、最忧虑的关于党内对陈独秀“反对派”的方针政策问题再次进行委婉的暗示，字里行间蕴涵着他对陈独秀遭遇的同情和牵挂，希望党能冷静把握，正确处理。

三、《绝命词》的意境与陈独秀的经历和情感息息相通。

彭湃与陈独秀早就相识，两人的经历也有共同之处，如为了探索救国救民的真理，陈独秀也曾东渡日本，先后在日本东京学校（早稻田大学的前身）和成城学校（日本士官学校的预备学校）留学。彭湃于1917年夏东渡日本，先后入成城学校和东京早稻田大学学习。这样说来，彭与陈还算是这两个学校的校友。

根据《彭湃年谱》记载，早在1921年8月中旬，26岁的彭湃就在广州会见了刚在中共一大当选为中共中央局书记的陈独秀。1923年7月26日和8月5日，海陆丰两次遭强台风袭击，彭湃原应陈独秀之约准备前往广州议事，因领导农民救灾未能成行。彭湃于8月16日（农历七月初五）组织发动了“七五农潮”。

1927年4月29日，陈独秀在中共第五次全国代表大会上作的工作报告中，在谈到农民运动时，开宗明义地说："我们的同志从前就向农民进行过工作，如彭湃同志早就在广东农民群众中工作过。"最后说："有组织的农民的总数比工人多，今后，我们应开展农民运动，增加农民协会的会员人数。"在党的全国代表大会上，总书记专门表扬一位同志的工作，这是不多见的，至少说明陈独秀对彭湃的好感和肯定。彭湃对陈独秀的态度也是如此。

彭湃投身革命后一直在陈独秀的领导和指导下开展工作。张国焘在《我的回忆》中谈到彭湃时说："中共同志中最早从事农民运动的是彭湃，这个出身于世家的知识青年，在陈独秀先生的思想影响之下，于1921年首先在孤独的海陆丰，从事组织农会，他的初步理想，不是什么土地革命，也没有农民暴动的想法，而只是要解除一些农民的切身痛苦，从此，广东的农民运动，日渐发展起来。"（现代史料编刊社1980年12月内部版）由于彭湃对陈独秀深为了解，所以，对陈的不幸遭遇寄予同情是可以理解的。《绝命词》所要表达的主旨是"生死总为君，可怜君不解"，其笔触温婉细腻，意境深邃苍凉，与陈独秀的坎坷经历息息相通。

建党之初，陈独秀等先驱苦苦探索，忽而北上，忽而南下，刀光剑影，一夕数惊，可说是拎着脑袋在刀尖上与敌人周旋，随时都有生命危险。建党之后，国民党对陈独秀的追捕和迫害变本加厉，仅1921年10月至1922年8月，在不到一年的时间内，陈独秀在上海就被捕两次。然而他赤心不改，矢志不渝。这不正是彭湃《绝命词》中所说的"生死总为君"吗？

遥想当年，在错综复杂的国际背景下和艰难险恶的国内环境中，陈独秀带领幼年的党与敌人进行殊死斗争，其艰难困苦是难以想象的。但共产国际的遥控指挥断送了被毛泽东誉为"思想界的明星"、"五四运动时期的总司令"和"创造了党，有功劳"的陈独秀的政治生命，党内对他批判、撤职，国民党对他关押、审判——真是左右开弓，内外夹击。尽管如此，这个硬骨头始终坚守着"我见到于党有危险的，我不得不说。我不能顾忌你们说我是机会主义者"的一片赤诚，一而再、再而三地伏案疾书、大声呐喊。

然而，陈独秀的所有努力不仅于事无补，反而使他陷入更加艰难的境地，受到更为严厉的打击。彭湃慷慨就义仅过两个半月，11月15日，陈独秀就被他亲手创建的党开除了。陈独秀的困惑、迷茫、悲愤和痛苦是不言而喻的。他那“行无愧怍心常坦，身处艰难气若虹”的慨叹，难道不正是彭湃《绝命词》中所说的“可怜君不解”吗？

以上新解，仅系笔者的一孔之见、一家之言，期盼方家、学者和广大读者批评指谬。

（作者系文史学者）

原载于《同舟共进》2012年第1期

“沧海一粟”

——粟裕大将轶事

吴东峰

记得1983年2月7日上午，新华社南京军区记者站站长顾国璞把我叫到他的办公室，神情严肃地对我说：“2月5日，粟裕同志去世了，上海《文汇报》要发两篇纪念粟裕同志的稿件，你去组织一下。”顾国璞是战争年代的军事记者，政治上成熟、敏感，也是我从事新闻工作的引路人。他还特意交代：“在位的领导都很忙，最好找已退休的老同志。”当时我并没有想到这里有多少深意，而是简单地想到，粟裕是共和国第一大将，功高盖世，现在的南京军区部队高级指挥员绝大多数都是他的老部下，找人写两篇悼念文章肯定没问题。可是事情并没有预期的那么顺利。起初，我们选择了两位华东野战军著名战将、大军区正职领导约稿，两位首长的秘书很快就回电了，回答的口径一样：首长身体不好，无法写。由于时间比较紧，我又走访了几位大军区副职领导，都未能如愿。

幸亏第二天南京军区政治部组织了新四军老干部悼念粟裕同志座谈会，使我们的约稿有了着落。南京军区副政委孙克骥主持座谈会，半天时间，我一刻不停地记录着。这真是千载难逢的采访机会，十多位老将军以他们的亲身经历回忆了粟裕大将的丰功伟绩，讲述了一个个令人难忘的故事。这篇文章的内容大都是在这次座谈会上和其后补充采访所得。

座谈会后，我们约了孙克骥和周蔚昌两位同志为《文汇报》撰稿，他们欣然答应。2月10日，新华社播发了粟裕逝世的消息，上海《文汇报》和江苏《新华日报》立即以重要位置刊出了孙克骥、周蔚昌悼念粟裕的文章。

需要补充的是，当时我并不知道，粟裕在1958年因所谓“教条主义”受错误批判后一直没有“正名”，直至逝世；不知道粟裕逝世后的治丧、讣告、告别仪式的安排上经历了意想不到的波折；当然更不知道孙克骥等新四军老同志是顶着很大压力，自发举行了悼念粟裕同志的座谈会，这竟然是当时唯一一个最高规格的悼念粟裕同志的活动。

挥师活捉张辉瓒

粟裕将军常自谓:“沧海一粟。”某日，粟裕将军访叶剑英元帅。临别，叶帅扶杖送。粟裕急阻之曰:“老帅相送，不敢当。”叶帅曰:“百战之老将，岂能不送!”粟裕对曰:“沧海一粟，不足挂齿。”叶帅送出大门，望其背影赞曰:“战功高不居功，贡献大不自大。不简单呢!”

粟裕身经百战，曾组织指挥了“七战七捷”、鲁南、孟良崮、沙土集、豫东、济南、淮海、渡江、上海等重大战役。1955年评军衔，粟裕战功赫赫而未能评上元帅，实为憾事。

1930年12月29日，红军包围国民党张辉瓒部于江西龙冈。其时，粟裕任红军第六十五师师长，正立于龙冈小街，飒爽英姿，温文尔雅。忽见两骑兵飞至，下马向粟裕报告:“朱总司令、毛总政委问捉住了张辉瓒没有。”粟裕答:“张辉瓒跑不了。”即命一骑兵先回，报告即可捉住张辉瓒；另一骑兵暂留，待捉住张立即返回报告。约一刻工夫，前方即传来消息:“张辉瓒捉住了!张辉瓒捉住了!”

红军长征始，粟裕任红军挺进师师长，率部转战闽浙边，开展江南三年游击战争。粟裕率挺进师主力先后四次往返于浙南和浙西南之间，为恢复重建浙西南根据地九死一生，历经艰险。某日粟裕等于龙泉河和松阳溪之间被敌围困，急忙组织泅渡过河，日夜行军180里，连打七仗方冲出包围圈。又某日行军中，突然被敌据点观察哨发现，其时后有追兵无法后退，粟裕让大家摘下红五星八角帽，装作敌保安部队，竟大摇大摆闯关而过。又某日，粟裕渡瑞安飞云江时，因遇旋涡，突感身体被水往下吸，幸好有战士将一伞柄递之，才幸免于难。将军晚年回忆三年游击战时言：“一千多个日日夜夜里，大部分时间是露营，青天作帐，大地当床，很少脱过衣睡觉，经常和衣而卧，枕戈待旦。”

1938年6月17日，粟裕率江南新四军先遣支队进入江南敌后，韦岗伏击，初战告捷。是役，我军击毙日军军官2名、士兵13名，缴获长短枪10余支，击毁汽车4辆。我军只付出了阵亡1人、负伤数人的代价。战后，粟裕作五言诗一首：“新编第四军，先遣出江南，韦岗斩土井，处女奏凯还。”陈毅闻之亦赋诗赞曰：“弯弓射日到江南，终夜喧呼敌胆寒，镇江城下初遭遇，脱手斩得小楼兰。”粟裕将军威名由之鹊起。

1939年冬，新四军江南指挥部成立后，驻江苏溧阳水西村。某日，日寇集结重兵席卷而来，距指挥部仅数十里。粟裕亲临前线指挥抗击，大胜归。陈毅闻讯，手书对联贴水西祠堂，以赞粟裕，联曰：“食少事繁诸葛公；轻裘缓带羊叔子。”

1946年10月15日，中央军委致电陈毅等：山东、华中野战军会师后，在陈毅同志领导下，粟裕负责战役指挥。见电后，陈毅告粟裕：“军事上我出题目，主要由你来做文章。”粟裕答：“我还像过去那样，当好你的助手。”之后，粟裕作为陈毅之助手，将帅协谋，珠联璧合，亲密无间，故华东有“陈不离粟，粟不离陈”之说。

“毛主席当家家家旺，粟司令打仗仗仗胜”

1947年7月13日至8月27日，粟裕指挥发起苏中战役，首战宣（堡）泰（兴），再战如（皋）南，三战海安，四战李堡，五战丁（堰）林（梓），六战邵伯，七战如（皋）黄（桥），连战连捷，歼敌六个旅又五个交警大队，共五万人，史称“七战七捷”。战后，当地军民欢欣鼓舞，以歌颂之：“毛主席当家家家旺，粟司令打仗仗仗胜。”粟裕闻之大惊，急阻其传播。

孙克骥将军告余，粟裕善打运动战，作战没有教条主义，机动灵活。1945年初，粟裕率新四军苏中部队南下浙西，至天目山区临安以南，新登地区，与国军顽固派作战。天目山峰险岭峻，几乎所有山头都有敌顽碉堡。其时我军没有重武器，攻克碉堡困难极大，伤亡极大，部队上下都感到很被动。粟裕及时发现这一情况，果断决定部队后退两百多里。敌人以为我军溃败而退，离开碉堡群追击。粟裕利用敌军两路部队追赶的时间和空间差，在运动中将敌逐一歼灭。是役，新四军主力部队先后歼俘敌五十二师副师长、七十九师参谋长、突击纵队副司令以下六千八百余人。

孙克骥曾求教粟裕作战体会，将军一言以蔽之："从实际情况出发，灵活用兵，什么时候好消灭敌人就在什么时候打；哪里好消灭敌人就在哪里打；什么敌人好消灭就打什么敌人。"

粟裕作战，善于示形，以迷惑和调动敌人。莱芜战役"示形于鲁南决战于鲁中"，即为示形范例。初，南线之敌密集稳进，难寻战机。粟裕果断弃山东解放区首府临沂，命少量部队减兵增灶，伪装华野全军于南线与敌周旋。其时，粟裕率主力急速北上，虎跃鲁中，一举全歼深入我鲁中解放区腹地之敌李仙洲集团。战后，粟裕总结曰："此役功在示形。为引敌于南线、歼敌于北线，我一示连续作战疲惫之形；二示必保山东解放区首府临沂，将决战于鲁南之形；三示我主力失利于临沂外围之形；四示我军准备西渡黄河，撤出山东解放区之形。示形之妙，使敌深信不疑，故而为我获得战机。"众皆服之，敌亦服之。

粟裕指挥作战，素以冷静沉着著称，严格细致闻名。南京军区原副参谋长金冶告余：孟良崮战役，传来击毙国民党整编七十四师师长张灵甫消息后，各部队或休整，或报捷，或总结，均以为敌已全歼。而粟裕将军则埋头案牍，将我上报歼敌之数与敌七十四师实编之数反复核对，发现相差七千人左右。将军即口授命令曰："各部队继续搜查孟良崮，不可放松警惕，特别是一些比较隐蔽的山沟里，没有命令，不许停止。"果然不出将军所料，我军于一隐蔽山沟里发现了这批敌人，并及时全歼之。

善骑善射，带兵严而不厉

粟裕有四宝：枪、地图、指北针、望远镜，均为军事指挥员须臾不可离身之物。除了四宝，粟裕还有几大特点——

极重视地图。战争年代，一到新地，首要之事，即挂地图，看地图。全国解放后，将军办公室、书房、卧室，仍满挂地图，曰："不谙地图，勿以为宿将。"

善骑，且能倒骑马背，如张果老之倒骑毛驴。行军途中常召开"马背会议"，背朝前，面朝后，与马上诸将徐行徐议事。

善射，尤喜打运动目标。某日，粟裕至某部途中，见一大獾扒土寻食，提枪不发。警卫员急曰："快开枪！"将军挥手，命之："你去惊它一下。"警卫员遵命前趋几步。大獾闻声，疾跑。将军举枪毙之。又某日，泛舟高邮湖，湖中有野鸭群。将军先投石惊之，野鸭急飞遁；继连发三枪，三野鸭凌空而坠。

喜开车。凡长途行军，必与司机轮流驾驶，乐此不疲。1948年4月，将军奉中央、毛泽东之命，由河南濮阳赶到河北省阜平县南城庄汇报，途中有一半路程为将军持方向盘驾驶。

带兵严而不厉。某日，将军至训练场，见几位战士边练射击边聊天。将军取一铜钱，置于枪之准星，命一士兵曰："击发！"随着扳机声，铜钱"当啷"落地。将军取枪，卧姿趴下，复置铜钱于准星，击发数次，铜钱纹丝不动。将军站起，即走。众士兵羞愧不已。

萧锋将军言：孟良崮战役中，我华野十纵二十九师八十六团一营，为防敌榴弹炮袭击，积极改进工事，即于防弹隐蔽洞两侧分别挖两小洞，形成洞中之洞，其状如猫耳，故称"猫耳洞"。是役，十纵阻击敌援四个旅，岿然不动，毙伤敌人两千多，我伤亡仅三百。粟裕闻之，甚喜，传令向全华东部队推广"猫耳洞"经验。其时，萧锋任华野十纵二十九师师长。

淮海大战最后阶段，粟裕于指挥所运筹谋划，调兵遣将。其时，指挥所墙壁上挂淮海之战形势图，图上插满了红蓝旗子，红旗代表我军，蓝旗代表国民党军。参谋们根据各部队战况拔蓝旗、插红旗，或拔红旗、插蓝旗。粟裕注目地图，口授命令，夜以继日，七天七夜未眠，虽疲惫已极，仍一刻不懈。

1949年1月10日，张震副参谋长报告：我军攻克敌最后一个据点刘庄。将军仰天长舒："好啊！"即昏睡过去。三日后方醒，众将领急前往慰问。将军面容憔悴，轻声问："有没有鸡汤啊？"

每临大战有静气

粟裕每临大战有静气，"泰山崩于前而色不变，麋鹿兴于左而目不瞬"。黄桥战役前夕，将军居溧阳水西村，处理完公务后，仍荷锄下地，或挑水，或锄地，或拔草，或与当地农民闲话桑麻，似不知一场大战将至也。

他十分重视部队人才建设。1938年1月，亲任校长于浙江平阳山门畴溪小学，创办闽浙边抗日救亡干部学校，组织进步青年学政治学文化学军事，培养了大批抗日骨干。他亲自修改的招生简章曾刊登于《浙瓯日报》。

将军喜音乐，会月琴、口琴、洞箫、钢琴，尤喜演奏《新四军军歌》。歌曲、汉剧、京剧亦为将军拿手好戏，战斗间隙常雅兴突发，一展歌喉。抗战时某日凌晨，将军率部转战途中，欲借宿一小学。教师见军人至，急关门躲避。将军命部队就地休息，取口琴吹奏《苏武牧羊》。教师闻之，急开校门迎部队进。

著名音乐家沈亚威言：战争年代，粟裕将军曾召其谈话，打开收音机，曰："你听听！"又曰："敌人用它的音乐鼓舞他们的士气，我们也要用自己的歌曲鼓舞我们的军队。"后来沈亚威创作了著名的《淮海战役组歌》等优秀歌曲。

原三野司令部机要科科长左金祥言：抗战时期，机要科借了一本苏联小说《钢铁是怎样炼成的》，大家争相传阅。粟裕闻之，甚喜，并于扉页上题签曰："炼成钢铁如保尔，莫做浮草似罗亭。"

将军喜吃狗肉。部队行军，每到一地，将军即出五元钱"请客"，派人与群众商量打狗。部属凡吃狗肉，必送将军一份，无论何时将军均喜纳之。故将军发怒时，参谋人员急传令："打狗！打狗！"

刘少奇、林彪均器重粟裕

刘少奇与粟裕初识于1940年。次年“皖南事变”后，刘少奇担任华中局书记兼新四军政委，粟裕为一师师长。刘少奇曾给予粟裕之一师工作非同一般的评价，曰：“我一师在抗战中建立了最大的功劳，在我全军中以第一师部队作战最多，战果最大。”后刘少奇回延安，向毛泽东力荐粟裕：“我在新四军发现了两位人才，一是新四军四师政委邓子恢，他是农村工作的专家；二是新四军一师师长粟裕，是新四军七个师中，打仗打得最多和最好的一个师长。”

建国后某日，粟裕至上海治疗右臂内残留弹头处的发炎问题。正在上海视察的刘少奇闻之，即偕夫人王光美突然造访。粟裕急出大门迎候，曰：“少奇同志，从来都是下级看上级，哪有上级看下级之理。真是不敢当啊！”少奇对曰：“怎么没有啊？今天，我和王光美同志来看你，不就有了吗？”是时，刘少奇为中央人民政府副主席兼军委副主席，粟裕为中央军委第二副总参谋长。据云，1955年评军衔时，刘少奇曾力荐粟裕评元帅，未果。

作家张雄文言，粟裕与林彪，可谓一时瑜亮，常常令人有“千载谁堪伯仲间”之感。战争年代在指挥所，林彪与粟裕均喜倒骑椅子，双手趴在椅背上看地图。时人谓两人均沉默寡言，性格脾气相同。林彪向来孤傲，而对粟裕则十分器重。建国后某日，林彪谈起粟裕喜形于色，曰：“南昌起义之后，从南征路上开始，及至井冈山时期，就数我们两个打得好。”吴法宪回忆：“林彪这个人自视甚高，但他非常看重粟裕，很重视粟裕的意见和建议。”林彪之女林立衡亦回忆，林彪在高级别的军事干部中，与粟裕来往较多。

“和平时期挨整整得苦，晚年生病病得苦”

建国后，粟裕曾任职解放军总参谋长、国防部副部长，身居高位，常轻车简从，微服出访。某日，将军至某部，哨兵不识，挡之门外。将军和颜悦色曰："小同志，我有事找你们领导，让我进去吧。"哨兵横枪挡之，曰："不行！这有规定，等会儿给你通报一声。"哨兵进请示，将军则蹲于门口，等之。直至哨兵回复，方进。某日，将军着便服至三零一医院探视其夫人楚青。因不到探视时间，医务人员阻之，将军即怀抱一网兜苹果，坐病房大楼外台阶上，安详等待。探视时间到，方进。此两事余闻康林等将军言之。

1958年所谓"反教条主义"时，粟裕受到了名为"个人主义"的错误批判，并被免去总参谋长职务。是时某中央文件曾点其名为"坏人"，传达至军内团以上干部。据萧劲光回忆，军委扩大会期间，毛泽东问萧："如何看待粟裕问题？"萧对曰："粟裕为人正派，没有二心，是好人。"毛泽东点头表示赞同。杨尚昆曾与粟裕夫人楚青言，粟裕同志1958年的事说起来很简单，就是得罪了两个半元帅。

楚青言："粟裕是个悲剧性人物，六十年革命生涯，三十年处于逆境，几乎隔天挨整。粟裕同志战争年代打仗打得苦，和平时期挨整整得苦，到了晚年生病病得苦。"

1975年邓小平复出，"四人帮"仍猖狂。张震将军入京工作，粟裕即与之吹风，曰："毛主席批评了'上海帮'，把小平同志请出来主持工作。现在周总理病重，我们要坚定地按小平同志指示去做，要垮台大家一起垮台好了！"大有破釜沉舟之气概！（见张震《一代名将，功垂青史》）

同年的第四届全国人大，粟裕任解放军代表团团长。某日，江青亲临军队代表团参加讨论。某将军问："粟裕同志，是否请江青同志给大家讲话？"粟裕急转身与人搭话，佯作未闻。某将军不解，又问之，粟裕继续与人搭话，仍不理。江青见状，不发一言，忿忿而去。

孙克骥将军告余：四届人大后，粟裕受小平之命，下华东部队调查研究。其时，"四人帮"正大力推广上海"民兵指挥部"经验。某日于安徽合肥召开座谈会，有人问粟裕："如何看待城市民兵指挥部？"会间气氛顿时紧张。粟裕徐徐答曰："五十年代我任总长时，听毛主席说过，鉴于苏联贝利亚事件的教训，一个国家不能有两个军队系统。现在，既有人民武装部，又搞民兵指挥部，值得研究！"

1979年1月，粟裕于军事学院作《对未来反侵略战争初期作战方法几个问题的探讨》报告，反响强烈。全军上下由此掀起讨论和研究现代战争作战问题的热潮。

1994年12月25日，《人民日报》和《解放军报》同时发表了刘华清、张震两位中央军委副主席共同署名的《追忆粟裕同志》一文。该文明确指出，“1958年，粟裕同志在军委扩大会议上受到错误的批判，并因此长期受到不公正的对待。这是历史上的一个失误。这个看法，也是中央军事委员会的意见。”此文经时任中共中央总书记、中央军委主席江泽民签发，实际是组织上以文章的形式为粟裕平反。惜哉，是时将军已逝世十年矣！

（本文资料来源于段焕竞、孙克骥、张文碧、陈茂辉、金冶、曾如清、周蔚昌、陈辉、邹志诚、沈亚威等人的采访，并参考了萧锋、马苏政、朱楹、徐玉田、刘祥顺、左金祥、粟刚兵、陈道阔等人的回忆文章）

（作者系文史学者、军旅作家）

原载于《同舟共进》2012年第5期

“万岁军”军长梁兴初

吴东峰

据云林彪进东北，有算命先生拆其字，曰：“‘彪’为三虎，三虎在林中，进可攻，退可守，无往而不胜也。”故林彪麾下东北野战军三支主力有“三虎”之美称。“三虎”者，一纵、二纵、六纵也。一纵，号称“天下第一军”，为林彪麾下主力之主力。辽沈战役后，一纵改称中国人民解放军第三十八军。抗美援朝，三十八军首批出国参战，在第二次战役中重创美李军，获“万岁军”美誉。

“万岁军”军长者谁？曾任东野一纵一师师长的梁兴初将军是也。

打铁三年，养成了铁打的性格

梁兴初将军身高一米八，眉浓黑，眼如炬，背微驼，颧骨略高，门牙前突，故被称为“梁大牙”。少时曾打铁，人称“打铁的”；因作战勇敢，又称“铁打的”。将军原名梁兴祚，因旅长陈光老误呼为“梁兴炸”，将军觉得不好听，于“示”旁加一把“刀”，换“初”名。故又有人呼将军为“带刀的”。

梁兴初，江西吉安陂头街人。父篾匠，并沿街开纸马店。父母生育九子，七子夭亡，唯余梁兴初和弟弟梁兴枯。梁兴初幼年极不安分，顽皮难带，其母曾言：“走起路来一蹦一跳，不管面前是沟是坎，跌倒了爬起来又跳。”进学堂读书，常捉鸟雀放飞于课堂，抓虫蛙置同窗书包。某日上课前，将女同学之辫拴于板凳，起立时，哗啦跌倒，课堂大哗。又一日，课间以掌猛推秋千，险使同窗丧命。每犯事，父悬之于梁上鞭挞，屡罚而屡不改。

稍长，因家境困难辍学，父亲送其学裁缝。某日，雇主嘱其剪一块长衫料，而梁则将布料剪作短衫料。雇主大怒，辞退之。又学理发，某人常欠资，梁恶其品行，将之剃为阴阳头，又被辞退。1927年，父母送梁兴初至铁匠铺学徒，始安心，学徒三年，扎扎实实打了三年铁。将军后来回忆，打铁三年，养成了铁打的性格，无论多苦多累，从不叫一声苦、喊一声累，咬紧牙关，顽强挺住。

梁兴初任师长、军长后仍顽性不改。某日，他为某通讯员理发，理毕取毛笔于嘴边添两撇八字胡，围观者大笑。林彪一向严肃，亦别过脸偷笑，而罗荣桓则批评道："梁兴初，你今年几岁了？怎么老长不大呢！"

一级一级"打上来"的将军

梁兴初将军作战勇敢，不怕死，且有蛮劲；将军遍体弹痕累累，共负伤九次，均大难不死。

将军负伤经历，其夫人任桂兰详细告诉我：1931年5月，二次反围剿战斗中负伤，伤愈后提升为排长；1932年秋，任副连长，在黄陂战斗中两次负伤不下火线，荣获"模范连长"称号，并被授予"红星"奖章，后调任连长；1933年夏，在一次遭遇战中负伤，一颗子弹从左腮穿透了头部，血流满面，说话困难，后受到师部嘉奖，继调任营长；1933年底，在保卫兴国的战斗中，负伤住院10天；1935年在长征途中的猪场阻击战中与敌展开白刃战，负伤未住院，后任侦察连连长；在直罗镇战斗中提升为团长；过黄河东征，梁右手负伤，落下食指、中指残疾。

任桂兰向我发出感慨："老梁在红军时期六年，从战士到团长，作战无数，负了九次伤，升了九级，正好是一个伤疤一级军阶。他才真是一级一级打上来的。"

梁兴初将军戎马生涯中遇险不计其数，其中抗美援朝就有三次。某日，将军欲骑马待发，敌炮弹骤至，三匹马一马毙命，即军长坐骑大青马也。又一日，一发炮弹落指挥所旁，弹片飞入屋内，洞穿屏风，擦将军肩过，刘兴元、江拥辉将军同在现场。又一日，将军于指挥所看地图，忽电话铃响，将军急接之，一炮弹正落地图前，将军无恙。其时，来电话者为杨大易将军，故梁兴初见之谢曰：“救命恩人。”杨如丈二金刚，后乃知其所以然。

获悉陕北红军及根据地的重要消息

史载，1935年9月18日，长征中的中央红军占领了甘肃哈达铺。是时，中央红军向何处去仍无定数。毛泽东于缴获的国民党报纸中获悉陕北红军和根据地发展的情况，遂与中央作出了去陕北的重大决策，故史家称“一张报纸决定了红军命运”。毛泽东读到的报纸究竟从何而来？他读的是一份什么报纸？亲历者众说纷纭。梁兴初的经历也为此作出了一种诠释。将军回忆大意为：红军长征至甘肃，梁兴初被调任红一军团直属侦察连连长。某日行军途中，梁兴初与指导员曹德连跑步来到红一军团指挥部，接受执行任务的命令。毛泽东、林彪、聂荣臻、左权均在。左权指着地图命令：“你们立即出发，到哈达铺侦察敌情，筹集粮食和物资。”林彪没有说话，毛泽东以浓重的湖南口音重复道：“找一些近期的报纸啊！”

是日下午，将军即率全连官兵，换装国军中央军军服。梁戴中校军衔，曹戴少校军衔，神气十足，大摇大摆开进哈达铺。该镇镇长及保安队等前来迎接即被控制，侦察连未放一枪一弹便占领了哈达铺。其时，国民党一位驻岷县鲁大昌师的少校副官刚从省城回来。曹德连从他的行李中发现了一大批捆裹着旧年画的报纸，有《大公报》、《山西日报》等，便立即送给林彪、聂荣臻。聂荣臻赶紧派人送给了毛泽东。后来，毛泽东曾幽默地对梁兴初说：“你们这次出去收获最大，把刘志丹的根据地给‘抓’来了。”

次日，毛泽东在一座关帝庙里，主持召开了干部会议。毛极为兴奋，大声道：“同志们哪！告诉你们一个好消息，我们要感谢国民党报纸，为我们提供了陕北红军的消息，那里不但有刘志丹的红军，还有徐海东的红军，还有大块的根据地。这对我们真是好消息啊！”

“湖西肃托”险遭杀害

俗语说：“明枪易挡，暗箭难防。”1938年秋，115师685团改编为苏鲁豫支队，梁兴初任副支队长兼四大队大队长，随后东进苏鲁边的微山湖西部。初到湖西不久，梁兴初便遭遇了骇人听闻的“湖西肃托”事件。

当时，在苏鲁豫支队四大队政委王凤鸣、湖边地委组织部长王须仁的操纵下，以“奉中央之命”“肃托”为名，肆意迫害并公开枪决79名干部。后来被扣押的托派嫌疑人达五六百人，共计300余人被杀害。1940年至1982年，原山东分局和后来的山东省党委，经多次调查证明，“湖西肃托”中被捕被杀的人，查不出一个是“托派”。

1939年10月，某日梁兴初率部完成作战任务后返回湖西根据地时，留守后方的四大队政委王凤鸣突然出现在路旁。随着一声令下，冲上来几个战士下了梁兴初的枪。梁以为闹着玩，问：“政委，开什么玩笑呀？”对曰：“谁跟你开玩笑？你被捕了！”由此梁兴初莫名其妙地被打成了“托派”，遭受了残酷的刑讯逼供。

梁兴初夫人任桂兰说，王凤鸣为了把老梁打成“托派”用尽一切手段。上老虎凳、压杠子、灌辣椒水、吊起来皮鞭子抽。最使老梁难以忍受的是用手摇电话机过电。每次摇柄飞转，强烈的电流如针刺般遍及全身，脑壳欲裂欲炸，冷汗如雨，其痛难耐。战场上铁打的硬汉子，却在自己根据地的私牢里，被酷刑折磨得死去活来。

梁兴初被抓，震惊了115师领导。罗荣桓带上师政治部保卫部所有干部，一路急进，星夜奔湖西，解救梁兴初等被关押的“托派”。任桂兰告余，罗荣桓赶到时，老梁正被绑在土地庙的大柱上。见到罗政委，他不禁失声痛哭。罗抚摸着梁兴初身上的刑伤，愤慨不已，不停地骂道：“这是犯罪，这是犯罪！王凤鸣，你知不知道？”

被骂出来的“万岁军”

梁兴初打仗狠，骂人更狠。1948年1月，将军率部参加东北战场的公主屯战斗。属下30师90团于行进途中被国军劫走100名民夫，将军闻之，怒骂30师师长方强："他妈的，送到嘴边的肉不吃，倒让敌人拣了个便宜！"方强不敢回嘴。梁转过来怒骂90团团长：你不戴罪立功，把你脑袋割下来见我。"是役，30师边打边走，连战连捷。方强战后总结道："这一仗打得好，是梁司令骂出来的，我们就是要猛打猛冲猛追猛骂。"

黑山阻击战中，梁兴初始终站在最前沿指挥。某日将军吃饭时，敌一炮弹于附近"当啷"爆炸，一弹片飞进碗中。将军了无惧意，以筷夹之曰："没有陆（肉），哪来的骨头？"28师政委晏福生劝将军："梁司令，还是撤一撤吧。"将军对曰："他妈的，我不撤，看哪个敢撤？谁想撤，就踩着我的身体过去！"是役，梁兴初将军率十纵仓促应敌，孤军奋战，抗击五倍于己之敌精锐部队，使敌"西进"兵团猛攻三天而未获寸进。电影《黑山阻击战》即以此役为原型也。

但骂人狠的梁兴初没有想到，自己在抗美援朝战斗中却被彭总痛骂一顿。1950年10月，将军率三十八军入朝作战。首战，攻熙川失利。时任志愿军司令员的彭德怀元帅怒骂："都说梁大牙是打铁的，一员虎将，我看是鼠将，你那个三十八军是什么鸟主力部队。"初始，梁兴初沉默无言，继争辩之："你骂我可以，不要骂三十八军嘛！"

梁兴初知耻而后勇。第二次战役，他率三十八军打德川，大捷。彭德怀大喜，亲自起草通令嘉奖："此次战役，我三十八军发挥了优良的战斗作风，尤其是一一三师行动迅速先敌占领三所里、龙源里阻击南逃北援，敌虽在百余架飞机与百余辆坦克终日轰炸掩护下，反复突围终未得逞，致战果辉煌，计缴坦克汽车近千辆，被困之敌尚多，望克服困难，鼓起勇气，继续全歼被围之敌，并注意阻敌北援，特通令嘉奖，并祝你们继续胜利！"电报将发出时，彭总觉言犹未尽，于末尾又添两句："中国人民志愿军万岁！第三十八军万岁！"

据杜平将军回忆，当时邓华、洪学智、杜平似乎觉得称一个建制军"万岁"从未有过，提议彭总考虑。彭总坚定曰："打得好，就是万岁嘛！发了吧，发了。通报全军，上报军委！"后《人民日报》记者李庄发表了长篇通讯《被人们欢呼"万岁"的部队》，由此，三十八军"万岁军”的美誉传遍全国。

林彪叛逃后反复“猜谜”

1967年3月，梁兴初调任成都军区司令员。赴任前周恩来总理召其谈话，曰:“自古以来‘天下未乱蜀先乱，天下已治蜀未治’。你到成都当司令，要先把局势稳定下来，军队绝对不能乱！”

刘结挺、张西挺，四川省“文革”造反派头头。1967年冬，四川造反派一分为二,一派曰:“刘张坐牢我坐牢，刘张杀头我杀头。”另一派曰:“刘张坐牢我把门，刘张杀头我提刀。”梁兴初将军初入川，两派逼其表态，将军答:“统统枪毙！”次日“打倒梁大牙”的大字报铺天盖地。

1969年，四川造反派武斗蔓延，川东北尤为严重。梁兴初拟驱车至达县、万县等地制止武斗。不少同志劝之:“川东有几万条枪，你要小心。”将军淡淡一笑:“小菜一碟。”某日，将军召达县两派头头开会，会场三步置一岗，五步放一哨。两派头头到后，将军郑重宣布:“我这次带了五个师。就是来你们这里制止武斗，收缴武器的。”接着分别介绍各师师长，介绍到谁，谁就“咯”一声立正，注目待命。造反派头头大惧，次日便上缴各种枪械万余支，武斗遂平。将军所谓五个师即一个侦察连也，五位师长均为临时来汇报工作的各师部干部。

梁兴初将军制止武斗既虚张声势，又真枪实弹。如有违抗者，该抓的抓，该关的关，毫不留情。罪大恶极者，绳之以法，投入监狱。将军曰:“你们是造反派，我也是造反派，我造了国民党几十年的反，哪像你们这个样。你们再吵再闹，就把你们统统关起来。”毛泽东闻之曰:“还是打大仗的人敢讲真话。”某次会议，江青指将军不满曰:“你梁兴初胆子真大，敢讲造反派是造毛主席的反。”

1971年9月14日，成都军区政委张国华打电话给梁兴初:“在庐山会议上第一个讲话的人带着老婆逃跑了！”其时，梁兴初因心脏病正在军区第四招待所五湖村疗养，为了弄清带着老婆跑了的是谁，将军开始猜是陈伯达，又猜康生，终不得其解。即打电话问黄永胜，黄答:“是第一个讲话的人跑了。”便挂了电话。又打电话问铁道兵政委宋维栻，对方答："刚吃了安眠药，头疼得很。"亦挂电话。经多方询问，梁当时竟未弄明白，到底是谁带着老婆跑了。

林彪事件传达后，梁兴初大吃一惊，并及时向中央报告自己"文革"期间两次见林彪的情况。其中一次林彪说，四川我们不放心，你们（指梁与张国华——作者注）去了，就放心了，然后被林留下来喝了茶。6天后，毛泽东接见张国华、梁兴初等，毛泽东曰："我也没有想到会出林彪事件，不要把举手的人都当成林彪的人。"毛指着梁兴初，曰："鲁迅说曹聚仁'喝了他家的茶，就是他家的人'，你喝了林彪的茶，不是林彪的人嘛！"

广州军区原副司令员朱月华言：林彪事件后，张春桥任总政治部主任，约梁兴初谈话，将军拒之。张率随员造访，将军蓬头赤足，横卧床上，与之对语。

1972年2月26日，梁兴初心脏病发作，住进北京301医院。9月出院后被下放山西太原某工厂"劳动锻炼"。因将军曾是林彪得力战将，无人敢为之说话，下放竟达8年之久，迟迟未能复职。黄克诚出任军委纪委书记后，力排众议，还其清白。某次纪委会议，黄克诚举双手，竖九指，慨然曰："梁兴初同志身上九处弹创，这样的人会是反革命？"将军夫人任桂兰与余谈及此处，泣不成声。

1985年10月5日，梁兴初将军因病逝世，享年72岁。

（本文资料来源于任桂兰、杨大易、朱月华、梁晓源、彭林东等人的采访笔录，并参考了任桂兰、李宗儒的《统领万岁军》、江拥辉的《38军在朝鲜》等著作。）

（作者系文史学者、军旅作家）

原载于《同舟共进》2012年第9期

江一真：风雨雷电中的“一根筋”

钟兆云

习近平同志曾深情追忆老领导江一真：“江一真同志始终是一位勇于战胜困难的铁汉子，敢于坚持真理的硬骨头，忠心耿耿为人民的好干部。他的高尚品质，是共产党员精神风貌的集中表现。”

“八路军中一把刀”

1929年3月，毛泽东、朱德率红四军入闽后，14岁的建筑学徒工江一真在长汀县城参加了红军，翌年加入中国共产党。1932年底一次战斗中，许多伤员因没得到及时有效的治疗而牺牲，江一真的心被深深刺痛，自母亲病逝后一直埋藏在心底的学医想法油然而生。

1934年春，江一真被分配到傅连暲当院长的卫生学校附属医院，先做内科医生，不久转到外科，协助留日医生梅凌冬给瞿秋白、王稼祥等看病伤。他边干边学，很快便从一个只有初小文化的农家孩子，成长为掌握先进医疗技术的红色医生。抗战爆发后，江一真随八路军开赴华北抗日前线，奉命组建并出任八路军野战医院院长，在山西隰县为平型关大捷后被阎锡山部队误伤的林彪疗伤。自长征以来，江一真参加了党内许多重要人物的医治，“八路军中一把刀”的名声不知不觉便叫响开来。

在晋察冀前线，江一真在工作中与脾气有些古怪的白求恩相当投缘，他的医术和认真负责精神深受白求恩赞赏。鉴于晋察冀根据地医务人员严重缺乏，根据白求恩的建议，军区司令员聂荣臻决定开办卫生学校，并希望白求恩主持筹办。白求恩认为自己是外科医生，应到前线救助伤员，他认为江一真是担任卫生学校校长的理想人物。在得到聂荣臻批准后，白求恩的高兴劲儿溢于言表，幽默地对江一真说：我又有一个“化身”了。江一真也诙谐地回答：我不是你的“化身”，我是“替死鬼”。

不为乌纱为人民

新中国成立之初，江一真回到家乡福建工作。1953年，中央打算提拔时任福建省委农村工作部部长的江一真到卫生部当副部长。但江一真考虑已到地方工作多年，对地方工作也熟悉了，因此宁愿原地踏步而不愿赴京晋升。为此他向中央报告，并请熟悉他的老首长张鼎丞、邓子恢、谭震林帮助说话。中央收回了成命，此后江一真出任福建省委常委、副省长、省委第二书记、省政协主席。

1959年2月初，江一真当选省长不久，又一次深入农村基层调研，“大跃进”以来城乡出现的各种问题沿途可见，看到不少群众冬日里穿着单衣单裤，江一真心情异常沉重。在5月底福建省委召开的泉州会议上，省委第一书记提出全省粮食的征购数要增加到30亿斤。江一真认为，实际产量肯定是浮夸的数字，应减少征购。党内出现意见分歧，省委第一书记决定采取表决方式，只有江一真等极少数人反对或弃权，大会通过了30亿斤的征购数。

6月初，江一真一竿子插到龙溪地区（今漳州）平和县，驻村调研，了解真情。6月10日，江一真根据亲自掌握的材料，并结合另一位省委书记、省监委书记魏金水对云霄县的调查情况，在龙溪地委、县委联席会上，作题为“接受教训，继续跃进”的讲话。江一真在分析了产生错误的原因后，毫不隐瞒因这些错误导致“干群关系空前紧张，不少地方发现生产队长和群众一起反对我们。有的甚至恨死我们，说共产党变质了，朝中有奸臣”。他还痛心地引用了百姓刺耳的议论，如“30年革命，20年打仗，10年解放的功劳，都被你们一年丢光了……”他毫不含糊地指出：“总之，情况估计错了，方针错了，政策错了，措施也错了。”

这些批评，江一真自1958年下半年后就断断续续有过，1959年以来增加了火力，到龙溪这次最为集中，也最全面。他最后谈到如何接受教训问题，认为有必要把底子摆开，特别是县以上干部，“这是一本最深刻最实际的马列主义，是中国社会主义经济问题，县、地、省委可以谈谈心。这样搞一下，下半年毛病会少一些。我们无论如何不能当‘惯犯’了，如果当‘惯犯’，真有可能变成‘革命的对象’，‘惯犯’下去老百姓会拿锄头扁担打的。”一向以“炮筒子”性格著称的江一真，在这次讲话中道尽“大跃进”的得失，这是继彭德怀之后，于庐山会议前最早在公开场合批“左”的高级领导干部。

这年9月庐山会议后不久，江一真受到错误批判和处理。为了击中江一真的要害，福建省委在给中央的报告中，把江在龙溪地区干部报告会上引用的“听共产党的话，大听大死，小听小死，不听不死”这句老农之言，安在其名下。中央书记处书记彭真看了报告后非常生气，批道：一个共产党的高级干部，竟然能说出这样的话，不是“右倾”是什么？

10月8日，中共福建省委一届六次全体（扩大）会议贯彻落实中央《关于反对右倾思想的指示》。会上，大会秘书处把编印好的《江一真反党活动材料汇集》作为会议文件分发。不久，在福建省委全会（扩大）进行的关于江一真等人的错误决议的通过程序中，全场只有一票反对，正是来自江一真。江要求在会上发言申辩，遭到拒绝。前后开了近两个月的斗争大会，正式通过“江魏反党集团”的决议书。他被撤销福建省委书记、常委、省长职务，只保留了省委委员。魏金水受处分较轻，保留了副省长职务。

百折不挠告“御状”

斗争大会结束后，江一真拿定主意：决不逆来顺受，哪怕罪加一等也要为清白而战，与党内不正常的风气斗争。他坚信党会为他甄别平反，由此展开了百折不挠告“御状”的曲折过程。有人见江一真申诉无门，同情之余，少不得劝说：“反右倾”是全国性的运动，被打成“右倾机会主义反党分子”的人各省都有，只有政治气候变了，问题才能解决；现在权力在别人手里，你再申诉也还是碰壁，何苦呢！江一真回答：一个人的是非功过，不是哪一个人说了算的，江一真到底是什么人，历史会给我做个公正的结论。正因为我相信党，相信中央，所以只要活着，我就要申诉，看看那些人究竟能遮多大的天！

1962年初，中央召开七千人大会。会前，福州军区司令员韩先楚向周恩来转交了江一真的申诉信，并当面向周恩来和华东局领导谈了对“江魏反党集团”的看法。周恩来派人对此案件进行调查后，明确指出要纠正这样一个被错批错斗错处理的冤案。

4月24日，福建省委召开常委会，讨论通过省委关于为“江魏反党集团”平反向中央、华东局的报告。省委第一书记叶飞代表省委向江一真、魏金水等道歉并作检讨后，江一真发言：“今天，叶飞同志的检讨，我表示欢迎。这是相处十多年来第一次听到他的检讨。检讨中，许多原则问题都谈到了，但我认为有一个问题没有接触实际，就是所谓‘霸王’问题。我认为叶不仅有‘霸王’思想，并且有‘霸王’的行为表现。因此，对叶的检讨，我有保留意见。”真是“一根筋”“一”到底啊。

随后，江一真以省委书记处书记、省长身份，在复出后第一次亮相作报告。自从被打成“反党集团”后，江一真就在许多干部眼前消失了，如今再相见，但见他的头发都白了。报告完毕，台下不约而同爆发掌声，那是热烈的、充满感情的鼓掌，足有十来分钟。看到这感人的场面，江一真泪光闪烁，会后对秘书说：“公理自在人心，讲实话还是吃不了亏。”

9月，江一真调北京任农垦部副部长，旋任农业部代部长兼党组书记。“文革”中，刚直不阿的江一真再次受到冲击，但他依然坚持真理，百折不弯。

在查处刘湘屏问题上坚持实事求是

1976年底，从牛棚里恢复自由的江一真，被中共中央任命为卫生部清查领导小组副组长，代表中央在卫生部机关及直属系统清理“四人帮”及其党羽刘湘屏的余毒。1977年初，江一真来国家卫生部上班的第一天，就对前来接他的办公室秘书江焕波说：“中央有三江，江青等两江都是假江，只有我一个才是真江，所以我的名字叫江一真。”秘书从这几句风趣幽默的开场白里，感受到了江一真耿直的品格。

刘湘屏是已故政治局委员、公安部部长谢富治的老婆，夫妇俩均效忠江青。江一真到任后，以查清卫生部刘湘屏为首的有关人员与“四人帮”的瓜葛为中心任务，还开展了对周恩来病逝原因的调查。周恩来所患膀胱癌、肠癌，致命的可能性比较小，如果及早开刀当不致死。叶剑英等一些中央领导怀疑“四人帮”严密控制政治局对周恩来的探望，是想和刘湘屏暗中搞鬼，借刀杀人，因此吩咐江一真到卫生部后设法弄清真相。

江一真从心底里敬仰周恩来，而刘湘屏夫妇对周恩来的种种不恭言行已非新闻。另外，江一真也了解到，刘湘屏对朱德也十分不敬。1976年6月下旬朱德接见外宾时患了感冒，住进北京医院后，病情竟无好转。身为医疗领导小组成员的刘湘屏，其态度和神情都使人感到她对朱老总缺少真诚的关心，有一次还当着朱德夫人康克清的面问主管医生还能拖多久。朱德从住院到病逝，前后不过10天，这里面会不会有医疗问题呢？还有陈毅元帅，他患的是肠癌，这跟膀胱癌一样，当时应该有条件医治，为何短短时间内竟传来噩耗？远的，江一真还想弄清贺龙等一批开国元勋的死因。

江一真亲自找刘湘屏谈话，又分头找吴阶平及其胞弟吴蔚然面谈。作为周恩来的医疗小组成员，这对兄弟在周恩来生命的最后日子里陪伴在病床前。江一真担心有的医生受江青和刘湘屏直接控制，通过医疗事故迫害摧残周恩来。这几次谈话都十分秘密，范围也很小，除江一真和谈话对象外，在场的仅有他的秘书张明俊。吴阶平很动感情地说：我们这些人对总理都有深厚的感情，即使有人这样指使我们，我们也绝对不可能执行。谈到有没有可能出现医疗事故，吴阶平个人的意见是，江青等人拖延了周恩来的最佳治疗时间应是一个因素，因为开刀迟了，致使癌细胞扩散性转移，终归不治。

通过调查，江一真认为，陈毅的病逝也是因为误过开刀时间，使得癌细胞转移。至于朱德的病逝，确实有措施不力、医治不当的因素，但这些是不是就是“四人帮”的直接迫害、刘湘屏的指使，还不能作结论。江一真是有一说一、决不无中生有的人，他并没有因为“四人帮”倒台了、刘湘屏倒台了，就随便给人扣个帽子交差，他必须要有确凿的证据才作结论。

至于刘湘屏的历史问题，有人说她原是阎锡山手下一个军官的小老婆，也有人说她是特务。江一真认为，根据报上来的材料，不能说刘湘屏是国民党特务的老婆，更不能说刘湘屏本人是特务。这一实事求是的看法得到多数人的认同。

刘湘屏紧跟“四人帮”整肃老同志的材料屡见不鲜，至于“四人帮”覆灭前，其上海死党企图武装顽抗时同刘湘屏的瓜葛问题，各种说法莫衷一是。刘湘屏的交代是：在那个非常时期，上海确曾派徐景贤专程到北京找王洪文商量。她听闻风声后，极力想了解“四人帮”的具体动作，急不可耐地给徐打了几次电话，要他回上海前，无论如何都要见个面。而徐景贤在返沪前一晚，确实到人民大会堂见了刘湘屏，但在一个时辰的密谈中，只谈及总的形势很紧张，要密切注意事情的发展云云，至于军事方面的密谋，并未向她透露什么。为了弄清真相，江一真派人专门赴沪，从监狱里提审徐景贤。徐景贤所供，与刘湘屏的交代基本相符。

在调查中发现，刘湘屏在谢富治死后，一直还在领谢在公安部的工资，盖因谢死后刘仍是红人，公安部某些领导怕得罪她。江一真发现问题后，马上向组织部报告，这才停止了这件匪夷所思之事。

在讨论刘湘屏是否在卫生部系统形成了一个“帮派体系”时，莫衷一是。江一真认为对此应慎重，如果冠名“体系”，势必把一大批人牵连进来，而从现有材料看，一些人虽迫于形势、出于各种考虑，曾跟刘湘屏摇旗鼓噪，但还没有形成有组织的团体。

粉碎“四人帮”将近一年了，但卫生部的派性仍相当严重。刘湘屏掌权时较为吃香的一派此时仍占优势，而过去受压的另一派则想翻上来。个别领导干部也想扶持过去受压的一派。江一真明确表示不能这么干，如果这样干，本身就不自觉地站在派性立场上。无论哪一派，只要是对的都应支持，错的都要反对。

刘湘屏按中央定性为“四人帮”党羽，开除了党籍，生活待遇基本维持不变，但不再续领谢富治的工资。对其他几人所作结论是“犯有严重错误”，但还是从宽处理。

经过一年多的紧张工作，总算让卫生部的清查工作画上了句号。1977年11月，中央任命江一真为卫生部部长兼党组书记。在完成卫生部的拨乱反正、领导全国卫生系统工作走上正轨后，江一真竟主动提出让贤。十一届三中全会开过不久，江一真找到主持中央日常工作的胡耀邦，诚恳地说：钱信忠同志本来就是卫生部长，他有业务水平，政治上经审查也没大问题，我压着他不合适，应该让他恢复原职。我虽然粗通医学，但毕竟是半路出家，加上荒疏多年，在医学上不可能再有什么提升了。现在卫生部的工作已上了正轨，三中全会宣告把全党工作的着重点和全国人民的注意力转移到社会主义现代化建设上来，我想还是去搞地方工作合适。

中央经研究，考虑让江一真担任河北省委第二书记。河北是“文革”重灾区，“左”的影响严重；河北省委第一书记刘子厚于“文革”之初上台，直到十一届三中全会后仍在原位秉政，堪称封疆大吏中唯一的“不倒翁”。由于领导干部的抵触，三中全会制定的方针、政策在河北难以贯彻落实，拨乱反正等一系列重大问题进展缓慢，唯独进京上访人数居全国首位。中央希望江一真去河北加强工作，扭转不利局面。胡耀邦、叶剑英、李先念为此分别找江一真谈了话。江一真没有讨价还价，慨然赴任。

古书云：“这一去，有分教，从此难做平凡人。”原本就不平凡的江一真，在改革开放之初的燕赵大地走过了一段不平常的岁月。

主政河北，平反冤案，坚持真理不退让

1979年4月12日，晴空万里，江一真从北京起程前往河北赴任。他知道，他将要面临的绝不是今天这般风平浪静，势必有一场风雨雷电，而他，已做好准备迎接这个挑战。

河北省委班子成员不少是“文革”旧人，十年中他们在台上整了一

批人，之后依旧当权。江一真赴河北拨乱反正，最终完成全省工作着重点的转移，难度之大自不待言。更为棘手的还在于江一真不是以中央工作组组长身份下去，而是下到省里当二把手，如此这般，该怎样在泾渭分明的两派中“帮助”问题缠身的一把手解决问题？

江一真到河北主持省委日常工作后，并不局限于听汇报，看成捆成摞写有“江一真同志亲启”的告状信，他自己安排日程，下基层广泛接触干部群众，了解真相。他破除重重阻力，使得建国后14个特大冤案之一、前后延续了28年的所谓“伊玛尼党”案获得平反。

江一真赴冀工作前探望病中的叶剑英，叶剑英指示：河北的情况这些年弄得很乱，积下大量冤假错案，当务之急是要平反这些案子并落实好政策。叶剑英还专门谈了保定杨凤鸣的情况，并用手指比划着写了“杨凤鸣”三个字。在此前后，王震也让秘书唐玉向江一真介绍了杨凤鸣的情况。江一真到任后有人相告，杨凤鸣是“文革”中保定最有名的造反派头头，案件牵涉面广，碰了没好处。这杨凤鸣究竟何许人也？江一真专门前往保定调查。

新中国成立后，保定曾两度成为河北省省会。“文革”中，保定武斗不停，动乱不止，各派势力都能通天，河北省委派去解决问题的人反遭围攻。随后，又连续发生多起抢劫枪支弹药的恶性案件以及抢粮、抓人、打人、武斗等恶性事件，震惊全国。江一真了解到，保定地市及多数县的领导班子及干部群众，几乎都分成两派，两派斗争的焦点恰恰在于和省委第一书记刘子厚的关系上，一派拥护，一派反对，反对派占上风。省委第一书记无法在保定成立省革委会，只好拉了一批干部、几车东西“迁都”石家庄。在这种情况下，省委的指示在保定基本不灵，各项工作几乎处于瘫痪状态。省委无计可施，想着借助著名劳模、中立派杨凤鸣的力量，来稳定大乱不止的保定。在刘子厚亲自劝说下，杨凤鸣答应暂行代理保定地委第一书记之职，并试图以“一碗水端平”的态度，力争把各派联合起来，稳定保定局面。

粉碎“四人帮”后，昔日“四人帮”在台上时被告反江青的杨凤鸣，竟被咬成是跟“四人帮”的，被严格限制了自由。杨妻赵小仙向王震秘书唐玉作了反映，接着又托人代写了一封为丈夫申冤的申诉信，送到刚复出的邓小平手里。邓小平于1977年9月20日批示："请秦基伟同志（中央委派解决保定问题的工作组长）交刘子厚同志酌处。"但河北省领导接到邓小平的批示后，对杨风鸣管制更严了，还组织了一个庞大的工作组到杨风鸣老家雄县调查和发动群众对其进行揭批。1978年7月26日，叶剑英在杨风鸣的申诉信上批示："这封信在我处压了几天，今天一气把它看完了。暴露了党的领导干部确有不少恶劣作风，发现党的中下层领导班子中确有不少优秀干部。可惜好干部长期得不到澄清，估计不仅河北一省，值得十分重视。建议请耀邦同志调查清楚，严肃处理，用以教育干部，整顿党风。不知当否。"华国锋、邓小平、李先念等中央领导人也都先后在此件上作了圈阅。

中组部工作人员到保定、雄县进行调查，发现杨风鸣没什么问题，与"四人帮"没关系。胡耀邦亲自听取调查组汇报后，认为过去对杨风鸣整得过分了，其问题既已弄清，可到外地区当个副书记，任三四把手。但杨风鸣被省委领导请回石家庄后，仍坐冷板凳，工作没着落，问题高高挂起。

江一真在保定和各方人士座谈，并亲自找杨风鸣面谈，回省里和王铮等人交换意见时，坦率地指出保定问题不过是人民内部矛盾，不妥善解决这些人民内部矛盾，矛盾就越积越深，必然影响今后的工作。一位干部提醒江一真：省里主要领导早已把保定问题定为敌我矛盾，你这样改为人民内部矛盾，岂不唱了对台戏？"皇帝"可不能有两个啊……江一真不假思索地说：河北没有皇帝，我们都是党的干部、人民的公仆，谁真理在手，就跟谁走！

结合实地调查和外调，江一真对杨风鸣"劳模"从政、从"走资派"到当权派、从抵制"四人帮"帮助稳定保定局面到"四人帮代言人"这段脚印有了较为清晰的了解，经一番探究和分析，他认为问题出在省委主要领导出尔反尔，以及杨风鸣耿直的性格上。

对冤假错案，江一真不仅作批示，有的还跟踪关注平反和落实情况。这其中，便有《河北日报》被错杀的女干部王韵芬。王铮告诉江一真，王韵芬冤案平反有阻力，除了这是省委主要领导批示的死刑外，听说还因为她在狱中用过激语言谩骂过领导。江一真语气激动：即使她真的骂过，也是罪不至死啊！在那“举世皆浊”的局势下，她一个弱女子能够为少奇同志鸣冤，不容易啊。少奇同志的冤案平反了，当初为他鸣冤的人哪有不平反之理。

在江一真的支持下，王韵芬最终得以平反。后来，江一真赞同追认这位坚持真理的女干部为烈士，他深有感触地说：有人说河北在历史上较“左”，是“左家庄”，但我看也不尽然，光“文革”10年，就有不少有胆有识的河北人为真理献身，我们应该宣传他们，他们不该被人们忘记。

在“三驾马车”的夹缝中黯然离去

1979年10月1日，叶剑英的国庆讲话表明了党中央坚决拨乱反正、正本清源，完成工作着重点转移的决心。江一真根据中央指示和河北干部群众的要求，毫不避讳地当面向省委主要领导建议，要用叶剑英国庆讲话精神统一对河北“文革”十年的认识，在全省开展批极左、批派性，进一步平反冤假错案，落实干部政策。但省委主要领导听不进去，说“不能以叶帅国庆讲话套河北”。

省委主要领导先是“不合作”，继而召开常委会无理围攻江一真。有些人反复向中央写信告状，攻击江一真破坏省委团结、不维护第一书记形象、借平反冤假错案来提高个人威信云云。有人还亲自来京找中央领导，提出将江一真调离河北的要求。

江一真不得不向邓小平、叶剑英、胡耀邦等领导人写信，或当面汇报澄清事实，并提出，如果中央还要自己留冀工作，那就有必要调走几位宗派思想严重、贯彻执行三中全会决议不力甚至有意阻挠的省委领导。邓小平对江一真的表现和正气看在眼里，指示：江一真不能走，调开河北几位省委领导。叶剑英和胡耀邦也支持江一真。叶剑英还扶病当面听取了江一真的汇报，嘱他要好好休息，注意斗争的灵活性。

在商定河北省委人事安排时，主持中央日常工作的胡耀邦提议江一真接任河北省委第一书记，当初派江一真下河北，中央即有此意。中央领导在找河北省委主要领导谈话时，河北主要领导坚决反对江一真接任第一书记，并以此作为自己离冀的条件之一。中央有的领导为安定团结大局，建议派国务院秘书长金明赴冀担任省委第一书记，江一真仍任第二书记，同时调李尔重担任省长。不料，中央在调动河北干部时，出现了一些风波。省委某常委的妻子闻讯丈夫要调走，大哭大闹，还吃了大量安眠药以示抗争。中央领导受了一些老同志的影响，也就心软了，说那就算了吧，不要再动了。这样，另外两位原拟他调的省委书记及其他常委也就原地不动了。如此这般，给河北的拨乱反正工作留下了后患。

中央定下河北省委新的核心领导后，专门召集金明、江一真、李尔重开了个小型座谈会。胡耀邦说，你们三个人的资格都很老，都可以做省委第一书记，但第一书记只有一个，希望你们能精诚团结，共同把河北的工作做好，当务之急是尽快平反冤假错案、落实政策，这是关系到党心、民心的大事，促进“四化”的大事。

让江一真意外的是，“三驾马车”对问题的不同认识，把他逼在了新的夹缝里。甚至他的一些活动被人盯梢，有人还安装了窃听电话。但即使在这样的夹缝中，江一真仍不改初衷，在为平反冤假错案等工作尽力的同时，还腾出大量时间和精力，为河北的经济建设描绘蓝图。

1982年6月，“三驾马车”被调出河北。此前，邓小平已了解情况，对江一真在河北的功绩是肯定的，他当天就作了批示：看来，金明、李尔重同志是原则问题，江一真同志是方法问题。即使三个人都调离河北，也不能各打五十大板，要区别对待。虽有邓小平批示，但中央一些领导在搞平衡的思想指导下，江一真并没有受到区别对待。

消息传出，河北广大干部群众为之震动，不少人为江一真抱不平，为河北惋惜。7月13日，中央书记处同意河北新班子的汇报要点，并议定：召开河北省党代会，选出河北省出席党的十二大代表，金明、江一真、李尔重均作为候选人，仍放河北选举。选举结果，“三驾马车”中唯独江一真当选，支持率近90%，在所有党代表中名列第一。民意由此可见。

江一真来时，河北正是最困难之时，他可谓受命于危难之际。走时，河北各条战线取得了前所未有的成绩，政治局势也开始往好的方向发展。而匪夷所思的是，在江一真调离河北后，这块已然复苏的土地又开始出现一些民怨，一些已经平反的冤假错案重起波澜。就拿受叶剑英、胡耀邦关注，并在江一真具体关心下落实政策的杨凤鸣来说，担任衡水地委副书记后干得有声有色，却被省委新班子连降三级，发配到大曹庄农场当副场长。直到河北省委书记再度易人，才重获“平反”，安置了一个正县级。在此期间，一些在江一真身边工作过的人员也受到无理整治。

江一真离开了河北，却留下如潮好评、不尽思念。曾任国家渔业部部长的肖鹏说：“江一真这个人一生都没有私心杂念，大公无私，言行举止有的是不唯上、不唯书、只唯实的作风……如果他不这么快离开，河北的工作会好得多，干部和群众的积极性都会调动起来。”

胡耀邦对江一真也是有感情的，但他说：“河北问题确有个照顾派性问题，我也没有办法，只好这样处理，但党和人民是不会抛弃一真同志的，公道自在人心。”

“后事先安排”

1982年9月，江一真在中共十二大上当选为中顾委委员，依旧坦率发表见解。有次谈及“文革”失误，他指出：对党的过失、对民族的灾难不能正视，不去总结和接受教训，而是采取回避态度，这是自欺欺人的；一个害怕正视过去失误、不愿还历史本来面目的政党，必然还要造成新的悲剧，我们的党和民族要深以为戒。这段话在许多人心中引起强烈共鸣。

1982年秋，中央书记处书记陈丕显、习仲勋希望江一真在适当时候回闽调查了解情况，帮助抓抓落实干部政策工作。通过深入调研，江一真几易其稿上呈的落实地下党政策调查报告，获胡耀邦高度赞赏和批示。批示转到福建省委后，福建省委第一书记项南和省委许多同志都感到胡耀邦的批示真是“密密麻麻，大快人心！”中央书记处书记、国务院副总理万里看后也十分动容，建议中央转发胡耀邦的批示和江一真的报告。这样，福建遗留多年的地下党问题终于得到正确处理。

1991年，江一真得知身患肺癌后，亲笔写了个“后事先安排”：

建议北京医院坚决地采取最有效的办法，对我实行安乐死。以减少本人的痛苦，减轻亲人的负担，节省国家的开支；为这项进步的社会改革事业的倡导做点实事。

按照从简的要求来料理我的后事，不搞告别仪式，不开追悼会，不邀请京外亲友来参与后事等，以移风易俗。

请将我的遗体交公，供给医学界的科、教、医选用，以造福人民。

这份遗嘱，连同感人的内容，是江一真留给这个世界的最后佳话。只是，给无数干部群众落实过政策的江一真，却没有人为他落实“安乐死”的愿望。1994年3月24日，江一真在北京医院病逝。第二天，时任中共福州市委书记习近平以个人名义拍去唁电：“惊悉老领导江一真同志因病去世，悲痛万分，谨致电表示沉痛哀悼。江伯伯的高尚人格和为党的事业鞠躬尽瘁的精神永远让人怀念。祈望江伯伯家属节哀保重。”

如今，江一真已逝世近20年，追思之余，更需反思——他那“一根筋”讲真话、办实事、为人民不怕丢乌纱的精神，是不是已离我们越来越远？

（作者系文史学者）

原载于《同舟共进》2013年第7期

“一切浮夸、弄虚作假，都是有害无益的”
——战争年代如何反对形式主义

刘　统

“没有调查研究就没有发言权”

1930年5月，毛泽东带着红四军来到赣南寻乌县开辟新根据地。

说老实话，红军应该怎么建设根据地，起初大家都没有经验。自1927年以来，上海中央从瞿秋白到李立三，都盲目执行共产国际的指示，命令各地共产党人搞暴动。但是暴动搞起来后怎么办？红军怎么生存？被国民党军队追击怎么办？中央都没有办法。所以大家说，中央领导是在上海的洋房里幻想着中国革命的高潮，结果是大批共产党员人头落地。毛泽东没有盲从，拉着队伍上井冈山，建立农村根据地，这与苏联的城市中心暴动理论完全不同。共产国际领导人布哈林说：红军会吃掉农民的最后一只鸡，提出让红军解散，朱德、毛泽东来苏联学习。毛泽东回信据理力争，反驳共产国际对中国革命的错误判断。于是上海中央又来了“九月来信”，指示红军：一、发动群众斗争，实行土地革命，建立苏维埃政权；二、实行游击战争，武装农民，并扩大本身组织；三、扩大游击区域及政治影响于全国。

这些空洞的命令，怎么执行呢？毛泽东开始用的是农民起义的方法，所到之处，打土豪，给贫苦农民分浮财，或者是到白区打土豪筹款，很快就发现这种方法不能持久。打土豪就像杀鸡取卵，过了今天没明天。而红军要生存、发展，必须有稳定的经济来源，这就需要建设根据地，争取广大民众的支持。但是，中国农村究竟是怎么运转的？农村经济是怎么一回事？不搞清楚，就不可能制定正确的政策。为此，毛泽东在寻乌县城住了十来天，找当地群众调查研究。

毛泽东调查得非常细致，当地都有什么物产，经营什么品种，外来货有多少，货物的流向、价格，都一一记录。地方政府过去怎么收税，商会起到什么作用，毛泽东找了一个穷秀才、一个破产了的商会会长、一个在县衙门管钱粮的已经失业的小官吏，获得了许多第一手资料。毛在《寻乌调查》中写道："对于商业的内幕始终是门外汉的人，要决定对待商业资产阶级和争取城市贫民群众的策略，是非错不可的。非常明显，争取贫民一件事，一般同志不感觉它的重要，高级指导机关感觉它的重要了，却始终不能给同志们以行动上的具体策略，尤其是不能把具体工作方法指示出来……这回到寻乌，因古柏同志的介绍，找到了郭友梅和范大明两位老先生。多谢两位先生的指点，使我像小学生发蒙一样开始懂得一点城市商业情况，真是不胜欢喜。"

革命给百姓带来了什么？群众拥护红军吗？毛泽东对乡村也进行了调查，特别关注婚姻情况。群众告诉他，最大的事就是妇女解放和婚姻自由："两乡的青年妇女都组织了妇女协会，她们有了团结，对于她们自身艰苦的劳动便自由地放松了一些。同时和她们的男性青年朋友恋爱的行为逐渐有了许多，在山上公然成群地'自由'起来。"恋爱自由使女人起来反抗包办婚姻，敢于休掉老公。寻乌苏维埃政权建立不上一月，男女问题已经闹得不亦乐乎。"城郊一乡跑了十几个妇人，她们的老公跑到乡苏维埃去哭诉。但是毛泽东认为："妇女在土地斗争中是表现非常之喜欢的，因为可以解决她们没有人身自由的束缚。未结婚的青年群众中，差不多不论哪个阶级都拥护婚姻自由的口号……他们也不敢打他们的老婆了，即使是十分怄气的事。"（《毛泽东文集》，人民出版社1993年版）

今天看毛泽东《寻乌调查》，就像在看当年的电影回放，生动活泼。毛泽东从调查中掌握了社会真相，也就有了制定政策的依据。他提出的土地分配原则是"抽多补少，抽肥补瘦"，保护商人经商，使苏维埃政权能获得税赋收入，维持红军的用度。

1931年4月，上海中央派来了代表团，贯彻国际路线。中央代表是忠于共产国际的，来到苏区，发现毛泽东的路线政策与国际路线不合。他们引用国际的指示，批判毛泽东是“富农路线”。毛泽东据理力争，又写了《反对本本主义》，提出“没有调查研究就没有发言权”的论断。但中央代表给他扣上“狭隘经验论”的帽子，认为毛的那些土东西是“山沟里出不来马列主义”。留苏派照搬国际的洋教条，在苏区推行“苏维埃化”。这一系列左倾教条主义、形式主义的做法，最终断送了苏区，迫使红军不得不进行长征。

毛泽东两次批评“夸夸其谈”的《解放日报》

1941年9月14、15日，延安《解放日报》连载了一篇调查报告——《鲁忠才长征记》。说的是陕甘宁边区鄜县城关区副区长鲁忠才，率领一支农民运输队到盐池县运盐的经过。不寻常的是毛泽东在前面加了一个按语：“这是一个用简洁文字反映实际情况的报告，高克林同志写的，值得大家学习。现在必须把那些‘下笔千言、离题万里’的作风扫掉，把那些‘夸夸其谈’扫掉。把那些主观主义、形式主义扫掉。高克林同志的这篇报告是在一个晚上开了一个三个人的调查会之后写出的，他的调查会开得很好，他的报告也写得很好。我们需要的是这类东西，而不是那些千篇一律的‘夸夸其谈’，而不是那些党八股。”

毛泽东为什么对一篇看似普通的有关运盐的文章大加赞扬？详情见《同舟共进》2008年第3期。这里只谈谈毛泽东在“按语”中两次点名“夸夸其谈”，其实批评的是《解放日报》。

创刊于1941年5月16日的延安《解放日报》，是中共中央直接领导的党的机关报。初期办报的领导是博古。胡乔木说：“初期的《解放日报》，尽管在总的办报宗旨和指导思想上接受党中央的领导，然而，主观主义、教条主义、党八股这些错误的东西，还不时地表现出来。当时存在的问题具体表现为：第一，在版面安排上，固守于‘一国际，二国内，三边区，四本市（延安市）’的不成文规定，而不是根据党和群众的需要进行安排。”在相当长的一段时间内，报纸的头版头条都是苏联战场的战报。这让人看着与苏联的《真理报》没什么区别。而解放区自己的事情，则被摆到了次席。博古还要求按照苏联《真理报》的形式，每天发表一篇社论。当时的总编辑杨松每天苦思冥想地写社论，写了不到三十篇就累倒了，以致英年早逝。形式主义害死人，这真的是一个典型体现。

而《鲁忠才长征记》这样的重要调查报告，毛泽东加了按语，本应重点宣传，但是报纸仅在第二版（当时的报纸每天只有两版）的左下角见报。这篇还没有社论长的文章，还是分两天刊登完的。毛泽东极为不满，说《解放日报》不是党报而是"社报"。

毛泽东下决心把那些"下笔千言，离题万里"的作风坚决扫掉。改版后的《解放日报》突出宣传抗日前线战况和解放区的政治、经济、文化建设大事。文风讲究实际，语言生动活泼。这个改变收到了明显的效果。《解放日报》真正变成了一张反映人民生活的报纸，变成了一张人民喜欢看的报纸。

《解放日报》的改造，是毛泽东反对"党八股"文风，反对盲目崇洋的形式主义斗争的一部分。1956年中共"八大"期间，毛泽东谈到中共历史上的教条主义、形式主义时说："我们党的幼稚、缺乏经验，主要表现为一些人的无知、愚顽和刚愎自用。他们不相信自己而一味听从别人的、外来的、奇异的、不切实际、耸人听闻的东西。只要是外来的，不管正确与否，对我国革命有用与否，一概当做圣物接受下来。照搬照用，却不管其后果如何。""虚张声势、讲大话、借势凌人，也都是幼稚无知的表现。他们简直不懂得干革命是要老老实实、诚诚恳恳、脚踏实地、实事求是、埋头苦干，来不得半点虚假，才能做出成绩，获得成功。一切浮夸、说大话、弄虚作假，都是有害无益的。"

抛弃"大洋古"，走向黄土地

抗战时期的延安，涌入了大批知识分子。他们抱着抗战的热情和施展才华的希望而来，然而住进窑洞之后感到诸多不适应。

知识分子都是有个性的，来到延安后，都愿意把自己的才华展露出来。他们组织剧团，演出话剧、京剧，创作美术作品。但是他们搞的还是大城市的那一套。说到演话剧，则认为苏联斯坦尼斯拉夫斯基的理论才是真正的高雅艺术，所以他们演大戏，演经典，如易卜生的《娜拉》、曹禺的《日出》，边区的老百姓和八路军工农干部都看不懂。这些艺术家自称是“亭子间”来的，不是天下第一也是天下第二。对当地老百姓喜欢的秧歌、活报剧，认为是低俗，没有艺术含量。延安地方条件艰苦，油画画家们没有颜料，只能改做木刻。但是他们还用以往的技法去雕木刻，老百姓看不懂，说是“有头无尾”。

起初，毛泽东对大城市来的知识分子是很客气的，在生活上给予优待。延安的党政干部每月津贴只有一元，外来的作家、艺术家可以享受每月十元的津贴。有些人自我感觉良好，飘飘然了。毛泽东不能容忍一些知识分子的高傲自大。有一次他在延河边上散步，迎面遇见一位作家——只见他拿着一个手杖，边走边在空中打转。见到毛打个招呼，手杖仍然不停地挥舞。旁边经过的老乡和运盐的毛驴，都吓得躲在一边。毛泽东气愤地对身边的师哲说：“这人目中无人，他看不起劳动人民。他认识几个字，就不把老百姓放在眼里，坐在人民头上显威风。他们只比老百姓多点知识，就骄傲自大，目空一切，摆臭架子。”（《在历史巨人身边——师哲回忆录》，中央文献出版社1996年版）

当时毛泽东很重视理论研究，希望找个理论工作者帮助他。中央党校推荐了一位从苏联留学回来的同志。毛泽东约他谈谈有关马列主义和苏联共产党历史的问题。他像在党校讲课一样，不问需求，按照自己的一套滔滔不绝讲起来。毛泽东实在听不下去，对他说：“你讲的东西离中国革命太远了。你讲的东西都对，但对目前的问题一个也没有涉及，没有解决。我们学习马克思主义是为了解决中国的实际问题，好了，你走吧。”

文艺也好，理论也好，如果这些人坚持大、洋、古的那一套，对教育群众、坚持抗战有什么作用呢？毛泽东反对不切实际的形式主义，主张贴近生活、贴近群众。他在延安鲁迅艺术学院讲演时说：“《阳春白雪》《下里巴人》两种歌，你们喜欢哪一种呢？《下里巴人》也不错，全国人民都会唱。”

毛泽东感觉到，这些知识分子来延安是要革命的，但他们的表现形式不对头。文学艺术不是孤芳自赏，更不是把自己人当作对立面来批判，应该引导文艺家走文艺为工农大众服务、为抗战服务的方向。于是，毛泽东召开了延安文艺座谈会，他指出：“文学艺术中对于古人和外国人的毫无批判的硬搬和模仿，乃是最没有出息的最害人的文学教条主义和艺术教条主义。中国的革命的文学家艺术家，有出息的文学家艺术家，必须到群众中去，必须长期地无条件地全心全意地到工农兵群众中去，到火热的斗争中去。”

丁玲参加延安文艺座谈会以后，去靖边乡下采访，写了报告文学《田保霖》，发表在《解放日报》上。田保霖是个普通农民，勤劳耕作，生活过得富足。当地要组织合作社，领导上要他带头。于是田出资金，组织运盐队，把收益用来做公积金，带领穷人一同搞生产经营，当上了边区的劳动模范和参议员。这篇文章写的是真人真事，文字也很朴实。从文学艺术角度来说，可能比不上她过去写的小说。毛泽东读了《田保霖》和欧阳山写的《活在新社会里》，很高兴，第二天早晨写信给丁玲和欧阳山。信中说：“你们的文章引得我在洗澡后睡觉前一口气读完。我替中国人民庆祝，替你们俩的新写作作风庆祝！合作社会议要我讲一次，毫无材料，不知从何讲起。除了谢谢你们的文章之外，我还想多知道一点，如果可能的话，今天下午或傍晚拟请你们来我处一叙，不知是否可以？”毛泽东对丁玲说：“这是你写工农兵的开始，希望你继续写下去。为你走上新的文学道路而庆祝。”在一次高级干部会上，毛泽东又夸奖道：“丁玲现在到群众中去就能写好文章。”毛泽东的鼓励使作家们纷纷走向农村和抗日前线，学会用老百姓的土话，写出乡土气息十足的作品。如赵树理的《小二黑结婚》《李有才板话》，周立波的《暴风骤雨》，李季的《王贵与李香香》，贺敬之、丁毅的《白毛女》，孙犁的《荷花淀》等。这些作品以其独特的风格，成为中国新文学的经典之作。

胡乔木晚年说：“实事求是，这不是一个普通的作风问题，这是马克思主义唯物主义的根本思想路线问题。”毛泽东在早期革命实践中，坚持了实事求是的作风，反对教条主义、形式主义，为中国革命找到了正确的道路。而他晚年的失误，也正是由于脱离了实际，没有坚持实事求是的作风。重温毛泽东早年的故事，对我们今天反对教条主义、形式主义等不良作风，依然具有启示作用。

（文史学者、上海交通大学教授）

原载于《同舟共进》2013年第8期

坦荡悲情的书生，壮丽凄美的烈士
——饱受争议的瞿秋白

王　龙

瞿秋白的一生，大起大落，带有明显的悲剧色彩。在风云激荡的时代，他成为被选择的人；而当他成为叱咤风云的人物后，却被自己的政治对手出卖与抛弃；当他终于成为悲壮的革命烈士，却又被和平年代的混乱“革命”所批判和打倒。在不同的时代，他被冠以种种截然相反的称谓，从“革命先烈”到“叛党投敌”，从被“顶礼膜拜”到“掘墓鞭尸”，鲜花与粪土同在，谩骂和颂扬齐飞，那么多令人眼花缭乱的功绩与罪名，也许连从不看重“虚名”的瞿秋白生前也无法想象。直到今天，他才终于可以被人民称为“同志”了。这个饱受争议的人物对革命贡献之大，所受待遇之不公，平反昭雪道路之漫长，实为中国革命史所罕见。

“毕竟是书生”，这是对瞿秋白一生最好的概括——他书生似的性格和为人，难以适应政治场上复杂的云谲波诡，这是他悲剧人生的基本成因。在福建长汀，他在夏日阳光下走向刑场的单薄身影，成为一个悲壮的象征：那是中国奋起后“士”人觉醒的坚定步履，响彻饱经心灵苦难后的苍凉回声。

四面楚歌中的下台者

瞿秋白第一次蒙冤被弃是从上海到“苏区”。1928年6月，中共“六大”在莫斯科开完后，瞿秋白留下来当了中共驻共产国际代表团团长，苏联人米夫成为他的顶头上司。米夫其人，才学平平，但政治野心极大，虚荣心也极强。他要求中共最高领导层不但要绝对听命于他，还要在理论上绝对崇拜他。在中共人士面前，米夫咄咄逼人，不可一世。连张国焘在《我的回忆》中也说："我和瞿秋白双方都觉得米夫锋芒太露，有操纵中共的野心。"生性耿直坦率的瞿秋白并不真心佩服这个中国问题上的"洋专家"，两人嫌隙日增。瞿秋白的书生意气使他在忍无可忍时，干脆向共产国际提出撤换米夫的请求。这陡然增加了米夫对瞿秋白的仇视。

除了直接打击瞿秋白外，米夫还选中自己在中山大学的学生王明、博古等人"以华制华"。这还不算，以学者和理论家的身份登上政治舞台的米夫，一心想在精神意义上成为中共的偶像。而瞿秋白是中共党内公认的理论权威，是挡在米夫前路上不易推开的一块大石。米夫们可以轻易改变瞿秋白在党内的政治地位，但要推倒作为理论权威的瞿秋白，可就不那么容易了。因此，在六大上将瞿秋白在政治上和组织上边缘化后，米夫觉得还远远不够，还要进一步在思想和肉体的层面摧毁他。

为了在政治上让瞿秋白出局，米夫对他进行长期的批判和迫害，尤其是在政治上予以闲置和抛弃。1931年1月，中共六届四中全会在上海召开，米夫扶持王明一伙上台，瞿秋白成为"残酷斗争，无情打击"的活靶子。尽管瞿秋白在会上做了"诚恳"的"自我批评"，并主动承担此前三中全会和政治局所犯的"错误"，但王明等仍毫不留情地将瞿秋白逐出了政治局。他们采取"去瞿留周"的策略，在会上宣布对周恩来"自然应该打他的屁股，但也不要他滚蛋，而是在工作中纠正他"，而对瞿秋白则穷追猛打，欲彻底批倒批臭，两次强迫身患肺病的瞿秋白写声明书，公开承认强加给他的莫须有罪名。四面楚歌中，李立三、张国焘、黄平等昔日的同志和战友一时竟也无情翻脸，一起莫须有地指控瞿秋白搞"小团体"，用"两面派"手段在党内进行了"国民党式的反党斗争"。（这怎能不使瞿秋白哀叹"每一个人的脸都看厌了"！）

面对这样过火的处理，生性坦诚的瞿秋白依然忍辱负重，甚至深为自己不能看出立三路线危害之严重而感到内疚，他真诚地认为只有自己来承担责任才能在政治上起到教育作用。因此，他表示赞同远东局的处理意见，并检讨说：我的退出，绝不是自责似的退出，而是政治斗争的需要。他郑重地表示：这次调和主义的错误责任，在政治局里面，我是最主要的负责者。“立三路线，亦可叫他做秋白路线”（《瞿秋白文集》第7卷，人民出版社1998年版）。但是这种过分的自我批评，只能给新的中共中央以更多不信任他的口实。

六届四中全会后，瞿秋白被解除了中央领导职务，正如他自己回忆的那样，他很快“告了长假休养医病——事实上从此脱离了政治舞台”。但对瞿秋白的清算远没有结束，米夫和王明把持的中共中央政治局，对他担任中共驻共产国际代表期间的表现做出决议，指责他以派别行动对王明等人实行压迫，对共产国际清党动摇，对共产国际代表极不尊重等。一顶顶唬人的帽子向瞿秋白压来，他欲辩不能，失去话语权，只得承认自己的错误是“非常严重的”，是“懦怯的腐朽的机会主义”，甚至违心地承认自己陷入了“派别斗争的泥坑”。

瞿秋白被赶出政治局后，贫病交加，王明中央一个月仅发给16.7元生活费，远低于上海工人的一般工资，仅能勉强糊口，更何谈治病，实际上是欲置秋白于死地。但既然还是一个共产党员，就不可能只关心个人的进退荣辱，不可能真正脱离政治。瞿秋白并未灰心失望，而是照样满怀热情，不断在中共江苏省委编的《斗争》杂志上发表文章，谈论革命前途。于是，“党内同志”抓住文中个别用辞不够恰切扣大帽子，大做文章。1933年9月22日，已从上海迁到江西“苏区”的中共中央临时政治局，突然发布《中共中央关于狄康（瞿秋白）同志的错误的决定》，对瞿秋白再次进行毁灭性的政治打击。“决定”指责瞿秋白发表的这些文章是“又来偷运和继续他过去的腐朽的机会主义”，严厉地指责“在客观上，他是阶级敌人在党内的应声虫”，号召对他要“在组织中开展最无情的斗争”，在全党范围内发动了对瞿秋白的批判。在小组批判会上，力主其事的中共上海局书记李竹声对瞿秋白蛮横地吼道：“像你这样的人，只有一棍子敲出党外去！”（瞿独伊:《忆秋白》，人民文学出版社，1981年版）

一个立誓为“共产主义之人间化”而奋斗终生的人，却在革命阵营中成了“过街老鼠”，成为一个“生命没有寄托的人”。这使本已处于自责和负疚中的瞿秋白更加迷茫，更增痛苦。后来在《多余的话》中“何必说”一节中他悲愤地写道：“现在我已经完全被解除了武装，被拉出了队伍。只剩下我自己了，心上有不能自已的冲动和需要……”——一个“拉”字，包含多少悲愤和无奈！

临近年底，中共中央派人向瞿秋白宣布了派遣他去江西苏区的决定。有人劝瞿秋白以身体需要调养为由拒绝前往，瞿秋白“有些怅然”，“沉吟了片刻”，说：“去，早晚还是要去的，否则有人要说我怕死呢。”他当时体弱多病，只向中央提了一个要求，即允许相爱甚深的夫人杨之华一同前往以便互相照顾，但却被莫明其妙地拒绝。当时有同志实在看不惯，要为瞿秋白申冤叫屈，他马上制止，不准为他去做无谓的牺牲。这个时候的瞿秋白，简直是太窝囊了。然而如再表示半点不满，那就更没法活了。（王观泉：《一个人和一个时代——瞿秋白传》，天津人民出版社1989年版）

1934年1月7日，一个雨雪交加的夜晚，瞿秋白告别了妻子杨之华，踏上了去苏区的路。

“去留心绪都嫌重”

谁能想到，在此之前的一段时间，瞿秋白的人生可谓光芒四射。他深受共产国际的信任重用，在刚刚成立的中国共产党内，他几乎是唯一的俄语翻译。共产国际代表马林也高度评价瞿秋白，说他是中共内除陈独秀、李大钊外“最好”的同志，也是中共内“唯一懂得马克思主义理论的人”。他很快进入中共中央核心领导层。可而今政治地位一落千丈，只能被“发配”到苏区搞点教育工作。

我常常怀疑瞿秋白这种革命者，就是传说中那只不知疲倦的荆棘鸟，它一生休息的时刻，只是它停止飞翔的那一刻，也是死亡的那一刻。换了别人，经受这么多打击挫折也许早已心灰意冷。可瞿秋白很快就重新燃起对革命真纯而炽切的热情。离沪后半个月，妻子杨之华收到瞿秋白托人带给她的一张小纸条，上面写着：“我将到我们的老家，很快会看到亲兄弟，那是一个不可想象的天堂！快来！”这里的“老家”、

“天堂”，显然都是指他即将到达的中央苏区。寥寥数语，瞿秋白对离沪赴赣的欣喜、对革命根据地的向往之情溢于言表。

瞿秋白进入中央苏区后，不但担负起了中央执委会委员和教育部长，而且兼任了临时中央政府机关报《红色中华》主笔等职务。他以高涨的革命热情做着党交给的工作，内心十分愉快，也赢得了广泛的尊敬和赞扬。这是他一生难得的清闲而充实的时光。

然而革命永远没有安逸的“天堂”，只有斗争中残酷的现实。

1934年10月，中央苏区第五次反“围剿”失败，红军开始长征。有一部分中高级干部必须留下，谁走谁留，成了十分敏感的问题。尤其是决定高层干部“走留”问题，因为高度机密没有留下任何文字记录，所以关于瞿秋白是否被“扔包袱”留在苏区，才导致最后被捕牺牲的问题，近年来学者们各执一端，争议甚多。

从当时的实际情况看，“走”和“留”都面临很大的困难和风险，都担当着艰巨的任务。“走”，要率领8万红军从敌人铁桶般的围困中突出去，战胜敌人的围、追、堵、截，前程难料，凶吉未卜；“留”，当时国民党大军压境，苏区危在旦夕，到处腥风血雨，一片白色恐怖气氛。而且中央还赋予留下来的同志十分艰巨的任务：他们要牵制敌人、开展游击战争，时刻准备迎接大部队相机反攻，杀回老家，其危险程度，用毛泽东后来的话说：“许多共产党领导人都是自愿留下准备牺牲自己的。”

走和留都是革命需要，都面临艰难的抉择。因而林伯渠在告别留下来的老战友时，在其诗《别梅坑》中也不由自主地发出“去留心绪都嫌重”的慨叹。

当时由博古、李德、周恩来组成的“三人团”是最高决策机构，决定高级干部的去留问题。在迄今可查阅的史料中，没有确切证据支持“走留”名单被用来进行了一次“清洗”行动，证明博古中央是带着“有色眼镜”决定走留人员的。但当时大多数人都希望有“走”的机会，都愿意跟随主力红军杀出重围去，这是毋庸置疑的事实。陈毅当时刚刚做过手术，剧痛难忍，但是被留下来的消息令他更加难受。他当即让人用担架把他抬到红军总司令部，找到朱德请求和红军一起走，朱德无奈地表示个人同意他走，但也只有向上反映他的意见。而这一来便没有了下文。红军转移出发前，毛泽东的警卫员见别人都去供给处领取行军用的布鞋、背包、马袋子以及冬服等物资，就去领取毛泽东的那一份，但是负责物资发放的一位姓刘的干部在供给单上就是找不到毛泽东的名单。时任李德翻译的伍修权回忆，毛泽东也曾被列入留下来的干部名单。当博古提出把毛泽东留下后，周恩来反对的态度异常坚决，博古也担心毛留下来重打锣鼓另开张，毛才得以跟随大部队一起长征，如果当时他被留下来，结果就很难预料了。（王树增：《长征》，人民文学出版社2006年版）

那么，瞿秋白最后被留在苏区，是否非其所愿？他是否以被抛弃者的身份为革命殉道呢？笔者认为全方位兼顾分析瞿秋白的主观愿望、当时的客观实际以及博古中央的真实意图，才有可能还原事实真相。

应不应走、愿不愿走、能不能走

首先，看瞿秋白“应不应走”。

瞿秋白是一位公众人物，在国共合作的大革命时期，他是一个公开的共产党员，经常来往于广州和上海之间，和国民党各方面打交道。他在黄埔军校作过演讲，黄埔的将领都认识他。就是说，一旦留下，他随时可能被敌人辨识出来。

瞿秋白当时身患重病，手无缚鸡之力，眼有高度近视，肺疾重而常咯血——让这样一位重病缠身、难以自理的病人留在大兵压境的严酷环境下打游击，显然凶多吉少。对此，王彬彬曾撰文《瞿秋白的不复不走、不得不留与不得不死》说让瞿秋白留在敌军围困万千重的苏区，“无异如养鱼沸鼎之中，栖鸟烈火之上，生还可能性十分渺茫”，并不为过。

要说患病，毛泽东当时也刚刚身患疟疾，憔悴不堪，以至于大部分时间不得不骑马，可还是照样随军行动。贺子珍当时已有几个月身孕，挺着大肚子还是上路了。再说当时把瞿秋白留下来也不是为了治病，而主要是做艰巨的留守工作。治病的提议是直到“1935年2月项英接到党中央的电报后，研究改变斗争方式和部署，确定分局只保持项英、陈毅、贺昌三人的集体领导，其他领导立即分散转移，去各地领导斗争，有病的去就医。1935年1月党组织决定瞿秋白、何叔衡转移到上海就医……”（王辅一:《项英传》，中共党史出版社2008年版）

至于是否因为瞿秋白身患重病无法随军长征，当事人之一的伍修权后来这样说：

有的为“左”倾路线领导者不喜欢的干部，则被他们乘机甩掉，留在苏区打游击。如瞿秋白、何叔衡等同志，身体根本不适宜游击环境，也被留下，结果使他们不幸被俘牺牲，贺昌、刘伯坚等同志也是这样牺牲的。事实证明，像董老、徐老等年高体弱的同志，由于跟主力红军行军，都被保存了下来，安全到达了陕北。(《伍修权同志回忆录》，载《中共党史资料》1982年第一辑）

从另一方面可以反证这一理由不成立的是，1933年4月，王稼祥遇敌空袭被炸穿了肠子，因无法取出弹片，只好采取保守疗法。长征开始时，王稼祥是腹部插着管子，坐着担架开始了行军。过雪山草地时，他肠子流脓，甚至爬出蛔虫，仍以难以想象的毅力，全程坐着担架走完了长征，坚持到达了陕北。而就在长征初期，毛泽东也生病坐上担架，两人一路同行还在担架上统一了思想，这才有了遵义会议的召开。后来王稼祥回忆说，随军长征才保住了性命，如果留在苏区，一旦沦陷时断无生路。可见，连王稼祥拖着那么严重的病躯，坐担架也走完了长征全程，瞿秋白也不见得就经受不住长征之苦。

其次看瞿本人“愿不愿走”。

张闻天1943年12月在延安整风笔记中写道：

当时关于长征前一切准备工作，均由李德、博古、周恩来三人所主持的最高‘三人团’决定，我只是依照最高“三人团”的通知行事，我记得他们规定了中央政府可以携带的中级干部数目字，我就提出了名单交他们批准。至于高级干部，则一律由最高“三人团”决定。瞿秋白同志曾向我要求同走，我表示同情，曾向博古提出，博古反对。(《文献和研究》1985年第1期）

时任中央政府国民经济部部长吴亮平（即下文之吴黎平）回忆，到了快要长征的时候，在中央政府讨论转移的一次会议上，主持会议的毛泽东同志向大家说明当时战争的情况，以及为什么红军离开苏区进行转移；他要各部领导做好撤离苏区前的组织工作，会上提到哪些部长和部队一起长征，其中却没有包括瞿秋白同志，瞿秋白同志当面向毛泽东同志要求参加长征。毛主席当场没有回答，只是说，你这个问题下面再说。我在会场上小声地问了一下毛主席，为什么不让瞿秋白同志走。毛主席告诉我，他在中央局的会上对他们（当时中央掌握实权的同志）说过，他们不同意。（《回忆张闻天》）

会后，毛泽东确实找过博古，结局是毛自己所说："我的话不顶事。"之后周恩来也找到博古，建议他就瞿秋白的问题"再郑重考虑一下"，而博古坚持说瞿秋白患有肺病不适宜长途行军。最后，瞿秋白自己找到了博古，但任凭他怎样请求，博古仍是无动于衷。（王树增：《长征》）那一瞬间，瞿秋白明白了，把他留下，实际上就是任其自生自灭。

瞿秋白能不能走是一回事，本人愿不愿走却是另一回事。如其本人坚持走而最终只能"留"，那就要问一问其中到底是何原因？

愿意走，并不代表他不愿意留

黎辛先生认为，对于博古这样的人，"不能说一个人只要犯了路线错误，那么他所做的一切就都是错的，甚至都是别有用心，就可以不惮以最坏的恶意去揣测他的一切行为的动机"。从历史唯物主义出发，这一点我也同意。也许瞿秋白最后被留在苏区，责任并非完全在于博古一人，毕竟这是由中央政治局常委集体讨论决定的。但从苏联时期起，"党内同志"就一次次地想置瞿秋白于死地，这一次他仍然是在处于弱势无援、壮士赴死的情况下，才被俘就义的。不管有多少人事后诸葛亮般的解释，何以能洗清瞿秋白被留下"打游击"是假，"甩包袱"是真；"革命需要"是假，"借刀杀人"是真？曾跟毛泽东作过长谈的冯雪峰就回忆说："毛泽东曾气愤地说'将来要跟他们算账，为什么不把瞿秋白带到长征的大队伍去'！"1936年9月15日召开的政治局会议上，毛泽东针对王明的宗派主义这样尖锐地批评道："瞿秋白同志想走不带他走，这完全是立三路线宗派主义的残余，这完全是要不得的，那时的宗派主义，那些行为是犯了罪的！”

吴黎平回忆，走留名单公布后，他请秋白同志到家里吃饭。瞿秋白情绪特别激动，喝酒特别多。他满腔悲愤地说：

你们走了，我只能听候命运摆布了，不知以后怎样，我们还能相见吗？如果不能相见，那就永别了。我一生虽然犯过错误，但对党对革命还是忠心耿耿，全党同志有目共睹。祝你们前途顺利，祝革命胜利成功，我无论怎样遭遇，无论碰到怎样逆境，此心可表天日。（《学习与研究》，1981年创刊号）

当瞿秋白站在萧瑟的风雨中目送红军出发长征时，他把自己身边一位身强力壮的马夫换给徐特立，再三叮嘱他保重身体，同时还将自己的一件长衫送给冯雪峰作为纪念。他已经预感到，留下这些东西也没有用了。

送别了战友，瞿秋白立即投入了紧张的工作。中共中央出发前交给他一项重要的特殊使命。为严格保守红军主力突围的秘密，蒙蔽敌人、迟滞敌人的行动，要求《红色中华》照常编辑、出版、发行，并且报纸的版式、栏目、出版周期等都不变，一切照旧。由于部队撤走后严重缺乏人手，组稿、排版、校对等工作都困难重重。但瞿秋白不顾咳血疲惫，一身几用、夜以继日地工作，仍然坚持《红色中华》每周出版两至三期。《红色中华》在迷惑敌人视听，掩护主力红军转移等方面都起了十分重要的作用。直到红军主力撤离中央苏区后近一个月，国民党军队才如梦方醒，急急忙忙闯入早已空空如也的中央苏区。与此同时，瞿秋白还在紧张的战斗间隙，带领留下来的高尔基戏剧学校、工农剧社和红军学校的部分文艺战士，组成三个剧团巡回演出，鼓舞士气并帮助群众开展生产活动。当他拖着病弱之躯做着这一切的时候，他尽量不要别人照顾，反过来却常常帮助别人。

由此可见，瞿秋白愿意走，并不代表他不愿意留。作为一名有着坚定信仰的共产党人，他履行组织赋予的使命时毫不动摇，直到最后一刻，依然如同一头负重羸弱的老牛，拉着深深勒进皮肉的革命之车奋力前行。

"请勿撕破我的历史"

1934年11月，原属苏区的长汀县城、瑞金县城、于都县城、会昌等相继失守。瞿秋白拖着发烧、咯血和浮肿的身体，随留守人员昼伏夜出、东奔西突。1935年2月下旬，在福建省长汀县水口镇被国民党地方武装保安团捕获。

他刚被捕时，敌人并不清楚他的身份。他自称是一名医生，在狱中读书写字，连监狱长也求他开方看病，这时上海的鲁迅等正在设法营救他。一个听过他讲课的叛徒终于认出了他，乘其不备突然大喊一声："瞿秋白！"他却木然无应，可见他的机敏。敌人无法，只好把叛徒拉出当面对质。这时他却淡淡一笑说："既然你们已认出了我，我就是瞿秋白。过去我写的那份供词就权当小说去读吧。"

国民党对瞿秋白，有一个堪称漫长的劝降过程。只要瞿秋白肯明确地表示"悔意"，公开声明脱离中共，即可免死。国民党几番派"干员"从南京到长汀。特务们软硬兼施，却不能令瞿秋白心动半点。其间蒋介石急电三十六师师长宋希濂去处理此事，宋在黄埔时听过他的课，执学生礼，想以师生之情劝其降，并派军医为之治病。他死意已决，淡淡地说："减轻一点痛苦是可以的，要治好病就大可不必了。"宋希濂见劝说无效，只得电告南京蒋介石，请示处理意见。蒋闻听后，沉默半晌，终于下令枪决。宋希濂出于师生情面，想对瞿秋白再作一次劝降，遂邀瞿秋白一起饮酒。席间，宋拿出电报给瞿秋白看，并称如能自首，当再电请南京收回成命。瞿秋白说："人爱自己的历史，比鸟爱自己的翅膀更厉害，请勿撕破我的历史。"至此宋希濂束手无策，知事已不可挽回。

枪决令下达后，"中统"头领陈立夫还心有不甘，星夜面见蒋介石，请求枪决令暂缓执行，再由"中统"派员往长汀，开始新一轮的劝降。就在行刑前5天，国民党还继续游说瞿秋白效法顾顺章，声称不一定让他做公开的反共工作，也不再勉强他发表反共声明和"自首书"，只要他答应到南京政府下属机构去担任翻译，或担任大学教授就行了。他说："我不是顾顺章，我是瞿秋白，你认为他这样做是识时务，我情愿做一个不识时务笨拙的人，也不愿做个出卖灵魂的识时务者！”

这样，瞿秋白便不得不死了。1935年6月17日夜，蒋介石枪毙其命令已下，第二天就要行刑。于瞿秋白而言，这是最后一夜了。这一夜，他居然睡得特别香甜。早晨醒来后他脑海中浮现出许多唐人的绝句，遂披衣取笔，用唐诗凑成一阕：

夕阳明灭乱山中，（韦应物）
落叶寒泉听不穷。（郎士元）
已忍伶俜十年事，（杜　甫）
心持半偈万缘空。（郎士元）

可敌人连这点时间也不给他了。正当他奋笔疾书时，敌人进来催促起程。他只好迅速草书一行：“方要录出，而毕命之令已下，甚可念也。秋白曾有句：‘眼底云烟过尽时，正我逍遥处’。此非词谶，乃狱中言志耳。”

1935年6月18日9时，瞿秋白安然步出牢门，前往中山公园凉亭前拍照。有现场记者报道，瞿秋白来到公园，“全园为之寂静，鸟雀停息呻吟。信步至亭前，已见菲菜四碟，美酒一瓮，彼独坐其上，自斟自饮，谈笑自若，神色无异，酒半，言道‘人之公余，为小快乐，夜间安眠，为大快乐，辞世长逝，为真快乐’”。

达罗汉岭刑场之后，瞿秋白盘膝安坐在碧绿的草地上，面无惧色，向行刑者点头微笑说：“此地甚好。”

他只有两个要求，一是不能屈膝跪着死，从正面开枪，二是不要打自己的头。

惊世骇俗的“自白书”

瞿秋白在监狱中从容斗敌，视死如归，最后英勇就义，本该以革命烈士形象结束生命，顺理成章地名垂青史——但他却偏偏不，而是“愿意接受历史最公开的审判”。他要以残酷的自我剖析，把真实的灵魂赤裸裸地放在显微镜下，留给后人去品评是非。

关于瞿秋白争论的焦点，就是他就义之前写下的那篇惊世骇俗的《多余的话》。他在《多余的话》中说“我愿意趁这余剩的生命，还没有结束的时候，写一点最后的最坦白的话，彻底暴露内心的真相”。在临终之前，他无意投入那幕壮士断腕英雄赴死的表演，而是选择一种令人费解的方式进行自我解剖。

正是这篇文章，让他长时期背负了“叛徒”的恶名。《多余的话》即使放在世界范围的革命史上看，也是一篇非常特殊的奇文。

请看瞿秋白的这些原话：

严格的讲，不论我自由不自由，你们早就有权利认为，我也是叛徒的一种。如果不幸而我没有机会告诉你们，我的最坦白、最真实的态度骤然而死了，那你们也许还把我当一个共产主义的烈士。以叛徒而冒充烈士，实在太那个了。因此，虽然我现在已经囚在监狱里，虽然我现在很容易装腔作势，慷慨激昂而死，可是我不敢这样做，历史是不能够，也不应当欺骗的。所以，虽反正是一死，同样结束我的生命，而我决不愿意冒充烈士而死。

而对于自己思想上的消极颓唐，他也直言不讳地这样坦白：

1931年初，就开始我政治上以及政治思想上的消极时期，直到现在。从那时起，我没有自己的政治思想。我以中央的思想为思想。我正是一个最坏的党员，早就值得开除了，因为我对中央的理论政策不加思索了。

这样坦率的文字，后来果然成为被人曲解的话柄，让他的共产党战友们也对这份遗书内容的真实性表示巨大怀疑。面对这样一份最私密的共产主义者灵魂的记录，瞿秋白自己也明白以中国的文化，人们不会理解和接受他这样的真实。他果然猜对了。即便在“文革”后，仍有人认为瞿秋白之所以写《多余的话》，是为了赢得国民党的好感从而苟且偷生：

秋白始终存在着一种幻想：他也许能够骗过敌人的眼目，用不着伤害党而把自己保存下来。丑化自己，是他付给敌人的一笔赎款，写《多余的话》，就是他援救自己的一种尝试。（林勃:《关于〈多余的话〉的

评论之评论》)

瞿秋白真的怕过死吗?

曾与瞿秋白一起共事的中共早期党员郑超麟后来回忆,“杨之华一次告诉我,她某日与秋白同坐电车,车上一个人瞪目对着秋白看,秋白当时吓得面如土色。我相信这话。”(《怀旧集·我所认识的瞿秋白》)郑超麟又说:

所以我看到《民国周报》发表他的《多余的话》并不觉得出我意外。我对于他的死的看法始终未变。他是软弱的,不是慷慨就义的革命家,他希望能从福建解去南京长期监禁,即希望不死。但他不是叛徒,我不相信他会出卖什么秘密,到了不能避免一死时,他还是能够挺身一死的。

豆腐虽软,到底还是洁白的。瞿秋白终于没有像豆腐一样被压扁,而是保持了洁白而完整的外形。当时担任主审工作的宋希濂非常佩服自己的这位老师,后来即使在“文革”黑云压城的政治高压下,面对红卫兵的再三追问,宋也坚定地证明瞿秋白没有投降,没有出卖任何组织和同志。连站在他对立的国民党人,都看出了“像瞿秋白这样历尽沧桑的人,到了如此地步,对生死还不能参透,是不会有的事。我们不应从这方面去误解他”。他至死没有放弃自己的马克思主义观点,没有背弃自己的理想,更没有向敌人乞求不死之意。1935年8月,中统特务主办的《社会新闻》首次选载《多余的话》时写按语说:“瞿之狡猾恶毒至死不变,进既无悔过之心,退亦包藏颠倒黑白之蓄意,故瞿之处死,实属毫无疑义。”国民党御用文人赵庸夫在评《多余的话》时说:“其末段鼓吹伪政府,不便发表……”

由此可见,瞿秋白不是李秀成,《多余的话》决不是“自首变节”的自白书。

那么,一个用俄语哼唱着《国际歌》缓步走过长汀县城,微笑着走向敌人枪口的人,为何会在最后的告白里自称“叛徒”呢?

说着“鬼话”去做人

如果不了解那样一个复杂的时代,就无法洞悉瞿秋白内心的痛苦和挣扎。而造成他这种内心痛苦的，不是国民党反动派，而是那些在党内的无情斗争、残酷打击中“早已结束了”他的政治生命，使他感到自己已被逐出了队伍，不敢再叫自己的同志为同志的人。

王明的左倾，李立三的左倾，陈独秀的右倾，使年轻的瞿秋白领导的临时中央没有能够探索出一条引导中国革命走向成功的道路。共产国际对他的无端抛弃，更是令他成为政治弃儿的关键一环。

而他在狱中写《多余的话》，不能够指名骂王明，不能指名骂莫斯科、骂斯大林，而造成他悲剧根源的正是这些人，是共产国际。而这些都不能说——为了维护党的形象，他不能在敌人面前写这些东西，他唯一能做的，只能谴责自己，把所有的责任都担到自己肩上。

学者吴小龙在《悲情·人格·思考——〈多余的话〉究竟要说什么》一文中，对瞿秋白的心态把握得更准确精细。吴文认为：“瞿秋白在这篇文字中，表达了他的人生悲情，坚持了他的人格操守，更思考着他所献身的那个事业的历史教训——这是这一篇文字的价值所在。”瞿秋白需要的是人们理解他，理解他深沉的内心苦痛——从而也理解历史，理解真诚的灵魂经历的真实的、充满悲剧意味的历史。

早年在莫斯科时，瞿秋白就亲眼目睹了那种“清党”的无情残酷：明明是有理的，但却不能辩驳，所有罪名都要全盘接受。所以，作为书生的他后来连想都不想，也没有任何怀疑了，因为怀疑也是一种思想。他才说自己实际上已经退出这个队伍了，“我也是叛徒的一种”。这实际上是一种悲愤无声的控诉，一种凄凉彻骨的抗争——信仰和真诚从此失落，那种扭曲的人格，造成他“生命的停止”的党内斗争，现在终于使这个书生革命家由衷地感到了“可怕啊”！瞿秋白虽然用着曲笔，不让敌人获得可以攻击党的把柄，但对那种玷污了圣洁的革命理想、破坏了崇高革命事业的“党内斗争”的悲愤和抗议，已经表现得明明白白。

正如他自己所说的“与其说了人话去做鬼，倒不如说着鬼话去做人”，他把生命看得很淡，又将虚名看得很淡。他的大半生都在被革命抛弃的负罪感和孤独感中煎熬。这一次，哪怕死后被人误解，他也下定决心从彷徨中揭示自己的痛苦，从光明背后揪出黑暗。

这篇《多余的话》将给自己带来怎样的负累，他生前似乎都预感到了，因此在离开这个世界前留下了“花落知春残，一任风和雨”的诗句。但正如学者王彬彬所言，如果没有这篇《多余的话》，瞿秋白作为一个历史人物也要单调得多、轻巧得多和平淡寡味得多。瞿秋白短暂的一生中，写下了大量文字，但某种意义上，这一篇不算太长的《多余的话》比其他全部文字都更重要。时间证明，他最终以这篇《多余的话》真正捍卫了自己的人格和名誉。无论他生前有过多少过错、失误，有了这一篇披肝沥胆、抉心自食的《多余的话》，便都能洗刷了。

不平则鸣，爱憎分明，这是瞿秋白一以贯之的为人风格，想改也难。

瞿秋白25岁那年，爱上了充满朝气而又聪慧善良的杨之华。可这个女子却不断回避他。原来，她已是有夫之妇，丈夫即沈剑龙。但当时杨之华和沈剑龙的感情已经破裂，只是尚未离婚。那天瞿秋白和杨之华一起，来到了沈剑龙家，坦荡地表白了自己和杨之华的心意。不曾想，沈剑龙早知瞿秋白的大名，对他的人品与才华十分仰慕，竟然一见如故。他们三人开始了一场奇特的“谈判”。谈判的结果，在1924年11月27日至29日的《民国日报》上，出现了三则启事：一、自1924年11月18日起，沈剑龙与杨之华脱离恋爱关系；二、自1924年11月18日起，瞿秋白与杨之华结为恋爱关系；三、自1924年11月18日起，瞿秋白与沈剑龙结为朋友关系。

这是敢爱的瞿秋白。

瞿秋白在1927年的中共五大上分发的公开批评陈独秀、彭述之右倾机会主义的重要论著《中国革命中之争论问题》，这或许是中共党史上唯一一次，党的领导人公开点名批评仍然在位的中共中央主要负责人，并且是自己的顶头上司。那一年，在反对陈独秀的党内家长制作风的斗争中，他对这位有知遇之恩的前辈毫不留情，敢于犯言直谏。

这是敢恨的瞿秋白。

人们习惯把瞿秋白称作卓越的马克思主义理论家。然而，在《多余的话》中，瞿秋白的坦率却让人吃惊：

马克思主义的主要部分：唯物论的哲学，唯物史观——阶级斗争的理论，以及经济政治学，我都没有系统的研究过。资本论——我就根本没有读过，尤其对于经济学我没有兴趣。我的一点马克思主义理论的常识，差不多都是从报章杂志上的零星论文和列宁几本小册子上得来的……我担任了上海大学社会学系教授之后，就逐渐的偷到所谓“马克思主义的理论家”的虚名。其实，我对于这些学问，的确只知道一点皮毛。当时我只是根据几本外国文的书籍转译一下，编了一些讲义。现在看起来，是十分幼稚，错误百出的东西。

这是敢言的瞿秋白。

作家梁衡对瞿秋白的几句总结非常精辟：

“当我们只看他的事业，看他从容赴死时，他是一座平原的高山，令人崇敬；当我们再看他对自己的解剖时，他更是一座下临深谷的高峰，风鸣林吼，奇绝险峻，给人更多的思考。他是一个内心既纵横交错，又坦荡如一张白纸的人。”(《觅渡，觅渡，渡何处》)

（作者系军旅作家、少校）

原载于《同舟共进》2011年第8期

红军早期将领余天云之死

散　木

在中国人民解放军的历史上，有过这样一位红军将领，他曾被张国焘称为“游击天才”，却又被刘伯承称作“山大王”；他是红四方面军的重要骨干，曾被众多将领称道不已，后来却被作为反面典型——他就是曾任红四方面军30军、31军军长的余天云。

余天云后来从历史上淡出，原因不难理解——那也是他在长征途中忽然赴死的原因。当长征快要走出草地时，在西康省的丹巴县（今属四川省）一个铁索桥上，一道身影瞬间闪过，余天云在队伍中突然纵身跳下铁索桥，消失在浪涛翻涌的丹巴马河中（一说大渡河上游的大金川）——一个浪花，他永远消失了。

一位红军高级将领，竟用自戕的方式离去，这是为什么？自他蹈水之后，这一疑问就一直盘旋在许多红军将士心头，并成为人们议论的焦点。据说在1958年“反教条主义”时，彭德怀以为余是被“军事教条主义”害死的。而余天云的老乡和战友、原工程兵副司令员胡奇才中将则认为余是被张国焘错误路线害死的，张国焘当年则认为余天云是被自身的毛病逼上绝路的……

真相究竟如何？让我们回顾一下这位红军将领的传奇一生吧。

27岁的军长，脱颖而出的将才

余天云是湖北黄安（后改为红安）人，这里是著名的“将军县”，两任国家主席董必武、李先念，以及郑位三等许多共和国功臣，都是在这里出生的。还有8名上将、10名中将、43名少将。毫无疑问，假若余天云不死，他的名字一定会出现在将军名单中。

余天云1906年出生在贫苦农民家庭，早年曾做裁缝以维持生计。1927年11月，黄（安）麻（城）起义爆发，时为农协会员的余天云与李先念、王树声、詹才芳、陈再道等参加起义，翌年加入中国共产党。此后几年，他很快由一名普通战士成长为主力营营长。

余天云战功显赫。在鄂豫皖根据地历次反“围剿”战斗中，特别是在第三次反“围剿”的黄安战役，他出色地完成了打击援敌和突击攻城的任务。1932年3月，余天云被任命为红四方面军12师（师长陈赓）36团团长。此后，他率部参加了苏家埠战役、潢川战役等。红四方面军转移川陕的过程中，曾在枣阳、新集、漫川关一带遭到敌军围追堵截，余天云身先士卒，带头冲锋陷阵，为部队开辟通道。进入川陕后，在对付军阀田颂尧的“三路围攻”作战中，他率部重创敌军。在一次战斗中，他率两个连打退了敌人一个多旅的轮番进攻，激战三昼夜，歼敌1500余人。彼时，红四方面军的猛将与之相匹的，还有同在12师担任团长的许世友（34团）。但后来，许世友无论在脾气方面还是酒量方面，都输于余天云。余天云其人，由此可见一斑了。

在红军的战史上，有一个经典恶战，即当年红四方面军在鄂豫皖苏区遇到国民党重兵“围剿”——由于张国焘的“肃反”，大批红军骨干被错杀，致使反“围剿”不利。继霍邱县城失陷之后，国民党兵分三路，直驱苏区腹地，欲迫使红军主力与之决战。就在柳林河，敌军前堵后追，卫立煌的八万人马与红四方面军的两万主力遭遇了，于是爆发一场恶战。显然，那是一场力量悬殊的较量，而当时战斗之激烈，多年后仍让参与者心生寒意。陈赓曾说:“柳林河战役比任何一次战斗都更为猛烈，相比第一次世界大战的激烈程度也毫不逊色。”当时张国焘、陈昌浩、徐向前等坐镇柳林河指挥所，突然一股敌人突破红军阵地，直向指挥所扑来。就在这关键时刻，余天云带兵火速救援，经过一番厮杀，才使得红四方面军的首脑们免于危难。由此可以想见，彼时的余天云，有着怎样的光环。曾有人言，那是余天云一生中最辉煌的时刻，也是他的巅峰时刻。当然，论及原因，除了其战功，也有可悲的“天时”——鄂豫皖苏区的“肃反”已使许继慎、曾中生、吴光浩等红军中更加著名的将领悉数被除或弃用，余天云才得以脱颖而出。

1933年6月，红四方面军在四川召开木门会议，将4个师扩编为4个军，余天云无形中得到擢升；加之张国焘等向来对知识分子出身的将领不予信任，而贫苦农民出身的余天云自然成为高级将领的最佳人选。他文化程度较低、头脑简单，但对党（在张国焘看来也是对他自己）忠心耿耿，自然成为张国焘器重和赏识的高级将领。余天云身为军长，不辱使命，依然身先士卒，因此多次负伤，而战功尤为卓著，如在对付四川军阀刘湘的“六路围攻”战斗中，他率领30军在31军93师的协助下，在黄木垭一战中围歼川军万余人。在此后的总结大会上，30军荣获三面锦旗——256团被誉为“夜老虎”，263团被誉为“钢军”，274团被誉为“夜袭常胜军”。

那是一位年轻的军长，红四方面军30军的军长，年仅27岁。如果他不出事呢？看看当年的战友吧：30军政委，就是后来的国家主席、老一辈无产阶级革命家李先念；同为红四方面军的军长，则有上将许世友、王宏坤、陈再道等；甚至当年他的部属中也有上将王建安（原88师政委），中将杜义德（原89师政委）、程世才（原90师政委）等。

致命的先天缺陷与个性缺陷

农业社会的农村，在中国是阔大的；而汪洋大海般存在着的，则是各色小生产者。小生产背景下的农民，是有着先天缺陷的。余天云的悲剧，主要源自自身的缺陷。

没有人会质疑余天云作为红军一员猛将的存在，当年他的英勇和指挥才干得到了红四方面军上上下下的认可，可是仔细辨别人们对他的评论，却有着不同的声音。张国焘、陈昌浩等把他作为“游击天才”来称道，张在《我的回忆》中说，他是“游击观念最强的一个，他是农民出身，聪敏倔强，以战功由士兵而升排长、连长，一直升到军长”。（张国焘甚至还将他与毛泽东相提并论，称两人都是“游击天才”。）余的战友胡奇才（中将）、刘昌毅（曾任北海舰队司令员，济南、南京、广州军区副司令员）后来分别回忆，也都高度称赞他的指挥才能。刘昌毅将军更称其为救命恩人——1933年6月，余天云正带领部队在巴中城郊南坎坡打仗，当时“肃反”也正在炽烈之时，有人供认2营6连指导员刘昌毅是“改组派”，于是政治保卫局派人把刘从战场上押回后方，且被下了枪，五花大绑，推进禁闭室。就在审讯中，刘昌毅因“不老实”要被灌辣椒水，这时从前线闻讯赶来的余天云出面力保，才使刘幸免于难。原红四方面军的徐向前、李先念、洪学智、许世友、陈再道、王建安等，则在他们后来书写或口述的回忆录中，对余天云不置一词，保持着一种近乎“集体沉默”的态度。细思这也是一种表示，即对流行的评价的一种否定，也对余天云过去战功的默认和肯定吧。然而就是这位“游击天才”，却又有着致命的“另一面”——曾任红四方面军总政治部副主任的傅钟（上将）曾在一份报告中说：“余天云那时腐化浪费，思想意识一塌糊涂，有很严重的土匪行为，能力又差，不注意掌握政策，自己有时还破坏政策……”

所谓先天的缺陷抑或自身存在的缺陷，不外是后来人们批评张国焘等的“土匪主义”和“军阀主义”等。表现在余天云身上，一是作风霸道，动辄骂人、打人，甚至以枪毙唬人。据傅钟回忆：“跟余天云一起的警卫员、通讯员，没有挨过他打的很少，一个通讯队一百余人，全部被他打过，还有挨几次打的。”又如，张国焘率军南下后，274团前任团长周时源在与中央红军会师时，出于对朱德总司令的热爱，将自己缴获的一头骡子送给了朱老总。余天云听说此事后，竟大骂周时源，还派人揍了周一顿。再如，红30军政治部主任张成台一次与之发生意见分歧，余竟然抬手就给了同为军级干部的张成台一个响亮的耳光，后来张成台因此要求调出30军。又有一次，部队行军在羊肠山路上，在拐弯时马脚打滑，余从马上摔了下来，他不问情由，照着马夫连开三枪，把马夫打成重伤。

二是余心胸狭窄，容易猜忌、忌妒。杜义德将军回忆说：在一次战斗后，时任30军89师政委的杜义德负伤住院，出院后被调往31军，闻讯赶来的余天云对杜义德说：“你要去31军，得把30军的枪还给我。”原来余早就看中了杜的那支20响的驳壳枪。杜回答：“枪是我从敌人那里缴来的，凭什么交给你？”余说：“枪是30军的，你交也得交，不交也得交!”杜发了火，说：“这枪是红军的枪，怎么就是你30军的枪？老子豁出去不当这个师政委了!”然而究竟是余厉害，不仅扣下了枪，连人也扣下了，还跑到张国焘那里告状。张国焘皱皱眉头说：“杜义德这个人有什么问题没有？”徐向前说：“此人16岁参加赤卫军，18岁参加红军，父亲因此让地方还乡团打死了。打仗不怕死，敢拼命。”张国焘说：“那就给他一杆长枪打仗去。”杜义德最后被撤了职，他心爱的手枪也变成了一枝长枪。

三是余重视打仗而蔑视政工工作，主张“枪杆子第一”。在他看来，只有打仗才能消灭敌人，政治工作可有可无，于是动辄把部队中的政工干部骂得狗血淋头，而他的口头禅则是：“军事能打仗，能消灭敌人，你政治工作能消灭敌人吗？”据说有一次红30军在战斗中受阻，时为30军政委的李先念和一些师团干部很着急，这时军长余天云却慢悠悠地对李先念说：“政委，你去给他们上劳动课去，这个山头就能攻下来！”李先念当时被气得火冒三丈。

余天云身上的这些问题，最终导致他走上绝路，发生了悲剧的一幕。

大闹“红大”，惊动刘伯承

其实，对于脾气暴烈、强悍的余天云，就是张国焘也不免发憷。在重用他的同时，张国焘也采取了一些措施来防范和限制他。至于红四方面军的其他领导，对他也是爱恨交集。然而，这样的局面，更激发了余天云的不满。

1935年9月，在红四方面军的一次大会上，总政委陈昌浩特意表扬了何畏军长的红9军，这让余天云非常不爽（余已于1935年7月任红四方面军31军军长——编者注），联想到红四方面军主力南下后，政令与此前不相一致，部队更加难带，余不免牢骚满腹，情不能已，便破口大骂。在座的张国焘本能地警觉起来，以为这是余天云反对自己南下，于是借着总指挥徐向前此前在清江渡会议上批评余天云随意打死号兵和挑夫等事，当场宣布撤销余天云军长一职。不久，又将他调赴红军大学“学习”。当然，为了安抚他，又给了他一个高级指挥科科长的职务。

红四方面军的红军学校，学员多为部队中的营团级军官，由原红四方面军参谋长倪志亮担任校长（但未到职），原红9军军长何畏任政委（后为校长），原红军总参谋长刘伯承这时也因反对张国焘另立中央而被贬来任总教官。作为学员的余天云本来就一肚子气，加之何畏和自己同样是个军长，两人关系本就不好，此时却要受他的领导，余便表现出强烈的抵触情绪，时不时地发脾气。有一次，余天云受了何畏的批评，气愤之余，当晚就把自己手下的几个亲信（师长、团长）叫来喝酒发泄，几个人凑在一起，越说越气。余仗着酒劲，嚷着要打何畏，何畏竟吓得四处躲藏，狼狈之极。

这倒罢了，余天云还在学校不寻常地摆谱。按照当时红四方面军的规定，在作战行动中，师级干部可以配备炊事员、饲养员、勤务兵各一人，警卫员两人，随带牲口两匹；军级干部，则在此基础上可多加一匹牲口，多一名警卫员、一名文书。余天云此时在“红大”的高级指挥科，说起来只有30来个学员，实际人数却多达100多人，宿营时往往要一个村子才能安顿下来，原因就是余天云仍旧显摆他军长的架子，除了带着军长原来配备的人马外，还随身带着一个机枪排做为卫队。当他去听课时，这支卫队就在临时教室旁放哨警戒，可谓霸气十足。余天云本来就看不起知识分子，上课时常拿教员出气，特别对来自红一方面军的教员（如郭天民、彭绍辉等），他故意找碴，不给好脸色。据赖光勋（少将，曾任新疆军区副司令员）回忆：刘伯承上任校长时带他去红军大学当测绘教员，有一次，他正在高级系上课不久，余不耐烦地喊道：“上课的内容不少了，今天的课就讲到这里，大家去休息吧。”说完，带头扬长而去。郭天民（上将）也回忆说：有一天，他去授课，余挑衅地问道：“郭教员，你今天讲什么内容？”郭天民说：“防空。”余不屑地说：“这个不用你废话，我们都认识飞机，不过如此而已。我们红四方面军官兵不像你们红一方面军怕死（意指红四方面军不需防空而能直接作战）！”郭天民闻之，只好拂袖而去。

“红大”有这样一个“刺儿头”，搅乱了正常的教学秩序，然而余天云偏偏碰上了一位不憷他的“独眼龙”校长。众所周知，刘伯承是非常严谨也非常有原则性的，当然，众人所以服他，还在于他是红军中罕有的具有丰富军事理论与实战经验的指挥员和领导人。不久，刘伯承和余天云的正面冲突发生了。当时彭绍辉（上将，曾任中国人民解放军副总参谋长）上课，而彭也是一、四两个方面军会合时被派到红30军任军参谋长的，当时余已调至红31军去了，此时作为学员的余天云借故发难，竟在课堂上冷嘲热讽说：“一个被撤了职的破参谋长，有什么资格在这里说三道四，什么劳什子的军事理论，打胜仗就是硬道理，老子不学习照样打胜仗！”别人畏惧他三分，不做声，他却更加横了起来，让一帮子警卫人员呼啦啦地冲进课堂，最终惊动了刘伯承。刘前来出面制止，而余不识相，又说了许多夹枪带棒的话。这下刘伯承真的生气了，他大喝一声，当场让人下了余天云及其警卫员的枪。

关于余天云大闹“红大”，张国焘在《我的回忆》中写道：在红军学校，刘伯承是总教官，在教学中的核心理念是正规战术思想，于是“终于与游击观念发生冲突……这种争执发展成为违反学校纪律的事件，校长何畏是他（余天云）的老上司，出面制止，他仍表示不服，因此被判处短期禁闭”。

蹈水悲剧发生之后

余天云大闹“红大”后，刘伯承从其傲慢、跋扈的行为里感到革命队伍中流氓无产者习气的嚣张，特别在红四方面军干部身上，更为严重。他认为应对此展开马列主义和无产阶级的党性教育。刘伯承同时感到：发生在余天云身上的问题绝不是孤立事件，而是张国焘任人唯亲和搞愚民政策的恶果，是“张国焘路线”的体现，于是决定拿余天云这个典型开刀，遂撰写了一篇文章《余天云的思想行动表现在哪里，我们怎样去继续开展反他的斗争》，发表在1935年12月16日红四方面军的《红炉》第1期。文章发表后，引起了四方面军干部的强烈反响。当然，这也让余天云耿耿于怀，在他看来，刘伯承在政治上并不“可靠”，是被张国焘发配到这里来的，因此不把刘伯承放在眼里，竟公然掏出枪，气势汹汹地要和刘伯承拼命，并不断谩骂。这时，就是同一部队的何畏也看不下去了，出面制止，而余竟不服，仍大喊大叫，口出狂言。结果惹得刘伯承大怒，愤然表示：学校“不处分此人，决不再上课”。张国焘闻讯急忙赶到学校，召集全校讲话，声色俱厉地训斥了余天云，又"挥泪斩马谡"，命令他当众向刘伯承道歉，并当众命令警卫员缴了他的武器，随即关进禁闭室反省。

事发之后，余天云情绪十分消沉。不料雪上加霜，同他的坏脾气差不多的妻子刘伯新（安徽六安人，穷人出身，1932年加入中国共产党和红军，曾任红四方面军妇女独立师第二团团长），过草地时见其下属饥饿难耐，捕杀了藏民的一头牦牛，结果藏民上告到张国焘那里，张执行军法，枪毙了刘伯新。此事传来，余天云万念俱灰。还有人说，何畏对余天云的死也要负一定责任，在余失势时，何视余为犯人，行军时强令余背米。余难以接受，以行动相对抗，故意制造麻烦，让他走他不走，让他骑马他不骑，还一路叫嚷："何畏当政委，凭什么我就当学员？"战士们没有办法，只好用担架强行抬着他走。

就这样，1936年4月，当部队行至激流边的铁索桥时，余天云也被战士们抬着走到了桥心。突然，余天云大骂了一声："去他娘的！"一个翻身，赌气跳到江水里。

此时，这位年轻的红军将领只有30岁。据说毛泽东闻之曰："余天云还是个娃娃嘛，想不开，寻了短见，怪不得谁。"

余天云蹈水后，尸体被打捞上来，安葬时张国焘讲了话。他首先痛悼余天云的死，并褒扬其过去的战功，称其多次负伤，不惜以个人的牺牲为革命争取胜利。随后张国焘又强调："一般同志要经得起批评和处罚的考验，红军纪律应当严格，高级干部也应同样遵守。"应该说，张国焘的这番话还是中肯的。张后来也承认"四方面军的干部军阀习气相当严重"。然而西路军失败之后，特别是张国焘叛变后，有人认为余天云的死是由于张国焘的迫害，这则是不实之词了。

1945年中共七大，余天云被授予革命烈士称号。余天云的悲剧已渐被遗忘，但党如何培育、管理自己的干部，如何让他们克服缺陷、避免错误，更好地发挥自身的特长及多作贡献，是今日仍需思考的话题。

（作者系文史学者）

原载于《同舟共进》2013年第3期

杜鹃啼血：湘鄂西红军将领如何被冤杀

散 木

1934年12月，时任苏区中央军区政治部主任的贺昌写了一篇《节省子弹和搜集子弹壳》的宣传文章。面对国民党的不断“围剿”，苏区严重缺乏子弹，贺昌的文章就是在这样的背景下写成的。其文曰：

同志们！子弹是我们杀伤敌人最重要的武器，多一个子弹就多杀一个敌人，少一个子弹就少杀一个敌人，多捡一个子弹壳，就可以多造一个子弹多打死一个敌人。

在目前同敌人进行残酷战斗的时候，我们每一个红色战士和游击队员一方面要节省子弹，同时要多捡子弹壳。为了多杀死敌人，争取战争胜利，大家都要努力节省子弹和捡子弹壳！

怎样节省子弹呢？第一，敌人距离我们在两百米以外无论如何不要打枪；第二，不管在什么时候，没有指挥员的射击命令，也不要打枪；第三，打枪一定要瞄准，没有瞄准也不要(打枪)……要在平时多练习瞄准，瞄准瞄得好，子弹就会多打死敌人……

怎样收集子弹壳呢？我们也有几点办法：第一，打仗时候要把自己打的子弹壳留下口口，在平时还可以搜集在战场上别人遗下的子弹壳。第二，向地方群众宣传，要他们把他们收藏的子弹壳交出来贡献（给）战争；第三，还要收集敌人的子弹壳……

“节省子弹”，情见乎辞，但读者诸君知否：就在贺昌写成这篇文章稍前，有一位红军高级将领也是为了“节省子弹”，在“肃反”高潮中竟“现身说法”，做出了惊人举动。

“不要用子弹，留下一颗子弹去打敌人！”

正当湘鄂西苏区的军民在顽强抵抗国民党的“围剿”时，夏曦来了，开始推行王明的极左路线。除了指责苏区“是‘富农路线’的统治”，夏曦还开展所谓“肃反”运动。从1932年4月起，夏曦以湘鄂西中央分局书记、湘鄂西军委会主席的名义下达命令，并成立“肃反委员会”和设置独立的“肃反”机构“保卫局”。至1934年秋，连续四次进行“肃反”，以致血流成河，其中包括千余名红军高级将领和各级指挥员，以及七千余地方领导和无辜群众。国民党的“围剿”固然残酷，红军的自我损耗其实也很严重。

夏曦“肃反”实行刑讯逼供，层层株连，先后被杀害的高级将领有湘鄂西省委常委和红三军政委万涛、红七师政委朱勉之、红九师政委宋盘铭、红七师师长叶光吉、红七师政委盛联均等。对此，湘鄂西根据地创建人之一的红三军九师师长、中共湘鄂西省委委员、中华苏维埃共和国中央执行委员段德昌五内俱焚，他当面指责夏曦：“你把根据地搞光了，成千上万的共产党人被你杀了，你是革命的功臣还是革命的罪人？”这激怒了夏曦，他认为段德昌是推行左倾路线的障碍，决意要除掉他。

1933年4月的一天，夏曦派人通知段德昌开会。段情知有变，仍镇定自若，安排好工作，告别亲人，然后赴会。果然，夏曦以“改组派”、“逃跑主义”等莫须有罪名将段逮捕。

5月1日——夏曦选择这个全世界无产者的节日处决段德昌。就在夏宣布执行死刑的同时，段德昌却喝道：“不要用子弹，留下一颗子弹去打敌人！”

段德昌痛惜革命队伍中的自相残杀，更痛惜防御和反击国民党“围剿”的子弹匮乏。在生命的最后，他以惊天地的一呼，喊出了让人心碎的口号。随之，他又深情地对在场的干部群众说：“共产党人砍脑壳也要讲真话，我相信中国革命一定会胜利。红军要打回洪湖去，不要忘记了洪湖人民；红军要赶快恢复党的组织，没有党的领导，红军寸步难行；'肃反''肃'到德昌止，再也不要自相残杀了！"

夏曦居然下令"成全"了段德昌。杜鹃啼血，一位曾威震湘鄂西的红军将领就这样被冤杀了。

据说段德昌被捕后，湘鄂西红军的最高将领贺龙曾向夏曦据理力争。当时夏曦竟以贺龙眼中没有湘鄂西中央分局相要挟，粗暴地把贺龙顶了回去。就在段德昌临刑之际，贺龙赶过来，为他解开绳索，把一碗粉蒸肉端到他面前，看他拿起筷子吃了几口，又见他挺胸走向刑场，贺龙才含泪背转身去……

就这样，段德昌为"节省子弹"，自己惨遭刀砍而死。就义时，年仅29岁。

段德昌死前，曾将于谦的《石灰吟》抄贴在自己被囚禁的石洞中，以抒其怀。

后来，有位当年的目击者樊哲祥，在1980年11月接受调查组采访时回忆说："段德昌是一个常胜将军，我跟他当过随从参谋。他只比我大两岁，如果不被夏曦杀掉，可能是元帅，许光达是他手下的师长，也是大将嘛。杀段德昌，还开了公审大会的，枪毙时，好多战士、代表都在场。我们不敢哭出声，因为夏曦在场。后见贺龙哭出了声，我们才敢哭，一下子都在哭啊！"

段德昌不死，"可能是元帅"。1952年10月，毛泽东为段德昌签发了中央人民政府第一号烈士证书。1981年7月1日，在建党60周年的庆祝大会上，时任中共中央总书记胡耀邦在致词时特意提到了段德昌，追思这位红军早期的著名将领。1989年11月，江泽民代表中央军委宣布，段德昌为中共33名军事家之一。这33人当中，除了段德昌，还有许继慎、曾中生。他们三人都是被错杀的，也都"可能是元帅"的人选。

国民党特务居然掌"肃反"生杀大权

深悉党内左倾危害的谢觉哉曾在日记中回顾"苏区肃反"，他十分痛惜毛简青、柳直荀、段德昌等人的被冤杀，又回忆当时在湘南、湘鄂西、柳州等地的左倾暴动，手段竟有滥烧城市（大道两旁5里之内全部烧尽）、强迫群众当兵，以及“对党外一切打倒，对党内也谁都不信”等。谢觉哉认为，那些“左倾幼稚”者是“孩子气不懂事，敢于冒险，称里手，十多年来不知给了革命多大损失，我们不能原谅这些孩子们，因为他们闯祸太大又太多”。当然，其中也不尽然都是“孩子们”，如夏曦等人，喝过莫斯科的洋墨水，说起马克思主义理论来夸夸其谈，而这些人“爱护自己的错误比爱护自己的头还要紧”。

夏曦后来因溺水无人相救而死。离奇的是，此前为夏曦所器重的掌握“肃反”生杀大权的政务处长姜琦，原来是一个货真价实的国民党“潜伏”者。1933年初夏，红三军侦察连在执行任务时捕获了敌人的一个秘探，从他身上搜出了姜琦交给他的机密情报。敌探供认他已好几次与姜琦秘密接头，并获取了红军的大量军事秘密。侦察连连夜将敌探与姜琦的亲笔信交夏曦、贺龙、关向应“三堂会审”，证明姜琦确是奸细。当时夏曦十分尴尬，脸上青一阵白一阵，只得命令将姜琦抓获。姜琦自知罪大恶极，必无生还之路，企图乘夜逃走，结果被看押的战士击毙。

可惜段德昌没有看到这一天。

周逸群、柳直荀被害之谜

说起来夏曦也是老革命了，他是毛泽东的湖南老乡（益阳人）兼老同学（长沙湖南一师），以及老同志（湖南“社青团”成员、“新民学会”成员、“俄罗斯研究会”成员）。在湖南，夏曦的地位与郭亮相仿。毛泽东早年在湖南所从事的革命活动，夏曦也几乎无役不与。1921年中共成立不久夏曦就由团转党，后又赴莫斯科出席远东各国共产党和民族革命团体的“一大”，是见过列宁的中国人之一。此后夏曦从事革命活动，活跃于湖南等地；1927年任中共湖南省委书记，中共“五大”时当选为中央委员；再后来赴莫斯科东方大学深造，喝了洋墨水，在思想和组织上成为王明左倾教条主义和宗派主义的俘虏。斯大林和米夫等投放在红色中国的“潘多拉盒子”，就装有回国的夏曦。

民主革命时期的“小文革”——六届四中全会，王明等“斗争干部”和“百分之百的布尔什维克”登台，夏曦也再次进入中央，且不久派赴洪湖根据地，任湘鄂西中央分局书记，从此执掌当地大权。他大力推行左倾方针政策，如彻底分田（特别是针对富农）、冒险军事进攻、打击不同意见的同志，乃至执掌“肃反”大权（此前邓中夏在当地也有重大失误）。而他所祸害的革命英杰，除了段德昌，据说湘鄂西红军和苏区的创建人周逸群（红二军团政治委员、中共前委书记）也是死在他手下，不过长期以来人们都以为周是遭国民党军伏击而牺牲的。

原来夏曦到了当地之后，敏感地觉察出自己在军民心中的地位并不巩固，而周逸群和段德昌却拥有很高的威望，于是借口湘鄂西特委与中央分局重叠，撤销了湘鄂西特委，将周逸群以“巡视员”身份打发至洞庭湖开展工作。不久，夏曦又担心周开辟了洞庭湖的根据地，会与贺龙和段德昌串通，使自己的中央分局书记被架空，于是又指责周“分散兵力”，是“右倾逃跑主义”，责令其回来汇报工作并检讨。

1931年5月20日，周逸群在归程中突然遭袭，中弹牺牲，当时护送他回程的许多战士也大多战死。是年，周逸群仅33岁。此后记录此事的史书常说周是遭敌军伏击而牺牲。不过，也有人以为周的死是一个谜团，或是被叛徒所出卖，等等。后来还有人以为，就是夏曦设局，暗算了周逸群。事情过去了这么多年，要收集充足的证据是不太可能了。

与段、周相类似的，还有柳直荀。

毛泽东词曰：“我失骄杨君失柳”，这里的“杨”指杨开慧，“柳”则是毛泽东所赠诗词的李淑一的亡夫柳直荀。以前收录了这首词的书，在注释时都说柳直荀是被国民党杀害的，或是语焉不详的“遇难牺牲”。柳直荀牺牲的真正原因，其实也是苏区内部的“肃反”。

柳直荀是著名的湖南老革命（1924年的党员），他与李淑一结婚是杨开慧促成的。北伐革命时，柳直荀曾任湖南省政府委员和省农协筹备委员会副委员长兼秘书长。1927年长沙发生“马日事变”，柳指挥农民自卫军奋起抵抗叛军，并成立农军指挥部，电令各地工农武装反攻长沙，他任总指挥。此后又参加南昌起义，历任中共顺直省委秘书长、中共长江局秘书长、中央军委特派员、中共湖北省委代书记。1930年4月，柳奉命至洪湖根据地开展工作，任红二军团政治部主任（后又兼红六军团政委），配合贺龙总指挥、周逸群政委创立并扩展根据地，后又任中共鄂西北临时分特委书记等。1932年9月，在夏曦开展的“肃反”中，柳直荀以“莫须有”的罪名被杀害，时年仅34岁。

也是夏曦老乡兼同志的中共“五老”之一谢觉哉（亦是延安“十老”之一），作为老资格的革命家（早年他在湖南“一师”代课，与毛泽东等相识），深悉党内左倾的危害和顽固。曾亲身经历这些革命往事的他，后来特别关心民主、法制、统一战线等问题，也特别警惕在革命队伍中积蓄的“爱之欲其生，恶之欲其死”等不良习气。

由段德昌、周逸群、柳直荀三人之死，及夏曦的例子，再看以后诸多事例，不由让人感叹历史的代价格外沉重。

（作者系文史学者）

原载于《同舟共进》2011年第3期

徐海东在肃反扩大化中逃过一劫

韩三洲

1932年6月，蒋介石纠集三十万重兵，亲任总司令，坐镇武汉，对鄂豫皖苏区发动第四次“围剿”，准备先搞垮鄂豫皖革命根据地，然后再攻打中央革命根据地。这年10月，面对十倍于己的强敌，红四方面军撤出鄂豫皖苏区，向西转移，重新开辟川陕革命根据地。主力红军撤离后，面对敌人的疯狂报复，留下来坚持战斗的鄂豫皖省委决定重新组建红二十五军，由吴焕先任军长，王平章任政治委员，徐海东任副军长兼七十四师师长，并在此后接连打了几个大胜仗，逐渐扭转了红军主力转移后的被动局面。可形势刚有好转，左倾冒险主义重新抬头，红军队伍中又开始新一轮的肃反扩大化，连徐海东本人也差点成为肃反行动的刀下冤鬼。

据徐海东生前回忆，红四方面军离开鄂豫皖苏区后，鄂豫皖省委和红二十五军的主要领导人在肃反问题上仍受张国焘错误肃反路线的影响，从1932年10月到1934年11月的两年时间，鄂豫皖苏区进行了四次大规模肃反，数千英雄儿女惨死在自己人的刀枪之下。如第一次肃反，就发生在红二十五军刚刚整编就绪之际的1932年11月，长期热衷于肃反工作的七十四师师政委戴季英叫上二二团政委、参谋长来谈工作，实际上是扣留他们，并命令该团各营正副营长和政委只留一人在家照顾部队，其余干部全部来师部开会。等人员集中后，戴季英命令保卫人员把开会的祠堂包围起来，下了这些人的枪后，将到会的49名干部全部捆绑起来。徐海东见状，惊异地问，这是干什么？戴季英回答说：干什么？肃反！接着，就首先审讯原七十九团特务连指导员，这个同志是皖西少共道委宣传部长，年龄只有17岁，聪明活泼，能力很强。戴季英对他严刑逼供，一点口供没有，就叫人拉出去杀了。徐海东急了，忙说："政委，一点儿口供都没有，为什么杀人家？"戴答："你不懂肃反的事，没有口供，就证明他是反革命坚决分子，不愿说出他们的组织来。"接着，又叫来保卫队长，将其余48名干部一句不问，全部杀害。第三次是1934年阴历4月对原红二十八军进行肃反，把这个军的营以上干部全部逮捕，除极个别幸免外，悉数被杀害。第四次发生在1934年阴历8月，省委指责红二十八军军长徐海东和政委郭述申犯了右倾机会主义错误，撤销郭的省委委员和皖西北道委书记职务，并任命认为皖西是反革命领导的高敬亭为皖西道委书记。而高敬亭一到皖西道委，次日就开始大举肃反，当地的道委主席和赤南、赤城两个县委书记，一路、二路的游击司令以及赤南保卫局长等负责同志先后被残酷杀害。

最为残酷的是第二次的七里坪肃反。那是1933年3月，鄂豫皖省委书记沈泽民（大作家茅盾的胞弟）不顾敌强我弱的客观情况，盲目命令红二十五军去攻打位于黄安县正北的七里坪，因为七里坪是红四方面军的诞生地，也被红二十五军指战员视为革命圣地。在军部作战会议上，红二十五军领导人一直赞成攻打七里坪，只有徐海东一个人持反对意见，认为我们的兵力不够，给养也困难，无力拿下七里坪。但鄂豫皖省委书记沈泽民一意孤行，认为消灭不了敌人，能把敌人撵走也算是胜利，非要下命令让部队仓促上阵，开展围城之战。战斗果然如徐海东的判断，由于兵力不足，只能三面围城，网开一面，敌方可以随意调动；加之无人筹粮，部队十天后就断了粮草，只好以野菜树皮观音土充饥，在围攻七里坪43天时间里，红军饿死病死的达3000多人。

可是，即便在这样艰难困苦的条件下，红军将士们在前方浴血奋战，后方的省委书记沈泽民和已升为军政委的戴季英仍在执行以博古为首的临时中央发来的指示，在战报上提出要"消灭内部敌人"、"加紧肃反"，并说如今到处都是"改组派"、"取消派"、"第三党"、"AB团"。沈泽民还狂热地提出："现在内部反革命猖狂，我们一面围城，一面肃反。"把肃反进一步升级扩大化。徐海东回忆，在这次七里坪"火线肃反"中，七十三师全师三千多人，竟逮捕了一千多人，并解散了党组织；七十四师逮捕六百多人，因戴本人是以前的师政委，所以没有解散党组织；七十五师逮捕一千多人，并解散党组织。此次大规模肃反，红二十五军共逮捕三千九百多人，杀害二千五百多人，师长廖荣坤、姚家芳和第三路游击司令吴保才、政委姜求顺都是这个时候被处决的，七十三师政治部主任程启波被活埋，黄麻起义的领导人戴克敏、戴继伦、曹学楷也相继被枪毙。剩余的人员被称为“自首分子”，罚做苦工、伙夫和长伕。

在围攻七里坪前，红二十五军已有一万三千四百多兵力，经历了这次劫难，部队损兵折将近七千人，减员到六千人，断送了刚刚形成的良好革命形势，又让苏区陷入新的困境之中。在兵败七里坪后的鄂豫皖省委紧急会议上，徐海东痛心地说：“红二十五军这样好的部队，搞垮了，领导要负完全责任。”并直言不讳地指责沈泽民是“小资产阶级的领导，只顾自己吃饱吃足，不顾红军战士死活。”沈泽民闻言大怒，用烟斗指着徐海东的脸说：“你说哪个是小资产阶级？你这个观点成问题，你没有参加会议的资格！”于是，不是省委委员的徐海东立即被推出会场。会后，准备将徐海东作为肃反的“重点人物”来处置，而徐海东本人也做好了随时被抓捕处决的准备。

就在此时，敌人两个师的兵力又一次攻上来了，而红二十五军的将士也面临处境艰难、军心涣散的危急局面。徐海东想，冤死不如战死，如果扣我个“反革命”的帽子被杀掉，那就不明不白，倒不如乘敌人进攻气焰正高的时候，冲上去战死，也落个光荣。经反复考虑后，徐海东抱定了自我牺牲的决心，遂把底下两个团的团长找来，分配了战斗任务，之后徐海东把上衣和长裤都脱下来，只穿着一条裤衩，要过警卫员的枪和子弹，嘱托警卫员不动，保存好衣服里的文件，交给党组织。然后，冲锋号一响，徐海东身先士卒，带领交通队呐喊着冲向敌人。战士们见此情景，士气大振，个个奋勇争先冲向敌阵。就这样一个猛冲，把敌人的一个旅给打垮了，还俘虏470人。其余各路敌人见势不妙，也纷纷夺路后撤了。

沈泽民目睹此景，上前握着徐海东的手，连说：“惭愧，惭愧，险些误杀了忠良。”而徐海东则自豪地说：“杀了我徐海东，谁去杀敌人？”

事实教育了沈泽民，后来他对徐海东说："现在看来你没有错，是我们省委错了，要是早采纳你的意见就好了。"他还对鄂豫皖省委其他同志叮嘱说："我不死，不准再有人说徐海东有问题。哪个说他有问题，哪个就是反革命！"沈泽民并将瞿秋白送给他的一块心爱钢表转送给了徐海东，以示信任。有了省委书记对徐海东政治上的充分肯定，才使这位战将免遭肃反扩大化的荼毒。

1933年11月20日，沈泽民因病在黄安县天台山逝世，长眠在大别山上，年仅33岁。临终前，在给中央的报告中，他反思道："轰轰烈烈的胜利后，到现在弄得如此局面，完全是过去错误所造成的。"而戴季英，随红二十五军到了陕北之后，又与别的领导人结合在一起，依旧沿袭肃反扩大化老路子整人杀人，如果不是中央红军和毛泽东及时赶到、刀下留人的话，几乎断送掉陕北革命根据地的创建人刘志丹、高岗、习仲勋等人的性命。

徐海东一生骁勇善战，出生入死，成为来自大别山的开国将领中受伤最多、伤势最重、军衔最高的将领之一，曾被毛泽东誉为是"对中国革命有大功的人"。正因为有着几乎成为肃反扩大化刀下冤鬼的经历，使他对发生在自己队伍中的左倾肃反政策深恶痛绝，晚年对这些惨剧仍记忆犹新，并将自己的亲历转述给家人，后又形成"鄂豫皖苏区肃反扩大化的一些情况"口述，给中共党史留下了一份珍贵的原始资料。

（作者系文史学者）

原载于《同舟共进》2013年第5期

鲜血为他作证
——不应被遗忘的一位烈士

黄道炫

当蔡协民刚刚来到闽西工作时，他也许没有料到，前面的路遍布荆棘。

其实，看一看和他同时被派到闽西工作那批人的命运，就知道他的遭遇并非偶然。谭震林、江华、曾志……这些人日后大都被扣上了右倾的帽子遭到打击。只不过他们挺过了难关，迎来了最后的胜利，而蔡协民，却在个人和苏区命运最艰难的时刻，倒在了枪弹之下。他的名字，也就慢慢被时间的长河湮没了。

招致疑忌

1931年4月，福建党内老资格领导人罗明给中共中央组织部报送福建干部履历，关于蔡协民的情况是："中等学生。1926年在湖南入党。在湖南做过农运，后随四军来福建。"蔡协民来闽之前，曾任红四军第8纵队党代表，可以说是毛泽东的得力助手之一。

1929年6月，毛泽东在红四军"七大"上落选前委书记，7月到闽西特委驻地上杭蛟洋，陪同他的就是谭震林、江华、贺子珍和蔡协民、曾志夫妇。蔡协民随之担任中共闽西特委常委、组织科长，邓子恢为特委书记，蔡在特委中的作用仅次于邓。这段时期的生活，后来曾志回忆："我们驻地不远处有一条小溪，溪上有座小桥。晚饭后，我们经常陪同毛委员夫妇去那里散步，欣赏暮色中的田园风光和落日的霞辉……有时我们也学着别人的样子去捞鱼，毛委员总是兴致勃勃地在一旁看着。毛委员很爱吃鱼，而且特别爱吃鱼头，因此，我们大家也很高兴去干这桩事。总觉得自己捞回来的鱼会特别好吃。”（曾志《百战归来认此身》，人民文学出版社2011年版）

1930年5月，蔡协民任中共福建省委秘书长，后任军委书记。罗明对他的评价是：“对农运有经验……懂军事，能写。”

蔡协民真正独当一面，表现出忠诚特质是1931年3月。当时，福建省委被破获，几个骨干被捕，处于瘫痪状态。蔡协民、曾志夫妇临危受命，组成临时省委，蔡协民为书记，实际是由蔡、曾夫妇负起福建省委的重任。仓促建立的临时省委毫无基础，原省委机关“几乎连马桶都被解往司令部了”，临时省委经费无着，既要“保护未破坏机关的安稳，又要设法保护外来同志的安全”，还要指导全省工作，事物繁冗，“每天两脚忙起灰来都解决不了”。(《中共福建省委给中央信，1931年4月5日》,《福建革命历史文件汇集》第7册）

不仅如此，省委所在的厦门地方不大，曾志又经常代表组织出面活动，很容易被人认出。一次不巧碰上原省委驻地房东家儿媳，向她讨要省委机关被破获后损失的房钱。曾志回忆，被缠住几小时后，幸遇一大户人家出殡，热热闹闹，“趁着那房东儿媳正探头探脑看得出神之际，我一转身，撒腿往街边的一个小胡同跑去”，算是逃过一劫。蔡协民后来报告：曾志“被他们扣留了五点钟，幸设计逃脱，未遭大害”。短短几句话，后面却埋藏着生死一线的动魄惊心。

虽然生命安全时时受到威胁，虽然“现在蔡、曾还未找到住的地方”，而不得不到处奔波；但是，蔡协民在给中央的报告中仍坚决表示：“假若我们离开厦门，一点下层基础，必然更难保存。所以我与曾在中央未批准省委搬位置和厦市组织没有相当健全以前，决不离开厦门。”正是在这封报告中，蔡协民写下了后来给他惹下无穷祸患的一段文字。当时，闽西苏区正开展大规模肃反，一大批苏区干部被当作社会民主党遭到清肃并被消灭肉体。1931年7月闽粤赣省委报告：“六月份总共枪决了842个社党……半年来所扣留的社党不下四千人（整个闽西），枪决的也不下二千人了。”蔡协民对此忧心忡忡，本着对组织负责的态度，他认真地提出建议，要求肃反时“主要还要在群众中肃清反革命派的影响，宣布反动政纲的破产。对反动分子务须慎重处置，不可使被反革命造谣中伤的同志无辜就戮”。(《蔡协民关于福建工作情况报告，1931年4月13日》,《福建革命历史文件汇集》第7册)

蔡协民这番话在肃反的狂热气氛中马上被视为立场动摇的证据。报告送出不久，中共香港交通站已有报告说蔡协民负责领导的中共福州市委尽是社会民主党分子。1931年6月，中共中央决定在福州成立福建省委办公会，蔡协民到福州和王海萍、邓子恢一起组成办公会。7月，由于福建省委暂难成立，决定组建福州和厦门两个中心市委，负责指导全省工作。蔡协民任福州中心市委书记兼军委书记，邓子恢为五委员之一。

新市委成立后，中央派出的巡视员即赶来检查。曾志在回忆录中提到了这个巡视员，她的观感是:“我见他几天不出门，一人躲在楼上写东西，写了又揉，揉了又写。事后我才知道他是给中央写报告，大大告了蔡协民一状。”不过，从巡视员的报告看，他虽对蔡协民等不无批评，但在最关键的社民党问题上，他未落井下石，而且肯定:“他们几人的工作情绪还是很好。”或许正由于此，蔡协民等人才逃脱了马上被清洗的命运，但在被视为立场倾斜、观点可疑后，仍成为社会民主党的嫌疑人物。这时，闽粤赣省委又将厦门派往闽西的三名干部以社会民主党罪名逮捕，在“打了顿，供一点”的状况下，供出曾在厦门工作的一大批干部，蔡协民也在其中。9月，当福州市委派人到上海中央汇报工作时，上海中央专门派人询问“福州的社会民主党活动情形怎样”，显然，蔡协民和福州市委已成为重要怀疑对象。从此，他的一切行动都要在有色眼镜下检验了。

小山城之败

1932年1月，蔡协民由于所谓“右倾机会主义”被撤销福州市委书记职务。归结其错误，是在“九一八”后领导群众运动时提出“要求省政府驱逐日舰”、“拥护马占山”等口号。其实，在当时民族危机的背景下，这样的口号符合民族利益，也恰恰是最能争取群众的，但在当时的中共中央看来，这显然是用民族矛盾掩盖了阶级矛盾。更要命的是，他们还提出蔡协民“认为闽西社会民主党的反革命暴动不是阶级分化”（《仲云巡视福州给中央信，1932年1月25日》，《福建革命历史文件汇集》第7册）这样一条错误，在肃反问题上如此不“坚决”，撤销职务已算客气了。蔡协民离开福州后，调到厦门任巡视员，参加下层工作，“在工作中帮助他克服不正确的观点”。

到厦门不久，蔡协民、曾志夫妇就发现自己陷入了不可思议的尴尬中。厦门市委经费缺乏，听说曾志生了孩子，把孩子用一百大洋换给了别人。在组织面前，蔡、曾夫妇哪有讨价还价的余地，曾志记下了孩子送走前的情景：“我和蔡协民抱着孩子，特意去中山公园玩了一次。我将小铁牛放在草地上，发呆地看着他，使劲地记住他的模样。然后又一起去照相馆照了张全家福。我抱着铁牛坐着，蔡协民立于一旁。照完相后，我给小铁牛喂完最后一次奶，才依依不舍地把孩子交给同志抱走了。送走孩子后，蔡协民便奉命到惠安、泉州等地巡视工作去了。”（曾志《百战归来认此身》）

虽然降了职，虽然遭遇骨肉分离，蔡协民的工作热情并没有减退。3月，他在惠北深入农村，领导当地民众反抗鸦片捐，数千群众与地方军阀部队血战数日，大大扩大了中共的影响。惠北中共基础薄弱，蔡协民和同事们十分艰苦，正如他们的反对者所描述的：“枪都没有一支，仅一张嘴巴比人会说，身上穿二件薄薄的衣服，龌龊得要命，鞋子也没有穿，胡子头发一样长。”

1932年4月，毛泽东率中央主力红军攻占漳州。作为毛泽东的老部下，蔡协民来到漳州，和毛泽东、罗明等同住于原浔源中学校长楼里，他们讨论了在这一地区继续坚持斗争的策略方针。根据既定方针，中央主力红军很快就要离开漳州，地方部队将担负起保卫漳州小山城根据地的重任。此时，原漳州县委书记李金发牺牲，厦门市委书记王海萍原准备自己留在漳州指导一段时间工作。5月初，他在漳州给厦门市委写信谈道：“蔡、曾两同志还没有完全转变过来（蔡比较转变），因此决定我留此工作一个月或至两个月，蔡准备随红军出发泉属，领导泉属的斗争。”（《哇利同志（即王海萍——引者注）给厦门市委信》，《福建革命历史文件汇集》第9册）

王海萍的信说明一直到5月初，蔡协民的去向尚未决定。5月中旬，厦门中心市委决定成立中共漳州中心县委，由蔡协民暂任县委书记一职，曾志为组织部长兼军委秘书。在给中央的报告中，厦门市委说蔡协民“工作能力本不差”，“不过观念上比较成问题”。显然，对他的使用是有保留的。所谓观念问题，在厦门市委不久后的报告中有进一步解释，即指责蔡协民在惠北领导的抗捐斗争是“富农路线与机会主义”。这和当时中央领导人对毛泽东的指责如出一辙。

不管上级领导如何横加指责，在红军退出后的紧要关头，蔡协民仍负起了领导保卫小山城根据地的重任。当时，漳州地区中共武装力量是新组成的闽南红军独立第3团，集中在以小山城为中心的纵横一百多里地区。这支部队最早是陶铸用绑架地主孩子得来的3000元赎金，买了30多支枪建立起来的。后来，在主力红军帮助下，滚雪球般发展，蔡、曾到达时，扩大到800人左右，中共厦门市委对其要求是在“小山城建立政权，巩固起来向外扩大”。（《陶铸关于漳州工作及红军在漳活动情况的报告，1932年5月22日》，《福建革命历史文件汇集》第12册）事后看来，这一任务事实上不可能完成。

5月28日，中央主力红军离开漳州。6月1日，福建地方军阀张贞出动两个团的部队在民团配合下进攻小山城地区。由于对方的兵力十倍于红3团，红3团处境十分艰难，几次战斗均告失利，政委王占春牺牲。政治上的沉重包袱使蔡协民这个个性极强的汉子没能坚持游击战的方针，几次否决了包括曾志等提出的将部队拉出去，以免被动挨打的建议，坚持留在游击根据地作战。6月下旬，红3团在社本一战中遭到重创，团长冯翼飞战死，全团仅剩一百余人。小山城保卫战以失败告终。

“失去组织的痛苦，比饥寒交迫更不堪忍受”

小山城之战失败，蔡协民的“右倾”错误再次连带历史问题被端上台面。1932年10月，厦门市委专门召集蔡、曾开了三天会，批判蔡协民、曾志的“右倾机会主义的表现”，指责两人犯下忽视群众工作、错误估计政治形势、逃跑主义等一系列错误。

确实，在保卫小山城游击根据地的过程中，由于群众工作的不足，红军没有得到民众的有力支持，在赤白对立的环境下，甚至遭到一些被蒙蔽的白区群众的攻击。但是，蔡协民5月中旬才到漳州负责工作，6月初即开始保卫战，群众工作非一日一时之功，将这一问题加于他身上，未免有欲加之罪之嫌。

其实，蔡协民对自己的错误有清醒认识，错误的实质就是低估了对手的力量，没有及时避敌锋芒；在力量对比不成比例时，没有坚持以保存实力而不以保存地域为主要原则。蔡协民和曾志沉痛总结道：“绝对不要机械的不量敌我力量，为保护根据地某一个乡村不受摧残，与敌硬战损失或削弱自己的主力——红军。”他们强调：红军游击战术“是经过血的经验得来的结晶”。正因如此，他们坦诚表示：“错误的性质我们认为是一种立三路线”，是“左”的错误。(《蔡协民、曾志对市委检阅决议的意见书，1932年10月30日》,《福建革命历史文件汇集》第10册)

心底无私天地宽，蔡协民确实做到了这一点。在当时“左”的错误在党内占上风的情况下，他直承自己犯了“左”的错误并展开批评和自我批评。而且，当厦门市委指责其试图以“左”的错误掩盖右的实质时，他直言不讳地反问道：“难道左的错误比右的错误好些、礼面些吗？不然，‘半斤与八两’的错误分量，都是一样丑的面孔……”

应该说，当主力红军离开后，在漳州这样一个离统治中心十分接近的地区，建立巩固的根据地的可能性微乎其微。当国民党政权集中优势兵力进攻时，地方红军想要保持根据地更是难上加难。厦门市委要其巩固并发展政权的指示，本身就是不切实际的空想。蔡协民背负着沉重的政治包袱，又要承担几乎不可能完成的任务，其失败的命运在他刚刚开始工作时就已经注定了。要蔡、曾为此承担全部责任，无疑是不公平的。但既然蔡协民早就在政治上被怀疑，中共厦门市委7月给中央的报告中更直指“蔡协民夫妇大有社党嫌疑”，此时又出现这样的问题，由他们来担负失败的责任，不仅是应该的，而且简直就是政治原则逻辑推演的合理结果了。

1932年11月，在重重压力下，尤其是和中央巡视员谈话后，蔡协民改变了10月份给厦门市委答辩书中的态度，基本上接受了市委对他的指责。不清楚蔡协民为何会作出这样的转变，但从厦门市委一个星期后决定给蔡协民留党查看三个月处分看，如果他继续坚持原来的立场，等来的肯定会是更严厉的处分，很可能面临着被开除出党的命运。大概只有这样的威胁，才能使他低下自己的头颅。

厦门市委的处分还仅仅是一连串打击的开始，当时，市委仍安排他参加厦门中共外围组织反帝大同盟的工作。对此，中央巡视员不以为然，严厉批评"市委没有更进一步斗争精神"，要求厦门市委推行左倾中央正积极贯彻的所谓"残酷斗争"。在中央巡视员干预下，蔡协民在反帝大同盟的工作被撤销，同时市委决定进一步加重处分，留党察看九个月。

在越来越重的打击下，蔡协民没有被完全压服。此时，曾志已与陶铸结合，前往福州，他不得不独力撑顶着压过来的阵阵阴霾。蔡协民一度前往上海，向中共中央申述。到沪后，上海中央却断绝了与他的联系。蔡协民彷徨无着，流落上海街头。幸好天不绝人，在黄浦口法租界踯躅时，巧遇老同学，借钱买船票返回福建。曾志记下了她和蔡协民在厦门的最后一次见面："本来年纪就较大的蔡协民，此时几乎变成了一个衰弱的小老头。他痛苦地告诉我，自从厦门分手到上海后，与中央机关派来的同志接上了头。开始还是好好的，在第二次联系之后，便再没有人来理睬了……失去组织的痛苦，比饥寒交迫更加不堪忍受。他有时夜里尽做噩梦，醒来后冷汗淋漓，气得他脚踢拳砸，把被单撕扯成布条。"（曾志《百战归来认此身》）

面对被抛弃的痛苦，蔡协民彻底放弃抵抗，又一次承认错误，要求市委"分配他的工作，不论什么工作都可以"。蔡协民对工作的热情、对中共的执着，使此前对他甚有偏见的厦门市委也不能不怀疑："他是不是有社会民主党的作用呢？"确实，很难让人相信，如果真是与中共同床异梦，他还会在这种状况下要求回到党内工作。经市委安排，蔡协民来到打石场做最艰苦的打石工。在繁重的劳动中，他仍不忘党的工作，力图在打石工人中建立中共的关系。

6月，由于安溪工作亟待开展，干部需求急迫，厦门市委派他到安溪做兵运工作。到安溪后，蔡协民发挥自己丰富的经验，工作积极，在头上戴着右倾机会主义“蔡协民路线”大帽子的情况下，得到自己人的支持，“居然成为安溪中心县委的后台老板”。努力工作的结果，并没有为他赢得上级信任，反而再次遭到严厉批评，被召回厦门，此后一直被分派做外围的下层工作。在某些人看来，此时的他已属多余，弃之不去，用之不安。

1934年5月，蔡协民在厦门益安医院从事中共外围组织互济会工作时，由于叛徒出卖被捕，旋遭枪杀，时年33岁。

鲜血终于可以为他作证，他是清白的。此时，能为他作证的，似乎也只有自己的鲜血。

（作者系文史学者、中国社会科学院近代史所研究员）

原载于《同舟共进》2012年第8期

“刑场上的婚礼”与刑场外的真相

刘　统

中国共产党的历史上，有个“刑场上的婚礼”的故事。

1928年2月6日，在广州红花岗畔的刑场上，两个青年革命者面对敌人的枪口，从容不迫地举行结婚典礼。他们就是广州起义行动委员会负责人之一周文雍和当时中共两广区委妇女委员陈铁军。

陈铁军出身华侨商人家庭，在五卅运动革命浪潮的冲击下，她由一个追求个人上进的大学生，转变为关心国家、民族前途，积极参加进步活动的革命者，1926年加入了共产党。1927年，广州发生了“四一五”反革命政变，白色恐怖笼罩全城。这时党派她协助周文雍工作。周文雍是中共广州市委工委书记，正夜以继日地准备武装起义。为了掩护工作，党指示两人合租一个房子，建立秘密联络点。他们假称夫妻，秘密进行活动。工作上的互相帮助和生死与共的斗争，把这两个年轻人紧紧地联系在一起。但在当时，他们都以事业为重，顾不上谈个人的爱情。

1927年底广州起义失败后，周文雍和陈铁军继续在广州坚持地下斗争。由于叛徒的出卖，两人同时被捕入狱。在狱中，他们不屈不挠，坚持斗争。1928年2月6日，周文雍和陈铁军被押上刑场。两位志士态度从容，昂首挺胸，高唱《国际歌》。陈铁军向周围的群众宣布：“我们要举行婚礼了，让反动派的枪声来作为结婚的礼炮吧！”一对革命情侣，就以这样的英勇气概慷慨就义了。

这个故事感人至深，既壮烈，又浪漫，后来被改编成电影和戏剧。但是，当我们还原当年的历史，却发现这是党内左倾盲动路线造就的一出悲剧。

广州暴动失败，周文雍被捕躲过一劫

1927年是乌云翻滚的年代。蒋介石、汪精卫相继背叛革命，对共产党人进行逮捕和屠杀。中共被迫拿起武器，作殊死斗争。当时的共产党人尚处在幼稚时期，还不懂得如何进行武装斗争，而是遵从共产国际的指令，以城市为中心展开暴动。在敌强我弱的形势下，南昌起义和秋收起义相继失败，革命处于低潮。但以瞿秋白、李立三为首的临时中央，却错误地认为革命仍处于高潮，只要党一声令下，就会有千百万工农起来暴动，建立苏维埃红色政权。11月，中共中央命令广东省委在广州发起武装暴动。

广东是共产党基础最雄厚的地区，大革命在这里发源，许多工农群众深受影响，加入了共产党和工会、农会组织。当时还有一个机会：拥护蒋介石的广东军阀李济深，与拥护汪精卫的北伐军将领张发奎产生矛盾，张发奎发起“护党运动”，将李济深部队赶出了广州。张发奎当时尚未完全反共，所以共产党组织可以在广州公开活动。张发奎手下的教导团由共产党员叶剑英指挥，驻扎在广州。中共中央派往广东工作的政治局委员张太雷和共产国际代表纽曼认为这是暴动的好机会。12月7日，纽曼和张太雷召集广东省委会议，指示发起暴动。

纽曼、张太雷策划暴动，出现了一系列失误。首先，在广州搞全面暴动，兵力究竟够不够，条件充分不充分，谁也没有把握。张太雷是个书生，没有军事工作经验。他其实是在执行共产国际代表、德国人纽曼的命令。另一位主要负责人广州市委书记黄平，也是一介书生。他们在策划暴动时，为了保密，居然没有让叶挺、叶剑英等军事干部参与，使得暴动从一开始就处于混乱和无计划的状态。

从香港赶来参加暴动的军委委员聂荣臻说：“当时领导起义的以张太雷为首的省委一些同志，像恽代英、陈郁、周文雍等同志，很勇敢，革命热情都很高，但缺乏军事知识，没有武装斗争经验，有秀才造反的味道。往往都是诺伊曼（即纽曼——编者注）等国际代表说了算。”纽曼生搬俄国革命模式，主张像十月革命那样，举行总同盟罢工，从罢工发展为示威游行，进而进行城市暴动，夺取政权，成立城市苏维埃。发动起义的时间，纽曼主张白天搞。大家建议还是晚上搞，趁敌人警戒稍微松懈来个突然袭击，首先占领军事机关，成功的可能性比白天大。

12月11日凌晨，暴动开始了。周文雍指挥工人赤卫队进攻警察局。黄埔生徐向前被派到赤卫队第6联队组织工人行动。他手下是手工业作坊的工人，有缝衣服的、做家具的、打铁的，革命热情很高，但都没经过军事训练，许多骨干连枪也没摸过。暴动那天夜里，赤卫队还是赤手空拳。原来说好起义前要给各联队送武器来的，左等右等，等了半夜，不见人影，大家心急火燎。这时，有个提着菜篮子的年青女同志走了进来，从篮子里拿出两支手枪、几枚手榴弹，这点东西，加上些铁尺、木棒、菜刀，便是第6联队暴动的武器。

尽管如此，大家还是勇敢地投入战斗。赤卫队攻占了警察局，教导团控制了观音山（即现在的越秀山——编者注）制高点，暴动成功了。张太雷召开大会，宣布成立广州苏维埃政权。周文雍被任命为劳动委员兼赤卫队总指挥。但是，张发奎等逃到珠江南岸，调动军队向广州市区反扑。周围的国民党军也纷纷向城里开进，形势对起义军极为不利。叶挺、叶剑英主张趁国民党军主力没有包围广州之前，连夜撤向海陆丰，同南昌起义军余部会合。这个正确意见遭到纽曼的否定。纽曼认为起义只能以城市为中心，而且必须“进攻，进攻，再进攻”，退却就是“动摇”。他骂叶挺要去“做土匪”，力主坚守广州，进行巷战。张太雷在关键时刻不敢反驳纽曼，这样起义军便失去主动向农村转移的机会，陷入被动。

12日晨，国民党军队在英、美、法、日等国军舰支援下围攻广州市区。这天中午，张太雷还在丰宁路（现人民中路——作者注）西瓜园操场举行广州苏维埃政府成立庆祝大会。大会正在进行时，传来国民党军从四面八方向市区进攻的消息。情况危急，大会不得不提前结束。张太雷乘车返回总指挥部，途中遭袭，不幸中弹牺牲。张太雷一死，广州暴动失去领导核心，陷入一片混乱。黄昏，国民党军又多次进攻观音山，起义军伤亡很大，处境十分危急。叶挺等人决定乘包围圈未合拢，率领教导团等部队撤出广州，向北江方向撤退。当夜，教导团大部和警卫团、黄埔军校特务营、赤卫队各一部，约1200人经沙河向花县（即今广州市花都区——编者注）撤退。在市区的工人赤卫队比较分散，有的在巷战，没有接到命令。

在指挥部的黄平得知张太雷牺牲的消息，不知道怎么办才好。叶挺不在，周文雍也不在，四周一个军人也看不见。晚上，黄平向在座的人建议，让恽代英隐蔽下来，写广州暴动的始末。大家赞成，恽代英就离开了。到了10点钟模样，参谋长徐光英回来了。他说不能支持了，建议撤退，并对黄平说："你们都是文人，随队伍走没有什么用处，不如隐蔽起来继续斗争。"黄平等人只好含泪而退。走到西关时，黄平遇见周文雍，把撤退的决定告诉他，两人就分手了。

12月13日，国民党军队从西北和南面攻入珠江以北市区，在"杀绝共产党"的口号下，进行了骇人听闻的大屠杀。当时军警满街搜捕，听讲话不是广东口音的，抓着就杀，甚至连问都不问，看你不像本地人就杀。有些人在街上过，想看看热闹，也被杀害了。12月17日《大公报》报道："共产党由广州东门退出时，在东校场遇伏，死伤逾千人。逃白云山，复为薛岳部兜击，闻被擒千余人。14日第2师枪决共党百余人，公安局枪决三十一人，内俄人五名。其他各街枪决八十余名。女共党多人，被用棉花包裹，浇火油焚毙。夺回广州之李福林军，搜索潜伏市内各地之共产党极端严厉。一经发觉，立即捕获枪决。其数约达一千余名。街头尸体累累，凄惨之状，不堪寓目。"

周文雍率领赤卫队战斗到最后，已经没有机会突围，只得在市区隐藏起来。几天后，他被抓住，关进监狱。黄平闻讯后，赶紧找人营救。当时局势很乱，国民党还没来得及审讯犯人。黄平派人利用探监的机会，让周文雍吃辣椒，造成体温升高的假象。然后说他得了传染病，送到监狱医院治疗。公安局上了当，把周送到医院。一位参加过省港大罢工的司机梁梅枝，借了辆汽车，带了几个人，到医院把周文雍抢走。汽车开到东山，大家把周文雍的脚镣砸开。周文雍死里逃生，与黄平等人一起到了香港。

李立三强迫周文雍等返回广州

广州暴动，是在共产国际指挥下，瞿秋白的临时中央政治局策划的典型的盲动主义路线指导下的武装起义。结果是，在大革命时期积累起来的共产党组织基础，短短几天内就断送得干干净净。红旗仅仅举了三天，换来的是几千党员、工人和群众的流血惨死。

但是，中共中央坚持认为中国革命的浪潮是高涨的，群众的革命情绪是有增无减的，还要在各地继续发起暴动。对广州暴动，他们反而认为做得还不够。中央政治局候补委员李立三被任命为广东省委书记，赴港主持工作。

1928年1月1日，省委在香港召开广州起义总结会议。会议由李立三主持，他首先叫大家起立，为广州起义牺牲的烈士默哀。讲了几句开场白后，李立三就批评黄平作为广州起义三人小组领导人之一，没有很好发动群众，致使许多工人不知道广州起义，甚至起义爆发了还不知道是怎么回事。还批评黄平不负责任，特别是张太雷同志牺牲后，在强大的敌人面前惊惶失措，撤退命令只通知武装部队，不通知工人赤卫队，以致工人赤卫队坚守阵地，弹尽援绝，牺牲惨重。黄平不服，据理力争。李立三很生气，大骂说："你还不肯承认错误，我以政治局候补委员资格，向共产国际控告你！"恽代英见两人情绪激动，站起来主动作了自我批评，缓和会议气氛。然后，李立三挥舞惩办主义的大棒，宣读了对广州暴动领导班子集体处分的决议：

一、黄平同志系最高指导机关负重要责任的同志，所以指导机关所犯的一切错误，黄平同志应负重大责任。尤其是退却时，没有具体的计划，未设法通知负责同志的错误更大。所以黄平同志应予以开除常委委员、广州市委书记职务，调做下层工作，并决定开除省委委员职务，留党察看三个月之处分……

二、周文雍同志系最高指导机关负责同志之一，指导机关所犯的错误，应连带负责。同时系赤卫队总指挥，关于赤卫队一切错误更负重大责任。所以周文雍同志应予以开除常委委员、广州市委委员，调做下层工作，并决定开除省委委员职务……

恽代英、叶挺、陈郁、杨殷等也都受到了撤职、留党察看等不同程度的处分。黄平对李立三的处分不服，去上海向中央申诉。瞿秋白、周恩来、邓中夏听了汇报后，也感觉李立三这样处理不对。黄平没有返回广东，暂时保住了性命。

李立三不但不吸取广州暴动失败的教训，反而采取极不负责任的冒进态度，把参加过广州暴动，失败后遭通缉，已经逃到香港的幸存干部再次派回广州，让他们“戴罪立功”，重新组织暴动。这种做法不但极不现实，而且是不顾同志的死活，轻易断送他们的宝贵生命。

李立三在香港决定：以麦裕成为书记，重建广州市委。麦裕成参加过广州暴动，在此时回去是极其危险的，结果麦裕成与市委委员周文雍、季布高等返回广州后不到一个月，市委机关即被破获。1928年1月下旬，麦裕成等40余人相继被捕遇害。但李立三不是及时让广州尚未暴露的干部撤回香港，避免更大损失，而是任命季布高继任广州市委书记，周文雍任市委委员，要求广州市委在春节期间发动工人暴动。周文雍多次在公开场合露面，广州很多人都认识他，在广州继续工作，无疑是非常危险的。但周文雍服从上级指令，与陈铁军隐居市区，继续筹备暴动。由于叛徒告密，周文雍于1928年2月2日被捕。

周文雍、陈铁军英勇就义，没有婚礼

周文雍和陈铁军被捕就义的过程，当地报刊有详细的报道。1928年2月4日下午，国民党广州卫戍司令部谍报队长何荣光接到叛徒告密，带人乘车驰往广州西关的荣华西街17号2楼，搜捕“共党首要”周文雍。谍报队将住宅包围后，闯入室内搜查。周文雍来不及逃跑，藏在浴室里，被谍报队抓捕。陈铁军当时也在场，与周文雍一起押往卫戍司令部。

第二天，卫戍司令部执法处长审讯周文雍。周文雍痛快地承认了他是广州暴动三领袖之一，其余二人是张太雷和黄平。他承担了一切责任，并强调陈铁军没有参与他的活动，是无罪的。但国民党当局“宁可错杀三千，不可放过一人”。6日，法官宣布判处周文雍、陈铁军死刑，执行枪决。

这天下午，国民党军法处叫来记者，将周、陈二人摄影存档。两人面无惧色，携手昂然直出。周文雍穿杂绒西装，脖子上围着一条围巾，双手插裤袋中。陈铁军手里拿着一支香烟，且吸且微笑，外着黑绒长袍，内衣花红棉袄，头戴淡紫色毛线软帽。照相时二人表情从容镇定。法官宣布处决命令后，周文雍说：以前供状有不完备的地方，请求予以更正。法官允许后，周文雍指着铁军对记者说：“我的妻子陈影萍是化名，她的真名叫陈铁军，原来是中山大学学生。”然后法官问起广州暴动的情况，周文雍侃侃而谈，认为他参加革命是正义的，绝无怯懦反悔之意。陈铁军也简要叙述了自己参加革命的经过，说她在国民党清党之后，便离开中山大学，开始秘密工作。记者参访完毕，法官宣布将二人押往刑场。国民党士兵上来捆绑周文雍，周文雍摘下围巾，绕在陈铁军的项上，紧紧握住陈铁军的手，以示诀别。陈铁军因为是女性，没有捆绑。但陈铁军手握周文雍颈部的绳子，让周文雍能够呼吸自如。然后二人与其他被处决的共产党员一起上车，押到郊外的红花岗。新闻报道说：“周陈临刑前，容色不变，沿途均呼共产党万岁之口号。”

周、陈二人的大义凛然，使在场的记者无不感动。在报道此事时，不仅详细生动地记录了二人临终前的言行，而且采取了客观的态度，没有使用任何污蔑和歪曲的文字。这在当时的形势下是极为难得的。由于这些报道，周文雍、陈铁军的英勇就义被载入史册，受到后代的敬仰。但是他们并没有在刑场上举行婚礼，那些情节是后人加上的。

与周、陈一起被捕牺牲的广州市委干部共10人，这是短期内中共广州市委遭受的第二次重大挫折。但李立三还不吸取教训。5月，李立三派吴毅兼任广州市委书记，季布高任市委常委。两人大革命时期就在广州工作，均参加过广州暴动。他们不顾个人安危从香港返回广州开展地下斗争，也先后于1928年7、8月间不幸被捕遇害。

广州党组织屡遭破坏，负责干部相继被捕遇害，从外因讲是国民党的白色恐怖，但从内部因素看，左倾错误路线是主要原因。广州暴动失败后，广东革命形势已经处于低潮，但李立三错误地估计形势，认为广东仍会继续革命高潮，把组织第二次暴动作为工作中心。4月12日，广东省委在《广东政治任务的工作方针决议案》中指出："广州暴动的再起，又必然是全省暴动的完成。"广州暴动失败后，大批共产党人和工农群众惨遭杀害，党应该采取隐蔽的方针，逐步恢复和发展革命力量。而李立三等急于要求发动第二次暴动，把广州仅存的革命力量完全暴露出来，很快遭到了血腥镇压。

由于临时中央左倾盲动错误路线的影响，广东干部蒙受了巨大损失。许多原本可以保存和隐蔽下来，为中国革命作更大贡献的优秀干部，就这样倒在了敌人的屠刀下。"刑场上的婚礼"只是这一幕悲剧的缩影。

（作者系中国军事科学院研究员、上海交通大学教授）

原载于《同舟共进》2012年第2期

有关田家英的若干史料辨正

阎长贵

田家英是“文革”还未全面开始时自杀的高级干部，他在1966年5月4日至26日标志“文革”全面发动的中央政治局扩大会议（即通过第一个“文革”纲领性文献《五一六通知》的会议）还未结束时就自杀了（23日）。众所周知，田家英当时是中共中央办公厅副主任、中共中央办公厅秘书室主任。特别重要也最引人注目的，他是毛泽东主席的秘书。因此，他的自杀是震惊全党的大事。

田家英为什么自杀？是怎样自杀的？迄今45年过去了，这件事仿佛还未取得完全的共识。而真正厘清这件事，对了解“文革”乃至高层政治都是十分重要的。

是毛泽东秘书，也是毛的忘年交

田家英1922年1月生，原名曾正昌，四川成都人。3岁丧父，9岁丧母，11岁被迫辍学，在哥嫂开的中药铺做学徒。田家英生性喜爱读书，在辍学的日子里，靠着一本字典通读了《资治通鉴》、《史记》和许多中国古典文学作品。他性格倔强，不甘听凭命运摆布。他的床头挂着一副对联，“走遍天下路，读尽世上书”。1935年，田家英13岁时，就在报刊不断发表诗歌和文章，在川中被称为“神童”。“田家英”这个名字就是他发表文章时用的笔名。

田家英在中学读书时积极参加抗日救亡运动，他与同学经常到街头茶馆宣讲抗日、散发传单，还参加了由共产党员领导的抗日救亡团体

“海燕社”，因此被学校开除。1937年11月下旬，田家英和志同道合的几个人告别故乡，踏上了去延安的路。12月到达延安，进入陕北公学学习。1938年2月，田家英加入了中国共产党。

入党后，田家英相继在马列学院、中央政治研究室、中宣部等单位工作。1941年至1943年间，田家英在延安《解放日报》上陆续发表了《奴才的见解》、《从侯方域说起》等文章。《从侯方域说起》一文毛泽东特别赞赏，虽说那只是千余字的杂文，但从中可看出作者的文史功底和敏锐思想。文笔如此老辣深沉的作者竟是一位20多岁的小伙子，这让毛泽东颇为感慨。自那以后毛便注意田家英这个“少壮派”了。

1946年，毛岸英从苏联回国。由于他长期生活在国外，汉语讲不好，毛泽东打算请一位老师教他历史、语文。这时毛泽东很自然地想到了田家英——田熟悉文史，又与毛岸英同庚。就这样，田家英当起了毛岸英的老师，与毛泽东的交往也就多了起来。

1940年代的最后几年，国共两党大决战的时刻，也是革命胜利的前夜，毛泽东的工作异常繁忙，需要增加新秘书。1948年8月，在陈伯达、胡乔木的推荐下，26岁的田家英开始担任毛泽东的秘书。

田家英深得毛的信赖、倚重，毛泽东的存折、稿费、印章都交给他。作为毛泽东的日常秘书，田家英把主要的精力与才华都用于协助毛泽东的工作。他事无巨细，凡是毛需要他做的他都尽力做好，从起草文件、下乡调查、处理信访直至保管存折，称得上是大管家。他对毛泽东极为敬重，在毛身边工作，更是深受熏陶与感染——两人有许多共同的兴趣、爱好，这使他们成了忘年交。

毛泽东有夜里工作的习惯，为此，田家英也努力适应毛泽东，与他同步工作。1961年11月6日清晨，忙碌一夜的田家英刚准备睡觉，连续接到机要员送来的毛泽东三封内容相同的信，都是让他查找“雪满山中高士卧，月明林下美人来”这两句诗的作者、出处等。田家英知道毛泽东将有新作问世，凭着对古诗词的深厚功底，没费多大功夫就找到了，那是明代高启的《梅花》九首之一，是婉约派的诗词。这让毛泽东非常高兴。毛经常让田家英做这类事情，他都做得很好，满足了应急之需。

这里顺便说一件事情。近年网上传播一个说法——1995年6月，中央文献研究室、中央党史研究室、中央党校联合向中央书记处提出《关于〈毛泽东选集〉中著作原稿的审核、考证意见》的书面报告，该报告称："经过中央有关部门的审核、考证，发现在《毛泽东选集》一至四卷160余篇著作中，由毛泽东执笔起草的只有12篇，经毛泽东修改的有13篇，其余诸篇全是由……（别人）起草的。"必须郑重指出，这个所谓报告及其内容完全是谎言。人们都知道，毛泽东写文章是不让别人代笔的。无数事实证明，毛泽东不仅会写文章，而且是大手笔。他自己在1964年一次中央会议上就明确说过："我写文章从来不叫别人代劳，有了病不能写，就用嘴说嘛。1947年写《目前形势和我们的任务》时，我病了，就是我说别人记的……"毛泽东不仅自己这样，也希望和要求其他领导干部这样。当然也有例外——例外之一，就是八大的开幕词是别人替他起草的。八大会议上，毛泽东所致开幕词，受到代表们的热烈欢迎，多次被掌声打断，会议中间休息时，许多人还对开幕词啧啧称赞。毛泽东不掠人之美，坦然地告诉大家："开幕词是谁写的？是个年轻的秀才写的，此人是田家英。"八大开幕词中有句话："虚心使人进步，骄傲使人落后。"这是田家英起草八大开幕词的得意之笔，也是毛泽东十分满意的一句话。这句话，必将和古人说的"满招损，谦受益"一样成为不朽的格言。

特别需要指出，田家英为编辑出版毛泽东著作立下了很大功劳。他参加《毛泽东选集》第一卷至第四卷的全部编辑工作，还主持编辑供广大青年和一般干部学习使用的《毛泽东著作选读》甲种本和乙种本。同时，协助毛泽东编辑了《毛主席诗词十九首》和《毛主席诗词》（三十七首）。毛选第一卷至第三卷的注释，是田家英主持撰写的，其中一部分由毛泽东亲自撰写和定稿。四卷《毛泽东选集》出版以后，田家英和其他同志发现注释中有不少疏漏和不确的地方，从1962年起，他主持第一卷至第三卷注释的修订工作。田家英发表的文章，绝大部分是宣传和介绍毛泽东著作的。可以说，他把一生中最主要的精力倾注在毛泽东著作的编辑、出版、研究和宣传上，真正做到了殚精竭虑、呕心沥血。

田家英经历过长期的革命锻炼，是很优秀的共产党员和干部。在思想品质上，他诚实、正派、有骨气，言行一致，表里如一；作为毛泽东的秘书，他敢于向毛泽东反映基层的真实情况，对重大政策的制定和修改也敢于提出自己的建议。田家英是一个真正的共产党人。

自杀之谜：当事人的回忆

但这样一位好干部为什么在“文革”还未全面开始时就自杀了呢？这个问题应该述说清楚，否则就成了历史上的永久之谜。众所周知，对这个问题的说法很多，而影响最大、最值得重视的恐怕是胡乔木的说法。我不揣疏漏和冒昧，大着胆子就以胡乔木的说法为例谈谈此问题。

最近，由中国青年出版社出版的丁晓平著《中共中央第一支笔：胡乔木在毛泽东和邓小平身边的日子》，一些报刊不断选载和介绍，被称为是一部“评价公允”、“真实可信的优秀传记作品”。该书关于田家英之死的情况叙述如下（转引自8月12日《作家文摘》）：

被加上“篡改毛主席著作”罪状的田家英（指在整理毛泽东1965年12月21日的谈话时，田家英主张删去“《海瑞罢官》的要害是罢官”等词句——笔者注），早在1962年就被江青第一个戴上了“资产阶级分子”的政治帽子。这次又得罪了江青，厄运终于降临。1966年5月22日，中央文革小组成员王力、戚本禹等三人以中央代表为名，来到田家英在中南海喜福堂的家中，宣布罪状，停职反省，逼迫其限时限刻搬出中南海。“苟利国家生死以，岂因祸福避趋之”。田家英忍受不了对他的诬陷和侮辱，痛苦地在5月23日结束了自己宝贵的生命。

丁晓平的书认为迫害田家英致死的首要责任人是江青，具体执行者是王力、戚本禹，他们到田家英家中，宣布田家英罪状，要他停职反省，逼他搬出中南海，他因忍受不了这种屈辱才自杀。当然，作者是沿用胡乔木的说法，但事情果真如胡乔木所说的这样吗？江青对田家英之死无疑有责任，不过我没掌握确实材料，没法具体说明；但说到直接导致这一悲剧的王力、戚本禹，他们对这件事情都有详尽的说明——若不因人废言，从“法律”上讲，也应该听听“被告”一方的意见。这里顺便说一下，胡乔木说王力、戚本禹1966年5月22日就是中央文革小组成员，不准确，因为中央是1966年5月28日才发布通知宣告中央文革小组成立的。

下面，先看看2001年出版的《王力反思录》中关于田家英之死问题的说法：

（一）在1966年5月中央政治局扩大会议上，彭（真）、罗（瑞卿）、陆（定一）、杨（尚昆）检查以后，会上讨论对四个人的处理。罗瑞卿不在这个会上处理，由军委处理。大约是20日，少奇同志主持政治局会议，决定成立一个组（那时不叫专案组）处理彭、陆、杨、田（家英）的问题，总的组长是周恩来，下分四个分组，彭、陆、杨、田各一个分组。彭组由周恩来自己负责，陆组陈伯达负责，杨组康生负责，田组安子文负责。

（二）安子文分组的成员是我和戚本禹。21日或22日，安子文突然打电话通知我和戚本禹到他家里去，坐他的车到田家英家里，怎么谈事先没商量，是安子文一个人谈的，我和戚本禹都没说话。我认为安谈的还是相当缓和的，不是那么气势汹汹。安对田说："中央认为你的错误是严重的，不适宜担任现在的工作了，暂时由戚本禹负责。中央要你马上把有关毛主席的手稿、文件、编进毛选的原稿、印的东西清理一下，全部交出来。"这当然实际是撤职，这是毛主席决定的，少奇、总理都不能决定。

（三）23日继续开会，就在这个会上，汪东兴接了个电话后很紧张地跑到主席台上跟总理说，田家英自杀了。总理马上要安子文、王力、戚本禹立即赶到田家，这时田家英已经不能救了。他喝了一瓶茅台酒然后上吊。事先把公务员打发出去，布置了一大堆任务，很长时间才能回来，他自己倒锁了门自杀。等公务员回来敲不开门，最后报告中办把门撬开，把田家英放到地上，已经没有希望了，我们去时已死了很久。安子文光叹气，有话可以向组织上说嘛！我和田家英是朋友，私交很好，在文物方面有交往，我觉他死得很可惜。戚本禹也吓呆了。戚本禹对田家英一直很好，戚被打成右派，是毛主席让田家英解放他的，而且把他调到要害部门工作，田家英是他最大的恩人。戚对田家英的旧情还是有的。总之当时对田家英之死都感到惋惜。

（四）田死后当天下午，安子文找了我、戚本禹、董边（田家英的夫人——编者注），到中央组织部谈田家英死的经过。董边说，头天夜里田家英说了一句话："中央把我当人民内部矛盾还是敌我矛盾？我看是当成敌我矛盾了。"她说，她当时没有注意这句话，没有向组织汇报。7月份江青回京前，我们就听到传达江青的话，说陈伯达、康生（实际上是说周恩来）为什么不采取措施，让田家英自杀了？江青回来后又骂了好几次，说对田家英处理不果断，早就该隔离。她是把田家英当成敌我矛盾了。

（五）田家英之死的经过就是这样。最近出版的一本书《毛主席的秘书田家英》刊载胡乔木的文章，说"王关戚一伙故意捏造罪名，五月二十二日戚本禹、王力等三人以中央代表为名，宣布田家英的罪状，逼迫田家英迁出中南海，田忍受不了这种污蔑和侮辱，不得不含冤去世。"这种说法完全违背事实。

再来看看戚本禹关于这个问题的说法。戚本禹2002年写了《田家英之死——一宗至今未了的历史要案》一文，着重批驳"荒诞无稽的流言"。同时，该文也说明了田家英之死的情况：

（一）1966年5月21（22？）日上午，安子文电话通知我：下午二时半，去中共中央组织部，会合王力，一起去中南海找田家英谈话。我到组织部的时候，王力已在，安子文说，总理交代马上要找田家英谈话，要他停职反省，由戚本禹接管他的工作，特别是毛主席的手稿，不要出差错。那时安子文在党内威信很高，他说什么就是什么，王力虽然也是中央部委的一个副部长，但对安部长的话唯命是从。于是，我俩上了他的车，一起去中南海。当时田家英住中南海永福堂。到达时，田家英不在家，只有夫人董边在。董边是安子文的老部下，两人很熟，她似乎有点紧张，说："家英同逄秘书出去了，一会儿就回来。"她招待我们茶水，我们坐等。果然一会儿田家英和逄先知回来了，一看来了我们三个人，脸上显出焦灼的表情。安子文招呼他坐下，又叫董边和逄先知也坐下，然后安详地说："家英，你犯了错误，中央收到反映，现决定即日起停止工作，进行检讨。你的工作、文件，特别是毛主席的手稿，都交给戚本禹，等一会儿就办交接手续。"安子文还说："你的问题多大，怎样处理，要根据调查结果和你的态度决定。你要相信中央，相信主席。这几天就在家里反省不要出去了。”这以后，田家英问安子文，他从哪些方面开始检查？安子文说：“你自己先想想，从庐山会议到现在，自己有哪些错误。”在整个谈话中，安子文的态度都是平和的，不像书刊上说的一派训斥口吻。他只谈田家英有错误，但未谈到《海瑞罢官》的问题，也未谈公安部的报告，更没有当场要田家英搬出中南海的话。田家英的表现是无奈和委屈，不像书刊上说的那样激动，更没听他说一句怨恨毛泽东的话。固然，按他对毛泽东的了解，他知道，没有毛泽东的同意，是谁也不能让他停职检查的。王力和我以及董边和逄先知都没说什么话。

（二）这天深夜十一时许，田家英用红机子给我打电话，说他又找到一些忘了登记的遗留文件要交给我。我说，那么我派人来登记。他说，不，要亲自给我交代一下。我说，那好，我马上带王妙琼到那里。我的办公室离永福堂只有二百米的路程，一会儿就到了。田家英看到我来了，就向我交代遗留的文件。因为文件交接要经过他的秘书，我便到永福堂东厢去找逄先知一起来。田家英见此机会，马上跟过来，在卫生间拐角处紧张地问我：究竟出了什么事，是谁在害他？这是一种违反纪律的违规操作，他所以敢这样做，是因为我们两人有多年的交往。我从1950年进中南海起，就在他领导下工作，他很器重我，政治上、生活上都帮助过我。1957年“反右”时，我被中央直属机关党委打成反党集团为首者，他与我们共患难。此案在毛泽东的干预下彻底平反，这就是闻名全党的“八司马案”。因为有这层关系，所以他才敢大胆地、不顾纪律地进行违规操作。但由于我前几天刚为田家英的问题挨了批评（“小资产阶级温情主义”），所以当时不敢说什么话。

（三）深夜电话事件后的第二天，即1966年5月23日上午八九点，田家英吩咐他的勤务员小陈出去买香烟和其它东西，自己则走进永福堂西厢，即毛泽东的藏书室，锁了门，然后把头悬在一根拴在两个书柜之间的带子里，自尽了。约十时许，小陈从西单回来，发现田家英自杀，他惊恐地跑到中央办公厅秘书室报告，“八司马”之一的王象乾和行政科负责人路辉等飞快地跑到永福堂，从窗口跳进藏书室，急忙把田家英解下来，松开外衣，用人工呼吸和口对口吹气进行抢救，但终因死亡时间过长，无法起死回生。于是，他们打电话到人民大会堂向正在参加中央政治局会议的我和汪东兴等报告，我们立即报告会议主持人。接着安子文、王力、汪东兴等坐车赶回中南海观察现场，处理后事。安子文当时还通知了董边，董边很悲伤，但她没能赶过来。田家英在解下时，舌头外伸，脖子上有印痕，明显属于自缢。当时到现场的人，无论是中央办公厅的工作人员还是中央领导人，谁都没有发现他身上有枪伤，也没有在毛泽东的藏书室或田家英的办公室发现任何血迹。当时所有到场的人都感到田家英不该这样，没有人幸灾乐祸的。

除了上述内容，戚本禹一次和我通电话谈到胡乔木关于田家英之死问题的说法时，愤怒地说："完全是胡说八道"。戚还说，我对有些人很鄙视，很看不起。他们在揭发田家英时，捕风捉影，任意夸大，无限上纲上线，材料写了一大摞，把他简直说成魔鬼，后来写文章、写书，又把他吹得白玉无瑕，圣人一般。戚认为，田家英既不是魔鬼，也不是圣人，也不是芸芸众生的普通人，实际上，应该说田家英是一个有缺点、有错误，但又很有思想、有能力、才华横溢的十分难得的中共高级干部。

行文至此，我们小结一下。

（一）从王力和戚本禹的说法中，可以看到，关于田家英之死，他们二人所说的情节基本是一致的。有所差异，无关宏旨。事实只有一个。在这个问题上，究竟是胡乔木说的符合事实，还是王力、戚本禹说的符合事实？当然，我说的符合事实，是说基本上符合事实，谁也不能肯定人们事后的回忆完全准确。事实上，已有人指出："戚本禹的大部分叙述是可信的，但也有小部分记忆不够准确。"（2011年9月6日王凡给我的信）我相信，通过本文提供的材料，关于田家英之死的真实情况，人们会做出比较客观和公正的判断。

（二）从王力的说法中我们看到，他直接和明白地说，在田家英之死问题上胡乔木的说法"完全违背事实"。既然在10年前（2001年是出书的时间，实际王力所写时间应该更早）王力就指出了这件事情，而现在出版的书谈到这个问题时，根本不顾王力的指正，对此不置一词（就是批驳也好嘛），径直照抄胡乔木上世纪八九十年代的说法，这不应是历史工作者和研究者之所为。

（三）在1966年5月处理田家英问题时，本来负责人是中共中央组织部长安子文，王力、戚本禹是跟着去的，只是成员或随员，胡乔木却说成“王力、戚本禹等三人以中央代表为名”，根本不提安子文，这是为什么？这种做法同“实事求是”的原则和精神相距岂能以道里计？

他为什么自杀

上面所讲主要是田家英自杀的过程和情况，至于为什么自杀，谈的似乎还非常表面，没有触及实质。胡乔木说田自杀是因为“忍受不了诬陷和侮辱”，这是一句空洞的话头；我们看到安子文和田家英谈话，只是说中央认为他犯了严重错误，要他停职检讨，并没有什么“诬陷”和“侮辱”的语言。所以田家英究竟为什么自杀，还需进一步探讨。

在一次会议上，遇到田家英的朋友李锐老人，因他耳聋，我大着嗓子问他：“李老，请问您：田家英为什么自杀？”李锐不假思索，脱口而出：“毛主席不要他了嘛！”除此他再也没说什么。

2008年冬，戚本禹因事来京，我和他也讨论过这一问题。他说田家英自杀除了这样或那样的原因外，最主要和最根本的是毛主席不信任他了，他觉得没希望了——我觉得戚本禹说的和李锐说的是差不多的意思。

2004年10月30日，凤凰卫视“鲁豫有约”栏目曾约请田家英的女儿曾自回忆她父亲田家英，曾自在谈到父亲的死时是这样说的：

父亲最后的遗言：“相信党会把问题搞清楚，相信不会冤沉海底。”

我觉得父亲有一种极大的失望，他追求的事业，他一生献给主席的热爱，觉得主席最后把他否定了。我认为这是他结束自己的最最主要的原因。他如果觉得主席把他抛弃了，他就觉得没有希望了。他觉得主席对他形成概念了，把他划成敌人了。

文史学者王凡在给我的来信中，谈到田家英的死因，说：“我觉得是多重的，当然毛泽东的不信任和把他划到自己以外的阵营，是最重要的原因，这等于宣布了他政治生命的完结，而且他清楚这个‘宣布’的结果，（他住的）永福堂的前一位居者是彭德怀。”（这与戚本禹说法同，这二人都是在中南海工作和生活过的人，说的可信;《中共中央第一支笔》书中说田家英住“喜福堂”，不对，或许是笔误——笔者注）

我问戚本禹，毛泽东为什么不信任和抛弃给他当了将近20年秘书的田家英呢？他明确回答：这主要是田家英和刘少奇的关系。他说，毛泽东当中华人民共和国主席时，田是主席办公厅副主任，当毛不当中华人民共和国主席，而换上刘少奇时，田没有辞去主席办公厅副主任的职务，而继续留任。田给刘少奇打电话，询问应怎样工作，刘说：你过去怎么做还怎么做。在以后的日子里，他经常到刘少奇那里去。所谓“三年困难时期”，田和刘少奇都主张“包产到户”。田家英把这种主张向主席报告，主席问这是你的意见，还是别人的意见。田说是他自己的意见。主席认为他说的不是实话。

在这次和戚本禹见面时，他还说了一个情况：

1966年5月中央政治局扩大会议的一次中间休息时，总理跟我说，主席意见，要你接替田家英中办秘书室的工作。我诚恳地跟总理说，我事情挺多，忙不过来，再说我的能力，怕胜任不了。总理亲切和蔼地说，这个问题中央已经定了，至于工作会有人帮助你的。

戚本禹说：

后来我确实代替田家英负责中办秘书室的工作，主要为毛主席服务。我担任这个工作之后，江青有一次和我谈话，郑重地告诫我：“……在主席身边工作最忌讳‘结交诸侯’，这‘诸侯’既包括中央的，也包括地方的。”这是我第一次听到不能“结交诸侯”这句话。我觉得田家英栽就栽在这个问题上。不能“结交诸侯”，这恐怕也是一切做秘书工作的人最重要的一条戒律。

听到这些话，不禁想到笔者给江青做秘书时，她第一次谈话的内容，现在看来也含有这个意思。她说：“……从今以后，你就在我这里工作，除了我之外，你不能再接受其他任何人布置的工作和任务，也就是说，其他任何人都不能再向你布置什么工作和任务，这是党的纪律，你要对党负责，对我负责……”

若问这一切究竟为什么？只能说这是一种政治——一种我们一般人还不怎么了解和懂得的政治。

（作者系《求是》杂志社老干部、文史学者、曾任江青机要秘书）

原载于《同舟共进》2011年第11期

关于田家英之死

叶永烈

海外经常会“精心编造”关于中国政坛的种种荒诞的政治谣言，诸如“华国锋是毛泽东长子”、“毛泽东的《沁园春·雪》是胡乔木所写”、“彭加木出现在美国华盛顿餐馆”等，还有所谓“田家英是汪东兴指使内卫枪杀”，甚至还谣传所谓“毛泽东涉暗杀田家英案”。（2002年香港《动向》杂志刊登罗冰的文章《毛泽东涉暗杀田家英案》，称田家英不是自杀而亡，而是被汪东兴的警卫开枪打死，并暗示此事与毛泽东有关系。这篇文章在海外广为传播。）

我曾采访过与毛泽东秘书田家英之死相关的当事人田家英夫人董边，“中央文革”小组组长陈伯达，组员王力、关锋、戚本禹，还采访了田家英挚友、毛泽东通讯秘书李锐。现把我采访所得的情况，记述如下。

田家英夫人谈田家英离世的前夜

我1989年9月16日、17日在北京采访田家英夫人董边，录了7盒磁带，她很详细回忆了田家英之死。我至今仍保存着她的谈话磁带。

董边说，1966年5月22日——星期日，这天给了田家英沉重的一击。

下午三时，中南海“喜福堂”田家英家门口（据董边记忆——作者注），忽然来了一辆轿车。从车上下来三个人——中共中央组织部部长安子文、中共中央对外联络部副部长王力以及正在走红的戚本禹。

他们进屋，不巧，田家英和秘书逄先知外出。董边在家，告诉他们，田家英很快就会回来的。于是，安子文、王力并排在沙发上坐定，戚本禹坐在旁边的单人沙发上。三人神情严肃。“无事不登三宝殿”，董边不知来意，又不便问。

在沉闷的气氛中等了一会儿，田家英和逄先知回来了。看样子他们要谈重要的问题，董边站了起来，打算避开。这时，安子文对她说：“董边，你也是高级干部，坐下来一起听听。”逄先知也留了下来。

安子文对田家英的谈话要点，据董边回忆，是这样的：“我们是代表中央的三人小组，今天向你宣布：第一，中央认为你和杨尚昆关系不正常（当时杨尚昆任中共中央办公厅主任，田家英任副主任，在工作上有许多联系——作者注），杨尚昆是反党反社会主义的，你要检查；第二，中央认为你一贯右倾……现在，我们代表中央向你宣布：停职反省，把全部文件交清楚，由戚本禹代替你管秘书室的工作。你要搬出中南海！”

田家英几乎屏着呼吸听完安子文的话。中共中央政治局扩大会议正在北京举行。显然，已成为新贵的江青、陈伯达借批判“彭、罗、陆、杨”的势头，要拔掉他们早就想拔去的眼中钉——田家英。

关于“三人小组”，笔者在访问王力时，他是这样说明的：“当时政治局决定成立一个小组，下面分为处理彭真、陆定一、杨尚昆、田家英问题的四个分小组（罗瑞卿问题已在上海会议期间处理——作者注）。田家英分小组的组长是安子文，组员是王力、戚本禹。”

安子文是奉命而来，因为他的职务是组织部长。诚如董边回忆此事时所说：“安子文同志在1966年7月也被批斗、关押，遭受到严重迫害，直到十一届三中全会以后才得到平反。他在病重期间，还关心地询问田家英和我的问题是否已经平反。”

在安子文作为三人小组组长传达了中央意见之后，田家英的眉间皱起“川”字纹。他竭力克制自己，冷静地问道：“关于编辑‘毛选’的稿件是不是也要交？”“统统交。”安子文答道。这时，戚本禹问道：“毛主席关于《海瑞罢官》的讲话记录，在你那里吗？”戚本禹所说的记录，当然就是指毛泽东那次杭州谈话的记录——他是非常关心那份原始记录，想知道内中的究竟。“没有。”田家英很干脆地回答。

谈话就这么结束了，开始点交文件。戚本禹逐份登记。安子文和王力在一旁看着。大约到了下午5点多，安子文和王力走了。戚本禹仍留在那里，一直点交到天黑才走。

戚本禹走后，田家英像塑像一般，一动不动坐在那里。董边劝他吃晚饭，他也不吃。看得出，他陷入了极度的痛苦和愤懑之中。深夜，电话铃声响了。是谁来电话？戚本禹。“你到秘书室来一趟，在文件清单上签字。”戚本禹仿佛一下子成了他的上司似的，对他颐指气使。

“啪”的一声，田家英挂断电话，满脸怒色对董边说：“戚本禹是什么东西？！他早就是江青的走卒，我不去签字！”过了一会儿，田家英咬牙切齿道：“我的问题是江青、陈伯达陷害的。善有善报，恶有恶报，我不相信这些人有好下场！”董边听不出他话里有话，但知道他心里如割似绞，便坐在一旁默默地陪着。人在最痛苦的时候是无言的。田家英一声不响，木然坐着。董边当时并没有把事态看得那么严重，以为像往常的政治运动——《五一六通知》才过去几天，谁会料到这场“文革”会那般惨重、残酷？

夜深了，田家英要董边先去休息。那时，他们所住的“喜福堂”是个小院子，中间是正房住家，右边是毛泽东的图书室，左边是逄先知的办公室。田家英那时坐在图书室里。董边因为翌日一早还要去上班，回正房先睡了。她迷迷糊糊一觉醒来，一看手表，已是清晨五时，图书室里还亮着灯。董边赶紧下床，到那里去看田家英。他竟一夜未眠，未吃，仍呆呆地坐着。董边要他赶紧去休息。

“今天你上班吗？”田家英问她这么一句话。“上班。”董边答道：“七点就得走。”“你管你去上班，别管我！”田家英说道。

董边依然没有意识到事态的严重。她以为，这一回大约是要他检查检查“右倾错误”，要他离开中南海下乡劳动。她去找逄先知，要逄先知帮助他作检查，如果要下乡的话，就跟他一起下去。吃过早饭，快到七时了，她像往日一样，跟丈夫打个招呼，上班去了，并又一次劝他早点休息。田家英点点头，一点也没有流露出异常的情绪。董边丝毫没有意识到，这一回竟是与他的生离死别。

田家英自杀的经过

5月23日上午，挂着清朝乾隆皇帝手书的“喜福堂”小院，格外的安静：逄先知写材料去了，勤务员陈义国也有事外出了。

“喜福堂”格外安静，还因为隔壁的“增福堂”无声无息：那里原本住着陆定一一家。陆定一夫人严慰冰已于1966年4月28日被捕。陆定一于5月8日从合肥回京之后，在中共中央政治局扩大会议上受到林彪的责骂，当即被逐出中南海，软禁于北京安儿胡同一号，一个班的士兵看守着他。

“喜福堂”格外安静，也由于离此不远的毛泽东住处不再人来人往：毛泽东在杭州住着，有时在上海，就连中共中央政治局扩大会议这样重要的会议在京举行，他也没有回京。正忙于发动“文革”的他，行踪隐秘，百倍警惕着“现正睡在”他“身旁”的“赫鲁晓夫那样的人物”——他要借助“文革”打倒“中国的赫鲁晓夫”。

就在这一片安静之中，田家英在“喜福堂”小院里，独自度过了人生的最后一个上午。

他已接到逐出中南海的命令，还有谁会给他挂电话，还有谁敢登门拜访?

直到中午，小院外才响起了脚步声，打破了沉寂。那是勤务员陈义国回来了，找田家英吃中饭。正房里没有人影。图书室的门紧闭着。他在门外大声地喊了几下，没人答应。

他试着推了图书室的门，门反锁着，推不开。他等了一会儿，又喊了一阵子，屋里仍没有任何反响。陈义国觉得有点异常，找人拿钥匙开了门，朝里面看了看，见不到人。他走了进去，走过几排书架，顿时触电似地尖叫起来：“啊哟——！”

原来，他在两排书架之间，看到田家英吊死在那里。陈义国急急抓起电话，向上报告……

下午三时光景，正在上班的董边忽然接到安子文的电话：“你马上到少奇同志西楼办公室来一下！”董边觉得诧异，平素很少交往的安部长，怎么会直接打电话来？会不会发生了什么突然事变？急急赶回中南海，一走进去，安子文已在里面等她了，旁边坐着汪东兴。当时，汪东兴主管毛泽东的警卫工作。等董边坐定，安子文这才直截了当地把不幸的消息告诉她："田家英同志自杀了！"

董边顿时懵了，脑袋仿佛在一刹那间剧烈地膨胀，全身发冷，两行热泪涌出了眼眶。她万万想不到，一转眼就隔着生与死的鸿沟。等董边的情绪稍稍安定，安子文问道："他临死前跟你说过些什么话？""我一点也不知道他会去死。如果我稍微察觉他有死的念头，我就不会去上班了！"董边如实回答。

安子文也长叹一口气："我陪你一起去看一看他。"在安子文、汪东兴的陪同下，董边一脚高一脚低地朝"喜福堂"走去。那里跟刘少奇西楼办公室只一箭之遥。董边一走进家门，便看到院子里站着三四个解放军。显然是来看守现场。

董边走进图书室，田家英已被放下来了，躺在两排书架之间的地上，身上盖着他平时用的灰色被单。董边弯下身子，看见他双眼紧闭，但舌尖伸出嘴外。

"你立刻离开中南海！"董边正处于心灵剧痛之际，接到了命令式的通知。

董边无法在丈夫的遗体旁再多看几眼，便只好来到正房。一走进去，就看见桌子上放着丈夫的手表——他在离别这个世界前，从手腕上取下，留给妻子的。他留下了遗言，写下振聋发聩的话："相信党会把问题搞清楚，相信不会冤沉海底！"

董边以为是要她暂时离开这里，匆匆拿了牙刷、毛巾和一点零用钱，就像平常出差似的，拿着一个小包上了汽车。她压根儿没有想到，从此就永远离开了这个地方。

"直不辅曲，明不规暗，拱木不生危，松柏不生埤"。田家英的死，是对正在席卷全国的"文革"狂澜的强硬抗争。他是一个没有城府，喜怒形于色的人。因为接到久别的妻子的一封信，会当众高兴得哭起来。当他蒙受诬陷，又一怒而以死相抗。他不会掩饰，不会屈膝，也不会忍耐。他离世之际，不过44岁，正值年富力强、生命之花最为茂盛的时候。

王力谈田家英之死

王力是“三人小组”成员，是重要的当事人。从1988年11月3日起，直至1996年10月21日王力因癌症病逝，这8年间我曾数十次采访王力并长期与他保持书信、电话联系。1996年9月27日，即他病故前20多天，王力还给我打来电话。王力讲话向来声音清晰，但那天电话里已含混不清。此后，我多次给王力家打电话，都是王力夫人接的。在王力病逝翌日，我便在香港报纸上发表他去世的消息。

1988年11月3日第一次采访王力时，他就与我谈及田家英之死。根据那次谈话，我写了一万多字的《王力病中答客问》，在上海、香港及美国报纸发表，这是自1967年8月30日被打倒之后，媒体首次对王力做详尽报道。

1988年12月7日王力以夫人王平权的名义给我写了一信：

叶永烈同志：

送上有关田家英之死引起的一些信件：

一、王力一九八八年二月十日致四川《文摘周报》的信全文；

二、《文摘周报》一九八八年三月二十五日刊载王力来信的摘要；

三、王力三月二十一日致《文摘周报》的信；

四、王力三月三十一日致《文摘周报》的信；

五、《文摘周报》刊载田家英夫人董边四月十日驳王力的信和逄先知的信；

六、王力一九八八年五月六日致董边的信；

七、王力一九八八年五月九日致党中央领导同志的信；

八、王力一九八八年五月十二日致《文摘周报》的信。

请查收，供参考。我也希望把这些文件送请林放同志看看。林放同志是我一直很尊敬的同志，也可以说是老朋友。我在上海时，徐锡成、陆诒、尚丁等同志也是我一直怀念的老朋友，不知他们近况如何？

这些信件能否发表？如何发表？可请上海的朋友们定夺。只是发表时要把提到的中央几位主要领导人的名字去掉，或改用其他的说法来表达。这些话，不一定都发表。我复董边那封信，提到党的极左路线的发展过程，这是一个大问题，公布出去可能有用处。不着急。决定后请赐复。

祝好！

王平权

一九八八年十二月七日

王力寄给我的8份关于田家英之死的重要文件，至今仍保存在我的手头，将来可以作为研究田家英之死的历史文献全文发表。现择其要点于下：

一、关于时间，王力称，他到田家英住处的时间，“不是1966年5月22日，而是5月21日。22日发生了另一件事”。

二、关于田家英自杀的原因，王力说，“田家英为什么被迫自杀呢？这有复杂的背景。因为我从1960年起列席中央书记处会议，从1964年起列席中央政治局常委会议，直到1967年8月被江青等人打倒为止，所以对这个问题的前因后果是很清楚的”。

王力说，“把田家英被迫害致死归咎于安子文这次谈话，这不仅对安部长不公正，而且也违背历史事实……这也贬低了田家英在同极左路线斗争中的地位。”王力还说，要田家英搬出中南海，不是安子文宣布，“是另一个人宣布并执行的”。

我在访问王力时，他曾这样说：

家英被迫死去，是党内两条路线斗争造成的，而家英一直是站在正确方面的。极左路线的苗头，从1956年开始出现，家英就积极抵制。在1959年庐山会议上，家英是少数几个站在正确路线方面的人。家英是最早提出包产到户并进行试点的人。1962年夏季，极左路线初步形成了，在北戴河会议上，家英是被点名批判为“右倾”的4个人之一。据我所知，家英是极个别的敢于当面批评毛主席的人。他勇敢地提醒主席不要在死后落骂名。可惜，毛主席没有听取他的劝告，反而说家英是“没有希望”的人了（有文字记录）。

家英当面批评陈伯达是一贯的左倾机会主义者，是伪君子，因而遭到陈伯达的忌恨。陈伯达多次在毛主席面前说家英的坏话。家英早就看穿了江青的恶劣品质，藐视江青，因而遭到江青的忌恨。在家英死前几个月里，江青策动了一系列严重打击家英的措施，实际上把家英当做敌我矛盾了……家英之死，对党是重大损失。他如果不死，对十一届三中全会后的党中央帮助会是很大的。

关锋谈田家英

我在1988年3月3日、10月31日及1990年7月13日采访关锋时，他也谈及田家英之死，着重谈田家英的死因。关锋不愿意录音，再三征得他的同意，录了6盒磁带。

关锋跟我说起在姚文元的文章发表后一个多月，毛泽东说了一段从政治上严厉批判《海瑞罢官》的“最高指示”的来历。关锋说，那是1965年12月21日上午，毛泽东在杭州召集陈伯达、胡绳、艾思奇、关锋、田家英谈话。谈话从上午九时一直谈到十二时。在谈话中，毛泽东提及了前些天发表的两篇文章，戚本禹的《为革命而研究历史》和姚文元的《评新编历史剧〈海瑞罢官〉》。

毛泽东说的一段话，后来被用黑体字印在成千上万份报刊上，被作为“最高指示”背诵：戚本禹的文章很好，我看了三遍，缺点是没有点名。姚文元的文章也很好，对戏剧界、历史界、哲学界震动很大，缺点是没有击中要害。《海瑞罢官》的要害问题是“罢官”。嘉靖皇帝罢了海瑞的官，一九五九年我们罢了彭德怀的官，彭德怀也是“海瑞”。(《两个根本对立的文件》,《红旗》杂志1967年第6期社论。)

据关锋回忆，1965年4月，毛泽东在长沙时曾找5个人——陈伯达、胡绳、艾思奇、关锋、田家英谈话。半年之后，毛泽东在杭州，又找这5人谈话。当时，陈伯达已在杭州，住在大华饭店。关锋和胡绳、艾思奇、田家英于11月中旬飞抵杭州。

毛泽东找他们，为的是要商谈“干部必读”的六本书，即为《共产党宣言》、《国家与革命》等的中译本写序言。毛泽东已准备自己动手为

《共产党宣言》写序言。就在这时，毛泽东和陈伯达忽然离开杭州，听说去上海了。后来关锋才知道，他们去上海出席“解决罗瑞卿”的那次紧急会议。毛返回杭州后，召集5人开会。一见面，毛泽东就说，昨夜睡得很好，今天可以多谈一些。毛泽东抽着烟，不停地谈着。艾思奇和关锋担任记录，好在毛讲话速度不快，而且中间因抽烟往往有停顿，艾和关几乎记下毛的每一句话。毛泽东谈笑风生，跟大家聊天。他最初谈对六本书的序言写作的一些意见，然后谈及为他编的《语录》。

毛泽东的这段话，既表明了他对姚文元文章的评价，也透露了一个重要的事实：姚文经过几次三番修改后，并未送毛泽东审阅，就由江青、张春桥决定，在《文汇报》上发表。因为倘若最后的修改稿经毛泽东审阅，他怎么会说“缺点是没有击中要害”呢？他势必会说出他的这些意见，姚文元当会照毛泽东的意见在文中点明《海瑞罢官》的要害问题。

其实，毛泽东所说的《海瑞罢官》的要害是“罢官”，倒并不是毛泽东“发明”的。“发明”权乃属康生。1964年下半年，江青再一次在毛泽东面前提及要批判《海瑞罢官》，毛泽东依然没有应允。江青求助于她的老同乡康生。康生深知如果说江青要批《海瑞罢官》，反而会使毛泽东投反对票。他擅长于“上纲”，煽动道：“主席，您在八届十中全会上说过，‘现在不是写小说盛行吗？利用小说进行反党活动，是一大发明。’您的话给了我很大的启发，使我想及了也有人利用戏剧进行反党活动。吴晗的《海瑞罢官》，其实就影射主席罢了彭德怀的官。这出戏是货真价实的大毒草。”

西子湖畔，毛泽东刚刚说毕那一席话，陈伯达迅即把毛泽东关于姚文元文章的评论，转告了江青。“主席这么重要的指示，要赶紧向全党传达。叫田家英马上把谈话记录稿整理出来！”江青催促道。

43岁的田家英，在毛泽东身边已经工作了17个年头。这一回接到了整理毛泽东讲话的任务，而现场记录是艾思奇和关锋，他就只好说：“老艾、老关，请你们两位辛苦一下，整理主席谈话纪要。”关锋是快笔头，忙碌了一天，就写出了毛的谈话纪要。对于毛泽东谈及戚本禹、姚文元文章的那段话，他照录不误。关锋把纪要交给田家英。田家英看了之后，把毛泽东谈及戚本禹、姚文元的那段话删去了。纪要印出来，陈伯达一看，冒火了。张春桥、姚文元、戚本禹跳脚了。江青马上去问毛泽东："那一段话，是你删的，还是田家英删的？"

当江青查明是田家英删的，怒不可遏地骂道："老右倾！"

田家英删去了那段话，后来背上了"篡改毛主席指示"的罪名，以致被迫害而死——当然，田家英之死还有其他原因，但"篡改毛主席指示"是导致田自杀的重要原因。也正因为这样，关于田家英"篡改毛主席指示"，是一个重要历史事件。但是，关于这一事件却有着各种各样的说法。

尽管关锋是田家英的冤家对头，又是此事的告密者，而且在"文革"中犯了严重错误，但毕竟是重要的当事人之一，他的叙述有一定的参考价值。

陈伯达避谈田家英

在陈伯达去世前的1988年至1989年，我多次采访他。众所周知，他虽与田家英共事多年，但与田相左。所以他不愿意多谈田家英。陈伯达说，关锋所讲的记录如何整理，他不清楚，但是，田家英删去毛泽东关于戚本禹、姚文元的那段话，是确凿无疑的。

陈伯达早年与田家英的关系还算不错。陈伯达与诸有仁离婚之后，与余文菲结合，生了一个儿子，田家英建议他为这个儿子取名陈小农——因为长子取名陈小达，就沿用这"小"字辈，而当时田家英分管农业，所以建议取名陈小农。（陈小农长大之后，觉得人家还称他"小农"，不舒服。于是，在1980年代初，趁他的户口从石家庄迁往北京的时候，改名陈晓农——作者注）陈伯达同意了。

田家英十分欣赏包世臣的一句话："每临行文，必慎所许，恒虑一字苟下，重诬后世。"（中央文献出版社1989年出版的《毛泽东的秘书田家英》一书中，将"恒虑一字苟下"误排为"恒虑一文苟下"。）意思是说写文章必须慎重，一个字的疏忽都会给后世造成严重的后果。其实，包世臣此言，出自《与陈孝廉金城书》，即写给陈金城的信。陈金城乃陈伯达的曾祖父。

解放后，由于田家英一直在毛泽东身边工作，陈伯达常从田家英那里摸毛泽东的动向。毛的一句话，一个主意，一个动作，他都很注意，以便从中揣摩毛的心思。田家英看不惯他的这一套，跟他的关系开始紧张。陈伯达秘书姚洛跟田家英有些来往，陈伯达马上就很敏感，怀疑田家英是不是在背后搞他。他对姚洛说："有人反映，你在背后搞你的'老板'!"后来，姚洛被调走。在"文革"中，姚洛挨整。陈伯达要姚洛交代："你和田家英是什么关系?!"直到这时，姚洛才明白他被调走的真正原因：原来，陈伯达早就对姚洛与田家英的接触生疑。陈伯达以己度人，因为他曾想通过田家英摸毛泽东的动态，因而担心田家英通过姚洛摸他的动态。调走了姚洛，由自己的老婆当秘书，陈伯达这才放心了……

与戚本禹聊及田家英

1988年8月20日，我在上海看望了戚本禹。我们聊了两个小时，直至中午12时整，有人来叫他吃中饭为止。

我跟戚本禹的谈话无拘无束。他很健谈，思维敏锐，喜欢不时反问，而且看得出，他的消息相当灵通，各种书报都看。尤其关于"文革"的文章，他见到了，总要细看。他提到了香港报纸的一些报道，认为那是胡吹。他说，一家香港报纸称他是"山东大学历史系毕业"等，他告诉我，他根本没上过大学。他又提到四川一家杂志发表的一篇文章，据说是"纪实"，实际上违背事实。那篇文章写了毛泽东1965年12月21日在杭州的一次重要谈话。在谈话中，毛泽东谈及戚本禹的《为革命而研究历史》和姚文元的《评新编历史剧〈海瑞罢官〉》两篇文章。那篇文章说，毛泽东谈话时，戚本禹在侧……戚本禹告诉我，他当时并不在杭州。当时"在侧"的是陈伯达、胡绳、艾思奇、关锋和田家英五人。

我告诉他，我请关锋谈了毛泽东那次杭州谈话的情况。戚本禹说，关锋的话是可靠的。毛泽东在杭州谈话提到姚文元和他的文章时，关锋在座，他不在座。因此，关锋的回忆是很重要的，是当事人。

戚本禹说，像你这样采访当事人，那就很好。他思索了一下，又对我说："我是学历史的，自己又有过那么一段曲折的历史。我的历史教训是，写文章要实事求是，这样才经得起历史的考验。你现在做的工作，是历史学家做的工作。"他也直率地问我："从你的一些文章中可以看出，你是了解情况的，可是，有时往往避开某些事实不谈——这可能因为你的文章要公开发表，而要在现在公开发表，有些事不便谈，不得不这么做。"

我说是有这样的情况。

"道义之交"李锐的回忆

我在1990年10月25日、2010年5月13日两度访问李锐，他称他与田家英乃"生死之交"、"道义之交"。

李锐调到北京工作之后，决心"弃文从工"。不料，《中国青年》杂志得知李锐写了《毛泽东同志的初期革命活动》一书，要在杂志上连载。当然，在团中央的机关刊物上连载关于毛泽东生平的文章，相当慎重。李锐推荐毛泽东的秘书田家英"把关"。于是《中国青年》编辑部就请田家英审稿，然后在《中国青年》上连载，产生了广泛的影响。

李锐推荐田家英来"把关"，是因为两人有着深厚的友谊。他们相识于延安。当年的延安，"莫道都穿粗布服，称呼同志一家人"。李锐在延安担任《解放日报》评论部组长，田家英则喜欢给《解放日报》写文章，差不多都是经李锐之手发表的。他俩意气相投，很快就成了挚友。

1957年8月，《毛泽东同志的初期革命活动》由中国青年出版社出版，发行了上百万册。毛泽东是否从这个时候开始注意李锐，不得而知。

李锐与田家英的友情最深。李锐回忆说：

经常与田家英议论时政，忧心国事，臧否人物，乃至推敲文件。这是真正的交心，当然也是危险的交心。所谓"危险的交心"，就是有时难免对主公（这是我们谈话时，他对毛泽东的尊称）有所议论：除谈论老人家独到的长处外，还谈到短处。如说主公有任性之处，这是他有次同中央办公厅负责人谈到深夜时两人的同感。他还谈到主公常有出尔反尔之事，有时捉摸不定，高深莫测，令人无所措手足，真是很难侍候。今天跟上去了，也许明天挨批，还喜欢让人写检讨……

李锐还忆及田家英一段尖锐的话：

他说，他离开中南海的时候，准备向主公提三条意见：一是能治天下，不能治左右；二是不要百年之后有人来议论（这是我们不止一次谈论过的赫鲁晓夫作秘密报告之事）；三是听不得批评，别人很难进言。第三条他感触最深，谈过反右派前夕的一些情况。

在1959年的庐山会议上，李锐与田家英的“危险谈话”被人揭发，李锐遭到了批判。但李锐宣称那三条是他说的，田家英才涉险过关。从庐山回到北京后，田家英特地给李锐打电话，其中讲了这样一句话：“我们是道义之交。”据李锐说：“不幸被人听见，几天之后，我家中的电话就被拆除了。”

我在1990年10月25日采访李锐时，曾经问他，这“不幸被人听见”是指谁？李锐的回答使我非常吃惊：他的前妻范元甄。

范元甄跟李锐一样有着颇深的革命资历：1937年8月16岁的她加入中共。1939年2月调入重庆中共南方局党报《新华日报》任记者，18岁的她单纯而活泼，深受周恩来夫妇喜爱。然而在李锐“落难”时，范元甄居然向有关部门打小报告，把田家英也牵涉其中。田家英与李锐的关系如此密切，引起有关部门注意，从而怀疑在庐山上李锐宣称那三条是他说的实际上是为田家英开脱，从此使毛泽东对田家英产生不信任感。田家英自杀的祸根，恐怕也就在这时埋下。

“文革”传单中的田家英

田家英含冤而逝之后，由于他的情况特殊，并未在报刊上受到公开点名批判。“中央首长”接见红卫兵、造反派讲话时，才透露出批判田家英的信息。

我查了“文革”期间种种“中央首长讲话”，发现谈田家英最多的是戚本禹。

1967年1月9日下午戚本禹在全国政协礼堂接见北京农业大学师生时，在谈到包产到户时，这样点名批判田家英："农办的领导人田家英，一个反革命分子……很积极的。这个人已经被揪出来了……"

从戚本禹的讲话中可以看出，当时给田家英戴上的"帽子"是"反革命分子"。不过，戚本禹只说田家英"被揪出来了"，并未说已经自杀。

1967年4月30日，陈伯达、戚本禹接待中央国务院联合接待室全体人员时，戚本禹在讲话中又谈及田家英：

还有田家英，做了很多坏事，他提出"刘公还不造反哪？"所谓刘公就是刘少奇啊！"反了吧！还不反！"他就着急了，要跳出来。

这一回，戚本禹把田家英跟刘少奇联系在一起进行"批判"。

当时，就连1967年7月27日王光美写给中南海革命群众的检查中，提及田家英时，也不得不按照当时的"流行语"，称田家英为"反革命分子"：

我去桃园是1963年11月，当时中央的第二个十条即关于农村社教运动若干政策的规定（草案）才发出，（直到1966年5月间揭发出彭真等反革命修正主义集团后，我才知道这第二个十条（草案）是彭真跑了几个省以后，由彭真和反革命分子田家英等搞的）……

第一次公开透露田家英自杀，是1970年1月24日周恩来总理与康生、江青接见中央直属系统文化部学部教育部等单位的军宣队代表时的讲话。这次接见，主要是谈打倒"王力、关锋、戚本禹"（即"王、关、戚"）。周恩来说：

戚本禹是个野心家，是跑腿的，活动能力很强。他无孔不钻，文化方面他钻的地方最多。江青同志不让他去，他硬要去。他还到煤炭部、化工部，工厂也到了，工厂到二七车辆厂、首钢……杨成武那篇文章主席很不满意，大树特树不符合毛泽东思想，不能登出，但戚本禹一定要登。后来登在第二版上，杨成武还不满意。戚本禹道歉，王力还给送像章慰问。互相勾结，暗地活动，以后才揭发出来。在中央办公厅有彭、陆、杨还有田家英，他完全是跟着田家英走的。田家英有很多攻击伟大领袖毛主席的言论，派人搜他们的东西，别人的东西都收回来了，就田家英的没有收回来。有主席的手稿，丢了好多，是戚本禹串通的，第二天田就自杀灭口。

从当年“文革传单”中可以看出，最初是戚本禹作为“中央首长”点名批判“反革命分子”田家英，而当戚本禹被打倒之后，又成了“跟着田家英走的”了。

历史终于还田家英以清白。彭真、陆定一、杨尚昆以及杨成武的冤案也终于得以平反。

（作者系文史学者、作家）

原载于《同舟共进》2011年第11期

中共一大“奇女子”王会悟

陆茂清

“王会悟同志是中共创始人之一李达同志的夫人。她在党的一大筹备期间，做了很多有益的工作。”这段文字，见于1993年11月18日新华社《李达同志的夫人王会悟在京逝世》的电讯。

原来，中共一大召开时，王会悟担当后勤保障的重任。当第六次会议出了变故紧急休会后，又是她献计改址嘉兴南湖，精心策划在游船上继续开会，并志愿充当警卫，保证了一大圆满闭幕。

会议地点定在哪里合适？

王会悟1898年出生于浙江乌镇的书香门第，16岁就读于嘉兴女子师范预科班，后入湖州湖郡女塾攻读英语，其间经常阅读《新青年》杂志，曾写信给主编陈独秀，拥护他所宣传的新思想、新文化及提倡白话文的主张。陈独秀回信赞许勉励。

受五四运动影响，王会悟前往上海寻求妇女解放途径。通过陈独秀的关系，由上海学联介绍加入了中华女界联合会，被会长、黄兴夫人徐宗汉委以文秘之职。她先是住在徐宗汉处，后搬到渔阳里2号陈独秀家中居住。

1920年夏，留学日本的李达回到上海，与陈独秀、李汉俊等组建上海共产主义小组，为活动方便，寄居在陈独秀家的亭子间，参与《新青年》的编辑，并主编《共产党》月刊。

上海共产主义小组成立后，筹组了社会主义青年团，王会悟是第一批团员。她与李达都借住在陈独秀家里，平时经常帮李达誊抄文稿，由衷崇敬其信仰与学识，李达则赞赏她对新思想的追求。两人由相识而相知、相爱，于1921年4月结为伉俪，婚后移居成都路辅德里625号。

陈独秀出于在广州发展共产主义组织的考虑，应邀赴广东担任省教育委员会委员。李达、王会悟夫妻搬回了渔阳里2号，陪伴陈独秀的夫人高君曼。原由陈独秀所任上海共产主义小组书记一职，先由李汉俊后由李达代理。

1921年6月初，共产国际代表马林与尼克尔斯基来了上海，秘密会见了上海共产主义小组成员李达、李汉俊，达成一致意见：应该尽快召开全国代表大会，正式成立中国共产党。

李达、李汉俊征得北京的李大钊和广州的陈独秀的同意，向各地共产主义小组发去通知，请选派代表来上海参加中共建党大会。

一大召开在即，东道主上海的代表李达、李汉俊忙着大会筹备。王会悟为“二李”分担任务，领受了安排代表食宿、选择开会地点等事务。

开会的地点，王会悟物色过好几处，但均因不甚理想而放弃。后来选中了当时人称“李公馆”的法租界望志路106号（今兴业路76号）。请看她的《我为党的一大安排会址》所言：“关于会场，我想到李汉俊的哥哥李书城到外地避暑去了，房子空着，就去找李汉俊商量借用，李汉俊一口答应了。”

这里是李汉俊的兄长、同盟会元老李书城的住宅，弟兄俩都住在这里。李书城曾任武昌首义战时总司令部参谋长，参加过“讨袁”、“护法”，当时住宅里只剩下李汉俊及厨师、女佣看家。厨师、女佣忠诚老实，不会多管闲事。且李公馆环境僻静，前后有门，出入方便，这些都有利于会议安全顺利进行。再则，有李书城的显赫身份作掩护，官府、军警是不敢贸然光顾李公馆的，安全系数相对高些。

一大的代表们大多来自全国各地，必须有个安全的住宿膳食处。王会悟考虑再三，想到了法租界的博文女校。

博文女校校长黄绍兰参加过辛亥革命，曾在上海组建女子军事团并任团长，后来定居上海，与黄兴夫人徐宗汉等创办博文女校，推徐宗汉为女校董事长。王会悟与黄绍兰因徐宗汉的关系熟识，又志同道合，借用女校好说。至于选择博文女校的理由，王会悟回忆说，时学堂放暑假，校内无人，不会引人注目，安静又安全，离会场又不远，代表们来去方便。

主意已定，王会悟登门拜访了黄绍兰。毕竟内外有别，该保密的还须保密，王会悟说北京大学暑期旅行团来了上海，他们都是李达的朋友，托我租借女校校舍作为下榻处，如今女校放假，就请给个方便。

黄绍兰爽快地答应了。王会悟经实地察看，租下了前面一幢楼上的3间校舍。

代表们的安全至关重要，王会悟向黄绍兰再提要求："旅行团大都是贫寒书生，就让他们在校里用餐，可节省些开销，还烦校长着人提防，以免小偷光顾他们的宿舍。"

"这倒也是。"黄绍兰当下指派一个厨役为他们做饭，又认真叮嘱厨役看好校门，不许外人进入学校。

代表们陆续到达，其中毛泽东、何叔衡、董必武、陈潭秋、王尽美、邓恩铭、刘仁静等人住进了博文女校。

7月22日，13名代表聚集在博文女校住宿处，举行了一大预备会议，推举张国焘为大会执行主席，毛泽东、周佛海为会议记录，还商讨了会议议程。

王会悟也来了女校，坐在阳台上边摇芭蕉扇，边注视校门及上楼来的方向。

自代表们入住博文女校起，由于"熟人"的关照，自始至终安然无事。请看一大代表陈潭秋的回忆："……私立博文女校的楼上，在七月下半月，忽然新来了九个临时寓客。楼下女学校，因为暑假休假，学生教员都回家去了，所以寂静得很，只有厨役一人，弄饭兼看门。他受熟人的委托，每天做饭给楼上的客人吃，并照管门户。不许闲人到书房里去，如果没有他那位熟人介绍的话。他也不知道楼上住的客人是什么人……"

文章中的"熟人"，就是王会悟。

陡生变故，会议如何续开?

1921年7月23日晚8时，中国共产党第一次全国代表大会在上海望志路106号餐厅开幕。参加会议的共13位代表，另有共产国际代表马林、尼克尔斯基列席会议。

为安全起见，会议安排在每天晚上举行。第八天即7月30日夜间，一大举行第六次会议，计划由共产国际代表马林讲话，通过党纲等决议。就在这次会议上，变故降临。

据王会悟的回忆，她像往日开会时一样，在楼下照看门户，观察动静。突然发现一个陌生男子，从厢房出来往楼上走，王忙问李家的厨师这是谁，厨师答是侄少爷的同学。她捉摸这事有蹊跷，就去会场报告，然为时已晚。

多个代表记得，当晚会议刚开始，一个身穿长衫的中年男子突然出现在了门口，目光在代表们脸上扫视，好像在找人……折腾了近两个小时，没有得到所需要的证据，只得悻悻而去。（详见本刊2011第5期，苏智良《夜闯中共一大会场的不速之客》——编者注）

代表们庆幸逃过一劫，继而商讨下一步怎么办。一致的见地，会议必须开完，但不能再在上海了。有人提议去杭州，但被多数人否决了。理由是杭州属大城市，繁华热闹，军阀与外国势力控制严厉，密探出没无常。也有人建议转到王会悟老家乌镇开。王会悟想了想摇摇头："乌镇是个小地方，一下子去了十几个外地人，又都穿着西装、长衫，太引人注目了，不保险。"到底去哪里继续开会为好，众人拿不定主意，一时沉寂无声。

王会悟虽不是一大代表，却有心为他们排忧解难，发话建议说："去嘉兴南湖开吧。我在嘉兴师范读书时，常到南湖玩，那儿大又不大，小又不小，热闹中有幽静处，游人少，利于隐蔽，离上海又近，当天可以来回。"

李达赞同妻子的提议："南湖我也去过，虽属风景名胜，但毕竟是县里的小去处，官兵、密探一般不会去那里，比较安全。"

王会悟对改址南湖的具体地点也已有了构想："租借游船装作游湖的，就在船上开会，神不知鬼不觉。万一发生意外，还可分散到我同学家里。"

众代表异口同声赞成，张国焘在回忆录中说：我们对于她的提议极表赞成，认为这样是万无一失的。鉴于大家在李公馆的行动已引来租界当局的警觉，故应尽快离沪为好。张国焘决定翌日就去嘉兴，要王会悟充当向导，并办理租借游船等事。末了问她是否晓得火车时刻，最好早点出发，一天之内把会开完。

王会悟回答说："过年时回去过一趟，好像7点多钟吧。"她知道事关重大，马虎不得，站起来说，"这样吧，我去北火车站看一下，你们等着。"说完招呼了一辆黄包车去了。一个小时后，王会悟匆匆赶回，掏出记录的班次告诉大家。当下商定，第二天上午头班车出发。

7月31日早上7点35分，代表们跟着王会悟登车南下。从旅途安全考虑，她将董必武、何叔衡两位年纪较大的代表安排在头等车厢，其余代表则分散在几节车厢里，叮嘱他们不要往来串联，少与别的乘客闲话，以免招来意想不到的麻烦。

到嘉兴下车后，王会悟先领着代表们去了车站附近的张家弄，在鸳湖旅馆开了两个房间歇脚，安排他们洗脸吃早饭后，告诉旅馆账房："这两个房间给我们留着，玩得开心的话，明天再玩。"她的用心是，假使今天不能结束会议，就要在这里过夜了，免得到时候再为住宿操心。

王会悟毕竟不大来嘉兴，趁着大家吃饭休息的当儿，找到就读于嘉兴中学的亲戚孔另境，请其帮忙租条游船。孔另境领着王会悟租了一条画舫。据王会悟的回忆：当时准备雇条大的，但他们说，要雇大的需提前一天预订，现在大的已没有了，只有中号船了，便雇了一条中号船，船费4元5角，中午饭一桌酒菜3元，当时把钱付清。

麻将的妙用："奇女子"心细如发

大家刚走到旅馆门口，王会悟猛然想起了什么，回到账房先生那里，租了两副麻将牌塞进包里。

这一行边走边指指点点，说说笑笑，街市居民听着他们南腔北调的口音，一副初来乍到的新奇乐，只当是来观光旅游的外来客。

到了湖边，王会悟先与董必武、毛泽东、何叔衡、陈潭秋登上烟雨楼，迈步回廊转悠，好像在居高临下眺望景色，实是察看周围形势，选择画舫“游览”路线。对此，王会悟的回忆文章里有载：“先到烟雨楼玩了一回，也没有坐下吃茶，主要目的是为了观察下船停靠哪里比较合适。”

王会悟在前，代表们随后，到了雇定的游船边，她用家乡话与船老大夫妇招呼，指引代表们上了船。这艘被后人誉为“红船”的画舫，分前、中、后三舱，船头的前舱搭有遮阳挡雨的凉棚；中间是个大舱，放着一张大八仙桌及凳椅，会议就在里边举行；后舱置有橱灶等物。船的右边有一条夹弄，贯通船头船梢。

代表们走进中舱会议室，围绕着八仙桌坐下。王会悟从包里取出租借的麻将牌，“哗”地一声倒桌子上：“需要时搓一副。”众人笑着会意点头。

游船缓缓离岸，中共一大的最后一次会议，就在南湖的游船上开始了。

王会悟向代表们做了个“小些声”的手势，走去船尾，告诉船家，将船划到烟雨楼东南约半里许荡漾，此处属比较偏僻的水域，游船少，离岸近。她作了探测，结果甚为满意：“吱吱呷呷”的摇橹声、“哗哗”的拨水声、水上男女老少的欢娱声，以及岸上传来的嘈杂声不绝于耳，是难以听清船舱里讲话声的。

会议继续30日晚上在上海未能进行的议程，讨论通过了《中国共产党的第一个纲领》及《中国共产党的第一个决议》。

穿戴时髦以资掩护的王会悟，坐在船头凉棚下，悠然嗑着酱油瓜子，还哼起了家乡小调，不动声色望着前后左右。外人只当她是游客雇请的歌女，或是大户人家千金小姐，正在饱览“轻烟拂渚”的迷人景色呢。

据王会悟的回忆，是日天气阴沉，不大有太阳，好像要下阵雨，游客较平日里少了许多。王会悟毫不懈怠，见有别的游船靠近时，就用手中的折扇轻敲船舱壁板，舱内马上传出了洗牌声，还夹杂着审牌官司的嚷嚷。

下午一点多钟，王会悟让船老大划着拖梢小船，把预订的酒菜送到。她招呼代表们用餐，在八仙桌上摆好酒菜后，径自离开船舱，又去坐在了船头。代表们异口同声招呼她一起吃，李达还走过去拉臂催请，但她忠于职守，执意不从，并不失风趣地说："你们是贵宾，我是站岗放哨的，实在不敢僭越。"

吃完饭稍事休息，继续开会，讨论通过了《中国共产党第一次全国代表大会宣言》后，进入最后一个议程，即选举党的中央领导机构。下午3点以后，天气由阴转晴，湖上的画舫多了起来，还有留声机里放京戏的。王会悟加倍警惕，眼观六路，耳听八方。

"嘟——"汽笛声传来，王会悟寻声望去，是一只汽艇，不禁担心起来。在她的概念里，快速灵活的汽艇属军警专用，于是又一次敲响了船舱壁板。代表们故伎重演，立即摆起了四方城，"白板"、"八筒"、"六万"一声接一声。

汽船正向画舫开来，"突突突"的马达声也传进了舱里，代表们也有些紧张了。他们也都晓得，备有这种新式船只的不是平民百姓。

王会悟瞟着汽艇的动向，依然若无其事地嗑着瓜子，心里盘算着汽艇上的人若来盘问该如何应对。腹案在脑中形成，随即探身舱口小声叮嘱两句："就说玩了西湖来玩南湖，千万不要说从上海来的。"

虚惊一场，汽艇在画舫不远处穿过。听船娘说，这是城里一个豪绅的私人游艇，为炫耀其身份，常来湖里转悠，汽笛拉得又响又长。

大会继续，选举出中央局3人组合：书记陈独秀，组织主任张国焘，宣传主任李达。

傍晚6时许，代表们起立，轻声呼喊："共产党万岁！""第三国际万岁！""共产主义、人类的解放者万岁！"

至此，中国共产党第一次全国代表大会胜利闭幕，在碧波浩渺的南湖游船上，宣告了中国共产党的成立。

王会悟以其智慧勇气，确保了一大的顺利召开和圆满结束，为中国共产党的诞生做出了特殊贡献，赢得了专家学者高度评价："党的第一位会务工作者和后勤工作者”、“一大幕后功臣”、“中共第一任保卫部长”、“组织了一大南湖会议的有功之臣”、“一大卫士”……

“红船”再现南湖

根据形势需要，中共准备召开二大时，中央局陈独秀、张国焘、李达筹备会务，会址的选择又颇费踌躇。原有的据点李公馆已不能再用了，陈独秀寓所渔阳里2号也曾遭巡捕房搜查，设在那里的《新青年》杂志社被查封。王会悟与丈夫李达挺身而出，将住处成都路辅德里625号作为二大会场。她再一次自告奋勇“重操旧业”，为二大站岗放哨。对此，儿子李心天回忆说：“中共第二次代表大会于1922年在上海召开，会议的第一天就是在我父母亲上海的家里召开的。母亲抱着刚出生的姐姐在门口放哨，做警卫工作……”

当年冬天，毛泽东邀李达夫妇前去长沙，协助创办湖南自修大学，李达任校长，王会悟在该校补习班教授英文，与毛泽东、杨开慧同住清水塘。

大革命失败后，李达夫妻俩先是隐蔽上海，后迁居北平，开办“笔耕堂”书店，冒着生命危险秘密出版马克思学说。1937年5月，王会悟想方设法将李达的《社会学大纲》一书送往延安。毛泽东阅后大加赞赏，称赞李达夫妇“是真正的人”，随即将此书推荐给党的高级干部和抗日军政大学。

“七七”事变起，北平沦陷，李达去家乡湖南避难，王会悟带着子女留守家中。日伪几次逼王会悟交代李达去向，甚至关押殴打。王会悟坚不吐实，于8月下旬在朋友帮助下逃出虎口，流亡西南大后方，其间夫妻儿女失散。

1949年夏，毛泽东邀请“我公司发起人之一”李达到北平共商开国大计，对李达说：“解放啦，快把会悟他们接来吧。”王会悟于是得以与丈夫团聚，建国后被安排在法制委员会任职，后因积年劳顿、体弱多病而离职休养。

中共建党后长期处于战争状态，一大文献保存到建国以后的几乎为零，而健在的不多几位代表，也因年代久远而记忆不清，直至1970年代末，连一大召开的时间都未搞清。王会悟因此成了“活档案”，研究一大党史的专家、学者及报刊记者们纷至沓来。她不厌其烦接待，以亲历亲见者的身份回顾一大的细节。

嘉兴南湖上那艘闻名中外的“红船”，得以成功仿制陈列，王会悟同样功不可没。

1958年底，中央批准浙江嘉兴县筹建“南湖革命纪念馆”。筹建者带着模型船前往北京，经由中央办公厅的介绍，他们去找王会悟。王会悟叙述了当年画舫的大概长度、船面布局、开会舱房里的陈设、装饰，乃至桌椅的颜色等。筹建者用心记录，重新设计制作，然后再送北京审定，董必武来了答复：“就是这种船。”于是据以放大仿制。

1959年7月1日，红船如愿制造成功，国庆10周年时正式对外展出，南湖红船从此声名远播，至今已在南湖碧波上停泊了53个春秋。2006年，乌镇兴建了“王会悟纪念馆”，也陈列有红船模型。

红船，是中国共产党诞生的摇篮，朝着一个伟大的时代扬帆起航。

睹物思人，王会悟这位红色奇女子的风采、功绩，也引起了参观者的景仰、赞叹。

（作者系文史学者）

原载于《同舟共进》2011年第7期

夜闯中共一大会场的不速之客

苏智良

1921年7月30日，酷暑中的上海，气温高达37摄氏度。就在这闷热的晚上，一些代表陆续来到法租界望志路的一幢石库门——李公馆里，他们将参加中共一大的第六次会议，也就是最后的闭幕式。会议由张国焘主持，毛泽东担任记录。不料会议开始不久，就有一个“穿灰布长衫”的不速之客从弄堂进来直接推开后门，闯入了会场。他借口寻找社联的王主席，张目四探，随即匆忙离去。富有地下斗争经验的共产国际代表马林立即提出中止会议，马上转移，从而改变了中共一大的会议进程。

闯进李公馆的密探究竟是谁？经考证，此人乃法租界巡捕房密探程子卿。程子卿是怎么闯入一大会场的？人们又是何时认定程子卿就是闯入会场的密探？程子卿究竟是不是黄金荣的把兄弟？他的人生结局又如何呢？

闯入密探，会议不得不转移嘉兴南湖

多位一大代表对密探闯入会场有过回忆。出席中共一大闭幕式的总共有14人：其中中共一大代表12人（周佛海因腹泻没有出席会议），共产国际代表两人。当事人后来各有回忆：包惠僧回忆他“穿灰色竹布长褂”，李达说是“不速之客”，张国焘说是“陌生人”，陈公博说是“面目可疑的人”，刘仁静说是“突然有一个人”，陈潭秋说是“一个獐头鼠目的穿长衫的人”。

最早回忆该事件的是陈公博，他的《十日旅行中的春申浦》是在事件发生后十来天内写的。除了因在《新青年》杂志上公开发表而不得不采用一些隐语，所忆事实当是准确的：

此次我在上海，最使我觉得滑稽的，就是被法国巡捕误认我是日本社会党……有一天夜里，我和两个外国教授去访一个朋友，谈了片刻，两个外国教授因事先行，我因为天热的缘故，不愿匆忙便走，还和我的朋友谈谈广州的情形，和上海的近状；不想马上便来一个法国总巡，两个法国侦探，两个中国侦探……搜查之后，微笑着对着我们说："看你们的藏书可以确认你们是社会主义者；但我以为社会主义或者将来对于中国很有利益，但今日教育尚未普及，鼓吹社会主义，就未免发生危险。今日本来可以封房子，捕你们，然而看你们还是有知识身份的人，所以我也只好通融办理……"其余以下的话，都是用训诫和命令的形式……

后来，陈公博在写回忆录时，再度说到此事，他在《寒风集》中云：

终于一天晚上，变故遂降临了。我们在汉俊楼上开会，人还没有到齐，我代表马令（原文如此）和吴庭斯基也到了，忽然有一个仆人跑上楼来报告，说有一个面生可疑的人问经理在家否，这个仆人也算机警，急急上楼报告。俄国代表一听这样说，或者因为长期经验关系罢，立刻主张解散，我看各人本来已有些慌张，一听马令主张解散，都开前门分头逃走。

当时住在上海法租界的李达回忆说：

马林……讲话的时间约十多分钟，声音宏大，马路上的人都可听到，他致词后正在开始做报告之时，忽有一个不速之客闯进会场来，张目四看，我们问他："找谁？"他随便说了一个名字，匆忙地下楼去了。马林很机警（富有地下工作经验），他说"此人可疑，我们赶快转移。"

张国焘在晚年有比较详细的回忆：

大约七月八日晚七时……正要宣告开会的时候，突然有一个陌生人揭开书房的门帘，窥探了一下，说声"我找错了人家"，就转身走了。我们都警觉到这人可能是法租界的暗探。我立即请大家将文件收拾好，准备立即离开，并将此事翻译给马林和尼科罗夫斯基听。马林十分机警，从座位上一跃而起，以手击桌说："我建议立即停止，所有的人分途离开。"

北京代表刘仁静的回忆是：

有一次还没有到开会的时候，我们正在闲谈，突然有一个人开帘子朝里面一望，我们在里面的人立即问他："你找谁？"他说："我找错了。"而后就走了。张国焘说："这个是包打听，我们赶快散会。"李汉俊马上把共产党的文件烧掉了。过了不久，法租界的巡捕就来进行了搜查。

尽管患腹泻的周佛海没有出席那晚的会议，但他在《往矣集》中有篇《扶桑笈影溯当年》，也曾回忆当晚之事：

每晚马林和吴庭斯基也出席。开到第四晚上，究竟是马林有经验，他说："明晚一定要换个地方。我们在此一连开了几晚会，一定使巡捕注意。"我们说反正明天只有一晚，一时又不易另找地方，大概不要紧。于是决定仍在原地。那天下午，我忽然肚子大痛大泻，不能出门，一个人在地板上想工作进行的步骤，糊糊涂涂也就睡着了……原来他们正在开会的时候，忽然有一个陌生的人跑进房来，因为当时既没有卫兵守门，而汉俊家又是和同乡合住，所以此人上楼，没有人去阻止。他进房来一看，便道："对不起，走错了。"说完，立即退回。究竟是马林机警，便道："快散了罢，一定是侦探。"于是立即散会，只有公博还留着与汉俊闲谈。

董必武的回忆是：

开会为什么被敌人发现呢？因为那时，外国人要到中国人住的地方是不太多的，国际代表马林走进去时有人就跟着走进去了……第二天会议就改在嘉兴南湖继续开。

综合各位代表的回忆，关于会议场所，各位均认为在李公馆的楼上，取得了一致。关于时间似也相同，只是在具体钟点上有小的分歧。而闯入者的服装，包惠僧的回忆最具体，"穿着灰色竹布长褂"。陌生人的态度很好，"对不起"是几乎所有回忆者都听到的，显然陌生人不希望打草惊蛇。

这个"陌生人"就是法租界巡捕房的密探程子卿。代表们撤离后不到15分钟，巡捕房开来两辆警车，派来了1个法国总巡、2个法国侦探、

2个中国侦探、1个法国兵、3个翻译，共9人。他们包围了李公馆，然后冲进公馆翻箱倒柜，严密搜查，并盘问了留守的李汉俊和陈公博。最后因为没有搜查到有价值的东西，只好怏怏而去。

程子卿救了共产党人？

那么，世人是何时知晓程子卿就是闯入一大会场的密探的呢？谁第一个确认闯入一大会场的"包打听"就是程子卿的呢？作出这一贡献的是作家叶永烈先生。1990年，叶采访知情者——原法租界巡捕房督察长薛畊莘后揭开了这一谜底。叶在《名人历史现场》中回忆道：

很偶然，我的长子有一回到上海电影制片厂导演中叔皇家去。中叔皇问及我最近在写什么。

他一听说写的是关于中共一大的长篇，马上就说可找薛莘先生聊聊，因为薛先生曾在上海法租界巡捕房工作多年。

我于1990年8月9日前去拜访薛先生。薛先生已经八十有六（生于1904年10月22日），看上去却只有六十来岁，前庭开阔，戴一副墨镜，一件白色绸香港衫，正坐在藤椅上看书。他知道我的来意，热情地予以接待。

薛先生是混血儿，父亲是中国人，母亲是英国人。他生在上海，九岁时到比利时，英语、法语都极为流利。母亲对他说："你应当爱你父亲的祖国。"他后来回到上海，在上海的法文日报工作。1929年，他考入上海法租界巡捕房。翌年，进入这个巡捕房的社会科工作。他谈起了自己在法租界巡捕房工作多年的种种见闻。

我问及他是否了解法租界巡捕房在1921年搜查李公馆的情况，他说，他听上司程子卿讲起过。

那是30年代末的时候，程子卿曾跟他聊及，1921年曾往李公馆搜查——当时只知道一个外国的"赤色分子"在那里召集会议。首先闯入李公馆侦察的便是程子卿。

此后，上海社科院历史研究所的学者对薛畊莘进行了口述采访，并公开发表。2002年，我作为央视、上视联合拍摄的纪录片《海上沉浮》

的历史顾问，曾带摄制组去岳阳路薛畊莘先生寓所采访，他当时虽已98岁，记忆力颇佳，也曾说起程子卿夜闯一大会场事，以后又多次拜访请教。近日笔者查找了公安局档案，基本了解了薛畊莘的人生经历。薛畊莘字仰衡，法文名约瑟夫·薛，晚年因“畊”字较为生僻，因此户籍中也作薛耕莘。他1904年生于上海，研究生学历。1930年进入法租界巡捕房，后升任政治处主任、督察长。1951年被捕，1975年特赦，1981年获得平反并担任上海文史馆馆员。2008年9月9日病逝，享年104岁。薛畊莘考入法租界巡捕房，先充便衣警务人员，后担任政治处社会科翻译，这以后在程子卿的领导下工作。也应该就在这一期间，程子卿将闯入共产党会场的秘密告诉了薛畊莘。

1991年，叶永烈的《红色的起点》由上海人民出版社出版，首次披露程子卿是闯入一大会场的人。

那么，法租界的密探当时怎么会这么快知晓中共成立开会的呢？已有的史料披露，马林这位世界职业革命家于1921年4月在奥地利维也纳领取前往中国签证时被捕，获释之后就成了各国警方密切注视的目标。他在动身来华后，行踪处于严密监视之中，所以他在途经科伦坡、巴东、新加坡、香港时，都受到了严格的检查。这些情况迫使马林在6月3日到沪后就向荷兰总领事馆登记（否则就有被驱逐的危险），并以《地方经济学家》杂志驻上海记者身份公开活动。6月17日上海法租界公董局曾致上海荷兰总领事一信，报告马林的行踪，马林已乘意大利船阿奎拉号到达上海，并化名安得烈森入住南京路东方饭店。

所以，马林到上海后，密探们已把他的行踪查得清清楚楚，并记录在案。实际上，租界警方当时已得到共产主义组织要在上海开会的情报。日本警视厅6月底就得到情报说，“上海支那共产党”近期将召集各地（北京、上海、广州、苏州、南京、芜湖、安庆、镇江等）代表开会，日本人也将参加。这份报告虽然把预定开会日期误作“6月30日”，但开会地点却是“上海法租界贝勒路”（今黄陂南路），不见得是虚报。这份报告没有涉及情报来源，我们还不知道日本警视厅是通过何种渠道搞到这份情报的。但是，按照当时的外交惯例，日本警方的情报肯定是来自或者通报给了在上海的各国当局。所以马林来到李公馆开会时，就